世纪英才高等职业教育课改系列规划教材（公共课类）

应用写作创意教程

邹志生　张鹏振　主编

人民邮电出版社

北京

图书在版编目（CIP）数据

应用写作创意教程 / 邹志生，张鹏振主编. -- 北京
: 人民邮电出版社，2010.10
（世纪英才高等职业教育课改系列规划教材. 公共课
类）
ISBN 978-7-115-23445-2

Ⅰ. ①应… Ⅱ. ①邹… ②张… Ⅲ. ①汉语－应用文
－写作－高等学校：技术学校－教材 Ⅳ. ①H152.3

中国版本图书馆CIP数据核字(2010)第129259号

内 容 提 要

本书内容涵盖了当今社会各行业常用的九大类几十种应用文书（学业文书、职场文书、日用文
书、公务文书、经贸文书、新闻文书、专用文书等），具有范围广，信息量大的特点。在教材编写过
程中，充分考虑到了当前应用文书写作教与学的实际，尽量将相同类型的文书安排在一起，知识、例
文相对集中，便于应用文书写作课程的课堂教学。书中大量吸收了现代应用文书写作研究的最新理论
和成果，内容有实用性，例文有代表性，作业设计有针对性，有助于提高学生的应用写作和实际应用
能力。

本书可作为高等职业院校的公共课教材，亦可作为其他社会相关从业人员的培训用书或参考用书。

世纪英才高等职业教育课改系列规划教材（公共课类）

应用写作创意教程

◆ 主　　编　邹志生　张鹏振
　　责任编辑　丁金炎
　　执行编辑　洪　婕

◆ 人民邮电出版社出版发行　　北京市崇文区夕照寺街 14 号
　　邮编　100061　　电子函件　315@ptpress.com.cn
　　网址　http://www.ptpress.com.cn
　　北京昌平百善印刷厂印刷

◆ 开本：787×1092　1/16
　　印张：17.25
　　字数：435 千字　　　　　　　　2010 年 10 月第 1 版
　　印数：1 – 3 000 册　　　　　　2010 年 10 月北京第 1 次印刷

ISBN 978-7-115-23445-2

定价：31.00 元

读者服务热线：**(010)67132746**　印装质量热线：**(010)67129223**
反盗版热线：**(010)67171154**

告诉你一个诀窍

（代前言）

尊敬的读者，假如您是笔者的同行，有意或无意翻开了这本教程，那笔者建议您把这个前言读完，也许它会为您的教学带来一些很有意义的启示。

假如您是在校学生，可以通过这本书，了解一些您将来所从事工作的基本流程和大概内容，通过在课堂上进行演练，提前熟悉和掌握未来工作的要领。

当然，无论哪一类读者，如果您对这本书感兴趣，笔者都诚挚地对您表示感谢，同时，相信这本书能给您带来学习和工作上的方便。

此刻，笔者主要想告诉同行上好这门课的一个诀窍。

笔者教了二十余年的应用写作课程，用过多种版本的教材，从中学到了不少宝贵的知识，受到了很多的启发，也从中获得了许多乐趣。现在，笔者编写的这本适用于普通高职院校基础课教学的《应用写作创意教程》面世了。您看到书名中有"创意"二字，这表明笔者试图将这本教程编出一点新意来，有别于其他的教程。倒不是想标新立异，而是想将自己二十余年教学中的一些心得体会通过这本教程反映出来，给从事应用写作教学的同仁们提供一点有益的参考，也给需要提高应用写作水平的在校学生以及其他读者提供拓展应用文书写作的宏观视野。正如这个《代前言》的标题，笔者这里要告诉您的这个诀窍是一种全新的教学模式。在编写这本教材时，笔者希望能将多年来一直思考的应用写作教学的问题结合起来。教法变，教材则变。如何在教学过程中调动学生的积极性，让学生能切身体会应用文书的写作过程，是教学中需要重视与设计的一个问题。应用文书写作教学的实施，要符合认知规律，从现实感知达到知识掌握、技能运用，这就要求将应用写作教学置于具体的情境，在情境模拟过程中引导学生进入现实角色，体验应用文书写作的全过程，培养现场感和写作意识。本书中所说的模式，就是以设想某个公司从筹备到成立后正常运行所涉及的各种应用文书的写作来安排教学，可以说，这个情境的模拟贯穿了整个教学过程，具有一定的系统性。这种教学模式，笔者暂且称之为"情境模拟教学法"。您可以借鉴或参考这个教学法，在课堂上创办"公司"，模拟"商务"活动。具体做法是：

每学期第一次上课时，将所任课的班级改组成一个经营业务和范围与其所学专业相对应的"公司"，由原班委会成员组成"公司"的领导班子，班长任总经理，副班长任副总经理，团支书任党委（或支部）书记，根据"公司"的主营业务设置中层机构，小组长和课代表任中层部门的经理，其余同学就是这个"公司"各部门的员工（也可不按原班级编制组建，任何人都能当干部或员工），教师则充当"董事长"或"顾问"的角色，对"公司"的一切起决定性或指导性作用。一定要煞有介事地安排好每个同学的"工作",让他们人人有"岗位",人人有"事"做。课后让"总经理"亲自动手画出本"公司"的组织结构图以备查,定岗定编,落实到每个人,分配具体"工作"和"任务",既为以后针对岗位完成作业做准备,也使每个学生都进入角色。人人有"岗位",人人有"事"干,虽然纸上谈兵,却也像模像样,这有利于调动学生学习应用文书写作的兴趣与积极性。

尽管成立了"公司",但不能忘了教学对象的"学生"身份,因此,笔者将学生毕业前的最后半年看作是上岗工作的预备期,其间学生要完成实验报告、实习报告和毕业论文等一系列学业文书的写作,完成学业拿到毕业证后即转入社会工作岗位。为了让学生能迅速适应这种转型,在应用文教学中就要使学业内容和工作内容自然衔接,兼顾课堂教学和岗位工作这两个具体场景及其转换,先在教学场景中完成实习报告和毕业论文等学业文书的学习和写作,然后转入工作场景(公司氛围)实施其他文书的教学和写作训练。那么,这个前后的学习内容和工作内容就是:了解课程→完成学业→求职应聘→筹备公司→请示批准→邀请与会→宣告成立→健全规章→展开工作→扩大影响→承接业务→调查研究→通报情况→分析市场→回顾总结。这是一个相对完整的工作流程。根据这个模拟的流程,应用写作课堂教学的内容就要与之相对应,教师对教材进行合理取舍,即从教材所编入的七大类(七章)文书中选出与"公司"业务相对应的若干内容组成"应用文书十六讲"(此"十六"为暂定数,可多可少,根据实际课时量来确定授课内容的多少),将内容按内在的逻辑顺序编排,并根据教学内容和对应业务设计课后作业。对应模拟公司经营业务的章节和作业如下:

授课内容	对应学业及公司事务	课后作业
第一讲 概述	了解课程	熟悉语体、语言
第二讲 毕业论文	完成学业	模拟写作论文
第三讲 求职与应聘	求职应聘	针对招聘启事写应聘书
第四讲 条据与启事	筹备公司	写作常用条据
第五讲 请示与批复	请示批准	为成立公司写请示和批复
第六讲 礼仪文书	邀请与会	写请柬邀请嘉宾出席成立大会
第七讲 会务文书	宣告成立	写成立大会上的讲话稿
第八讲 规章制度	健全规章	订立公司的规章制度
第九讲 计划	展开工作	制定各部门工作计划
第十讲 广告	扩大影响	设计公司产品广告
第十一讲 合同	承接业务	二人组合模拟甲乙方签订合同

以上以 32～48 课时教学周期为例,配合"情境模拟教学法"而从本教程中选出了部分内容。可以说,这些内容都是目前高职院校在校学生应对未来工作而必须掌握的。教师可以根据以上文书种类、"工作"内容和课后作业进行备课(深入公司调研或兼职社会工作以获得实例)、实施教学,在教学中尽可能地将学生当作干部或员工来称呼和对待,营造情景式商务氛围。更重要的是,教师要用广泛搜集而来的社会工作的真实案例来验证书本知识,使授课生动化,并让学生想象自己岗位的工作内容来完成对应的作业,演练未来工作的内容和方法。这种教学方法可以缩短理论和实际的距离,训练和提高学生运用知识解决问题的能力,为学生适应毕业后的工作打好基础。

这种教学法学生喜闻乐见,教师教学轻松愉快,这是笔者将实行这种教学法的前后作了对比得出的结论。只不过这种教学法要求授课教师要有对课堂宏观掌控的能力,有能调动学生情绪的技巧,以激发学生们的兴趣。

美国著名教育理论家 B·乔伊斯、J·M沃夫和 E·卡尔康合著的《教学模式》是一本在美国深受欢迎的兼有理论性和实用性的畅销书。在该书的第 21 章中,作者介绍了一种"模拟训练法",这种方法让学生参与模拟实际的运作,扮演了真实生活中的各种角色,老师把现实世界的要素简化以后,以一种能在教室里呈现的形式提供给学生,这种尝试使教学尽可能地接近现实生活,以便使课堂上学习的概念和得到的结论能应用到真实的世界。

笔者在上面所推荐的"情境模拟教学法",正是出于与 B·乔伊斯先生、J·M沃夫和 E·卡尔康先生相同的愿望,其目的也正是为了"使教学尽可能地接近现实生活以便使课堂上学习的概念和得到的结论能应用到真实的世界"。此法当否,真诚地希望各位同仁不吝赐教,以期此教材与教法能日趋完善。

本教程很多章节后面都附有作业题,乃配合"情境模拟教学法"而专门设计,学生完成这些作业,将有助于"情境模拟教学法"的实施,并提前演练未来的工作。

如果选用这本教程,您可以根据教学实际需要从编入的章节中作适当取舍或另外增补和调整。

在编写过程中,笔者参阅了不少同类型的教科书和网络资料。这些教科书和网络资料有些已在"参考文献"中注明了来源,有些难以查实而没有注明出处,因此,笔者除了对已注明来源的教科书的作者和网站表示衷心的感谢外，还要对那些没有注明出处的作者或网站表示歉意，并请谅解。

因编写时间紧、水平有限，所以书中难免存在差错。读者看过或用过这本教程后有什么建议或想法，请发电子邮件告诉笔者。

但愿这本教程能成为你们教学、学习和工作的好参谋、好助手、好范本。

邹志生

2010 年 8 月于武汉工业学院

E-mail:xuhuaijinjie@126.com

Contents

绪　论

写作，作为人类的一种高级思维创造活动，是指以语言文字符号为工具，以各种书面形式为载体，表达或交流思想感情、记录或传播客观信息的行为过程。通俗地说，写作指的是各种文章的制作过程。按照逻辑学的观点，"写作"是一个外延相对宽泛的属概念，这个属概念的内涵有两个种概念，即两个分支，也就是文学创作和应用文书写作（也称为实用文书写作）。

文章分为两大类：一类是以形象和意境来反映社会生活、感染读者的，它包括小说、诗歌、散文、戏剧等各种愉悦、教育或引导读者的精神产品，人们通常称之为文艺文；另一类是以实事求是的态度来反映客观事物、服务社会的，它包括行政公文、事务文书、科技文书、财经文书、礼仪文书、司法文书等所有适用于工作、生活的实用性文章，人们通常称之为实用文书或实用文。

应用文书写作就是应用文写作。这本《应用写作创意教程》，就是面向普通大学的普通专业（而非特殊专业，如司法、医学、军事等），阐述应用写作理论，针对学生未来工作实际，指导学生掌握应用写作技巧的教科书。所以，本教程遵循实用的原则，所选内容重在实用而不在庞杂，重在管用而不在过分教条，以虚拟某一时间段的工作内容为主线，串起所有章节，给学生以工作的感觉和实践的机会，突出实用性，体现指导性。

第一节　应用文书写作的含义、特点与分类

应用文书写作与文艺写作有诸多不同。文艺写作最显著的特征是可以虚构，源于生活而高于生活；而应用文书写作最显著的特征是尊重事实，反映客观事物的本来面貌。所以，应用文书写作有其自身的含义、特点和类别。

一、应用文书写作的含义

应用文书写作是为处理实际工作、日常生活中的具体问题或传递某种信息而进行的各种应用文章的制作过程。应用写作是相对于文学创作而言的，就其实用意义而言，它包括了文学作品创作以外的一切应用性文书的制作过程。

应用文书写作既然是写作的分支，它当然要受写作学理论与方法的制约，但它与文学创作有很大的不同，在理论上、文体上、形式上都呈现出自己的特色。这就是说，学习应用文书写作，既要学习广义的文章写作的理论、技巧、方法，又要学习应用类文章特有的形式和方法，二者要有机地结合起来，不可偏废。

二、应用文书写作的特点

应用文书写作是人们在社会实践活动中，以语言文字为主要工具进行记录、加工和传播实用信息的一种创造性的精神生产，为现代信息社会所重视。它同人类社会其他精神产品的生产（如文学创作）相比较，在反映客观事物及其规律、对现实生活产生的作用与影响方面，

存在着明显的差异，有着不同的特点。

（一）功能上的实用性

应用文书写作直接为人们的实际工作和日常生活服务，直接用于处理公务和私事中的具体问题，或用于传播某种信息，其社会功效就在于实用。其实，应用文书的产生与发展，就是不断满足社会需求的结果。它自产生之日起，就以实用为目的，以满足社会需求为己任。例如现代社会通行的行政公文，它用来传达党和国家的方针政策，沟通各机关、单位之间的公共关系，使党和国家的各项方针、政策、指示得以贯彻执行。《国家行政机关公文处理方法》在第一章《总则》中就特别指出："行政机关的公文……是传达贯彻党和国家的方针、政策，发布行政法规和规章，施行行政措施，请示和答复问题，指导、布置和商洽工作，报告情况，交流经验的重要工具。"这里特别强调公文是一种"重要工具"，也就是针对行政公文的实用性这一特点而言的。再如规章制度和经济合同等，前者的作用是培养人们良好的品德习惯、自觉的工作作风，建立规范的社会工作、生活秩序；后者的作用在于监督订立合同的各方自觉履约，以获取利润、创造经济效益。又如实习报告、求职信等，都是作为学生必须学好并能运用于毕业前后，解决文凭获取和上岗就业等实际问题的应用文书。

应用文书的实用性是不言而喻的，它的直接性作用与文学作品愉悦、教育、指导读者的间接性作用有着本质的区别。

（二）内容上的真实性

文学创作尤其是小说的写作，除在细节上讲真实性外，在其余方面可以出于形象塑造的需要，在故事情节上进行大胆的虚构和想象。而应用文书写作是不允许虚构和想象的，它最根本的要求就是要注重内容的真实，即现实生活中真实存在的事实，包括时间、地点、人物、事件、资料以及数据等，都必须有根有据，真实可信。例如调查报告和总结，文中所涉及的人物、事实、数据等都必须与客观实际相一致，来不得半点虚构和想象。又如行政公文中的报告、请示、决定等，其内容所涉及的材料、数据、事实等更要符合客观实际，绝对不允许凭空捏造和虚报、瞒报，否则将会给工作带来极大的混乱和损失。

（三）应用上的广泛性

应用文书写作是应人们工作与生活的需要而产生的，其功能的实用性同时又决定了它应用范围的广泛性。应用文书因行业不同、专业不同和作用不同而形成了多种多样的文体，针对不同的生活、不同的工作内容和不同的问题而发挥着各自不同的作用，应用于社会生活和工作的方方面面。它的内容涉及文学、历史、政治、经济、哲学、法律、医学和科技等多个领域，没有时间和空间的局限；它的作用体现在社会的各个行业、各个领域，既用来传达与贯彻党和国家的方针、政策，又用来反映人民群众的意见和要求，同时还用于协商工作、交流经验和传递信息等，没有行业领域的限制。它不仅内容广泛、形式多样，而且实用性强，广泛用于社会生活的各个层面，为广大人民群众所熟知和常用，在现代社会中发挥着信息交流的作用。所有社会成员都可以运用它来为日常生活和工作服务，因此，应用文书具有极强的群众性和普遍性。

（四）格式上的规范性

之所以称为应用文书，除了因为它具有处理实际工作、日常生活中的具体问题或传递某种信息的实际功用外，还因为其显著的特点之——讲究文本格式的程式化和规范性。从实用的目的出发，有些应用文书有着相对稳定的格式和规范。这种程式性的产生主要有两种原因。其一是为了实施现代化管理，方便留存、检索等而经有关部门制定的。例如国务院办公厅对行政机关公文就有统一的要求与规范，《国家行政机关公文处理办法》第三章就对行政公文的格式作了明确的规定，任何部门、单位或个人都不能随意更改。法规性文体如章程、规定、办法等，都有基本固定的写作格式，写作者必须遵循这些格式来谋篇布局。又如请示、批复等公文，更有严格的格式，具体到称谓怎么写、开头怎么说、行文用怎样的语气、结尾用怎样的语言、落款怎样才算规范等，都有十分严格的规定。其二是由于有些应用文书在长期写作实践中逐步形成了约定俗成的格式，是对传统的继承和发展。例如，一般书信的格式都有严格的要求，必须由称谓、问候语、正文、祝颂语、落款、日期等6个要素组成，自古至今形成了习惯格式。现代书信与古代信函相比较，虽在语体上采用现代白话文行文而使语言通俗易懂，但在格式上与古代信函是大同小异的。

（五）效用上的限定性

限定性也称为时效性。应用文书的写作是为了及时处理近期或当前工作和生活中的公、私事务，是直接为工作和生活服务的，体现了其实用的特点，所以一般都受到时间的限制。限定性可从两个方面去理解。一是应用文书的写作要受到时间的限制，写作要及时，及时方有效。例如请示、批复的写作和新闻通讯的写作，前者属行政公文，拟稿行文的目的是为了处理近期或当前工作中的实际问题，其效用是现实性的；后者属新闻文体，报道最新事件动态，如不及时拟稿和发表，新闻就会变成"旧闻"，失去了新闻的价值。二是指应用文书成文后的功用或效力也要受到时间的限制，超出规定的时间就会失效。最能说明问题的当属合同，《经济合同法》对合同的有效期作了明文规定，它只在某一具体项目的合同履约期限内有效，超出了这个期限就失效了。再如计划和总结，前者是针对未来某一时间段内的工作事先所作的安排和打算，所以也只对未来的工作有效；后者是对过去一段时间工作的回顾、检查、分析和评价，所以它的效力同样受到时间的限制。

三、应用文书的分类

应用文书的种类很多，根据大、中专院校的教学实际和学生未来工作的实际需要，本教程将应用文书分为如下9类。

（一）学业文书

学业文书专指大、中专院校的师生经常使用的应用文书，如毕业论文、学位论文、实验报告、实习报告等。

（二）职场文书

职场文书是指应对求职与招聘事项以及在职人员应对工作中的某些事务时的、具有一定格式的文书。它包括求职信、应聘书、个人简历、述职报告、劳动合同、竞聘演讲词等。

（三）日用文书

日用文书专指那些处理日常工作中的细小繁杂事务时使用的、格式内容较为简便的文书。它包括常用的条据、启事、专用书信等。

（四）礼仪文书

礼仪文书指的是在社交场合为了一定的社交目的而使用的文书。它包括请柬、欢迎词、欢送词、祝酒词、答谢词、贺词等。

（五）公务文书

公务文书指的是《国家行政机关公文处理办法》中所规定的文种。这些文种是行政机关在行政管理过程中形成的具有法定效力和规范格式的文书，是依法行政和进行公务活动的重要文件。它包括命令（令）、议案、决定、意见、公告、通告、通知、通报、报告、请示、批复、函、会议纪要等13种。

（六）通用文书

通用文书是指通行于各行各业或是很多行业都要使用的文书。它包括讲话稿、演讲稿、规章制度、工作计划、工作总结等。

（七）经贸文书

经贸文书指在经贸、商务活动中用以处理经济事务、研究经济问题、反映经济活动的具有一定格式的文书。它包括经济活动分析报告、市场预测报告、经济合同、审计报告、招标书、投标书、广告文案等。

（八）新闻文书

新闻文书指用以进行信息传播和宣传报道最新事件的文体。这类文体在日常工作、生活中每天都会用到和见到，其所涉及的内容大到国家的大政方针，小到家庭的油盐柴米，是各系统、各领域、各行各业都必不可少的。它包括消息、通讯、特写、专访等。

（九）专用文书

专用文书是指专门用于特别场合或是有特别需要时使用的文书，如解说词、对联等。

第二节　应用文书写作的作用

与文学写作的功用不同，应用文书写作的功用是实实在在的，能解决现实工作和生活中的实际问题，能满足实际需求。它是联系、沟通、协调和维系社会关系与人际关系的桥梁和纽带。具体说来，它的功用表现在如下几个方面。

一、宣传晓示作用

应用文书写作在社会事务工作中承担着宣传和晓示作用。首先，应用文书写作宣传和阐释党和国家的方针政策。党和国家许多重大决策的作出、治国大法的颁布施行，都要通过应用文书的形式来实现，让全国人民周知。例如国家的"十一五规划"、"嫦娥计划"、"863 计划"，《中华人民共和国合同法》《中华人民共和国教师法》《中华人民共和国公民基本道德规范》等，都要通过应用文书来公布或颁布执行。从这个意义上说，应用文书承担的就是上传下达、指导人民群众如何理解与执行的任务，它使全体人民统一认识、统一行动，规范经济行为、规范从业言行、遵守做人准则，可见其宣传晓示作用是非常明显的。其次，应用文书写作能传播科技文化知识。社会的进步离不开知识的普及，尤其是科学研究的重大发现，实用技术的最新成果，科技报告、学术论文、各类学术专著等都是以应用文书为载体对外传播和发表的。我们今天所取得的很多科技成果和成就，都是对前人科技成果的继承和发扬，而前人的科技成果有赖于应用文来代代相传，今人的科技成果和成就同样有赖于应用文书记录下来并留传后世。因此说，如果没有应用文书的桥梁、纽带作用，世界上很多先进的、宝贵的文化财富就不能得到传播和沿用。

二、组织管理作用

国家实施管理是通过制定方针政策、颁布法律法规的方式来体现的，而政策、法规要让广大人民群众知晓和理解，就必须借助于行政公文以及其他应用文书才能得以实现。那么承担这些行政公文的传达、宣传任务的应用文书，就理所当然地起到组织管理的作用，所以它们都具有权威性、强制性和约束性，一经发布，从中央到地方的各级管理部门都必须严格遵照执行，发挥其管理职能，否则就会受到相应的制裁或处罚。应用文书对机关团体、企事业单位、部门或个人的行为起到规范作用，它能为营造社会秩序井然、经济建设稳步推进、人民安居乐业的和谐氛围起到重要的作用。

三、教育引导作用

应用文书写作的内容丰富多样、包罗万象，它涵盖自然、社会、历史、文化、科技、经济、法律和哲学等方方面面，既有对自然和社会等客观事物的现象及其规律的认识，又有对人类自身主观世界的探索；既是对生产劳动与社会实践的总结，又是对人与自然、人与社会关系的研究。应用文书的写作过程，就是在对自然与人文的深入研究的基础上，对客观事物的规律进行归纳总结，促进人类对其认识不断深化的过程。应用写作的终端文案，承载了作者长期研究的心得与思想结晶，为人们认知客观事物与学习知识提供了最为简捷的途径。所以说，应用文书不仅可以帮助人们进一步深刻认识客观事物及其规律，而且还可以起到修养德行、美化心灵和激励上进的教育作用。例如中共中央总书记胡锦涛向全党、全国人民宣传和倡导的"八荣八耻"荣辱观，就是用一种最简洁的应用文书形式发表的，这一文书的内容使人们认识到，在中国现代文明高度发达的今天，人们依然应该秉承中华民族传统的、正确的荣辱观和世界观。

四、信息互通作用

现代社会是由各种各样的机构、众多的单位、数不清的部门组成的，它们之间形成了纵横交错、关系复杂的网络式结构。无论是机关团体、单位部门还是个人，它们之间除了工作交往、物质的供给与交换之外，还有一个维系关系的重要形式，即信息交流。信息需要沟通、交换和传播，有了信息，这个世界就会丰富多彩，就会不断进步。而信息沟通、交换、传播离不开各种应用文书，所以应用文书就成了现代社会中，联系与沟通政府机构、社会团体、企事业单位以及个人之间关系的桥梁与纽带。应用文书所负载的信息，成为人们开展工作的一个重要依据。

五、记录凭据作用

在社会工作和现实生活中，许多事务具有长期连续性，许多政策具有长期连贯性，许多问题的处理需要上级的文件作为指导，许多文件、资料要作为随时备查的凭据。应用文书写作的过程，就是各种信息的采集、加工与整理的过程，是各种问题处理、解决的过程，也是信息采集和加工过程的完整记录，是分析、研究的成果或结晶，还是对产生问题的原因、解决问题的经验的探究和总结。有些应用文书以上级文件的形式出现，它就是下级部门处理实际问题的政策依据；有些信息作为重要资料需存档备查，许多问题的处理要有文案存档作为凭证。例如 2006 年 5 月颁布的《机动车交通事故责任强制保险条例》，作为保险业的一个单项险种的政策性文件，它保护交通事故受害人的利益，体现以人为本的理念，是处理交通事故中车与人之间的纠纷的准则，受害人据此保护自己的利益，保险公司据此理赔各方损失，肇事者据此接受处罚，一切都在《机动车交通事故责任强制保险条例》的条款中作了明确界定。这个《机动车交通事故责任强制保险条例》的载体就是一篇应用文书，它就成了交通事故有关各方处理事故的依据，起到了作为处理事故的凭据的作用。

第三节　应用文书的语体

有一种现象值得重视：很多人的文字功底相当好，写文艺文（散文、诗歌等）非常精彩，但只要转到应用文书的写作上，就不知如何行文，要么写成散文式的，要么语序、层次不知如何安排。针对这种现象，下面有必要从写作的角度对应用文书的语体进行阐述。

一、关于语体

应用文书的语言和其他文体语言的区别就在于它们运用的语言体裁（语体）有所不同。因此，下面所谈到的应用文书的语言，就是关于应用文书的语体问题。所谓语体，是人们根据不同的交际领域、交际目的、交际方式，采用不同的语言材料所形成的具有不同特点的语言体裁。

要想写好应用文书，首先要有恰当的表达方式和方法，就如同一个社会生活中的人，无论是在工作中还是在生活中，有很多事情都要办得得体——行为要得体，说话要得体。应用文书的写作就如同上面所说的两个"得体"一样，在行文过程中文字语言一定要得体。那么，这个"得体"就是要求写作者在拟稿过程中，所运用的文字语言要合乎应用文书的行文原则和语境，一言以蔽之，就是要采用恰当的语体。

二、语体的种类

语言是人们交流思想、表达情感、说明事理、解决问题的工具。语言有口头表达和文字叙述两种形式，这两种表达方式本身就具有两种不同的语言体裁，那就是口头语体和书面语体。

（一）口头语体

口头语体是人们在交流时不借助书面文稿而用口语相对自由、灵活地表达话题意思的语言体裁，如茶余饭后的闲聊，会议过程中围绕会议主题进行的自由发言和讨论，教师在课堂上围绕课题进行的分析、阐述等。总之，口头语体是一些有主题或无主题的口头表达。

口头语体有如下几个特点。

（1）**语言表达的相对随意性**。在非正式场合或不需借助讲话稿的情况下，说话人就某一话题发表看法或陈述某一事件时，其语言表达相对随意，依话题表达的需要而变化，依听者的表情、情绪变化而变化，或独自主讲，或答问应和。

（2）**表述层次的欠逻辑性**。正因为是在非正式场合，不借助讲话稿，说话人的语言表达有一定的随意性，所以其语言表述层次的逻辑性往往就不很强。但正是由于这样，才有了发言、对话、交流、讨论的自由气氛和环境，一些入木三分的分析和鲜明正确观点才能得以表达。

（3）**附加成分的辅助性**。口头语言的表达不同于书面发言，在讲话者表达某一观点或陈述某一话题时，常常会加入一些附加成分，带有说话人习惯性辅助成分的语气词或其他不具实际意义的短语等，如"啊"、"是不是"、"比如说"等。当然，这些附加成分有时能起到辅助作用，但更多情况下无实际意义，甚至显得啰嗦、多余。但正是由于有了这些成分，口头语言才成了一种特别的语言体裁。

（二）书面语体

书面语体是人们运用书面语言表达思想、抒发情感、表明观点、说明事理的语言体裁，如报刊社论、学术论文、各级领导的工作报告文稿等。作者的思想、文章的主题或借助文字载体如报、纸杂志等发表，或在正式场合照文宣读以传播。

1. 书面语体的特点

因用于正式场合或体现对听众、读者的尊重，书面语体具有如下几个特点。

（1）**流畅简洁**。书面文字是人们经过深思熟虑、字斟句酌后写成的，在字、词、句各方面都符合语法的要求，言简意赅地说明事理，使人读来朗朗上口，听起来流畅自然，能很快地领会作者的语义和意图。

（2）**表意明确**。一篇文书材料要想说明问题，首先要有流畅的语言、简洁的文字，能把复杂的问题、深刻的观点、奥妙的事理说明白，使听众或读者能尽快理解和把握主题思想，弄清、弄懂作者的意图。做到了这一点，就符合了书面语体的要求。

（3）**逻辑性强**。讲究说话艺术的人都会重视文字、语言的逻辑性。逻辑性表现在主次内容的详略得当上，表现在文章结构的层次分明上，表现在语气运用的正确恰当上。没有逻辑性的文辞是得不到听众或读者的好评的。

（4）**结构完整**。一篇好的文书材料，在谋篇布局上要合乎文章写作的基本要求，有开头、有主体、有结尾。开头或概述要点领起全篇，或提出问题引起读者的阅读兴趣；主体针对开头阐发开来，将主要问题详尽叙述，运用材料论证观点；结尾针对主体的事实材料、论证分析作出最终的结论。各部分篇幅合理安排，条理井然。

2.书面语体的种类

我们将语体分为两大类，即口头语体和书面语体，这是一种大致的分法。而书面语体根据不同领域、不同行业、不同作用还可以细分。

（1）**文艺语体**。文艺语体是作者运用语言文字丰富的表现手法（如修辞等），塑造艺术形象、反映社会生活的一种语体。

文艺语体可分为韵文体、散文体两大类。韵文体指文艺文中讲究用韵的文学作品所采用的语体，散文体是文艺文中不讲究用韵的文学作品所采用的语体。

韵文体显著的标志是有鲜明的节奏与和谐的韵脚构成的韵律。韵文体特别注重语言的音乐美，凡有助于加强音乐性、提高表达效果的语音材料和表达手段，如押韵、双声、叠韵、叠音、拟声以及音节的配合、平仄的调配等，都可以根据需要选用。现代的韵文还具有分行排列的特殊形式，从形式上就明显地区别于散文体。韵文体还可细分为格律体、自由体、说唱体。

散文体最显著的特征是不用韵，语言形式较之韵文体更加自由、灵活。它绘景状物、写人抒情时语言的运用无所拘束，但在语言的通畅、简练上与韵文体的要求是一致的，是文艺语体中较为常见的一种。

当然，现代文艺文写作上有一种文体——散文诗，既有散文的特征，又兼具诗歌的特征，两者合二为一，但散文体的比重占主要比例，这是韵文体和散文体有机结合而产生的一种新的体裁。

文艺语体开放性极强，有助于主旨表达的生动的词语、句式、修辞方式等都可以运用，还有一些文艺语体色彩极浓的专用"艺术辞藻"，如皓月、碧波、绚丽、婆娑、飞舞、徜徉、似水流年、袅袅婷婷等也常见于这种语体。文艺语体运用语言总体来说具有情意性、形象性、生动性、变异性、音乐性、多样性、独创性等特点。

文艺语体在应用文的写作中用得不多，除需要用带有艺术色彩的语言来达到特殊效果的文体如对联、解说词、舞台节目间的串台词等外，一般事务性应用文书很少运用文艺语体来写作。

（2）**政论语体**。政论语体是在论述政治、社会问题，进行政治鼓动时运用的一种语体。

政论语体的主要特点是语言简洁流畅，语气上带有明显的倾向性，语言中政治术语用得较多，行文中较多地运用通用词语，但为了增强鼓动的艺术感染力，也不排斥艺术性词语，句法上可选用各类句子，有时还运用一些颇具感染力的修辞手法。

例如，《人民日报》社论《伟大的开局之年——2006年元旦献辞》：

今年是"十一五"时期的开局之年，"十一五"的壮丽画卷将由此铺展，下一步的经济社会发展格局将由此开启。一些矛盾和问题的解决将在这一年开始破题，一些发展瓶颈和体制障碍将在这一年有新突破，一些重要领域的改革将在这一年逐步启动，一些历史性任务将在这一年深入推进。这将是一个深化改革之年、科学发展之年、促进和谐之年，也将是一个希望之年、奋斗之年、前进之年，是站在新起点、肩负新使命的开局之年。

上面这段文字中，排比的修辞手法运用得恰到好处，极大地增强了语言的表现力和感染力。

（3）**科技语体**。科技语体是记载、传播社会科学和自然科学研究成果时运用的一种语体。

科技语体的主要特点是讲究逻辑性、科学性、简明性。对事物的表述主要是叙述说明而非描绘抒情，因此行文中大量运用科技术语，经常运用非自然语言的符号、公式、图表，如

"≥ ≈ ≠ ≯ ∵ ∴ ∈ ≌"等。由于科学技术互相交流的需要，科技语体还往往在运用术语时插入相关词语的对应外语。另外，科技语体句式严整而较少变化，行文上较少运用修辞方式，特别是形象性、描绘性的修辞方式。科技语体分自然科学体与社会科学体两类，它们的特点稍有不同。

（4）**事务语体**。事务语体是机关、团体、企事业单位以及人民群众处理公、私事务时运用的一种语体。

事务语体可分为公文体与日用体，其中公文体又分为行政公文体、法律文书体、财经文书体；日用体又分为书信体、告白体、条据体等。

事务语体的主要特点是质朴、平实、简明，有些还具有固定格式并使用专用术语。

公文体的特点是具有庄重性、程式性、套语性，术语运用较多，句法上运用带套语的框架式句子格式，陈述句与非主谓句运用较多。例如，《中华人民共和国著作权法》：

第十六条 公民为完成法人或者其他组织工作任务所创作的作品是职务作品，除本条第二款的规定以外，著作权由作者享有，但法人或者其他组织有权在其业务范围内优先使用。作品完成两年内，未经单位同意，作者不得许可第三人以与单位使用的相同方式使用该作品……

上述条款中的"法人"、"著作权"等就属于专业术语，其他还有主语承前省略的陈述句如"作品完成两年内，未经单位同意，作者不得许可……"等，是事务语体的显著标志。

日用体的特点是平实、简明。其中书信体较为灵活，正文可以丰富多样，形式也不拘一格，但开头、结尾以及信封等也有特定的书写格式，还有必备的问候语与祝颂语，如"你好、此致敬礼、顺颂、春祺、冬安、教祺、编安"等。告白体主要用于简短的启事等，一般无固定格式限制。条据体如借条、领条、介绍信等，也有些套语，如"今借到"、"今领到"、"此据"、"兹介绍"、"为荷"等，涉及款项与物品的数字必须大写为"零、壹、贰、叁、肆、伍、陆、柒、捌、玖、拾、佰、仟、萬"等。

语体按传统的分法大致分为以上几种。但随着社会的发展和进步，语体的种类也会随之增多，一些新的语体已经逐步被人们认同，如广告语体、网络语体等。

从上述几种语体看，事务语体在实际工作和生活中是最常用的，其次是政论语体。因为在现代经济活动中，商务活动每天都有，涉及商务的应用文书如合同、市场分析报告、调查报告等每天都要写；机关、团体、企事业单位的日常管理工作非常繁忙，诸如带有政治色彩的政府工作报告、决定、议案等，也是经常要写的。所以在本书此后的章节中，我们将重点放在事务语体、政论语体等应用文书的讲解上。

作业

为配合"情境模拟教学法"的实施，教师在所教班级筹备成立一个模拟商务公司，选出公司的领导班子以及各中层业务部门的负责人，给每个学生分配具体工作，落实具体岗位。总经理秘书绘制出公司机构图，其他同学也同时尝试完成这个作业，以了解未来工作的某些内容。

第一章 学业文书

在大学毕业之前，大学生必须做好几个大型的作业，这些作业既要运用大学所学的知识和技能，还要体现自己的学业成绩和水平，这些作业就是学业文书。

所谓学业文书，是指大学生在校期间为完成学业而必须写作的文书。它包括实验报告、实习报告、毕业论文等。本章将结合在校生实际，依次介绍这些文书的写作。学生通过本章内容的学习，应掌握这些文书的写作方法和技巧，顺利完成学业。

第一节 实验报告

一、文体简介

（一）实验报告的含义

实验报告是在科学研究中描述、记录某一课题的实验过程和结果的报告。也就是说，在学习和科研活动中，为了检验某种科学理论或假设，往往要进行实验。人们通过操作、观察、分析、综合、判断，如实地将实验过程和结果记录下来，经过整理而写成书面报告。

实验报告是实验工作的全面总结和系统概括，是实验工作不可或缺的重要组成部分，它具有情报交流和资料保存作用。对于大、中专学生来说，撰写实验报告是一项重要的基本功训练。学生通过撰写实验报告，能够加深对所学理论知识的理解，使理论与实践紧密结合；能够培养和提高观察、分析实验现象和独立进行科学研究的能力；能够养成严谨的治学作风和实事求是的科学态度，从而提高科技文书的写作水平。

（二）实验报告的特点

实验报告具有科学性、确证性和语言的简洁性等特点。

（1）**科学性**。由于实验报告是在科学实验的基础上得出的，任何臆想和猜测都不能写入报告中，实事求是的科学性是保证实验报告质量的重要条件。

（2）**确证性**。实验报告要求忠实、客观地反映实验的方法和结果，要不带任何偏见地去记录实验的过程，因此，要求所用的数据真实，结果要准确、可靠，具有确证性。

（3）**语言的简洁性**。实验报告要将实验的过程、方法、结果准确、完整地描述清楚，因此在语言上要求简洁清晰，不宜长篇大论，也不能含糊不清。

（三）实验报告的分类

实验报告写作的基本类型常见的有检验型实验报告和创新型实验报告。检验型实验报告是实验者重复前人已作过的试验，再进行一次检验所写的实验报告。创新型实验报告是科研工作者进行一项新的研究所写的实验报告。

二、写作格式

一份完整的实验报告通常由标题、署名、摘要、前言、主体、结尾等内容构成。

（一）标题

标题是实验内容的高度概括，拟写标题的要求是简洁、醒目、准确，冗长而词不达意的标题应力求避免。如果实验的内容高深复杂，拟写标题时应首先把意思表达清楚再考虑字数。实验报告的标题有单一式和复合式两种。单一式是指标题直接点题，如"低温灭菌实验"、"水的硬度测定的实验报告"；复合式标题则由总体与具体部分构成，如"大豆化学品质检验——蛋白质测定"。

（二）署名

实验报告的署名包括作者姓名、单位名称。

（三）摘要

摘要一般写在标题下面，其内容是全篇报告结论的浓缩。它要求高度概括，且不加说明和解释，一般可独立成段。摘要能使读者一看就了解全文内容要点。

（四）前言

这是实验报告的开端，主要包括实验研究的对象、实验名称、实验目的、作用和意义、实验的预期结果和目标等。这部分不宜太长，要用概括性的语言叙述，交代清楚即可。实验目的概括起来大多是：① 理论上，验证定理定律，获得深刻和系统的理解；② 实践上，掌握仪器或器材使用的技能技巧。

（五）主体

实验报告的主体部分主要包括以下内容。

1．实验原理

主要介绍实验所涉及的重要概念、重要定理、定律、公式及由此而推算的重要结果等。实验原理是进行实验的理论依据。有的实验要给出计算公式以及公式的推导，电学实验要给出线路图，光学实验要给出光路图，化学实验要给出反应方程式。

2．实验装置

这是实验报告的重要部分，应详细介绍实验所使用装置的名称、原理、结构、型号及性能；如果是自己设计制造的实验器具，应详细说明如何制作、如何使用及使用效果。画出仪器的轮廓实物图，如烧杯、烧瓶、试管、漏斗、坩埚、砝码、托盘、天平等。实验所需的原材料，应写明名称、化学成分、性质、特征、产地等。化学实验中的试剂，应标明形态、浓度、成分等。还要介绍实验时的条件及实验的具体要求。实验要求同实验目的一样要简练、明确，可分条列出。

3．实验步骤和方式

这部分重点介绍自己设计的实验方法或特殊方法，简要介绍实验的过程，必要时还要附上实验原理图、电路图等加以说明，常用的表达句式有"如图所示"、"参见表1、表2"等。

	（6）取出木焦油样品，用三氯化铁进行检验
实验结果	（1）木屑在加热时变黑并且逐渐碳化，先出现木材在高温时分解的气态产物，后出现液态产物和焦油。 （2）气态产物燃烧时，形成无色无烟的火焰。 （3）液态馏出物对石蕊显酸性，与费林试剂共热，所出为黄色及红色沉淀；滴在氧化铜膜上，可以使氧化铜还原为铜，这说明液态馏出物中有醛和醇。 （4）木焦油与三氯化铁作用热时，显现酚的特有的颜色反应，说明其中有酚在。 （5）试管①里呈黄色的残余物是木炭
实验结论	木材在隔绝空气加热时发生复杂变化，结果生成了系列性物质，有可燃性气体 CO、H_2、CH_2OH 等；液态产物醛、酚；固态产物木炭等

第二节 实习报告

一、文体简介

（一）实习报告的含义

实习报告是临近毕业的大、中专学生在实习环节结束后，为及时反映实习内容、实习环节、实习效果、实习体会而写作的书面材料。

（二）实习报告的特点

（1）作者群的特定性。一般来说，应用文书的作者没有限定性，只要是从事相关的工作，任何人都能写作与工作相对应的应用文书；任何人在调换工作岗位、改变工作性质和内容以后，仍然能写作另一类与工作岗位、性质、内容相关的应用文书。但实习报告的作者群不一样，他们只能是在校的或临近毕业的大、中专学生，必须是在实习环节结束后写作的。学生毕业以后进入社会，从事与学校完全不同性质的工作，工作中写作的实用文书可以是除实习报告以外的任何文体，唯有实习报告无须再写，也没有必要再写。

（2）内容上的真实性。实习报告是实习环节进行完毕后写作的，它反映实习过程中的具体情况，如实习单位、实习岗位、工作内容、工作表现、实习体会和感想、需要增补或加强的知识或技能等，作者只有在亲身经历和有真实体会的前提下才能如实反映，而不是在没有参加实习的情况下凭空想象出来的。尤其是实习的体会和感想要如实反映，如书本理论知识是否能运用于实际工作并解决实际问题、本人掌握和运用知识的程度及能力、需要增补和拓宽的知识等，都要如实反映，以便学校今后修改教育计划和改进教学方法，也方便自己弥补不足和拓宽知识面。

（3）格式上的规范性。实习报告作为一种专用文书，有其特定的写作格式和结构要求，这也是实习报告区别于其他应用文书的显著特征之一。当然，写作格式是为表现实习报告的主题服务的，写作格式也是依据具体内容而设置的。所以，实习报告中该有的内容都要有，这些内容要根据格式要求，采取恰当的结构分门别类地进行阐述，这样才能使实习报告内容翔实而具有可读性，结构严谨而具有合理性，格式正确而具有规范性。

（三）实习报告的作用

实习报告的作用重点表现在教和学两个方面，实习报告能检验学校教育和教学的成效，能反映学生掌握和运用知识的情况，能给学校管理和教师教学反馈信息。

二、写作程序

实习报告的写作作为一次大型的作业，与学术论文的写作有相似之处，所以要按照步骤来进行，一般要事先写好提纲，使写作有序进行。

首先，准备素材。 准备素材的工作不是从报告行文时开始的，而是在实习过程中甚至实习之前就开始了。实习是与所学专业对口进行的，实习单位是事先确定的，在确定了实习单位、了解了岗位特点和工作性质之后，就应该着手准备实习报告的写作。在实习过程中，实习者要对实习的全过程、各环节进行深入细致的观察，并做好必要的记录，这些工作笔记就是实习报告行文时的重要参考，尤其是观察到的问题和不足，是发现问题、分析问题、解决问题的切入点，在这些问题和不足上做文章，是最能体现实习报告的价值的。这些素材要经过整理才能用于实习报告的写作。

其次，设计框架。 所谓设计框架，也叫谋篇布局，就是事先安排好文章的结构，这是素材准备好之后必须做好的工作。假如材料准备很充分，但行文时没有一个很好的结构，其结果是材料杂乱堆积，没有逻辑顺序，前言不搭后语，主旨体现不明，使人看后不知所云。要力避这种情况的发生，就要事先做好谋篇布局的工作，最好能拟出提纲或写作计划，然后按照提纲和计划来实施写作。

再者，写作初稿。 在提纲和计划拟定之后，就要进入下一步实质性的工作了，那就是动笔行文。最可行的方法是按提纲的安排写出初稿。初稿的写作可粗可细，能细则尽量细，这样修改时就不用费大力气了。

最后，修改定稿。 实习报告这种大型作业一次成功定稿的情况是不多见的，一般都要经过修改这一关，有的甚至要几易其稿。这是一种严谨的治学态度，要大力提倡。修改时，或补充材料，或调整结构，或理顺语言，或修正观点，一切根据需要进行。

三、写作格式

与其他应用文书一样，实习报告的通用格式包括标题、正文和落款3个方面，下面作简要介绍。

（一）标题

实习报告的标题有两种类型，即公文式标题和观点式标题。

1. 公文式标题

由一个短语或一句话构成，它又分为两要素标题和三要素标题。

（1）两要素标题，即由事由和文种组成，如"实习报告"。这种标题最为简略，把实习单位名称、岗位性质或工作内容全部省略，其优点是直陈其事，言简意赅。

（2）三要素标题，即由实习单位（或岗位）名称、事由和文种组成，如"××商业物流中心实习报告"。这种标题要素齐全，将实习单位名称、岗位性质和内容等一并写出，其优点是给人一种具体全面的感觉，使读者能从标题上获取更多的信息。

此外，还有一种两行式标题，它由正题和副题组成，正题在上，副题在下，正题从略，只写明事由和文种，副题概括报告的主旨，并对正题作诠释性说明。例如，"实习报告——对××物流公司经营管理现状的思考"这个标题的正题较为简略，只写明事由和文种；副题写明实习单位以及对该单位经营管理状况的研究和分析，是对正题的诠释性说明。

2．观点式标题

由能够反映实习报告主要观点或主题思想的短语构成，必要时加上副标题，诠释主标题。例如，"走进社会大课堂，勤于实践得真知"、"走进社会大课堂，勤于实践得真知——在××公司的实习体会"。以上两例中，前者用字数相等的两个对称性短语来表现观点（主旨），即在实习过程中的深刻体会；后者加上一个副标题，对正题作必要的诠释。

（二）正文

实习报告的正文内容很丰富，它包含了如下多项。

1．开头

首先是概述情况：实习单位简介——包括单位概况、主要产品（或服务）以及市场、消费群分布等；实习过程的基本回顾——简要叙述实习过程和实习的基本内容。其次是简介实习项目：项目介绍——实习所从事的具体业务或工作；基本原理（或规程）——实习所从事项目的工作原理或操作程序等；方案论证（或方案比较）——为完成工作所做的实施方案。

这部分可选择若干方案进行比较，通过剖析各个方案的优缺点，达到论证所实习项目的方案是否合理的目的。同时，还应描述实习项目的技术成分，如新技术、新工艺、新工具等。

2．主体

先对实习内容进行综合分析，这部分是实习报告的重点，要较为详细地进行分析。它包含如下内容：本人承担的主要工作；方案实现的技术措施；专业知识和技能的应用（或创新点）。然后总结实习活动：收获与体会，如对企业环境的认识、工作适应过程、知识和技能的综合提高、课堂理论在实际应用过程中的作用和具体问题等；问题与探讨，此处若能提出一两个颇有价值的问题（如企业经营环节中存在的某些不足或其他被忽视的问题）进行探讨，然后有针对性地提出改进的建议，则更能体现实习报告的价值。

3．结尾

必要的结束语，以简略的语言、真诚的态度对实习单位表达谢意。

（三）落款

落款包括两点：一是作者署名，二是写明成文日期。如果报告是实习小组成员共同完成的，署名应该是若干人。

四、写作要求

实习报告在写作上有如下几点要求。

（一）选题得当

实习报告可以大致反映学生的学业成绩，以是否具备运用所学知识分析和解决本专业领域内某些基本问题的技术水平和能力为标志。所以，根据学生的实际，实习报告的选题一般不宜过大或过深，内容不宜过于复杂、过于偏僻，要求能够较好地结合企业实际情况，分析或解决专业领域中的某一具体问题即可。

（二）理论联系实际

实习报告的写作是一种更生动、更切实、更深入的专业知识的学习。在报告写作过程中，可以结合实习课题将所学专业知识和技能运用于实际，在理论和实际相结合的过程中进一步消化、巩固所学的专业知识，并将其转化为分析和解决问题的能力，在搜集材料、调查研究、接触实际的过程中，既可以印证学过的书本知识，又可以学到许多课堂上和书本里学不到的新知识。

（三）融会贯通，诚信治学

实习报告的写作不是单一地应用某一专业课程所学的知识和能力，而是综合运用所学各科知识和能力对某一问题进行探讨和研究。工作中有些问题是相互关联的，而课本知识的作用有时也是多方面的。这就要求作者在实习时能够融会贯通，把所学知识综合运用于实际工作中，并能发挥知识的作用，解决实际问题。若平时学习习惯于死记硬背，缺乏能力的培养，缺少动手、动笔和实际操作的能力，在写作过程中问题就会暴露出来。

通过实习报告的写作，学生可以发现自己的长处和短处，以便有针对性地克服缺点。在写作过程中，应克服不以实践和研究为基础的错误倾向，切忌东抄西拼、改头换面、剽窃他人的成果，即必须端正文风和学风，诚信治学。

 例文 1

实 习 报 告

平面设计专业 2005 级 3 班　　杨柳依

按照教学计划的安排，我们平面设计专业 2005 级毕业班的同学，本学期进入大学学习的最后一个程序，即实习环节。2008 年 3 月 20 日至 5 月 20 日，我来到了华中地区最著名的文化产业采桑子文化传播有限公司实习，我所实习的部门是产品包装设计部，指导我的师傅是著名平面设计师欧阳鹏经理。

在这两个月的实习工作中，我学到了课堂上不曾学到、也很难学到的东西，使我对社会、对市场、对专业有了更深刻的了解，这也将对我的世界观、对我的人生、对我未来的工作产生积极的影响。这是一次难忘的实习，它给了我课堂以外的深刻教育并且使我获得了开启社会、开启事业、开启人生的三把钥匙。

第一把钥匙：礼貌

"礼貌"这两个字经常被我们挂在嘴边，不过更多情况下我们只是将它用来要求别人，而忘了用它来"武装"自己。在大多数情况下，我们会谈论或指责某些人说话时礼貌不周，人前人后不讲礼貌，但具体落实到自己身上时却也往往不能达标，更为遗憾的是自己并不认为有失礼貌。例如，很少有同学在课后称老师为"××老师"，而是直呼其名；平时说话不尊重他人，即便是求助于人时都有失礼貌……诸如此类，不胜枚举。对此我深有感悟，因为实习过程中的几件事深深地触动了我。

去实习单位不到三天便发生了两件事。第一件事发生在我自己身上：我第一天报到后，部门经理让我在门店负责接待前来联系业务的顾客，我满口答应。这一天来了三位顾客，上午来的两位顾客我接待得很周到，食品包装和皮鞋包装业务经理与之洽谈后基本形成意向。而下午来的一位顾客差点儿被我的两句问话"吓"走了——这位顾客似乎是不经意地走进门店的，形象不咋的，穿戴有些土气，嘴里叼着香烟。我于是以貌取人、出言不敬地开口便问："你干什么的？"他抬头看我时烟雾向我脸上吐来，并反问一句："你说我干什么来的？"我不管他是干什么的，用手扇去烟雾说："没事到别的地方玩去！"他听后扭头就走，这正被我们门店经理看到，他赶紧上前将这位顾客拉回，并连声赔礼道歉，请他原谅我这个刚来的实习生。这位顾客被经理的真诚打动而返回了门店，经过经理与他的一番沟通和友好洽谈，一份涉及10余万元的茶叶包装业务签订了合同，10000元预付款现金入账。事后门店经理将我有失礼貌的事反映到总经理那里，我后悔得直流眼泪，并一再承认错误。好在我是由我父亲在工商局工作的同学（副局长）介绍来的，公司才没赶我走。第二件事发生在设计师刘俊身上，22号下午快下班时他与邻座的张波聊天，谈话间两次直呼总经理的大名，说总经理前天批评了我接待顾客时以貌取人。不料此时门店经理从外面进来刚好听到，便对刘俊说："本月扣你300元工资！"刘俊一时像丈二和尚摸不着头脑，而门店经理甩下一句话："上次你背后呼我绰号，我原谅你了，这次你又直呼总经理大名，罚你300元教你懂得如何尊重别人！"

这两件事对我的教育很深刻，也使我体会到：人是需要尊重的，人与人的沟通和相处从礼貌开始，社会是需要用礼貌这把钥匙去开启的，尤其是从事服务行业。回想起在学校时，同学们对老师直呼其名或不知任课老师的姓氏这种情况尤其多见，好在老师见多不怪、习以为常或曰宽大为怀不太计较，但进入社会后不讲礼貌是要受到惩罚的。从那以后，我时时处处小心谨慎、礼貌待人，还几次受到经理的表扬。

第二把钥匙：德才

德才是人的立身之本，是开启事业之门的重要钥匙。作为一个大学毕业生，走向社会后没有良好的德才，不能与人友善相处，就不可能赢得好评，也胜任不了工作，更不可能成就事业。经过这两个月的实习我充分认识到了这一点，因为身边的鲜活事例给了我启迪。

在这个华中地区著名的文化企业中，聚集了一大批美术设计的精英，尤其在我们这个以包装设计为主的分公司。最值得提起的就有这么几位：张鹏，是一位12年前毕业于中央美术学院的设计高手，经他设计的许多包装都获得较高的奖项，所以他的待遇是我们这个公司最高的；除他以外，还有徐竹心，她的封面设计颇有创意，多次获得全国奖项，是我们公司的业务骨干，她的待遇和张鹏不相上下，这两位高人在公司上下很受人尊敬，公司给他们开出高薪也是为了留住他们；还有一位听人说是去年六月辞职的马骏，他可是电子产品包装方面的设计专家，就读的学校虽不十分知名，但他的设计理念和设计水平绝不在名校才子之下，他来公司不过四年时间，虽说工资不是最高的，但他的设计是一流水平，仅以他两年前设计的冰川牌空调之系列为例，从LOGO到包装其创意具有超前性，产品上市后销路极佳，为公司创造了丰厚的经济效益。由于资历不如张鹏、徐竹心他们长，他的薪酬相对低一点儿。可能他对待遇不满意，感觉个人价值得不到应有的认可，也许是他觉得自己羽毛已丰、可以单飞了，于是他便辞去工作，成立了自己的设计公司，将冰川牌空调的业务也带走了，据说开业不久又与海达洗衣机签了一个大单，做得好的话，所赚足够他吃一辈子，大家都断言他是做得好的。从上面三位各自的情况看，无论哪一位，他们都在竞争激烈的市场中站稳了脚跟，而他们赖以立足的本钱就是他们的才能。

另外一个颇具教育意义的事例，是一位被公认为很有灵气、很有才能的女设计师陈某一年前被"炒鱿鱼"。她年龄不算小，来公司半年后就拿出了轰动业界的"月亮神"著名商标设计，这笔业务至今还在为我们公司赢利，而这位陈某却在半年前被公司辞退了。原因很简单，她出名后目中无人，看谁都不顺眼、对谁都瞧不起，有点霸道，而且喜欢挑拨同事间的关系，最后闹到了"公公婆婆都讨厌，姑子小叔也不爱"的地步，总经理只好多给三个月工资让她走人。据说她原来在外地工作时，一般平均两年左右就要跳一次槽或被"炒鱿鱼"，其原因就与她的不良德行有关。由此我想到，一个人要德才兼备，有才无德或有德无才，都很难在人群中愉快地生存下去、很难在事业上有所成就。

还有一件事不能不说，那就是我本人在实习过程中的首秀之作——为一书法教材设计封面。其实这个封面先前已安排给另一位设计师张良设计，要求我拿出设计稿，是公司为了考察我的设计能力而布置的"课外作业"。我可是十分认真而努力地完成了设计，但与张良的设计稿相比我甘拜下风、自愧不如。他的设计很有文化味，显示出深厚的文化底蕴；而我的设计虽然有一点时尚，但远没有与书法这门古老艺术相匹配的书卷气和艺术性，原因何在？也许与学校教育脱离社会实际有关，更说明我自己的学养不够。毫无疑问，我的设计稿仅只能作为陪衬，但我不后悔、不泄气，甚至受到了现实的教育和启发，也知道了自己文化底蕴的不足。由此可知，要想在市场竞争中站稳脚跟，仅有热情是不够的，到古今知识的海洋里去汲取营养、不断充实自己以提高设计能力是至关重要的。所以我要学习、学习、再学习，同时也提醒在校的学友们除了努力学好课堂知识外，还要在课外下大工夫丰富自己的学养，以胜任未来工作，甚至开创自己的事业。

第三把钥匙：诚信

古人有言："友以义交情可久，财从公取利方长。"以义交友、凭公取利，用今天的话来说，这是中国企业文化的核心内容之一。何为"义"？何谓"公"？用当今最通俗的语言解释之，那就是诚信，而诚信正是开启人生大门的又一把金钥匙。采桑子文化传播有限公司之所以能在市场竞争中越做越强、影响越来越大，其中最主要的原因就是讲诚信。诚信是这个公司的生存之道、发展之道，它是总经理在几次"磕碰"之后领悟出来的，并一直坚持到今天。

总经理朱大成经常在会上用自己的教训和经验告诫员工，做业务就是做人，要想做好事业就必须先做好人，人做好了事业自然就会好。总经理的"第一桶金"是他在学校当老师时掘取的。他是学中文的，但业余喜爱美术设计和书法。15年前他为本地一家著名企业设计的LOGO，在5000余位专业设计者的来稿中脱颖而出、一举中标，他因此而获得了一笔不菲的稿费，并从此承接了这家企业所有的广告及包装业务（包括广告、包装的设计、制作和印刷），且全部靠他"单枪匹马"在教学之余来完成。由于他的设计文化味颇浓，加上他为人谦和且有诚信，在业界口口相传，之后其业务扩展到社会上其他企业，因此资本有了一定的积累。后来他辞去学校公职，成立了采桑子文化传播公司。起初，公司运转不太顺利，员工众多，业务所赚不足以对付日常开支，他的压力很大。无奈之下，他在几笔包装印刷业务中耍心眼，其中损失最大的一笔是原本合同约定用300克的进口铜板卡纸印刷，但他为了增加利润，采用250克铜板卡纸印刷赚取其中差价。交货时用一部分合格品对付验货人，算是混过去了，货款也都收回了。但这一笔原本5年期的合同业务仅做了一次，再也没了后续，后来得知这笔业务甲方转给彩云公司了，原因就是采桑子公司在第一次印刷中"偷工减料"——用250克纸张代替300克纸张。这笔业务的损失年约110万元，而且是丢掉了5年的合同和利润，这给总经理以沉重的打击和教训。这几次"耍心眼"使总经理认识到，做业务就是做人，人做不好业务肯定做不好，于是他痛下决心老实做人、规矩做事，用信誉揽活，用诚信赚钱。从此，他的朋友越来越多，业务越做越广，事业越做越大，以至于在华中地区享有盛誉。在公司的会议室里，这几个实例被整理成文、制成展板，用来时刻提醒和教育员工。我就是从这上面知道这些故事的。

在采桑子公司发展的过程中还有一件事值得大书一笔，那就是总经理的心地善良、乐善好施。他赚的钱大约有 1/5 捐给了慈善事业，最能说明问题的是 2008 年"5·12"震后救灾，采桑子公司一次就捐出 1000 万元，这对于一个民营文化企业来说是很大方、很诚心的。正因为如此博大的胸怀和慈善之心感动了社会，企业获得的社会回报也是很大的，采桑子公司这几年接到不少大单业务，对方都说是冲着采桑子公司的社会责任感、乐善好施的爱心和社会美誉度而来的。

以上几个典型事例证明了总经理的那番话：做业务就是做人，要想做好事业就必须先做好人，人做好了事业自然就会好。我在该公司短短 60 天的实习所获得的体会是：人生的大门只有用"诚信"这把金钥匙才能打开。

实习环节很快就结束了，但它留给我的印象是长久的，思考是深刻的，它改变了我原来并不成熟的人生观、世界观和价值观。我在采桑子公司学到了不少东西，拿到了三把珍贵的"钥匙"，我喜欢这个企业并希望毕业后来到这里，当一名采桑子公司的员工。

2008 年 5 月 28 日

（例文来源：编者自撰）

第三节　毕业论文

一、文体简介

（一）毕业论文的含义

毕业论文属于学术论文的一种形式。它是高等院校各专业应届毕业生在毕业前提交给学校的总结性的独立作业，是对学生在校期间所学知识和所获能力的综合检查，也是授予学位的主要依据。

（二）毕业论文的特点

（1）**学术性**。毕业论文的学术性与一般学术论文的学术性有所不同，它所要求的理论基础没有那么深广，它只是要求毕业生在学习专业基础课的基础上，对本专业研究领域中的一些问题进行研究和解决。

（2）**理论性**。毕业论文不能停留在仅仅罗列现象或数据层面上，而必须探究事物的本质及规律。学术论文往往具有很强的说理性，要将一般的现象升华到一定的理论高度，这种理论性最能反映出作者的学识和理论水平。

（3）**独创性**。毕业论文作为学术论文的一种，也就具有独创的特点，它不能重复或抄袭别人的观点，也不能简单重复已有的知识，而必须创造性地解决本专业中某一学术性问题。

没有创造性，论文也就失去了它存在的意义。

（三）毕业论文的分类

由于毕业论文本身的内容和性质不同，研究领域、对象、方法、表现方式不同，因此，毕业论文就有不同的分类方法。按学科领域分，有社会科学论文和自然科学论文；按研究问题的大小不同，可以把毕业论文分为宏观论文和微观论文；按发表形式分，有报刊论文和报告论文；按内容性质和研究方法分，有理论性论文、实验性论文、描述性论文和设计性论文。另外还有一种综合型的分类方法，即把毕业论文分为专题型、论辩型、综述型和综合型四类。

毕业论文就其内容来讲，一种是解决学科中某一问题的，用自己的研究成果加以回答；一种是只提出学科中某一问题，综合别人已有的结论，指明进一步探讨的方向；另一种是对所提出的学科中某一问题，用自己的成果，给予部分的回答。毕业论文注重对客观事物作理性分析，指出其本质，提出个人的学术见解和解决某一问题的方法或意见。就其形式来讲，毕业论文具有议论文所共有的一般属性特征，即论点、论据、论证，这是文章的三大要素。文章主要以逻辑思维的方式作为展开的依据，强调在事实的基础上，展示严谨的推理过程，得出令人信服的科学结论。

二、写作程序

毕业论文的写作实际上是一个深入研究的过程，这一研究过程不是一般知识的简单组合和拼凑，而是根据已有的知识、资料去研究别人没研究过的问题，展示自己创造性的研究成果。这一完整的创造过程，必定由一定的阶段和环节构成，一篇毕业论文的写作过程至少应该包括以下几个环节。

（一）选择论题

论文写作首先要解决的问题就是选题。善于发现课题、选择论题是一种极为可贵的科研才能，能否选好题目与毕业论文的优劣成败直接相关。选题就是确立毕业论文所研究的对象、目标，选准所要研究的某一问题。

确立选题的标准主要考虑两个方面。

（1）看该选题是否具有学术价值。判断一个选题是否具有学术价值，主要从以下几个方面着眼：一是看该选题的理论价值，主要指该选题是否对本专业、本学科的建设与发展起先导、开拓作用，对科技工作、经济工作能否起到重要的指导和推动作用；二是看该选题是否具有实用意义，任何学术问题都与现实生活有着直接或间接的联系，因此，在选题时考虑其实用意义也是十分必要的。有的选题虽然在理论上没有多大新意，但对搞好我们的工作、加快社会发展的步伐有着重要意义；三是估计自己本身的创新能力有多大，毕业论文的最终价值取决于作者的研究，看作者能否在前人的基础上提出多少创造性的见解。判断自己的选题能否写出新意，要在浏览文献资料上下工夫，通过有关的文献资料看看前人的研究达到了哪个层次，自己能否在此基础上有所创新或突破。

（2）看该选题是否具有可行性。所谓可行性，就是看自己能否在规定的时间内完成论文的写作。这通常取决于两个方面：一是客观条件，指的是在规定的时间内查找资料的条件、获取提示的条件、外出调查的条件等。有的题目虽然有社会价值，自己也有心研究，但一时尚不具备完成它的外部条件，也就只好割爱；二是主观可能性，指的是对所选论题有无兴趣，是否有话可说，这在相当程度上影响着写作的进展和论文的质量。熟悉相关资料，对原始资料和参考资料能够充分掌握，对该课题研究的历史与现状有透彻了解，是避免研究的盲目性的重要前提，也是保证论文成功的必备条件。选题的大小、难易度要切合自己的实际能力。平时思考不深、留心不多的问题尽量不论，超出自己能力太远的目标尽量不定，脱离实际的好高骛远只会导致适得其反的结果。

毕业论文选题应从自己的实际出发，在教师的指导下，选择自己平素有积累、有体会、有兴趣的题目来写。在日常的学习和生活中发现问题的途径很多，可以是外界事物对自己的触动；也可以是他人的启发，或是学习、阅读中的疑义；还可以是在听教师讲课或阅读有关专业书籍时发现的问题。选题可从疑问之处入手：在学习和阅读中遇到某些问题，如对某些较通行的说法有疑义，或者对某一学术观点持有不同看法，要紧紧抓住这些问题深入研究下去，就可能形成毕业论文的选题。亦可从热点问题入手：各个领域总会出现各种各样的"热点"问题，这些关注的焦点很容易成为毕业论文的选题，这样的选题具有很强的现实意义，又比较容易搜集材料。在学术领域内也有一些学术"热点"，应该学会关心学术动态，注意学术"热点"，并由此找到合适的选题。还可从自己的特长入手：在选取论题时要弄清自己的长、短处是什么，注意发挥自己知识结构上的特长，扬长避短，这样才能取得较好的效果。另外，可以借用其他学科的理论、方法来研究本专业的一些传统命题；还可以着眼于今后就业的方向或课题本身的发展来选题。

（二）搜集材料

确定选题后就应该搜集材料。材料是形成观点的基础，也是证明观点的论据，因此它是一篇论文成败的关键之一。

材料的搜集有3个来源：科学实验、文献资料、实地调查。科学实验是搜集科学资料数据、获得感性知识的基本途径，是形成、产生、发展和检验科学理论的实践基础。要取得实验的第一手材料，就要进行科学观察，科学观察应具有客观性、系统性和严密性。在观察中，要及时准确地把观察到的现象、数据、结果记载下来。科学实验必须借助实验原料、仪器、设备才能进行。不同的材料、设备可能产生不同的结果，因此，这些科学实验使用的器材，同样属于应搜集的论文资料。科技文献是人类从事生产活动和科学实验的总结，科学研究总是在前人研究的基础上进行的，有着继承性和连续性。我们要了解本课题研究的历史和现状，掌握动向、吸取经验教训、开阔思路、进行比较、作出判断等，都需要参考文献资料，从中得到借鉴、印证、补充和依据，这些都是写作论文的必要资料。查阅资料时，要熟悉、掌握图书分类法。图书馆的分类是有一定标准和格式的，如杜威法（由美国学者麦维尔·杜威提出）、中图法（中国图书馆分类法）、四库法（按《四库全书总目》分类的方法），我国的图书馆多采用中图法。要善于利用书目、索引，还要熟练地使用其他工具书，如年鉴、文摘、表册等。调查研究能获得最真实可靠、最丰富的第一手资料，实地调查时要做到目的明确、对象明确、内容明确。调查的方法有普遍调查、重点调查、典型调查、抽样调查。调查的方式有开会、访问、问卷。

搜集资料越具体、越细致越好，最好把想要搜集资料的文献目录、详细计划都列出来。材料的搜集有如下要求。

（1）**要全面客观**。只要是与选题有关的材料，搜集得越多、越全越好。只有掌握的材料尽可能地丰富全面，才有鉴别筛选的余地。如果资料搜集不全，会影响论文的质量。这种全面性包括要求所搜集的资料必须是方方面面的，还包括所搜集的资料必须公正客观，不能预定一些框框，既要搜集符合自己观点的材料，也要搜集一些其他观点的材料。

（2）要围绕选题。选择时要分为核心资料和相关资料两类来找，与选题关系重大的材料搜集时要尽可能详细，应该认真整理收录，阅读时也要求能精读，切实准确掌握；与选题没有直接关系，但可以作为辅助材料或旁证材料来用的，可以用圈点的办法，将有关的圈起来，需要用时再看；与选题毫无关系的材料可以置之不理。

（3）要真实可靠。搜集的材料必须新颖，有代表性，尤其必须准确可靠。一般来说，在原作和评论中，原作更加准确可靠；同属评论，直接引述比转述更加准确可靠。因此在转引第二手材料时，最好查对原文，切忌断章取义，歪曲原意为我所用。选取材料时还应特别注意甄别，注重选用最典型的材料。典型的材料最有代表性和说服力，这样的材料一可当十，因此必须充分利用，使其发挥作用。

材料搜集之后就是处理材料，一般的程序是阅读→整理→排列。首先，对所搜集到手的资料进行全面浏览，并对不同资料采用不同的阅读方法，如通读、选读、研读。通读即对全文进行阅读，选读即对有用部分、有用内容进行阅读，研读即对与研究课题有关的内容进行全面、认真、细致、深入、反复的阅读。阅读实际上是一种思维过程，也许在通读材料时会冒出写作的灵感，阅读的过程也可让人对有关选题的不同看法进行比较，得出意想不到的结果。其次，将有关的材料分类梳理好，或按时间分，或按单位分，或按不同的阶段性分，分类的过程中会发现哪些材料是真实正确的，哪些还有待进一步查证，哪些是值得怀疑的，在整理时还会发现哪些方面的材料不够，需要补充。整理时还要做好记录。做记录的方式有很多种，可以用卡片摘录的方式，将资料中的论述、论点或典型材料，必要的数据直接用卡片抄录下来；还可以用索引的方式，将资料的名称、作者、出版社、卷期、页码等记录下来，方便查找；还可以采用写提纲式的记录方法，在阅读一些篇幅较长的论文时就采用这种记录方式。最后，将全文的总观点、分观点及每个层次的观点，主要的说明材料依次排列出来，写出一个能反映材料基本内容的框架，这样在选用材料时也比较方便。

（三）拟写提纲

毕业论文因为篇幅较长，内容丰富，总论点、分论点和诸多材料之间层次关系比较复杂，为动笔撰写时便于操作，做到有条不紊，避免表述重复、意义遗漏或随意跑题，所以行文前要拟定提纲。拟定提纲的过程实际上是一个统筹全局、理清思路、调配材料并为初稿搭起骨架、描出雏形的过程。

提纲有简要提纲和详细提纲的分别，作者可根据自己的具体情况选用一种。简要提纲一般只有两个层次，总题目和中心论点是第一层，包含几个大的部分和各部分的分论点是第二层，至于各部分的分论点如何论证及使用哪些材料则不再列出，作者心中有数即可。详细提纲不仅要列出纲目，还要列出每一部分中的几个问题要点和论据材料，甚至规定每一部分的论证方法与篇幅。初学写论文者，驾驭材料的能力与写作的技巧都有待提高，因此最好能拟定详细的写作提纲，这样行文就有所依从，方便许多。而且，在与指导教师交换意见时，呈上自拟的详细提纲，也便于教师明白写作意图，及时发现问题，有针对性地提出修改意见。这样做可以少走弯路，有助于论文质量的提高。

拟写提纲有3点要求。① 项目要齐全。所拟提纲要项目齐全，能初步构成文章的轮廓。提纲范围大小必须量力而行，要根据自己的水平、占有的资料、分析问题与解决问题的能力以及写作技巧而定。② 结构要严谨。要正确反映客观事物的发展规律、内在联系，按照主旨的需要把选好的材料分类并进行组织安排，使它条理清楚、层次分明、前后连贯、合乎逻辑。除了应把中心观点和分论点列出之外，还必须写出主要的论据和论证的步骤。要从全局着眼，权衡好各个部分，开头宜开门见山、开宗明义，结尾要水到渠成、收束自然或留有余味。各部分、各段落之间要用多种方法精心组合成一个整体。③ 文字要精炼。既然是写作提纲，就要用精炼、准确、畅达的语言，提纲挈领地把内容表达出来，使人一目了然。对于提纲的文字，要强调"少而精"。对于重要部分，要用序次语举纲张目。

（四）撰写初稿

常见的行文顺序有两种。一是自然顺序，即按照基本格式从绪论（前言）写起，然后写本论（正文），最后写结论。这比较符合人们惯常的"提出问题——分析问题——解决问题"的思维顺序，所以比较常见。二是反常顺序，即从本论入手，写好本论、结论之后再回头来写绪论，这样写的好处是比较容易起笔，以免开头就卡壳，导致文章的"难产"。

毕业论文初稿的写作是一项十分艰苦的工作，在行文时应注意下面几点要求。

（1）要完整行文。初稿的内容应尽量充分丰富，尽可能地把自己事先想到的内容写进去，以便为修改定稿提供便利。当然，也要防止一味地堆砌，避免将论文写成一个材料仓库。

（2）要深入开掘。在写初稿时，应抓住一点生发开去。抓住重要的一点，深入其本质，从多方面把它说透，这是深入分析问题的切实可行的办法。

（3）要顺利表达。在写初稿时，要避免在枝节上纠缠不清，更不能"十步九回头"。

（4）要合乎语体。在写初稿时，要把握论文的语言特点：逻辑性、概括性、严肃性与生动性，既要避免采用不符合语法的口头语言，也要避免采用科技新闻报道式的语体。

（五）修改定稿

通过这一环节，作者可以看出自己的写作意图是否表达清楚，基本论点和分论点是否明白、准确，材料用得是否恰当、有说服力，材料的安排与论证是否有逻辑效果，大小段落的结构是否完整、衔接自然，句子词语是否正确妥当，文章是否合乎规范。修改的范围在内容上包括修改观点、修改材料；在形式上包括修改结构、修改语言等。

（1）修改观点。一是观点的订正，看一看全文的基本观点以及说明它的若干从属论点是否偏颇、片面或表述得不准确。二是观点的深化，看一看自己的观点是否与别人雷同，有无深意或新意。

（2）修改材料。就是通过对材料的增、删、改、换，使支持和说明作者观点的材料充分而精炼、准确而鲜明。

（3）修改结构。结构的修改主要从三个方面入手：其一，看各层次是否明白清晰，有无重复或相互矛盾的地方，有无缺少或多余之处，意思上是否连贯通畅，是否达到了各分论点的证明要求；其二，看各层次之间的过渡与照应是否吻合，起承转合是否自然得体，各段落之间的衔接是否紧密；其三，看前言、正文与结论是否协调一致，是否有前已呼而后不应、前面提出问题而后面没有作出回答的情况。总之，结构上的修改是要把混乱的层次划分清楚，把不合理的段落安排妥当，把上下不衔接的内容改得连贯，把前后不照应的语句改得呼应，把详略不得当的部分改得相宜，尽量做到天衣无缝，不留痕迹。

（4）**修改语言**。包括用词、组句、语法、逻辑等。作为学术性的文章，语言应具有准确性、学术性和可读性。根据这一基本要求，语言的修改从以下几个方面着手：把不准确的改为准确的；把啰嗦、重复的改为精炼、简洁的；把生涩的改为通畅的；把乏味的改为生动的；把粗俗的俚语改为学术用语。

另外，再次核对引文和参考文献，检查引用是否有误，注释是否清楚规范，参考文献的列举是否确凿、有无遗漏。

以上四点是论文修改定稿时要着重考虑的，但并不是面面都要改到，视实际情况而定，需要修改则改，不需要修改则免，如观点正确时无须修改，结构欠佳时可作修改。

（六）誊印装订

誊写要用稿纸，打印要用 A4 纸。毕业论文誊写完，经过认真的检查后，把它装订成册，并加上朴素大方的封面（有的学校统一印制了封面）。封面上要写出论文的题目、校名、院系、作者姓名、指导教师姓名、完成时间。封面、封底可以用稍厚一点的白纸。装订完毕交指导教师审阅，经导师写出评语、提出建议成绩后，送答辩委员会，准备答辩。

三、写作格式

一篇完整的毕业论文包括以下几个项目：标题、作者署名、目录（较长的论文应该编制一个目录）、摘要、正文、注释、致谢、参考文献、附录。以上是一篇毕业论文的全部构成部分，有些部分可以省略不用。下面介绍几种不同类型的论文的基本格式。

（一）理论性论文的格式

理论性论文可分成两种：一种是以纯粹的抽象理论为研究对象，研究方法是严密的理论推导和数学运算，有的也涉及实验与观测，用以验证论点的正确性；另一种是以对客观事物和现象的调查、考察所得的观测资料以及有关文献资料数据为研究对象，研究方法是对有关资料进行分析、综合、概括、抽象，通过归纳、演绎、类比，提出某种新的理论和新的见解。

1. **标题**

标题要简洁、醒目，具有概括性。好的标题要能传达出文章的精神，直接为论文的表达服务。读者通过标题，能大致了解文章内容、专业特点和学科范畴。标题有多种形式，可以只有主标题，也可以在主标题下面加上副标题，还可以在论文中设小标题。标题的字数要适当，按国际惯例，一篇论文的题目不要超过 12 个单词，用汉语来表述，这个题目最好不超过 20 个字；用主、副标题的，字数虽然可以稍多一些，但也不要显得冗长。通常在制订文章提纲时先拟定一个或两个标题，待初稿完成之后，再对标题进一步加以琢磨和修改。

2. **署名**

署名的目的是表明作者对研究成果拥有著作权和责任感，同时便于他人与作者联系。署名要用真实姓名，署在标题之下，居于正中的位置，独占一行，并且要标明作者所在的系、专业、班级。

3. **目录**

篇幅长的毕业论文要写出目录，使人一看就了解论文的大致内容。目录要求独立成页；至少应将章、节名按先后次序写上；章、节名的右侧注上页码号。篇幅不长的则无须列目录。

4．摘要

摘要是对论文主要内容不加注释、不作评论的简短介绍。摘要包含与论文等量的主要信息：本课题研究的前提、目的、任务、重要性和特点；研究的内容、方法、手段；结论及其意义。其作用在于读者浏览文献时，无需阅读全文，便能掌握论文要点，以节约阅读时间，并为文摘索引出版物转载时提供方便。写摘要的要求是：① 精炼，用高度概括的语言说明研究本课题的目的、实验方法、实验结果和最终结论；② 完整，它是一篇结构严谨、内容充实、逻辑性强、独立成篇的短文，不要简单地将条纲罗列在一起当作摘要；③ 简短，行文简明扼要，字数一般限定在 200～300 字（外文摘要则不宜超过 250 个词）；④ 重点突出，成果和结论性意见（新发现、新成果和最具特色的东西）是摘要的重点内容，在文字上应用笔较多，借以加深读者的印象；⑤ 不用图表、化学结构式和不规则的符号和术语，不加评论，只对论文的内容作忠实介绍。摘要中一般不出现第一人称，并且不以第一人称的口吻写。

5．关键词

关键词是一种表达论文要素特征并具有实质意义的检索语言。它能够反映论文的中心内容或主题，显示论文的特征。它意义单一、指向性强、特异性高，适宜于编制二次文献，也可用于计算机和人工检索。一篇论文可以选 3～8 个关键词。关键词不必具有文法上的结构，不一定表达一个完整的意思，仅仅是将一个或数个词简单地排列起来（关键词之间要空格或使用分号），置于摘要的左下方。

6．前言

前言又称"引言"、"导言"、"绪论"，用以阐明选题的背景和意义。选题必须强调实际背景，使人感到此选题确有实用价值和学术价值，确有研究或开发的必要性。前言的内容包括：① 缘起与目的，说明问题是怎样提出来的，动机是什么；② 历史背景，介绍前人在本课题中做了哪些工作，取得哪些成绩，尚存在哪些问题；③ 内容与方法，介绍本课题的研究过程、研究方法、实验设计及其理论基础与实验依据；④ 获得的研究结果及其预期效果和意义。具体行文时可根据论文的内容实际操作，并不要求面面俱到。

前言和摘要所述内容大体相同，区别在于：摘要一般要写得高度概括、简略，前言则可以稍微具体些；摘要的某些内容，如结论意见，可以作笼统的表达，而前言则应对所有内容明确地予以表述；摘要不写选题的缘由，前言则应明确反映；在文字量上，一般情况是前言多而摘要少。

前言的写作要开门见山、言简意赅，不要过多地复述文献资料，不要大段引用他人的原文，也不要阐释人所共知的基础知识、基本理论，一般不要超过 500 字。还要注意的是，前言不能写得与摘要雷同，或写成摘要的注释或扩充；在谈及前人的研究成果时难免会引发几句评论，评论时要稳妥有据，否则容易引起他人的驳难。

7．主体

主体是毕业论文的核心部分，即表达作者的研究成果，主要阐述自己的观点及其论据。内容包括：研究工作的基本前提、假设和条件；模型的建立，实验方案的拟定；基本概念和理论基础；计算时所使用的主要方法；实验方法、实验内容及其结果；理论论证；理论在实际中的应用，等等。根据课题的性质，一篇论文可能仅包含上述诸项中的一部分。这部分写作时要求论述清晰、严密，学术观点要新颖独到、正确深刻。

完全以抽象理论问题为研究对象的理论性论文，其正文的常见格式有以下几种。① 证明式，即给出定理、定义然后逐一证明，如数学论文大多是这种结构形式。它的正文一般由两大部分构成，先提出定义或结论，再进行证明。根据内容需要，有时在定义、定理后加进引例部分，有时在证明后加进验证运算部分。② 剖析式，即将定理分解为几个方面逐项论述。③ 模型式，这是当代对复杂的客观事物和现象进行定量测定和研究时经常运用的论文结构形式。它的正文格式比较稳定，一般有两个部分：第一，给出原理和计算模型；第二，进行实例测定。根据内容的需要，又可将参数的推导、修正等内容单列为一个或几个部分，放在第一部分后。

以自然现象的观测资料和有关文献资料为研究对象的理论性论文，其常见的结构形式有以下几种。① 时间式，即以时间先后和事物发展过程为顺序的结构形式。这种结构形式有时并不标明时间，而是按事物发生、发展、结果的顺序来写，这也是一种时间结构。② 空间式，即以实物的方位和构成部分为顺序的结构形式。时间结构和空间结构有时交并使用，形成一种时空结构形式。③ 现象本质式，即先摆出观测的现象和有关资料，然后经过理论推导，找出本质和规律。它的正文有两大部分：第一，概述资料和基本情况；第二，分析讨论。医学学科中有一种论文的正文有两个部分："资料分析"（或称"病例摘要"）和"讨论"，按其性质也属这类论文。除以上几种外，还有因果式、性质特征式、组分功能式、目的意义式等各种结构形式。

8．结论

结论部分是论文的归结收束部分，它在结构上是前言的照应，在内容和意义上又是正文的归纳、延伸和升华。结论部分一般首先对整个论文工作作一个简单小结，然后将自己在研究开发工作中所做的贡献或独立研究的成果列举出来，再对自己工作的进展、水平作一个实事求是的评论，同时要写出对课题研究的展望，提及进一步探讨的问题或可能解决的途径等。写结论要注意与主体紧密衔接，与前言前后呼应，使全文思绪畅通，形成一个和谐完整的系统。作者对所论课题作出原则性的定性与述评，既要讲究态度鲜明，又要注意留有余地，用语应当谨严周密、分寸适当。

9．参考文献

论文中凡引用他人的文章、观点、材料、数据等研究成果的，均应在这部分标出。参考文献具有以下作用：① 证明在论文中引用的论据是真实的；② 有利于读者查阅、核实和理解前人的科研成果；③ 体现尊重他人劳动、严谨治学的态度。标写参考文献时要注意：① 列出的文献资料应与论文课题相关，选择的参考文献应主要是近期的；② 所引文献必须是作者直接阅读过的公开发表的文献，一般不从他人的文献中转引；③ 所引文献要忠实于原著，著录时要仔细核对，特别是外文文献，注意不要漏写、错写；④ 文献标注、著录要符合规范。正文中的标注方法是，依正文中所引文献首次出现的次序，以阿拉伯数字为其序号，并加方括号，标注在所引文字的结尾处的右上方，然后在文后按此序号的顺序排列成参考文献表。参考文献的著录格式：A．专著的著录格式：作者（译者）、书名、版本、出版地、出版者、出版年、起始页；B．连续出版物（如杂志、报纸等）的著录格式：作者、文章名、期刊名、出刊年、出刊卷（期）、起始页。

10．谢词与附录

在谢词中，主要表达对本课题的指导教师，作过指导的科学工作者，协助工作或提供各种便利条件的组织和个人，给研究工作提供或准予引用与转摘其资料、图片、文献的所有者等的感谢之意。

有的论文在最后还有附录，这是论文的补充项目。需要列为附录的主要有以下内容：① 与正文内容密切相关，但由于论文的篇幅所限，未能放入正文的重要材料；② 能为观点提供佐证，但与论文无密切关系，不便编入正文的重要材料；③ 一般读者不必阅读，但对同行有参考价值的资料；④ 某些重要的原始数据、数学推导、计算程序、结构图、统计表等。附表的表头应写在表的上面，居中排放；附图的图题应写在图的下面，居中排放。按表、图、公式在论文中出现的先后顺序分别编号。谢词和附录部分并非是每篇论文必备的，有需要才写，没有必要也可以省略。

下面介绍实验性论文、描述性论文、设计性论文的基本结构，这3种论文除正文外，其余部分从标题到参考文献等同理论性论文没有多大区别。

（二）实验性论文的格式

实验性论文不同于理论性论文，理论性论文是通过理论推导来认识客观规律，实验性论文主要是通过实验和实验结果的分析来认识客观规律。实验性论文也可以分为两种：一种以介绍实验本身为目的，重在说明实验装置、方法和内容，这种实验性论文的正文通常只有实验部分，如化学、医学学科中就常有这种论文；另一种实验性论文更为广泛，它的主要目的是通过对实验结果的分析，找出客观规律，因此核心部分是对实验结果的观察和讨论。实验性论文的正文是由实验报告演化而来的，并已形成约定俗成的格式，一般由材料和方法、结果、讨论3个部分构成。

1．材料和方法

要写清楚考察和观察的对象、实验材料、材料来源、研究方法以及所用的仪器设备等，目的在于证明实验结果的科学性和结论的正确性，并使同行能够按照作者提供的条件重复实验，核对结果。"材料"的表达主要指材料的性质、质量、来源及材料的选用和处理。凡是标准产品，只需列出规格和型号；如属非标准产品，还应说明化学成分、物理性能和制备方法。"方法"的表达主要指实验的仪器、设备、条件以及数据的获得过程和方法。凡属通用设备、仪器，要注明型号、规格；如果用自己设计的仪器或设备进行实验，则要详细说明并附上该装置图或照片。

这部分论述的要点是：① 实验对象；② 实验目的；③ 实验材料的性质和特性；④ 选取的方法和处理的方法；⑤ 使用的仪器、设备和器材；⑥ 实验及测定的方法和过程；⑦ 出现的问题和采取的措施。在叙述实验过程中，要注意选取最能体现本课题特点的、有代表性的材料、设备及其操作进行介绍，切忌把实验过程一一罗列，写成实验报告。叙述时，一般按照实验进行的先后顺序来写，亦可按照作者的认识过程，即从感性认识到理性认识的逻辑顺序来安排。

2．结果

这部分陈述的是在实验过程中所观测到的现象和数据、实验仪器记录的图像和数据，以及对上述现象和数据进行初步统计与加工形成的资料。这部分是实验性论文的核心内容。"结果"部分的写作集中在一个"精"字上，即精确、精选、精当、精粹。精确是指对每一个现象乃至一切细节都不能有所疏忽，这样才能作出准确的描述；精选是指不可照抄实验所得的全部资料和数据，必须运用统计学的方法对数据加以整理，选出能说明结论依据的那些必要的、关键性的、有代表意义的、准确可靠的资料和数据；精当是指"结果"要按一定的逻辑顺序编排，条理清楚，恰到好处；精粹是指用简洁明确的语言来表述，必要时可以采用图表、照片代替罗列大量数字和资料的文字表述。图表和照片要精心制作，要求具有科学性和典型性，能够生动地揭示出事物的变化规律。凡是图表已清楚表明的问题，不要再用语言文字重复，只要扼要归纳即可。

3．分析和讨论

这部分是对上述两个部分进行综合分析和研究，目的是通过分析和讨论，获得对"结果"的规律性认识，并借以指导一般。"讨论"与"结果"不同，它是理论升华，是理性认识；而"结果"则是具体的现象，属感性认识。因此，"讨论"是对"结果"认识的质的飞跃。作者创造性的发现和见解，主要是通过这部分表现出来的。"讨论"可从以下几个方面进行：其一，本实验理论上的解释，阐明符合什么原理；其二，将本实验的结果与前人的研究进行比较，指出异同之处，分析原因；其三，指出实验中存在的问题以及对今后研究方向的设想等；其四，若在实验中观察到预期以外的现象，可作假定说明。

实验性论文的结构虽然比较稳定，但根据内容的需要也有很多变化。常见的变化有下列几种情况。① 只有实验部分。② 没有"材料和方法"部分，只有"结果"、"讨论"两个部分。这种情况往往是因为实验手段简单，没有必要专门用一个部分介绍，或者因为作者是利用别人做过的实验，观察到了别人未观察到的结果，这时"材料和方法"便可省略，只需要在引言或结果中作简略的说明。③ 没有"结果"部分，只有"材料和方法"、"讨论"两个部分。出现这种情况的原因，一是结果比较简明、单一，没有必要独立作为一个部分；二是几项实验相对独立，将结果放在实验后及时加以说明，这比集中起来说明更简捷、清楚，且能节省篇幅。④ 没有"讨论"部分，或者将"讨论"与"结果"合为一个部分，称为"结果分析"。出现这种情况是由于论文不注重讨论或讨论的内容单薄，而实验的几项结果独立性大、内容又多，因此便在每项结果的述说中进行一些分析，省去了"讨论"部分。实验性论文的正文虽然可以作这样或那样的省略与变更，但它的核心内容必须是对实验的说明和分析，这一点是不变的。

正文结束之后，后面还有一个结论。结论是将实验中观察到的数据、结果，通过分析、判断、推理得到的对事物本质和规律的认识。它是整篇论文的总论点。读者通过它可以了解论文的主要内容和价值所在，同时结论也是读者和文献工作者做摘要的依据。结论要完整明确，对成果的评价要公允。

（三）描述性论文的格式

前面两种类型的论文，主要目的都是探讨客观事物和现象发生的原因与规律，重在说明为什么。而描述性论文的写作目的主要是向读者介绍新发现的某种客观事物或现象，因此它重在说明事物或现象是什么。例如，描述新发现的生物种属，描述新发现的地质现象，描述新发现的星体和天文事件，描述新发明的某种仪器等。这类论文有时尽管很短，但是只要它具有重大科学价值，具有科学性、学术性和创造性等特点，仍然不失为好论文。

描述性论文的正文一般由"描述"和"讨论"两个部分构成。

有时正文直接标明"描述"和"讨论"。论述发现动物、植物、微生物新种的论文，大都是如此。例如《甘肃早白垩世鸟化石兼论早期鸟类的进化》（《中国科学》B辑，1984年第3期）一文的正文就是这样两个部分："标本描述"、"比较与讨论"。"标本描述"包括新种属的"名称、产地和层位"以及"特征鉴别"等项，有时也可以将名称、产地和层位等内容作为概况介绍，单列一个部分放在"标本描述"部分前。医学论文的"描述"部分往往标明"临床资料"、"观察与护理"等，例如《胸腹联合伤 36 例诊治体会》(《湖北中医药高等专科学校学报》，2005 年第 2 期)，整篇论文就由"临床资料"和"讨论"两大块构成。

有的论文只有"描述"部分，将"讨论"内容放在描述过程中说明。例如《脂肪组织功能的研究进展》(《湖北中医药高等专科学校学报》，2006 年第 4 期)正文分别描述了"瘦素"、"脂联素"、"抵抗素"的研究进展情况，讨论内容均在描述过程中说明；《园林植物"五小害虫"的发生与防治》(《湖北生态工程职业技术学院学报》，2006 年第 2 期)正文部分依次介绍蚜虫类、蚧虫类、粉虱和木虱类、蓟马类、螨类等"五小害虫"的主要种类的发生与防治，描述过程中包含着讨论的内容。

有些描述性论文的正文结构比较灵活，它们并不标明"描述"和"讨论"，而是将观测描述的对象或特征划分为几个方面逐一说明。一些介绍新发明的仪器的论文也常采用这种结构方法。这些描述性论文的结构虽有变化，但它们的主要内容仍然是对研究对象进行描述说明。例如《营造林技术在退耕还林中的推广应用》(《恩施职业技术学院学报》，2006 年第 2 期)的正文便把营造林技术分解为"壮苗培育技术"、"封山育林技术"、"主要树种造林技术"、"水土保持技术" 4 个方面，逐一进行描述说明。

（四）设计性论文的格式

设计性论文的正文包括综述、方案论证、主体、结束语等部分，有些还包括测试及性能分析部分。

1．综述

任何一个课题的研究或开发都是有学科基础或技术基础的。综述部分主要阐述选题在相应学科领域中的发展进程和研究方向，特别是近年来的发展趋势和最新成果。通过与中外研究成果的比较和评论，说明自己的选题符合当前的研究方向并有所进展，或采用了当前的最新技术并有所改进，目的是使读者进一步了解选题的意义。综述部分能反映出作者多方面的能力，包括中外文献的阅读能力、综合分析的能力等。

2．方案论证

在明确了所要解决的问题和文献综述后，很自然地就要提出自己解决问题的思路和方案。在写作方法上，一是要通过比较显示自己方案的价值，二是让读者了解方案的创新之处或有新意的思路、算法和关键技术。在与文献资料中的方案进行比较时，首先要阐述自己的设计方案，说明为什么要选择或设计这样的方案，前面评述的优点在此方案中如何体现，不足之处又如何得到克服，最后完成的工作能达到何种性能水平，有什么创新之处（或有新意）。如果自己的题目是总方案的一部分，要明确说明自己承担的部分及对整个任务的贡献。

3．主体

毕业设计的主体部分，要将整个研究开发工作的内容，包括理论分析、总体设计、模块划分、实现方法等进行详细的论述。

（1）理论分析部分。应写明所使用的假定及其合理性，所用的分析方法、计算方法和实验方法，哪些是别人用过的，哪些是自己改进的，哪些是自己创造的，都要交代清楚。这一部分所占篇幅不宜过多，应以简练明了的文字概略地予以表达。

（2）研究方法与手段。① 用实验方法来研究的课题：应具体说明实验所使用的装置、仪器、原材料的性能等是否合乎标准，并应对所有装置、仪器、原材料作出检验和标定。对实验过程或操作方法，应简明扼要地加以说明，对人所共知的（或细节）内容则不必详述，如果实验过程或操作方法不详，加叙述难以把问题说清楚时，可将其列在附录中。② 用理论推导的手段和方法达到研究目的的课题：这方面内容一定要精心组织，做到概念准确，判断、推理符合客观事物的发展规律，符合人们对客观事物的认识习惯与程序。换言之，要做到言之有序、论述有理，以论点为中枢，组织成完整而严谨的文章。③ 用调查研究的方法达到研究目的的课题：所谈到的对象、范围、时间、地点、调查过程和方法等均应与研究的最终结果有关，尽管不是结果本身，也应加以阐述。对调查时提取的样本、数据、新的发现等则必须详述。这是结论产生的依据，若写得抽象、简单，结论就立之不牢，分析就让人难以置信，在写作时应特别予以重视。

（3）结果与讨论。这是全文的"心脏"，一般要占用较多的篇幅。在写作时，应对研究成果精心筛选，把那些必要而充分的数据、现象、样品、认识等挑选出来，写进这部分作为分析的依据，尽量避免事无巨细地和盘托出。在对结果作定量分析时，应说明数据的处理方法以及误差分析，说明现象出现的条件及其可证性，交代理论推导中认识的由来和发展，以便别人以此为根据进行核实、验证。对结果进行分析后，写出得到的结论和推论，此时，还应说明其适用的条件与范围。

4．测试及性能分析

对工程技术专业的毕业设计论文，测试数据是不可缺少的。通过测试数据，论文工作的成效就可一目了然。根据课题的要求，可以在实验室环境下测试，也可以在工作现场测试。在论文中，要将测试时的环境和条件列出，因为任何测试数据都与测试环境和条件相关，不说明测试条件的数据是不可比的，也是无意义的。测试一般包括功能测试和性能测试。功能测试是将课题完成的计算机软硬件系统（子系统）或应用系统所要求达到的功能逐一进行测试。性能测试一般是在系统（子系统）的运行状态下，记录实例运行的数据，然后归纳和计算这些数据，以此来分析系统运行的性能。测试实例可以自己设计编写，也可以选择学科领域内公认的、有一定权威性的测试实例或测试集。其原则是通过所选择（设计）的实例的运行，既能准确反映系统运行的功能和性能，又具有与同类系统的可比性。只有这样，论文结论才有说服力。

5．结束语

这部分篇幅不大，首先对整个论文工作作一个简单小结，然后将自己在研究开发工作中所做的贡献或独立研究的成果列举出来，最后对自己工作的进展、水平进行实事求是的评价。

四、写作要求

撰写毕业论文的过程是一次科学研究的初步实践过程，是锻炼自己如何从大量的感性材料中发现问题，进而深化为理性思考的过程。它要求撰写者在相关的专业领域里作独立性的思索与探讨，对其观察领悟能力、分析思维能力、综合概括能力、文字表述能力等既是实际的检验，同时也是有效的锻炼。毕业论文行文的总体要求如下。

（一）立论科学，观点新颖

论文的基本观点和内容能够反映事物发展的客观规律，必须是从对具体材料的分析研究中产生出来，而不是主观臆想出来的。判断一篇论文有无价值或价值的大小，论文观点和内容的科学性如何是首要标准。论文不能简单地重复前人的观点，而必须有自己的独到见解。

研究和写作过程本身是一种创造性活动，从这个意义上说，毕业论文如果毫无创造性，就不能称其为科学研究。

（二）思路清晰，提纲挈领

思路必须具有清晰性、连贯性、周密性、条理性和规律性，这样才能构建起严谨、和谐的逻辑结构。首先要提纲挈领，既要有中心论点来统帅各分论点，又要有一个确定的思路贯穿各个层次；其次要注意中心论点和分论点的呼应、协调关系，能清楚地区分各分论点之间的并列或从属关系，用分论点来佐证和烘托中心论点；再次，所引用的材料必须与观点相配合，能切实起到论证和佐证的作用。

（三）层次分明，有条不紊

一般来说，论文行文的层次和顺序要符合事物发展的顺序和规律，符合人们认识事物的程序和规律，如前提与结论、原因与结果、主体与从属、现象与本质等各种关系的顺序，要依次安排、逐项阐述。一篇论文的行文顺序，根据需要虽有倒叙、插叙等变化或调整形式，但只要按照事物本身的层次和规律来展开论述，不管有什么变化，其条理、层次就一定是清楚、分明的。

（四）充分论证，说理透彻

论文最常用的方法是归纳论证，即用对事实的科学分析和叙述来证明观点，或用基本的史实、科学的调查、精确的数据来证明观点。它体现的主要是客观逻辑的力量。充分论证是建立在占有大量的、可靠的、令人信服的事实材料的基础之上的，加上科学的归纳而得出正确的结论，这样论文的观点就能令人信服；另外，要使论证逻辑上有力，就要将那些对于结论有重大影响的论据之间的关系讲清楚。

（五）前后连贯，互无矛盾

论文的行文要注意思维和论述的前后连贯性，做到前有问题，后有答案；前有伏笔，后有展开。某个子论点经过论证和阐释，必与其他子论点相互联系、相互照应。毕业论文主要是运用逻辑思维来论证或说明问题的，一定不能简单地抽掉其中复杂的判断和推理关系，使读者感到突兀和不知所云。另外，要善于运用结尾来发挥作用，或综合归纳，重申要点；或回扣开头，强调意义；或概括篇意，点明主题；或引出新见，启发思考。这种首尾的相连续，其实质也是保持中心论点的一贯性和确定性。

 **例文 1**

艾青哲理诗初探

曾××

摘要：艾青是我国自由诗体的杰出代表之一，他的哲理诗极富理性深度、情感浓度和感召力度，这是他的诗歌深受读者欢迎的重要原因之一。艾青的哲理诗是把对生活的观察和思考熔铸成简练、精深的哲理，其哲理的熔铸主要体现于三个方面：一是哲理反思建筑在对现实生活深刻洞察的基础上；二是通过画龙点睛、通篇凝聚等方式高度浓缩思想感情；三是创造性地借鉴法国象征派的艺术手法，通过象征性意象来寄寓哲理。艾青前后期哲理诗在艺术风格上有明显不同，前期主"热"，热切而奔放；后期主"冷"，严肃而冷峻。认真总结艾青哲理诗创作艺术的成功经验，对当代哲理诗创作具有深刻意义。

关键词：艾青；哲理诗；思想情感；表现手法

诗人艾青以一首《大堰河——我的保姆》而引人注目，他从"彩色的欧罗巴带回了一支芦笛"（《芦笛》），从旧中国吹到新中国成立，从欧罗巴吹到南美，蜚声世界诗坛。笛声像"光"一样明晰，诗情像"火"一样炽热，他把高亢激越的歌声献给了祖国和人民，献给了世界上热爱和平的人们。可是，由于众所周知的原因，艾青的歌声沉寂了21年。然而，诗人复出后"诗情不减"，"仍然保持着这么旺盛的艺术青春"[①]，他把对生活的观察和思考熔铸成简练、精深的哲理。艾青的诗之所以受到欢迎，最重要的原因是他的诗具有丰富的哲理性。本文拟从3个方面对艾青哲理诗作一些探讨。

一、洞察后的哲理反思

1977年，沉寂了21年之久的艾青归来了。他仍以"火"的激情，更以哲理反思后的精熟，写出了一系列寓意深远、精辟深刻的诗篇，如《红旗》《鱼化石》《在浪尖上》……如果从《大堰河》（1936年）到《归来的歌》（1980年），能看出一条泾渭分明的历史轨迹的话，那么，从《归来的歌》到《彩色的诗》（1982年）更能看出历史洪流中每一个漩涡、每一朵浪花的内涵，即一切生活的主体——人，人们心底的暗流。

观察生活，了解人生，首先要求"诗人必须说真话"[②]。艾青是一位诚实的诗人，他忠实于自己的感受，把对事物、对人生的见解和看法如实地记录下来，他说："诗人要忠于自己的感觉，所谓感受是对客观世界的反映。"[③]20世纪50年代，艾青写了一些含有深刻哲理意味的讽喻时弊的寓言诗，如《养花人的梦》《黄鸟》《蝉之歌》等，针对社会中种种不合理的现象，给予了辛辣的讽刺。然而，这些诗都受到了不应有的批判。艾青反对那些"看天气预报写'诗'的人"[④]，他总是将自己对生活的感悟如实地表达下来，敢于说真话。艾青观察生活、表现生活不拘一隅，而是着眼于生活的整体，从"无数"中发掘"一"，用"一"来证明"无数"，即使是一枚山核桃，一片鱼化石，一坛盆景，无不是诗人对事物明澈的反映，揭示了事物的内涵和本质。例如《镜子》，诗人运用对比，写出了两种不同的人对镜子的看法，描绘出了两种不同的人的心底波澜。照镜子是平常生活中司空见惯的事，而诗人却从中悟出了这样一个道理，即"拥有真理的人、光明磊落的人是敢于认识自己的，是无所畏惧的"。

艾青观察的核心是一切生活的主体——人。他喜欢做"深层爆破"，善于对一些重大问题作历史的阐发和人类心灵纵向的开拓。粉碎"四人帮"后，中国当代文坛出现了"反思文学"，一些诗人在反思中着力表现"我"的苦闷、彷徨与忧伤。例如顾城的《小巷》："小巷/又弯又长//我用一把钥匙/敲着厚厚的墙。"诗中描绘了一个孤独苦闷者的形象，却没有提示出苦闷的病根。艾青则不然，他的哲理诗既指出了病痛，也开出了药方。艾青是一位饱经风霜的老人，走过了一段坎坷的路，他将自己的感受融进那一特定的时代中，利用辩证法进行反思，将这一反思同人类的发展有机联系起来；将个人心底的小宇宙和自然界的大宇宙联系起来，从而挖掘出人的内涵，提示事物和生活的普遍规律。《光的赞歌》是艾青诗歌创作的里程碑，是艾青的"诗体哲学"，可以说是艾青哲理诗的一个总结。诗人以"光"这个奇妙的物质为形象，展示"光"的辩证法。诗人首先从宏观角度来抒情，指出一切生命离不开光。接着从微观角度就"光"的本身进行阐发，抒写"光"的产生与消亡的过程，揭示了"真理只能从实践中得以永生"这一深刻道理。而后，诗人又站在人类变迁的历史高度，俯视人类历史的长河，对人类历史进行纵向开拓，写人类的蒙蔽与觉醒、压迫与反抗、智慧与愚蠢的绞杀和斗争，提出了"光中也有暗，暗中也有光"这一哲学命题，点明人的价值正是在觉醒与反抗中显出"光"的神采，真正的人是"胸怀坦荡"、"大公无私"的。"愚昧就是黑暗/智慧就是光明"，"只有通过漫长的黑夜/才能喷涌出火红的太阳"，揭示了自然界和人类社会的普遍规律。然后诗人将"我"同自然界联系起来，对"我"进行横向的挖掘，"在不自由的岁月里我歌唱自由/我是被压迫的民族我歌唱解放"，对自身进行反思，同时也是对那一特定时代的反思。《光的赞歌》为我们展示了光的辩证哲学，在客观与微观、横向与纵向的交织中，阐明生活的内涵和人的内核：每一个人既是独立，又是互相照耀的，只有和在斗争中前进的人民一起前进，无数微尘方能汇集成一片光明，方能挣脱黑暗，撑开光明的翅膀。

从以上分析我们可以看出，艾青在洞察生活时，不是片面地去感受，而是进行"整体布局"，进行横向与纵向的联系，运用哲学的头脑和诗人的智慧进行反思，这使艾青的一些哲理诗，不仅保持着"五四"新文学革命的民主精神和正视现实、敢于说真话的现实主义传统，而且由于他的根须更深地扎入人民生活的土壤，伴随着冷峻的思考，使他的哲理诗表现得更为热烈尖锐，具有独特的深刻性，显示出诗人深刻敏锐的洞察力和哲理反思的精纯。

二、思想感情的高度浓缩

艾青是一位富有创造力的诗人，他努力在诗作中创造出新思想、新观念。他说："诗必须具有一定的思想内容，没有思想内容的诗，是纸扎的人和马。"[5]艺术家们必须到生活中去，潜到生活的底层，与人民共呼吸、共患难，"从人民身上感受体温"[6]，准确地把握时代的脉搏。一个"伟大的诗人永远是他所生活的时代的忠实的代言人，最高的艺术品，永远是产生它的时代的思想、感情、风尚、趣味等等最忠实的记录"[7]，艾青的哲理诗总是积极地去反映那个时代，总是把他经过洞察反思后所创造的"新"思想，凝聚在他的诗行里，给人以启示、警策和美的享受。艾青常常要求"诗人既要有和人民一致的'政治敏感性'，更要求诗人要有和人民一致的'政治坚定性'"[4]，由于艾青站在这一思想高度，使他的哲理诗显得深厚、博大，鞭辟入里，这是对社会、人生真谛高度浓缩的结果，这种浓缩在艾青哲理诗中主要表现为以下两种形式。

一是画龙点睛。艾青的一些哲理诗，往往在诗中用一二句把所含的哲理点出来，给人一种豁然开朗之感，成为"一篇之警策"（陆机语）。这里的"点睛"诗句有别于通常的格言，也不是空洞的理论说教和政治口号的呐喊，而是在刻化客观事物时，顺乎逻辑得出结论。例如《给乌兰诺娃》：

> 像云一样柔软，
> 像风一样轻，
> 比月光更明亮，
> 比夜更宁静——

人体在太空里游行；

不是天上的仙女，

却是人间的女神，

比梦更美，

比幻想更动人——

是劳动创造的结晶。

该诗的"点睛"之句"是劳动创造的结晶"，是在生动地描绘乌兰诺娃精湛的表演之后，顺乎逻辑地提出来的，毫无唐突之感。如果只有前面生动的描绘，没有"点睛"之句，则该诗只会成为普通的赠答诗；如果只有"点睛"之句，而无前面生动的描绘，则"点睛"之句就显得空乏无力，诗人对劳动者的赞美之情就成为无根之木。正是在相互的映照中，才使得该诗所包含的新思想，即劳动创造了美、创造了艺术的哲思，给读者以醒目之感。

二是通篇凝聚。这里，诗人不采用"点睛"之句，而是对事物作冷静客观或透视般的描写，将精深的哲理思想渗透于每字每句之中，只有当读者读完全篇，经过细细品味之后方能领会得出。例如《树》：

一棵树，一棵树

彼此孤立地兀立着

风与空气

告诉着它的距离

但是在泥土的覆盖下

它们的根伸长着

在看不见的深处

它们把根须纠缠在一起

这首诗写于抗日战争的相持阶段，它蕴藏着这样的哲理思想：人与人之间，外表上是分离的，但在心灵深处总是相通的。表面上看，诗人只是对树作冷静的描绘，当细细品味后，读者就会被诗人那种盼望共同抗敌、团结御侮之情所感染，诗中的哲理就不言而喻了。

别林斯基说："诗没有感情，就不是诗。"诗人只有将自己的真情实感融入自己的诗章，这样才能感动读者，打动人心。艾青是一位善于用理智来驾驭感情的人，他总是冷静地观察和体验生活，总是用自己炽热的感情去熔化感受到的东西，然后铸成珍宝，经过琢磨、雕塑，使它成为艺术珍品。从艾青诗歌的整体来看，那些同属于哲理诗的一类，在前后期的情感成分上有明显的不同，因之抒情方式也存在一些差异。在此，仅就其情感成分上的不同进行分析。

艾青前期一些哲理诗的情感炽热奔放、雄浑质朴，如一位奔"向太阳"的赤子，这是与当时特定的历史环境紧密相联的。抗日战争、解放战争那个艰苦的年代，一切工作都需要人们以极大的热情去做，要求文艺工作者以极大的热情投身于时代的洪流，站在时代的前列，因此，他们来不及对一切事物作认真剖析，就被一片热忱所代替，艾青就是其中之一。《桥》写于1939年的秋天，那时抗日战争进入白热化时期，各种矛盾尖锐复杂，统一战线内出现了一系列阻碍，针对这种情况，诗人写出了《桥》。诗人首先写了桥的产生和桥给人类带来的益处，接着笔锋一转，顺势抒情：

桥是土地与土地的连系

桥是河流与道路的爱情

桥是船只与车辆点头致敬的驿站

桥是乘船者与步行者挥手告别的地方

诗人热情地赞美了桥。人类总要前进，要相互了解，在感情上要相互沟通。而要了解、沟通，总会有各种各样的阻隔，怎么办呢？我们应当想到桥。诗人对桥倾注了深厚的感情，一连用四个排比句将情感的峰浪推到顶峰，表达了诗人强烈地要求沟通、了解的盼望之情。

艾青后期哲理诗的情感严肃、冷峻。"十年浩劫"给人们带来了痛苦和灾难，一大批有功之臣和有识之士遭受了迫害和冲击。艾青的歌声也被压抑了 21 年，当他从泥塘中拨出之后，自然而然地对那段历史进行痛苦的反思，他不是以热情而是带着一颗受伤的心来写作，因此，艾青后期的哲理诗不采用"热处理"，而是"冷一冷"，进行理性的分析。例如《仙人掌》中，诗人首先对仙人掌作了一番冷静客观的描写和综合性概括：

挺在风沙里

出奇的顽强

哪怕再干旱

花照样开放

接下来诗人似乎应该对仙人掌给予赞美了，但诗人却并未这样做，而是笔锋一收，作了一番"冷处理"：

养在窗台上

梦想着海洋

这里我们看得出诗人深沉的思索，整个诗的情感在一收之际，给人以严肃、冷峻的感受，也显示了全诗的哲理光辉：一个真正的革命者应该受到严酷环境的磨炼，应该对生活充满热爱与追求，即使身处逆境，也始终不渝。

思想与感情是一对孪生姊妹。有思想而无感情的诗，是空洞的理论标语；有感情而无思想的诗，是"路边抬不起腰的草"⑧。任何诗作乃至一切文艺作品都是思想与情感的高度融合。哲理诗把提示事物的普遍规律和人生社会的真理作为自己的天职，在思想上，它要求一个"精"字；在情感上，它要求一个"真"字。艾青的哲理诗为我们作了一些有益的示范。从总体上看，艾青哲理诗的思想精深、博大，或鞭辟入里，或警策喻人。他的情感真挚、浓烈，或静如一泓清潭，或动如奔腾的洪流，达到了"在刹那中见终古，在微尘中显大千，在有限中寓无限"的效果。

三、创造性的表现手法

诗的本质是形象。艾青十分注意诗歌的形象化，他认为"形象孕育了一切艺术手法"，他善于使一些难以捕捉的东西、一些飘忽的东西固定下来，鲜明地呈现在读者面前，像印子打在纸上一样明晰，他努力用具体的、鲜明的艺术形象来表达自己的思想和感情，他的哲理诗在高度浓缩之后，并不使人觉其晦涩。艾青说，"诗人必须比一般人更具体地把握事物的外形和本质"，"诗人理解世界的深度，就表现在他所创造的形象的明确度上"，他主张"给一切以性格，给一切以生命"⑨，在他的笔下，无形的变成有形的，无声的变成有声的，抽象的化为具体的，静与动相互转化，听觉形象与视觉形象彼此交替，无生命的有了生命、有了性格。艾青所采用的象征手法，摒弃了法国象征派的晦涩，舍弃了唯美主义的唯美色彩，为我们塑造了一个又一个优美动人的诗歌形象，这些形象本身包含着丰富的哲理，如《仙人掌》中的仙人掌、《礁石》中的礁石、《山核桃》中的山核桃等。象征能使抽象的感受具体化，使诗中的形象凸显出来，达到事半功倍的艺术效果。例如《冰雹》写自然界的变化：

> 混进暴风雨里
> 躲进乌云后面
> 像漫天蝗虫
> 带着厮杀的叫喊
> 和闪电一起
> 和雷声一起
> 突然地来了
> 突然地去了
> 它所留下的
> 是灾难的记忆
> 光秃的树枝
> 碎了的窗玻璃
> 暗了的街灯
> 人的咒骂和叹息

诗人把冰雹形象化、人格化，写出了冰雹的阴险奸诈、凶残狠毒。"冰雹"这一形象寄寓着这样一个哲理：冰雹的阴险狡诈虽然得逞一时，但最终还是留下"人的咒骂"。诗人用象征手法抨击了林彪、江青一伙罪人。当我们抓住"冰雹"这一形象时，其中寄寓的哲理就迎刃而解了。

诗的形象是由意象构成的，艾青哲理诗中的意象丰富多彩而又层次井然，这些意象由"比的意象"、"比兴结合的意象"组成。艾青说，"意象是真实的形体与璀璨的颜色，伏贴在雪白的纸上"，"意象是具体化的感觉"[①]。任何表现手法都是为主题思想服务的，因此，从这一角度来说，艾青创造的意象是让读者"悟"，让读者悟出形象中的哲理内涵。"悟"并不是让读者去猜谜，去读朦胧诗，而是让读者去品味，用心去体验，这样才能达到更深的效果。在"悟"字上，艾青是从以下两个方面来处理意象的。

一是画面的组合。"诗人更应该有如画家一样渗合自己情感的构图"，将众多的意象有机地组合起来，构成画面，形成一种意境，制造一种气氛，使读者身临其境，在"悟出"、"悟入"的过程中，体会其诗的哲理内涵。例如《礁石》：

> 一个浪，一个浪
> 无休止地扑过来
> 每一个浪都在它脚下
> 被打成碎沫，散开……
> 它的脸上和身上
> 像刀砍过一样
> 但它依然站在那里
> 含着微笑，看着海洋……

诗人以礁石、海浪构成一幅惊涛骇浪的画面，一块礁石突兀在海洋中，一个浪，又一个浪无休止地扑来，惊心动魄，气势磅礴，读者只有走进画面中，才能身感礁石那种"我自岿然不动"（毛泽东语）的形象韵味，从而"悟"出"哪里有压迫，哪里就有反抗"的道理。

二是意象的排列。只有将纷繁复杂的意象有层次、有机地排列起来，才不会使读者如堕五里雾中，不知所云。艾青哲理诗的意象或按事物的发展逻辑排列，或按人们的欣赏心理排列，在意象中理出事物的哲理链条。例如《致歌德先生》，诗人先略谈歌德与缺德的本质区别，然后亮出问题，即将所谓"歌"的德行举出来：

打断肋骨不许喊

切断喉咙不许哭

妻离子散不许找

究竟属于什么德

这时读者自然明白，那些人歌颂的是"缺德"，诗人对那特定时代粉饰太平之人给予了无情的抨击。这种提出观点、举例说明、得出结论的"三段论"式，适合人们的欣赏习惯，容易被读者接受。另外，《酒》《希望》等诗，都将意象进行了有序排列，读者只要抓住意象的链条，就能顺藤摸出诗中的哲理，这种"摸"是一个慢功夫，是"悟"。

艾青说，"诗的语言里面也必须富有暗示性和启示性"，"启示的语言，以最平凡的外形，蕴藏着深刻的道理"⑪。启示性的语言是哲理诗的一个基本要求，不论哲理诗的意象多么丰富，形象多么饱满，没有启示性的语言，形象就会显得干瘪，就不会生动感人。艾青哲理诗的语言极富有启示性，他在保持用形象化口语写诗的前提下，力求语言通俗、简洁、警策。例如，"是劳动创造的结晶"（《给乌兰诺娃》）、"活着就要斗争/在斗争中前进"（《鱼化石》）等诗句无不具有启示性。艾青诗歌中"深厚博大的思想，通过最浅显的语言表现出来"⑫，他不仅将口语，甚至将谚语、俗语入诗，如"你若不走/用推土机推你走/敲锣打鼓送你走"（《窗外的争吵》），"灶王爷贴在肚腿上"（《垦荒者》），这样使诗显得单纯、明快、质朴，呈现出一种自然美、朴素美。

洞察后的哲理反思是基础，思想感情的高度浓缩是核心，创造性的表现手法是手段，这三者构成了艾青"哲理诗的函数式"（蕙平语），也是一个富有深刻内涵的结构式。正因为如此，艾青的哲理诗才富有理性深度、情感浓度和感召力度，才在当代哲理诗苑圃上独秀于林。

注　释：

①参见张炯、郏熔《中国当代文学讲稿》，中央广播电视大学出版社，1983年版。

②、④、⑤、⑦参见《艾青诗选·自序》，人民文学出版社，1983年版。

③、⑥、⑨、⑩、⑪参见《艾青论创作》，上海文艺出版社，1985年版。

⑧《艾青论创作·否定的艺术》，上海文艺出版社，1985年版

⑫《艾青论创作·新诗应该受到检验》，上海文艺出版社，1985年版。

参考文献：

[1] 张炯，郏熔.中国当代文学讲稿[M]. 北京：中央广播电视大学出版社，1983.

[2] 艾青.艾青论创作[M]. 上海：上海文艺出版社，1985.

[3] 艾青.艾青诗选：自序[M]. 北京：人民文学出版社，1983.

[4] 魏泰.临安隐居诗话校注[M]. 成都：巴蜀书社，2002.

[5] 朱光潜.诗论[M]. 北京：三联书店，1984.

[6] 骆寒超.中国现代诗歌论[M]. 南京：江苏人民出版社，1984.

谢　辞

毕业论文的撰写是一个十分严肃的学习环节，也是对我这三年来综合能力的一次检验。为了认真地写好这篇毕业论文，我竭尽全力，除了反复阅读和钻研原著外，在指导教师的帮助下阅读了许多参考资料。从论文初稿的撰写到反复修改，到最后顺利完成，前后经历了几个月，这次论文习作实践让我受益匪浅。

在这里，我要特别感谢我的指导教师张××教授。他是一位一丝不苟、工作负责的好老师，没有他的耐心辅导、谆谆善诱，我的论文能否写成亦未可知！

由于自己的写作能力和水平有限，这篇论文难免有许多不足，敬请各位老师批评指正，我将感激不尽。

曾××

2006 年 4 月 21 日

（例文来源：东方樵所教学生毕业论文，经本书作者重新整理）

 例文 2

正本清源·纯化动机·营造和谐·促进发展

——对当前书法批评的几点建议

武汉工业学院艺术系　　邹志生

【摘要】书法批评是书法活动的重要内容之一，是促进书法人书艺进步、提高和书法艺术繁荣发展的重要手段，正常而有序地开展书法批评是书法艺术的必需。但在当前书坛尤其是书法网站上，书法批评呈现出较为混乱的状况，从中可以看出一些批评者对真正的书法批评了解甚少，以至于不知道书法批评应该怎样进行。对此，作者发表了自己的看法并提出建议。

【关键词】书法批评；理性；学术性；和谐化

当前的书法批评呈现出较为混乱的状况，除去公允的书法批评不说，书法报刊上有过誉吹捧的、阿谀奉承的，书法网络上有贬损诋毁的、谩骂攻击的，各种书法批评无所不有。这些书法批评的主体（评论发言人），给人留下不甚了解真正意义上的书法批评和学术素养不高的印象。有鉴于此，弄清书法批评的含义和特征、建立书法批评的科学体系、纯化动机并营造和谐的书法批评氛围是很有必要的，它有利于现阶段书法批评的正常开展，也有利于未来书法艺术的发展。

一、书法批评的含义

何谓书法批评？回答这个问题首先要弄清两个概念："批评"和"书法批评"。关于"批评"，《现代汉语词典》上有准确的解释，一是"指出优点和缺点"，二是"专指对缺点和错

三、书法批评的学术性内涵

书法批评的学术内涵如何体现？笔者认为应该从书法史学和美学的角度去寻找答案。

（一）在历史的语境中评判客体

这一点即是要体现书法批评的历史观，因为书法艺术得以承续和发展，靠的是生活在每一个历史阶段的书家不断地进行艺术实践和创新。就事论事的简单做法只能观其表象而不能知其实质，书法批评的主体要做到评说有理、以理服人，就必须置客体于其所在的历史时期和具体语境中进行分析、鉴别、阐释、判断，只有这样，批评主体才能全面地看问题、公允地评论客体。对于书法史上的圣贤及其作品的批评，要立足于他所处的历史时代并兼顾其前后的书法发展概况，从传统继承和书体、风格创新等方面，去衡量他在书学研究和创作实践上的成就、地位及其对后世的贡献和影响，必要时指出其作品所表现出来的时代局限性；假如批评客体是一个健在当世、影响不凡的名家大师，那么除了总结他对传统的继承、对风格的创新以外，更要公允地指出其书作的优点和不足以及书作风格与前人、与时人的异同，还要评判他在理论与实践各方面对当代书法的贡献及其对地域书风的形成和未来书法走势的后续影响；假如批评客体是一个崭露头角的新秀，对其书法批评更要以激励和助人为主，既要看到他对传统的师承，还要看到他在风格上的创新和发展后劲，更要善意地指出其不足，此外还可以将他放在其成长历史的前后历程中去比较其本人的进步，或将其置于书坛大环境中比较他与时人的异同、与前人的差距，既肯定他的长处又指出他的不足，促其扬长补短，不断提高。总之，要以科学的态度置客体于历史语境中，全面、客观地看问题，以求得对客体的公允评价。

（二）在美学的范畴里评论作品

这一点则是要体现书法批评的美学观。说到这里，我们不能回避一个更深层次的问题，即批评主体应该具备怎样的审美水平和应该秉持怎样的审美标准来评判客体。毫无疑问，批评主体应该具备相当高的审美水平，这可以从他的批评言论中得到验证，看他对客体的审美取向是否合乎书坛大众的审美情趣，书坛大众认为是美的而他却认为是丑的，这就得不到书坛大众的认可，证明他的审美取向是另类的或是低俗的；假如他的审美取向能够被大多数人接受并推崇，那么他的审美是有相当水准的。关于审美标准，在抽象的书法艺术领域是模糊的，见仁见智各有看法，从来都是有争议的，但与衡量审美水平的高下一样，书法审美有一个大概的标准，那就是以大多数书法人的共同感觉为坐标、以高雅脱俗为取向去衡量书家书作质量的高下。具体来说，就是看作品是否体现出传统基础和时代特征：传统基础包括运笔、用墨、结字、章法和师承等诸多要素；时代特征包括与时俱进的形式构成、视觉效果、风格特色、神韵气质等诸多方面。传统基础的深厚与否和时代特征的高雅与否是批评主体言论中的主要内容，评判这些内容要体现批评主体目光的敏锐性、判断的准确性和言论的公允性，既要如实客观地反映作品的内涵，还要充分体现批评主体高屋建瓴般的审美水平。那种不顾大众审美共性的、以狭隘偏执的个人审美观为核心、用自家观点左右他人审美观并有失公道的评论是缺乏理性的，也是不科学的；那种迎合社会上部分人群另类审美趣味而将书法批评引向歧途和误区的评论是不应该的。理性的书法批评当与严肃认真的书法艺术实践同步，遵循规律，尊重大众，秉持共性的审美标准，倡导正确的审美取向，弘扬高雅的审美情趣。

四、当前书法批评的动机与结果分析

当前书法批评的形式大体可以归纳为 3 种类型，即公允型、过誉型和贬损型，三者形式不同、动机不一，其结果也有区别。

（一）公允型书法批评的动机与结果

毋容置疑，公允型书法批评其主体的动机是善意和纯正的，是与批评主体优良的道德品行、深厚的学术涵养成正比的。笔者在 2008 年的《书法报》上看到了《当代中青年书法家批评》系列和《兰亭诸子批评榜》系列，这是两个非常难得的书法批评范例。这两个系列对当今书坛中青年翘楚们的书作进行了公允的评价，在肯定优点的同时指出了不足。而对这些少壮派书家书作进行点评的，乃是当今书坛在理论研究与实践创作两个方面皆有成就的师长级人物，如姜寿田、朱以撒等，从他们评书论人的善意性、坦诚性、中肯性等诸方面看，他们的动机是善意而纯正的，完全是从批评对象书艺提高和书法艺术发展的角度出发，在公开的媒体上对批评对象的优点进行肯定和褒扬，同时又对其不尽人意的地方进行指正，这些师长们的道德品行和学术涵养是值得称赞的。那些被评到的翘楚们多为中青年书家，他们的书艺正处于上升时期，有很多值得肯定和褒扬的地方，同时也不可避免地存在着这样或那样的不足，但或许他们自己没有发现（当事者迷），或发现了却不知如何修正，这时候师长们发现了这些不足（旁观者清）并善意地予以指正，应该说这是翘楚们求之不得、欣然接受并乐于修正的。这样，批评主体的动机与最终的结果统一在善意的愿望里，这不仅使被批评者的书艺得以进步和升华，更重要的是这种动机与结果不仅有利于个体书法水平的提高，更有利于书法群体水平的提高，也为书法批评做出了榜样、提供了范例，促进了书法艺术在当代的不断进步与健康发展。

（二）过誉型书法批评的动机与结果

过誉型书法批评多表现为 3 种情况。第一种情况是批评主体与批评客体之间的同乡、同学、书友情分较深，过誉客体多是碍于情面，但这样的过誉不在多数，动机无所谓纯正与否，纵使有所拔高也能被人理解，结果的负面影响也不大，所以这里暂且不论。第二种情况是批评主体与批评客体属于上下级（或辖区内的行政上下级、或书协系统内的上下级）关系，大多数情况下是批评主体有求于客体，其过誉之词明显带有阿谀奉承、溜须拍马的成分。这样的过誉评论在专业书法报刊上也有一些，批评的客体涉及到一些书坛名人、书协官员，有时他们其中的某些人是不知不觉地被人塞进"轿子"的，但必须指出的是，批评主体不良的动机带来了不良的客观结果，那就是有些过分溢美的赞誉将名人高官书作上的不良习气说成是独特风格，将丑怪说成是创新，总之，批评主体不惜用大量美丽词藻将客体的缺点描绘成优点，混淆了读者的视听，模糊了书法人的审美眼光，扰乱了书法批评的秩序，也干扰了书法艺术的正常发展。其实，书坛不乏心明眼亮的高人，他们瞥一眼便知谁优谁劣，也能看出那些大唱赞歌的人的主观动机与结果很统一，那就是用溢美之辞、过誉言论来贿赂名人高官，换取一己私利。第三种情况是批评主体与批评客体只有交易关系，过誉客体无疑是"吃了人家的嘴软"。一方会写几笔亟待出名，一方能写会吹已有名声，一方借笔扬名，一方靠笔发财，于是乎一方出钱一方动笔，先付款后动笔，出钱的买好话，收钱的写美文，收钱的用尽美丽词藻将出钱的那几笔不怎么样的字描绘得美不胜收。因较为常见，所以这里用不着举出

具体例证，实在要论据的话，请翻开 2008 年 1 月 2 日出版的《书法报》第四版，上面的那篇《从李小山"今后坚决不写一篇收费文章！"说开去》就是最好的论据，虽然李小山说的是美术界的事，但在书法报刊上被郑重提起其本身就说明书法界也有"李小山"、"张小山"之流。这种情况比前两种情况要卑劣得多，其动机是不良的，结果是可怕的，就像李小山自己所说的那样，美术"再这样下去就要彻底完蛋"！同样，书法再这样下去也要彻底完蛋！

（三）贬损型书法批评的动机与结果

贬损型书法批评多见于网络，因为网络为这样的书法批评提供了自由发言、发泄的平台，在这个平台上批评主体可以用真名实姓，也可以隐姓埋名或虚设假名，说什么、怎么说一概没人限制，方便得很。于是乎，公允的评价、偏激的指责、恶意的诋毁、低俗的谩骂等无所不有，被批评的对象从各级书协的高官到名望渐高的翘楚，从德高望重的师长到崭露头角的新秀，他们都有可能在这个平台上被评价、被剖析、被辱骂。这些评价和剖析如果是与人为善的、公允的，这倒是书坛求之不得的，但问题是多数评价和剖析偏离了书法批评的正常轨道，公允不多，贬损不少。这里有必要归纳和分析一下贬损型书法批评其动机与结果的几种表现。

第一种是炒作。单从扩大影响的动机来看，炒作是无可厚非的，但要看你是如何炒作。假如是借打压别人来炒作自己，借贬损他人来抬高自己，则是不地道的。不甚奇怪的是，现在这种炒作在网络上能够获得相当多的盲从者，他们多为世界观尚未完全成形、价值观尚未最终完善的青少年书法爱好者，他们见到有人敢于向书坛高官、书坛名人发起挑战，便附和着跟帖甚而发表过激言论，敢于批评名家高官的批评者就被大家看作高人而出名了，这时他被"粉丝"们簇拥着，名有了，利来了，炒作的效果达到了。其结果是这种炒作往往被人效仿，使人误以为在书坛出名不需要过硬的基本功，只要有三寸不烂之舌或能妙笔生花就可以了。

第二种是抱怨。产生抱怨多数是因为自己的作品在某些书展（赛）特别是中国书协举办的国家级届展上落选，并认为那些最终入选和获奖的作品都不如自己写得好，认为评委投人情票或看走了眼，于是一气之下在网络平台上发泄不满，贬低入选者及获奖者，谩骂评委的"瞎眼"和不公，抱怨之辞溢于言表，这在网络上有时能够获得不少同情与附和。出于真正受了冤屈而抱怨的动机发表看法似乎可以理解，其结果或可以促使评委们秉公办事，但因无自知之明和纯粹为泄私愤而诋毁、骂人的做法是不可取的，其结果既暴露出了自己涵养欠缺的弊端，又污染了书法批评的氛围。

第三种是恶搞。这样的书法批评是令人深恶痛绝的。恶搞的具体表现是无常的，就像疯狗一样见谁咬谁，无论批评对象是书坛高官还是书坛新秀，无论是有过节的还是不曾相识的，无论被评到的书法家书作质量优劣与否。而且最关键的是，批评者自己对书法仅知皮毛或只有嘴上功夫。如有人打着"×大才子"、"××您好"书写者的幌子在网上发文，言语猥琐，动机不善，不仅把整个书坛闹得乌烟瘴气，而且也暴露出自己人品上的缺陷来。这又正如德国 17 世纪著名哲学家谢林在《艺术哲学》的绪论里所提到的那样："自称有教养者热衷于在艺术问题上说三道四，力图将自己装扮为行家"[3]，恶搞类书法批评的发言者们部分地与谢林所描绘的相似，更糟糕的是他们动机极不纯正、毫无善意，以恶搞为手段达到出名的目的。个人是出了臭名，但最终结果其危害性是广泛的、恶劣的，极大地扰乱了书法批评的秩序，混淆了视听，更严重的是误导了辨别能力不强的青少年书法爱好者，以为书坛就像娱乐圈一样无绯闻不能出名，恶搞很快能出名。

不同的动机必然带来不同的结果。动机恶意的书法批评是不正常的，也是不可取的，我们提倡且推行的是动机善良的书法批评。

五、书法批评理性化、和谐化的几点建议

（一）善意地评书助人

批评主体无论是以口头形式还是以书面形式对批评客体发表看法，其最初的动机必须是善意的，不管是面对初学者毛病甚多的习作还是面对名人大家笔下的创作。褒誉优点是为了他发扬光大、锦上添花，指出缺点是为了他改正不当、更进一步，批评者以纠错为己任，以助人为目的，体现态度的真诚和动机的纯正。那种全盘否定、恶意贬损、一棍子打死的书法批评只能暴露出批评者的不怀好意。

（二）客观地褒优指弊

书法批评也要提倡全面地看问题。任何书家的作品都有优点和不足，历朝历代的名家名作都不例外，更何况现代的书坛高官、圈内名家、身边书友？评论任何人的书法作品，既要看到它的不足，也要看到它的长处。一般情况下，一幅书作其优点与不足是同时并存的，有鉴赏力的观赏者或评论者都是有目共睹的，所以在评论时既谈到它的优点又谈到它的不足，这就如实地反映了作品留给人的真实印象，也有利于作者修正和进步。这样的书法批评符合文艺评论的基本法则。

（三）中肯地评人论书

书法批评是针对具体书家和书作进行评价。评价有肯定、部分肯定和否定三类，善意的批评无论哪一类评价都要公正、公平、不偏不倚，对优点的肯定要恰到好处，对不足的指出当切中要害，既体现批评者的精准眼力和学识水平，还要体现其与人为善、坦诚相见、毫无掩饰的高尚品格，唯其如此才是科学的态度，也才能使被批评者和其他听者、读者心服口服。

（四）委婉地遣词用语

批评主体对批评客体的评价通常用口头或书面的语言来表达，这些语言首先要中肯，即选用恰当的词语来表达批评主体的观点，用词不当，或溢美过头、或贬损无度都是不中肯的，也是不利于书法批评的正常开展的。但是，批评主体的语言中仅有坦诚和直率是不够的，其观点特别是对批评客体指出弊端、纠正偏差时，更要用策略的方式来表达，如选择恰当场合、顾及对方自尊；坦诚指出不足时，更须做到委婉、策略、有技巧性地表达意思，体现批评者的素质涵养和语言表达的技巧性，不伤及批评客体的自尊，使其乐于接受并心悦诚服。

（五）理智地对待批评

前面几点针对书法批评的主体而言，这一点针对书法批评的客体（尤其是现当代的名家大师）而言。批评与被批评是双方或多方的行为，当批评主体和批评客体进行沟通交流时这是双方行为，批评主体的言论公布于众之后在书坛引起反响与回应那就都是多方行为了，回应者有时是客体本人，有时是其他读者或听众。回应是自然现象，但任何人恼羞成怒的回应

都是不必要的，因为有的批评言语难听但切中要害，理智地分析、接受是有好处的。对那些话虽难听但一语中的的书法批评应该持欢迎态度，以示心胸之坦荡；对那些评价有偏差的批评应该互相沟通、求同存异，即使是那些贬损性的书法批评也要理智地对待，以宽人之心谅解之，实在不行的话可以发文商榷。总之，不能无理智地以毒攻毒、以牙还牙，闹得两败俱伤。

拙文就书法批评的若干问题谈了一些个人看法，主要针对的是当前书法批评尤其是网络书法批评近似混乱的现状和一部分人对书法批评理解上的肤浅性。笔者倡导正本清源、纯化动机、营造和谐的愿望和目的。归结于最终的一点，那就是倡导书法批评、希望书法批评走上正常轨道并促进书法艺术的繁荣和发展。

不妥之处，欢迎指正，笔者先谢为敬。

注释：

①参见萧元《初唐书论》，湖南美术出版社 2004 年第 1 版第 147 页。
②参见弗·威·约·封·谢林《艺术哲学》，中国社会出版社 1996 年第 1 版第 13 页。
③参见弗·威·约·封·谢林《艺术哲学》，中国社会出版社 1996 年第 1 版第 12 页。

参考文献：

[1] 姜寿田.中国书法批评史.杭州：中国美术学院出版社，1997.

[2] 郭绍虞.中国文学批评史.北京：中华书局，1961.

[3] 华东师大古籍整理研究室.历代书法论文选.上海：上海书画出版社，1979.

[4] 童庆炳.文学理论教程.北京：高等教育出版社，2007.

[5] [德] 弗·威·约·封·谢林.艺术哲学.北京：中国社会出版社，1996.

[6] 于安涛.画品丛书.上海：上海人民美术出版社，1982.

[7] 赖力行.中国古代文学批评学.武汉：华中师范大学出版社，1991.

[8] 曾广，舒其伟.书法批评的本体意识和科学性.开封教育学院学报，2006（1）.

[9] 张捷.书法客观批评模式的构建.东南大学学报，2004（6）.

基金项目：湖北省教育厅人文社会科学研究重点项目"复兴书法的重要性及途径研究"系列成果之一。

该文入选中国书法家协会主办的"2008 中国书法金陵论坛"作重点发言，现已入编中国书法家协会主编、北京荣宝斋出版社出版的历史文献巨著《当代中国书法60 年》之理论研究成果分册《当代中国书法论文集·1949-2008》。

作业

阅读篇目：关于高职生毕业论文的写作格式，请参照中南财经大学许家林教授的论文《论本科生论文写作训练的几个基本问题》，该文发表在《财经政法资讯》2005 年第 2 期上，可从网上下载阅读。

认真阅读许家林教授的论文《论本科生论文写作训练的几个基本问题》，总结出高职生论文写作的格式要领，为毕业论文的写作作准备。

第二章 职场文书

大学生毕业前后的第一件重要事情就是找工作。为了在职场上能够找到称心如意的工作并做好工作，特在本教程中编入"职场文书"的内容。

一般应用文写作教材中没有"职场文书"这样一个概念，本章将从业者在职业生涯中使用频率很高的自我推介、自我总结、建立劳动关系、表明"跳槽"意愿的应用文放在一起，介绍求职信、个人简历、竞聘讲演词、劳动合同、个人总结、述职报告、辞职报告等应用文体的写作，以便即将走出校门的毕业生和身在职场的员工选用和参考。

第一节 求职信与应聘书

求职是大学生毕业之后面临的首要问题。求职信写作是现代大学生必备的技能之一。如何在激烈的竞争中脱颖而出？如何通过求职信使你获得机遇的青睐？掌握求职信的写作技巧与方法，将会助你成功求职。

一、文体简介

（一）求职信与应聘书的含义

1. 求职信

求职信是求职人在不知对方（用人单位）是否有职缺的情况下，为求得某一职位而向对方陈述自己学识、才干和经历的专用书信。

2. 应聘书

应聘书是求职人在已知对方（用人单位）有职缺的情况下，为求得某一职位而有针对性地向对方陈述自己学识、才干和经历的专用书信。

求职信与应聘书在我国历史悠久。西汉东方朔的《上书自荐》可称为最早的求职信，唐代诗人李白的《与韩荆州书》也是古代自荐信的典范。在当今人才频繁流动的职场中，企业面向社会广泛招贤纳士，各类人才自我推荐与应聘求职已成为谋求工作的重要方式，求职信的使用也就变得越来越普遍。

求职信和应聘书可以展现求职者的才干，增加获得面试的机会，一旦用人单位觉得求职者正是所要录用之人，便会通过求职信上留下的联系方式与求职者取得联系，从而使求职者顺利谋得一份理想的工作。据有关资料统计，在美国、日本等发达国家，通过求职信而获得的就业机会约占全部求职机会的 25%。因此，按要求与格式写好求职信和应聘书是应届毕业生与其他求职人员的一种必备技能。

（二）求职信与应聘书的特点

（1）**作用上的自荐性**。求职信和应聘书最大的特点就是要求求职者自我推荐，达到被录用的目的。美国专门教人谋职技巧的德比公司副经理安尼艾斯·托克说过："你所做的就是把你的长处亮出来。"因此，在写求职信和应聘书时，一定要突出自己的专长，展示自己的才华，如通过将自己的基本情况，尤其是在某一方面的专长、优势以及设想如实地写出来，设法让用人单位了解自己，争取以自己的特长吸引用人单位，赢得竞争优势，取得理想效果。

（2）**内容上的针对性。**求职信尤其是应聘书，应紧紧围绕自己能被用人单位录用的原则来安排写作内容。因此，在内容上要做到有针对性，最好能将用人单位的录用要求与自己的长处、优势有机地结合起来。写作时从整体上把握用人单位的心理与需求，做到有的放矢，增加被录用的可能性。

（3）**行文上的格式性。**求职信和应聘书作为谋职的工具，它们也是一种人际往来的信函。既然是信函，就必须有信函的格式：开头有称谓、有问候语、有自我介绍、有缘由陈述等；主体部分重点介绍自己的专业、特长、成绩、荣誉、经验等；结尾有祝颂语和落款等。与普通的家书或朋友间联络感情的信件所不同的是，求职信在末尾要加上一些必要的内容，如联络方式、附件（含各类证书复印件）等。以上这些构成了求职信和应聘书的完备格式，拟写时必须遵守。

（4）**沟通上的礼仪性。**求职的过程，既是向用人单位展现个人才能与专长的过程，同时又是向对方体现自己个人修养与礼仪的机会。求职信和应聘书写作时态度诚恳、对人谦恭有礼、表达得体，就会给用人单位留下良好的印象，增加赢得职位的机会。因此，在行文时，称呼的运用、结尾处向用人单位如何提出自己的愿望和要求，都是写作中需要斟酌的问题。可见，求职信和应聘书要求求职者学会沟通、懂得一定的礼仪。

（三）文体的分类

根据具体情况的不同，求职文书可分为求职信和应聘书两类。

二、写作格式

求职信和应聘书在结构上一般分为标题、称谓、正文、落款、附件和联系方式5个部分。

（一）标题

在信纸上方正中书写较大的"求职信"或"应聘书"3个字，以求醒目。

（二）称谓

要顶格写明用人单位名称或其领导姓名。单位名称后可加"领导"、"负责同志"，个人姓名后可加"先生"、"女士"、"同志"，也可不写名而以姓氏加职务来写，如"罗总经理"、"张厂长"，或可用泛称，如"总经理"，等等。现在有些单位面向社会招聘人才时，往往由人事部门来运作，故也可以写"××单位人事部门负责人"。称呼后要标注冒号。有时为了表示对对方的尊重，也可以在称谓前加上"尊敬的"等修饰语。总之，求职信和应聘书的称谓要恰当、得体。

（三）正文

正文是求职信和应聘书的主体。正文要另起一行，空两格开始写求职信和应聘书的内容。一般来说，写作的主要内容应包括以下几个部分。

1．开头部分

开头部分简要介绍求职者的自然情况，如姓名、年龄、性别、文化程度、政治面貌等，使阅信者对求职者有较全面、客观的了解。接着要点明写信的目的。这段是正文的开端，介绍有关情况要简明扼要，对所求的工作态度要明朗，而且要吸引阅信者有兴趣将你的信读下去，因此开头要有吸引力。

2．主体部分

第一，展示自己的才能和特长，这是求职的关键。自己的专业、学习成绩、工作能力、社交能力、业余爱好与专长、曾获得的各种奖励与荣誉、受过何种专业培训、自学过什么技能、有何特长，等等，都应具体介绍，并通过具体事例或数字加以说明，因为这些是用人单位最为关心的。要着重介绍自己应聘的有利条件，要特别突出自己的优势和"闪光点"，力求写出自己的特色，以使对方信服。写这段内容时，语言要中肯，恰到好处；态度要谦虚诚恳，不卑不亢，达到见字如见人的效果，要给阅信者留下深刻印象，进而让对方相信求职者有能力胜任此项工作，因此这段文字必须有说服力。

第二，有针对性地写明岗位意向。上文写明自己的专业特长及优势，实际上是为这部分的写作内容服务的。因此，此部分可以水到渠成地提出自己的岗位意向，使用人单位能根据实际情况作出是否录用的决定。这部分写作要求求职目标一定要明确，千万不要说任何岗位都适合自己，否则用人单位觉得求职者专业不精，可能什么都不会，也就无法录用。另外，要注意岗位目标与主体部分的内容相呼应，前面所提到的才能与特长都是紧紧围绕求职的目标的。

第三，提出希望和要求。向用人单位提出希望和要求，如"渴望领导能给我一个在贵厂（公司）发展的机会"，或"希望您能为我安排一个与您见面的机会"，或"盼望您的答复"，或"敬候佳音"之类的语言。注意不要提出过分的要求，不要苛求对方。

第四，结语。写表示祝颂的话，要另起一行，空两格写"此致"或"祝"，再另起一行，顶格写"敬礼"或"工作顺利"、"事业发达"等相应词语，这两行均不加标点，不必过多客套，以免画蛇添足。

（四）落款

落款写明写信人的姓名和成文日期。落款写在信函的右下方，姓名写在上面，成文日期写在姓名下面。姓名前面不必加任何谦称的限定语，以免有阿谀之感，或让对方轻看你的能力。成文日期要年、月、日俱全。

（五）附件和联系方式

附件是指能证明求职者的成绩、成果的材料，如在学校学习的成绩单、发表的论文或出版的著作、专家的推荐信、荣誉证书以及在校专为谋求这个职位而写的设想等。有一技之长的求职人员还可附上证明自己有关技能的复印证件。

联系方式要便于用人单位能及时与求职者取得联系，联系地址、电话必须准确无误，以免贻误时机。

三、写作要求

（一）收集信息，有的放矢

求职者要对招聘单位做好调查研究工作，要摸清该单位的情况、了解有哪些竞争对手、查明该职位的工作范围，最好的方法是找该公司的员工谈谈。求职者应有的放矢地推销自己，如你是竞聘电脑维修职位，就应该突出自己的维修能力或以往的业绩以及获得的等级证书等，这样目的明确，针对性强，就容易被录用。

（二）突出所长，实事求是

求职信或应聘书是给招聘者最好的"介绍信"，要着力突出求职者不同凡响之处，以便用人单位品评，并据此作出抉择。求职者一定要在求职信或应聘书中恰如其分地介绍自己，用自己的成绩、优势、特长、闪光点吸引对方，取得对方的信赖；对所介绍的情况务必做到完全真实，不能有半点虚假，不能为达到被聘任的目的采取欺骗隐瞒的手段，凭空捏造，华而不实；必须从实际出发，实事求是，只有真诚率直才能赢得招聘者的好感和信任。

（三）沟通感情，拉近距离

要想使求职信或应聘书打动招聘者，感情沟通是不可忽视的重要方面。应在自荐信或应聘书中对招聘单位予以中肯的评价和恰如其分的称赞，赞扬该单位的形象、声誉、领导及员工素质、工作效益及社会经济效益、美好前景……这样就把求职者与用人单位在感情上的距离大大拉近了。当然，这需要求职者对招聘单位做充分的调查研究，否则很难取得好的效果。

（四）语言简洁，措辞得当

求职信或应聘书的语言必须做到简洁、客观、准确，文辞应朴实无华，直言陈述，要在有限的篇幅内条理清晰地传达大量有用的信息，节省阅信者的时间，给对方留下精炼的印象，为自己求职争得良机；相反，语言繁琐拖沓，就会浪费对方的时间，甚至引起对方的反感。一份求职信或应聘书字数一般在 600 字左右即可，最多也不要超过 1000 字。

求职信或应聘书的措辞要谦逊从容，语气要和婉恳切，自信而不浮躁，给人一种实力感；谦虚而不妄自菲薄，给人一种稳重感。语气不当，过分自信，目空一切，会使用人单位对求职者产生不信任甚至反感；而一味地谦逊则可能使对方怀疑求职者本来具备的能力。除此之外，行文畅达和精炼以及标点符号的运用要力求正确，以显示自己的写作水平，为竞聘打下良好的基础。

 例文 1

求　职　信

尊敬的 ×× 社长：

您好！

我是武汉 ×× 学院人文系广告学专业即将毕业的学生，想毕业后在贵社寻求一个适合自己的岗位。

本人现年 22 岁，男，中共党员，家住武汉。大学四年，我学习认真、品德良好，学习成绩优异，多次被学校评为"三好学生"。我能熟练运用各种电脑设计软件，并擅长于广告创意策划与文案写作，专业技能过硬。本人的创意广告作品曾荣获 ×××× 年全国大学生广告设计大赛银奖。在校期间，曾担任校学生会宣传部长的职务，有较强的人际沟通能力。本人吃苦耐劳，工作踏实勤勉，具有认真负责的精神。在实习期间，本人曾以扎实的专业技能与严谨的工作作风受到实习单位的好评。

从有关材料获悉，贵社有着良好的发展前景。贵社十分重视员工素质，在管理方面大胆创新，注重以人为本，激发员工的积极性与创造力。当然，像这样的单位对求职者的要求十分严格，我认为，尽管自己的条件不一定是最好的，但有可能是贵社最需要的。贵社为有志青年的成长与成才搭建了一个平台，是一展才华与抱负的好地方。"良禽择佳木而栖"，如果有幸能在贵社工作，我相信凭自己所学的基础理论和专业知识，加上勤奋认真的工作态度，一定会为贵社的发展发挥作用，也一定不会辜负贵社领导的希望。

我愿意到贵社从事广告策划工作，如蒙录用，不胜感谢。

现随信将本人的简历、学历和有关获奖证书、荣誉证书的复印件寄上。请您在百忙中抽空看后，能给我一个回复。

此致

敬礼！

求职者：刘××

××××年×月×日

联系地址：武汉市汉口常青社区×栋×单元×室

邮政编码：××××××

手机：13×××××××××

邮箱：××××@sohu.com

附件（略）

（例文来源：编者自撰）

第二节　个人简历

一、文体简介

（一）个人简历的含义

简历也叫履历，它是求职者向用人单位介绍其资格、职位、教育和工作经历等情况，有选择、有重点地加以概括叙述的一种应用文体。

（二）个人简历的特点

简历作为一种自我介绍和自荐性的文书，应体现出内容的真实性、文字的简洁性、结构的条理性和行文的平实性等特点。

现行人事管理档案中，个人简历是其中的重要内容，它是组织人事部门掌握有关人员基本情况的依据。寻找工作或调动工作，也需要向有关招聘单位递交个人简历，供用人单位录用时参考。

二、写作格式

简历的结构由标题、正文、署名和日期4个部分组成。

（一）标题

一般写明"×××简历"字样。如果该人已有职务和身份，需要写明时，也可在"×××简历"前加上职务和身份。

（二）正文

正文一般由两个部分组成：第一部分纵向总述经历，写明该简历人的姓名、性别、民族、出生年月、籍贯、文化程度、现任职务等情况；第二部分则依次分段叙述每个阶段的经历。

除了全篇分段式外，简历还有全篇一段式写法，即从姓名、出生地、籍贯、出生年月日、民族、团体党派写起，按时间顺序叙述主要的学习、工作经历，主要才能、贡献以及工作、学习、生活中有典型意义的事等。

求职的个人简历则分如下几点来写。① 个人资料，包括求职者的年龄、性别、身高、民族、出生地、婚姻状况、住址等。② 教育情况，一般只写大专（中专）以上的教育情况，中学的教育状况一般不要写上。③ 工作经历，一般按照时间顺序写上工作经历。此部分应为整篇简历的核心内容，应聘者可以着重叙述此项，并根据个人工作情况不同而重点说明工作的具体内容与经历，尤其是与求职目标相关的工作经历；一定要叙述最主要、最有说服力的工作经历和最具证明性的为公司获取的利润和相关成绩；说明的语气要坚定、积极、有力；最近的工作经验是很重要的，写工作经验时，一般是先写近期的，然后按照年代的顺序依次写出。在每项工作经历中先写工作日期，接着写工作单位和职务。这部分需要注意的是，陈述了个人的资格和能力之后，不要过多地提及个人的需求、理想等。④ 重大成果或者著作（注明是否已发表）、特长，展现求职者的成功项目或出版的著作等。⑤ 个性特点，描述出自己的个性、工作态度、自我评价等。注意：向企业求职，一般不要写上"政治面貌"、"家庭情况"、"组织意见"等。

简历也常常以表格的形式出现。一些有关的个人档案，经常让当事人填写简历表，标题往往是"个人简历"字样，逐项往下填写时，每项都要写上证明人的名字。举办某种评选活动时，需要向公众说明和宣传候选人，也发表有关人员的个人简历，这种情况下往往需要抓住与本次评选活动有关的情况写，突出重点内容。

（三）署名

由该简历的主人签名。

（四）日期

填上简历成文的日期。

三、写作要求

简历的写作要注意如下几点。

（一）内容要真实，切忌胡编乱造

简历能反映一个人道德品质的优劣，诚实的人写简历必定注重实事。假如不顾事实而胡编乱造，最终受到惩罚的只能是自己。

（二）陈述要有序，切忌缠夹不清

一个人的文化水平在简历上也能反映出来，文从字顺、结构清晰的简历会给人留下好的印象，办事的成功率也会高些。

（三）用语要简明，切忌重复啰唆

职场竞争激烈，求职者成千上万，招聘单位应接不暇时，烦琐啰唆的简历令人不愿卒读。简历的语言一定要简洁，用明白通畅的文字将最该说明的问题说清楚即可，让人一看即明。

 例文 1

个 人 简 历

个人概况

姓　　名：刘××		性　　别：男
出生年月：1987 年 2 月		民　　族：汉
籍　　贯：湖北省宜昌市		健康状况：良好
学　　历：大学本科		学　　位：文学学士

教育背景

毕业院校：武汉××学院　　　　　　毕业时间：2008 年 7 月

所学专业：广告学

主修课程：广告学、企业文化学、广告文案策划与推广、现代汉语、形式逻辑、应用写作、管理学原理、质量管理、英语、企业经营战略、计算机应用等。

论　　文：著有《广告受众心理分析一二三》、《门店广告创意与环境》、《广告发布与城市管理》等（已发表）。

英语水平：能熟练地听、说、读、写，并通过国家英语六级考试。尤其擅长口语交流和英文写作，能熟练运用网络查阅相关英文资料并及时予以翻译。

计算机水平：获微软办公室应用专家证书（Office XP 综合），获教育部 VB 认证；熟悉网络和电子商务，精通方正排版软件，能独立操作并及时高效地完成编辑工作。

获奖情况

2005 年、2006 年、2007 年连续三年被评为优秀团员；

2006 年 3 月获全国大学生广告大赛优秀创意二等奖；

2005 年、2006 年均获一等奖学金。

实践经历

2006 年 6 月至 2006 年 12 月，在七月广告公司从事业余策划，参与新天地地产公司大型画册《人居新天地》的策划、编辑、印刷事务。2007 年 7 月至 2008 年 4 月，在××市纵横文化发展公司实习，参与策划《华中第一街——汉正街》一书，并撰写了万余字的文稿。

个人特点

个性特点：性格活泼开朗，善于交往，诚于合作，勤恳务实，严于律己，宽以待人。

兴趣特长：喜欢书法。

自我评价：具有良好的沟通能力和组织能力，能迅速适应新环境，快速学习新知识。

求职意向

1．文化传播及新闻出版；

2．市场营销（包括市场调研、策划、运作等）。

联系方式

电子邮件：lgb87654321@126.com

移动电话：159720×××××

住宅电话：027-8787××××

通信地址：武汉市常青社区×栋×单元×室

邮政编码：430023

（例文来源：编者自撰）

　　说明：以上简历类似于表格，能给人一目了然的感觉，在求职现场和网上应聘时非常实用；假如是有针对性地向企、事业单位投递的简历，可以采用文章体写作，即求职信或应聘书，将个人简历的内容有条理地置于其中。

第三节　竞聘演讲词

一、文体简介

（一）竞聘演讲词的含义

　　竞聘演讲词是演讲稿的一种，它是竞聘者竞聘某一职务（或岗位）时，在特定的会议上，面对特定的听众所发表的、用以阐述竞聘优势及被聘用后的工作设想和打算的演说词。

（二）竞聘演讲词的特点

　　正如其含义所说明的那样，竞聘演讲词是竞聘过程中说明个人能力、阐发个人见解和今后打算的文书，所以它必须具备内容的翔实性、语言的感染性、观点的鲜明性和设想的具体性等特点。

竞聘演讲词既是竞聘者能否被聘用的重要文字依据，也是组织人事部门用以考核干部的重要档案资料。

二、写作格式

一篇完整的竞聘演讲词应当由如下 5 个部分组成。

（一）标题

标题是竞聘演讲词结构的有机组成部分，它一般由"关于"加上所竞聘的岗位或职务名称及文种等要素组成，也可更简略一些，如《关于竞聘×××职务（岗位）的演讲词》《我的竞聘演讲词》《竞聘演讲词》等。

（二）称谓

要根据演讲的场合确定合适的称谓。从实际情况看，大多采用泛指性称谓，如"各位领导、同志们"等。称谓的位置在标题之下，靠左顶格。

（三）开头

在全篇中起牵引作用，要求用极其扼要的语言陈述所要竞聘的职位（岗位）名称及竞聘者的基本情况，给听众以初步的了解。开头部分一定要开门见山，尽快切入正题，切忌堆砌客套话，以免听众反感。

（四）主体

这部分是竞聘演讲词的重点和核心，分两层行文。首先写主要优势，即竞聘者的政治品德、主要特长和工作业绩。主要特长和工作实绩最能反映出竞聘者的工作能力和基本素质，也是使听众确信其能够胜任所竞聘职务的前提条件，要归纳为几个方面，集中进行阐述。其次写工作目标、主要设想和打算。这些内容是竞聘演讲词的重中之重，必须着力写好。要在上述内容的基础上，根据所竞聘职务和个人的具体情况，对就任后的工作目标、主要设想、打算，包括采取的办法、措施以及要达到什么样的效果等集中作出阐述。在表述实现工作目标的措施时，要能根据本系统、本单位及本地区的实际，详述自己的认识和措施，做到既要有胜任该职务、做好工作的宏才胆略，又要能使听众看得见、摸得着，确凿可信。写作这部分内容时，关键是要有求实性和可行性，要令人信服，盲目的吹嘘和空茫的许愿均不可取。

（五）结尾

它是主体内容的自然延伸，一般用以表明竞聘者的态度以及向听众致谢等，以示郑重。此部分要写得简明扼要、自然贴切、意尽即止，不要拖泥带水、画蛇添足。

三、写作要求

（一）内容表述适度

竞聘演讲词中对于个人的主要特长及工作实绩一定要讲，但不宜写得过于具体，只要能够说明问题并能使听众了解即可；对于同类业绩成果只需择要介绍，不必细大不捐。

（二）阐述具体实在

竞聘演讲词要有充足的事实、中肯的分析和透彻的说理，以真实、自然而又强烈的主观感情来震撼听众的心灵。对所谈工作目标、效益指标以及为保证目标实现将采取的各种措施等，必须实实在在。

（三）结构清晰严密

竞聘演讲词要有一个清晰严密的结构，论证说理过程要层次分明、简明扼要，要让听众听起来清楚、明白。还要有重点地讲清一两个问题，恰当地处理内容的主次详略，而不追求"全面完整"。

（四）篇幅长短适当

竞聘演讲词篇幅太短，不足以充分具体地说明问题；篇幅过长，又无疑会使听众产生厌倦情绪。竞聘演讲大多有时间限制，一般在 5～15 分钟，因此演说词以不超过 2000 字为宜。

（五）语言合规得体

竞聘演讲词必须适合演讲的场合，必须符合竞聘者的身份，并能显示出其个性特色。语言要尽可能用大众化的口语，避免过多的书面语，力戒文学抒情的表达方式。

 例文1

竞聘演讲词

尊敬的各位领导、同志们：

大家好！

首先感谢支行党委为我提供了这次公平竞争、展示自我、挑战自我的机会，我竞聘的岗位是××县农业银行风险资产管理部经理。我十分珍惜这次机会，希望借此来实现自己的人生价值。

我叫肖××，现年 40 岁，1988 年参加农行工作，1999 年加入中国共产党，曾在塞口、岱山、坪田、白果、枫岭营业所及支行风险资产部从事过信贷、储蓄工作。

下面我从四个方面向各位评委和代表陈述我的报告。

一、自身条件和态度

（1）本人具备中层干部的基本素质和经验，能够严格要求自己，恪尽职守，廉洁奉公，爱岗敬业。具备各项业务技能并熟悉操作规程；一贯遵纪守法，颇能吃苦耐劳；具有开拓创新能力、组织协调能力、分析判断能力、处事应变能力、文字组织能力以及社交沟通能力。

（2）本人崇尚现代管理理念，不断更新知识，提高自身素质，并能在工作中快捷、高效地为客户服务；勤于思考，热爱实践，注重实效，工作中能充分发挥主观能动性并具有开拓创新精神；能友善地与人共事，团结和关心同志，与领导和同事建立了深厚的友谊。

（3）在枫岭营业所和支行风险资产部工作的几年期间，我所管辖的片都能圆满地完成任务，盘活了不少不良贷款，并积极配合主任及部门极力做好各项工作，较好地完成了各项任务。

二、对工作职能的认识

（1）一个优秀的部门经理就是一面旗帜、一个标兵、一个象征，他是员工的榜样，无论成功和失败、顺境和逆境，他都能够给他的团队以希望、力量、勇气和信心，带领团队不断攀登新的高峰，创造一个又一个新的辉煌。

（2）一个优秀的部门经理在工作上要踏实肯干，坚守在自己的岗位上，为完成上级赋予的职责，为促进农业银行的改革和发展任劳任怨；要发挥自己的表率作用，以身作则带动整体工作的顺利展开；要立足长远，注重当前，宏观掌控全局，微观搞活局部，具备卓有成效的管理经验；要实事求是、言而有信、言行一致、坦诚相见、豁达开朗；还要乐于奉献、淡泊名利，并且洁身自好、廉洁奉公。

（3）一个优秀的部门经理其领导水平和管理能力的高低，直接关系到农业银行的兴衰与发展及国家财产的安全，所以他必须是政治上合格、廉洁意识强、组织纪律性强、工作责任心强、原则性强的人。

三、我的工作目标

假如在竞聘中我能得到大家的理解、支持并得到任用，我在任期内的工作目标是：带领全体同志坚决完成竞标任务，清收本息×××万元，季度目标按照全年目标的20%、30%、30%、20%进行分配，并做好清收部门的其他各项工作。

四、工作思路和措施

（1）深化各项管理。首先在思想上、行动上要坚定不移地紧跟支行党委步伐，认真贯彻执行支行各项方针政策，确保思想不松懈、行动不走偏，切实做到自身认识到位、管理制度到位。

（2）充分发挥资产保全部在清收工作中的管理、组织、协调和指挥作用。按照"先内后外、先易后难、先钱后物"的原则，通过制订清收计划、下达清收任务、组织清收队伍、协调各方关系、采取各种措施，使辖内清收工作有的放矢、有条不紊并卓有成效。

（3）加强对抵债资产的管理和处置，减少资产损失。目前全行抵债资产总额越来越大，而且转列的多、处置的少，严重影响了信贷资金的安全性。为此，今后在抵债资产的管理和处置工作中，要严格按照抵债资产管理办法，加强对抵债资产的管理和处置，尽量减少因抵债资产贬值带来的资金损失。

我知道，竞争上岗有上有下，上者固然可喜，下者无需后悔，我做好了思想准备。假如领导信任、同事认可给我这个上岗任职的机会，我一定珍惜并尽全力做好工作，为我行的发展奉献才智；假如这个任职的机会给了别的同志，我将对他表示衷心的祝贺，并一如既往地积极配合，踏实工作，为农行的工作尽绵薄之力。

最后我想说的是，在我多年的工作经历中，属于我的舞台不多，今天借此机会，表达我的心愿，感谢各位领导多年来对我的教育和培养，感谢与我同舟共济朝夕相处的同事对我的帮助和信任，也感谢在座各位对我的理解和支持，感谢你们为我投票！我愿和大家一起共创美好未来，迎接我行辉煌灿烂的明天。

（例文来源：公文易文秘资源网，经本书作者重新整理）

第四节　劳动合同

一、文体简介

（一）劳动合同的含义

劳动合同又称劳动契约或劳动协议，是指用人单位与劳动者之间为建立一定的劳动关系而签订的有关劳动权利义务关系内容的协议。

用人单位与劳动者通过平等协商，依法用书面合同形式来建立和调整劳动关系的行为受法律保护。订立劳动合同的主要目的，在于以法律的形式确立劳动关系，以得到法律的保护。劳动合同所规定的权利、义务，双方当事人必须严格履行，确保双方的合法权益得以实现。

（二）劳动合同的特征

劳动合同作为一种合同形式，具有一般合同的法律特征，即双方法律地位平等、意思表示一致、合同具有法律约束力等。作为特殊合同形式的劳动合同，还具有不同于一般合同的特征。

其一，劳动合同是建立劳动关系的凭证，劳动者是否与用人单位建立了劳动关系，要通过劳动合同确认。

其二，劳动合同是确立法律关系的法律形式，只有订立劳动合同，劳动者与用人单位的劳动关系才能得到国家法律认可。

其三，劳动合同是规范劳动主体行为的准绳，劳动主体的行为受劳动合同的制约，同时便于彼此合作、互相监督，以便各自更好地履行义务和享受权利。

其四，劳动合同是调整劳动关系的基础和手段，当客观环境的变化使得双方必须作出利益调整和权益保护时，合同就要进行必要的变更、修改、补充或废除。

其五，劳动合同是处理劳动争议的重要依据，一旦发生劳动争议，劳动合同便是有关部门调解、仲裁、判决的重要书证。

（三）劳动合同的分类

（1）劳动合同按签约对象可以划分为个人劳动合同（通常简称为劳动合同）和集体劳动合同（通常简称为集体合同）。

（2）劳动合同按期限可以分为有固定期限的劳动合同、无固定期限的劳动合同、以完成一定的工作为期限的劳动合同。

二、写作格式

劳动合同的内容主要是指在劳动合同协议中需要明确规定的劳动关系，以及双方当事人的权利、义务和其他事项。其内容包括法定条款（指我国法律明确规定必须具备的条款）和约定条款（指法定条款之外协商约定的其他条款）。劳动合同的基本格式如下。

（一）卷首部分

这部分由合同名称与合同当事人的名称组成。合同名称即"劳动合同"。当事人名称包括：甲方，指用人主体，填写用人单位全称、性质、地址；乙方，指劳动者，填写劳动者姓名、性别、出生年月、身份证号、家庭住址；委托代理人，指受法定代表人委托（授予委托书）并代理其签约的人。有些劳动合同在这部分还写上用工形式和签证编号。

（二）正文部分

正文就是双方当事人议定的合同内容，这些内容反映了当事人双方的权利和义务。合同的正文部分由立约缘由、合同条款、附则和附件组成。

1．立约缘由

立约缘由是说明合同依据或目的的一段话，交代签约的目的或依据，说明签约的原则，以引起下文。例如"甲方因生产经营需要，经考核，录用乙方×××（姓名）为×××（工程名称）工人，遵照国家有关劳动法律法规，经双方协商，签订本合同"。

2．合同条款

按照我国法律规定，劳动合同必须具备下列条款。

（1）**工作内容**。例如"甲方录用乙方从事×××（工作名称、工作地点、部门、职务）"。

（2）**劳动合同期限**。分 3 种情况：① 有固定期限的，例如"从××××年×月×日起至××××年×月×日止。其中试用期限为××个月，至××××年×月×日止"；② 无固定期限的；③ 以完成一定的工作为期限的。没有一定期限的合同或以完成一项工作的时间为期限的合同，应注明"本合同无一定期限"或"本合同以某一工作完成为届满期限"。试用期限的长短，有关部门有规定的，按规定执行；有关部门无规定的，由招聘方根据受聘方的工作能力和实际水平确定。有些地方规定：试用期最长不超过 6 个月。其中，合同期限在 6 个月以下的，试用期不得超过 15 日；合同期限在 6 个月以上一年以下的，试用期不得超过 30 日；合同期限在一年以上两年以下的，试用期不得超过 60 日。

（3）**双方的基本权利和义务**。一般是先陈述甲方的基本权利义务，例如：根据生产经营的需要和本单位的规章制度及本合同的各项条款对乙方进行管理；保护乙方的合法权益，按规定付给乙方工资、奖金、津贴以及保险福利和其他政策性补贴；做好乙方上岗前的培训工作并提供符合国家安全标准的劳动作业卫生条件；依照国家有关规定对乙方进行奖惩等。然后陈述乙方的基本权利义务，例如：乙方在政治上享有同固定职工一样的权利，如参加民主管理企业的权利，参加党、团组织和工作的权利等；订立有一定期限的劳动合同，乙方在担任领导职务以后，如职务是有任期的，在劳动合同期限短于领导任期的情况下，可以将合同期限视为领导职务的任期，如果职务是没有任期的，可以视为改订没有一定期限的劳动合同；遵守国家法律法规和甲方的规章制度；完成甲方分配的生产任务和经济指标。

（4）**工资待遇**。工资有计件工资制、岗位工资制、岗位技能等级工资制之分，究竟采用哪一种，在劳动合同中要明确写出。例如：执行定时工作制或综合计算工时工作制的乙方完成规定的工作任务，甲方每月×日以货币形式足额支付乙方工资，工资不低于多少，其中试用期间工资为多少，执行不定时工作制的工资为多少；甲方安排乙方加班或延长工作时间，按何法规支付工资报酬；因甲方原因使乙方下岗待工，甲方应付乙方月生活费多少；甲方根据什么工资分配办法调整乙方工资等。以完成一定工作量的时间为合同期限的，亦可按工作量确定报酬。实行计件工资的，按计件付酬。

（5）**工作时间**。劳动合同中要对工作时间作出限定，例如：执行定时工作制的，每日工作时间不超过 8 小时，平均每周不超过 40 小时；由于工作需要，甲方经与工会和乙方协商后可以延长工作时间，一般每日不得超过 1 小时；因特殊原因需要延长的，每日不得超过 3 小时，每月不得超过 36 小时。执行综合计算工时工作制的，平均日和平均周工作时间不超过法定标准工作时间。执行综合计算工时工作制或不定时工作制的，其工作时间按照国家有关规定执行；甲方延长乙方工作时间，应安排乙方同等时间倒休或依法支付加班加点工资。以完成一定工作量为期限的合同，工作时间由双方商定。

（6）**劳动条件、劳动保险及福利待遇**。劳动条件主要是对甲方的要求，例如：甲方要按国家有关劳动保护规定提供符合国家劳动卫生标准的劳动作业场所，切实保护乙方在生产工作中的安全和健康；乙方工作过程中可能产生职业病危害，甲方应按《职业病防治法》的规定保护乙方的健康及其相关权益；甲方根据乙方从事的工作岗位，按国家有关规定发给乙方必要的劳动保护用品，并按劳动保护规定每年/季/月免费安排乙方进行体检；乙方有权拒绝甲方的违章指挥、强令冒险作业，对甲方及其管理人员漠视乙方安全和健康的行为，有权要求改正并向有关部门检举、控告。关于劳动保险及福利待遇，劳动合同中要写明双方必须依照国家和地方有关社会保险的规定，按时足额缴纳社会保险费（养老、失业、医疗、工伤、女工生育等保险）；双方解除、终止本合同后，甲方必须按国家或地方规定为乙方办理有关社会保险的转移手续；乙方因工负伤或患职业病，乙方患病或非因工负伤及在职期间因工、非因工死亡的待遇按国家和地方有关规定执行；女职工在孕期、产期、哺乳期的待遇，按国家和地方有关规定执行；甲方按规定给予乙方享受法定节日假、年休假、婚假、丧假、探亲假、产假、看护假等带薪假期，并按本合同约定的工资标准支付工资；乙方应享受的其他保险福利待遇按国家和地方有关规定执行。

（7）**劳动纪律**。劳动纪律主要是对乙方提出要求，例如：甲方根据国家及省（直辖市）的有关法律、法规通过民主程序制定的各项规章制度，应向乙方公示；乙方应自觉遵守国家和省（直辖市）规定的有关劳动法律、法规和企业依法制定的各项规章制度，严格遵守安全操作规程，服从管理，按时完成工作任务；甲方有权对乙方履行制度的情况进行检查、督促、考核和奖惩；如乙方掌握甲方的商业秘密，乙方有义务为甲方保守商业秘密等。

（8）**劳动合同的变更和解除**。劳动合同在下列诸种情形下可以变更：甲方转产、调整生产（工作）任务；本合同所依据的法律规章、政策已经修改；由于不可抗力致使本合同无法履行；乙方身体条件发生重大变化致使本合同无法履行；合同订立时依据的其他客观情况发生重大变化，致使本合同无法履行。

解除劳动合同的条件，国家主管部门有规定的，按规定执行；没有规定的，由双方当事人商定。双方议定条款不得违反法律和政策的规定，不得损害国家利益和社会公共利益。一般来说，乙方出现下列情形之一，甲方可以随时解除本合同：在试用期间被证明不符合录用条件；经过甲方培训或者调整工作岗位后，仍不能胜任工作；严重违反劳动纪律或甲方的规章制度；严重失职，营私舞弊，给甲方利益造成重大损害；患病、非因工负伤，医疗期满后不能从事原工作和由甲方另行安排的工作；被依法追究刑事责任。甲方歇业、停业、濒临破产处于法定整顿期间，或者生产经营状况发生严重困难时亦可解除合同。不过，解除劳动合同，除因乙方违法犯罪或乙方不履行合同给甲方造成损失、乙方严重违反劳动纪律和本单位管理章程的规定被开除，以及乙方擅自解除劳动合同以外，甲方应按规定向乙方支付辞退补助费和路费。解除劳动合同时，双方应按规定办理解除手续。甲方应按规定将解除合同的情况报告有关机关核准。

（9）**违约情形及责任**。这一条要分开写，先写甲方的违约情形及违约责任，例如：无故辞退乙方，除应发给辞退补助费和路费外，应偿付给乙方违约金××元；违反劳动安全和劳保规定，以致发生事故，损害乙方利益的，应补偿乙方的损失等。乙方的违约责任大多这样规定：擅自解除合同，应赔偿甲方为其支付的职业技术培训费，并偿付给甲方违约金××元；违反劳动纪律或操作规程，给甲方造成经济损失的，应接受甲方的有关处理。

（10）**劳动争议处理**。陈述劳动争议的处理方法：或协商解决，或申请仲裁，或提起诉讼，对申请调解和仲裁的依据、提起诉讼的时间规定都要写清楚。

（11）**其他**。对合同附件的法律效力、合同未尽事宜的处理、合同的份数及保存、合同的生效时间等作出说明。

3．附则和附件

关于附则和附件，视具体情况而定，必要时置于文末。

（三）结尾部分

双方当事人签名盖章。如需鉴证机关审批，必须写明鉴证机关全称，并加盖公章。劳动合同的末尾分别写上签订日期和鉴证日期。

三、写作要求

签订劳动合同时应当注意以下问题。

（一）条款必须齐全

根据中华人民共和国《劳动法》的规定，劳动合同的主要条款应当包括：合同期限和试用期限；劳动者的工种、职务和职称；工作时间；劳动报酬、保险和福利待遇；生产和工作条件；教育与培训；政治待遇和劳动纪律；劳动合同的变更和解除；违约责任；双方商定的其他事项。

（二）主体资格合适

根据中华人民共和国《劳动法》的规定，用人单位不得招用童工，也就是说，劳动者必须是达到法定年龄的有劳动能力的人。

（三）权利义务必须符合国家规定

例如，甲方作为用人单位必须保证员工的劳动安全，提供必要的劳动安全条件，不得克扣劳动者的工资等。

（四）劳动合同应当是书面形式的

劳动合同是签约双方就有关问题达成的共识的反映，并且签订劳动合同的目的是防止产生矛盾纠纷或产生矛盾纠纷后便于解决，所以劳动合同必须以书面形式体现，而且要合乎合同法的要求，双方在确认无异议的情况下签名或盖章并写明签订日期，必要时还需公证机关公证。

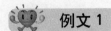 **例文 1**

劳 动 合 同

合同编号：××××××

用人单位：××有限责任公司（以下简称"甲方"）
性质：××××××
法定住所地址：××省××市××区××大道××号
法定代表人：×××　　职务：董事长
劳动者：×××（以下简称"乙方"）
性别：×
出生年月：××××年×月×日
身份证号码：××××××××××××××××××
家庭住址或户口所在地住址：××省××市×县×镇×村
委托代理人：×××
所属街道办事处：××省××市××区××街道办事处
本人现住址：××省××市××区××号
邮政编码：××××××
联系电话：×××××××××××

　　根据国家有关法律、法规、政策规定，甲乙双方经平等自愿、协商一致签订本合同，并共同遵守本合同所列条款。

一、劳动合同期限

第一条：本合同期限从××××年×月×日起至××××年×月×日止；合同期限为3年。

试用期3个月，自××××年×月×日始，至××××年×月×日终止。

二、工作岗位和内容

第二条：根据甲方工作需要，安排乙方担任××岗位工作。

第三条：乙方应按照甲方的要求，按时完成甲方规定的工作数量，达到规定的质量标准。

第四条：工作岗位职责要求，按有关规定执行。

第五条：因生产经营发生变化，甲方有权调整乙方的工作岗位。乙方不适应本岗位工作或对本岗位工作不能胜任时，甲方有权决定对其培训或调整工作岗位。

三、劳动保护和劳动条件

第六条：甲方实行国家规定的工作时间制度。甲方安排乙方执行标准时工作制。甲方按照国家规定保证乙方的休息、休假权利。

第七条：甲方按国家规定为乙方提供必要的劳动条件，制定操作规程、工作规范和劳动安全卫生制度，劳动安全、卫生条件达到国家或地方政府规定的标准。

第八条：甲方应按照国家有关部门的规定组织安排乙方进行健康检查和专项职业健康监护体检。

四、劳动报酬

第九条：工资支付按照国家和我省的有关规定，实行岗位技能等级工资制。甲方支付乙方每月工资报酬××元，其中工资标准为××元，试用期工资每月××元。甲方每月×日前以货币形式支付乙方上月工资。

第十条：甲方因生产（工作）需要，安排乙方在休息日加班的，应安排乙方同等时间补休或依法支付本人日工资标准的200%加班工资；加点的，甲方应依法支付本人小时工资标准的150%加点工资。法定节日安排加班的，依法支付300%加班工资。

五、保险福利

第十一条：甲乙双方必须依照国家和我省有关社会保险的规定，按时足额缴纳社会保险费。双方解除、终止本合同后，甲方必须按照国家及我省规定为乙方办理有关社会保险转移手续。

第十二条：其他的保险福利待遇按照国家和地方及企业的有关规定执行。

六、劳动纪律

第十三条：甲方应当根据维护正常生产（工作）秩序的需要，依法建立和完善规章制度和劳动纪律，内部规章制度和劳动纪律不得违背国家有关法律、法规、规章。乙方应严格遵守和执行。对违反者，甲方有权进行纪律处分和经济处罚。

第十四条：乙方应服从甲方在生产、技术和经营管理方面的指挥和管理，爱护甲方财产，保守甲方的商业秘密。

七、教育、培训、考核和民主管理

第十五条：甲方应对乙方进行政治思想、职业道德、企业管理、安全生产、遵纪守法等方面的教育和培训，乙方应当参与和接受。

第十六条：乙方应当按甲方的要求参加技术业务培训，接受考核，达到标准。

第十七条：甲方应建立企业民主管理制度，为乙方提供参加企业民主管理的条件和机会，乙方享有参与企业民主管理的权利。

第十八条：乙方根据制度和规定以及本人表现，有获得政治荣誉和物质奖励的权利。甲方应依法建立和实行这方面的制度。

八、劳动合同的变更、终止和解除

第十九条：除国家劳动法律、法规规定可以变更的情形出现时，可以变更劳动合同外，遇有下列情形之一的，也可以变更劳动合同：

（1）甲方经批准转产、整顿和调整生产任务以及分立、合并、改制，致使劳动合同无法履行时，经双方协商一致，可以变更劳动合同中的有关条款；

（2）乙方患职业病或因工负伤，并被劳动鉴定委员会确认为部分丧失劳动能力，需要重新安排适当工作的；

（3）乙方患病或非因工负伤，医疗期满后，不能从事原工作，但能够从事用人单位另行安排的工作的；

（4）乙方专业技能达不到规定标准和经常完不成生产（工作）任务，不能胜任劳动合同所规定工作，甲方安排乙方改变工作岗位（工种）的；

（5）甲方根据生产（工作）需要，需改变乙方岗位（工种）时，经双方协商一致，可以变更本劳动合同的相关内容。

第二十条：除劳动合同期限届满，可即行终止劳动合同外，遇有下列情形之一的，也可以终止劳动合同：

(1) 甲方依法破产或经上级主管部门批准解散、撤销时，本劳动合同终止；

(2) 乙方死亡劳动合同自然终止；

(3) 乙方经批准退休、退职时，本劳动合同终止；

(4) 由于自然因素或者社会因素而发生了双方当事人无法预料或者虽可预料但无法防止的不可抗拒的情况，致使劳动合同无法履行时，劳动合同可以终止。

第二十一条：乙方解除劳动合同，应提前30日以书面形式通知用人单位。

第二十二条：乙方调出用人单位，自人事、工资关系开出之日起本劳动合同自行解除。

第二十三条：下列情形之一的，乙方可以随时通知用人单位解除本劳动合同：

(1) 试用期内乙方要求解除劳动合同的；

(2) 甲方未按劳动合同约定支付劳动报酬或者提供劳动条件的；

(3) 甲方以暴力、威胁或者非法限制人身自由的手段强迫劳动的。

第二十四条：乙方有下列情形之一的，甲方可以解除本劳动合同：

(1) 在试用期间被证明不符合录用条件的；

(2) 严重违反劳动纪律或者用人单位规章制度的，其中包括被开除、除名或因违纪依法应予辞退的；违反操作规程和安全规程，造成重大经济损失或他人致残、死亡的；不服从甲方的指挥和管理，后果严重的；

(3) 乙方被劳动教养的；

(4) 严重失职、营私舞弊，对甲方利益造成重大损害的，其中包括违反本合同规定，泄漏甲方商业秘密，并造成重大损失的；

(5) 被依法追究刑事责任的。

第二十五条：有下列情形之一的，甲方可以解除本劳动合同，但应当提前 30 日以书面形式通知乙方：

(1) 乙方患病或非因工负伤，医疗期满不能从事原工作也不能从事甲方另行安排的工作的；

(2) 乙方不能胜任工作，经过培训或者调整工作岗位，仍不能胜任工作的；

(3) 劳动合同订立时所依据的客观情况发生重大变化，致使劳动合同无法履行，经甲乙双方协商不能就变更劳动合同达成协议的。

九、违约责任

第二十六条：本劳动合同期限届满即行终止。甲乙双方经协商达成一致时，可以重新签订劳动合同。协商不一致时，终止劳动合同，并办理有关手续。劳动合同期满，用人单位未办理终止劳动合同手续形成事实劳动关系的，视为劳动合同的继续。

第二十七条：在劳动合同期内，甲方提出解除本劳动合同时，按国家规定给予乙方经济补偿。

第二十八条：乙方提前解除劳动合同的，凡由甲方出资培训和招录的人员，应向甲方偿付培训费和招录费用。凡出资培训的，甲乙双方应签订《培训协议》，《培训协议》作为本合同的附件。

第二十九条：乙方违反甲方的规定，泄漏甲方的商业秘密，乙方须按劳动合同的约定赔偿甲方的经济损失。对于造成经济损失特别重大、影响特别严重的，乙方应承担法律责任。甲方保留追究第三人的权利。

十、劳动争议处理

第三十条：双方履行本合同如发生争议，可先协商解决；不愿协商或协商不成的，可以按《中华人民共和国企业劳动争议处理条例》和当地政府的规定，向本企业劳动争议调解委员会申请调解；调解无效，可在争议发生之日起六十日内向当地劳动争议仲裁委员会申请仲裁；也可以直接向劳动争议仲裁委员会申请仲裁。对仲裁裁决不服的，可在十五日内向人民法院提起诉讼。

十一、其他

第三十一条：本合同中乙方的各项待遇如低于本单位集体合同规定的标准，按集体合同执行。

第三十二条：本劳动合同附件与本合同具有同等法律效力。

第三十三条：本劳动合同未尽事宜，均按法律、法规的有关规定执行。在合同期内，如本合同条款与国家有关劳动管理的新规定相悖，双方均应按新规定执行。

第三十四条：本劳动合同正式文本一式两份，甲乙双方各执一份。

甲方：×××（盖章）   乙方：×××（签名）
甲方法定代表人或委托代理人：×××（签名）

签订日期：××××年×月×日
签证机关：××××××（盖章）
签证日期：××××年×月×日

第五节 述职报告

一、文体简介

（一）述职报告的含义

述职报告是各级机关、社会团体和企事业单位的领导及工作人员，向所在单位的组织人事部门、主管领导机关或本单位职工群众，陈述自己任职一定时期内履行岗位职责情况的自我评述性报告。

（二）述职报告的特点

述职报告在内容和结构上与总结有些相近，但又不同于总结，有它自身的特点。它不像总结那样讲述做了哪些工作，取得了哪些成绩，还有什么不足，今后如何改进，而是讲述自己职责范围内的事，自己是如何履行职责的，在履行职责过程中自己是否称职。总结的着眼点在于个人的工作业绩，而述职报告的着眼点在于自己政策水平和履行职责的能力。总结不受职责范围的限制，思想修养、业务进修、工作进展、为人处世等均可写，而述职报告必须限定在述职人的职责范围内。

（三）述职报告的作用

述职报告的作用是：述职人总结任职阶段在履行职责上的经验教训、成功与失败，以利于改进工作；述职人向上级和群众述职，便于领导考核，便于群众监督；述职报告可作为干部升迁、留任、降职、调整等的参考。

（四）述职报告的分类

述职报告的种类很多，从时间上分有任期述职报告、年度述职报告、临时述职报告；从范围上分有个人述职报告、集体述职报告；从内容上分则有专题（单项）述职报告、综合述职报告。

二、写作格式

述职报告一般由首部、正文和落款3个部分组成。

（一）首部

首部主要包括标题、主送机关或称谓等内容。

1．标题

述职报告的标题有单标题和双标题之分。单标题一般为"述职报告"，也可以在"述职报告"前面加上任职时间和所任职务，如"2005年至2006年试聘期述职报告"。双标题由正标题和副标题组成，副标题的前面加破折号。正标题是对述职内容的高度概括，副标题与单标题的构成大体相似，如"恪尽职守搞活经济——我的述职报告"。

2．主送机关或称谓

标题之下第一行顶格写主送机关或称谓。书面向上级机关呈送的述职报告，应写明收文机关，如"××党委"、"××组织部"或"××人事处"等。口头向领导和本单位干部、职工作述职报告时，则应写明称谓，如"各位代表"、"各位委员"、"各位同志"或"各位领导，同志们"。

（二）正文

正文由导言、主体和结尾3个部分组成。

1．导言

导言包括3方面内容：一是任职概况，说明自己的任职时间、担任职务、变动情况、背景情况、主要职责和考核期内的目标任务情况；二是指导思想，说明自己是在什么样的思想原则、方针政策指导下进行工作的；三是述职评估，扼要介绍任职以来的工作情况。这部分确定述职范围和基调，力求简洁明了，给听者一个大体印象。

2．主体

这是述职报告的核心，主要陈述履行职务的情况：怎样履行自己职责的？有哪些工作实绩？有哪些经验教训？还存在哪些问题？有哪些认识和体会？对于核心内容的写作，多数是按性质不同分成几个方面（可列小标题）来写，要强调写好以下几个方面：对党和国家的路线方针政策、法纪和指示的贯彻执行情况；对上级交办事项的完成情况；对分管工作任务完成的情况；在工作中出了哪些主意，采取了哪些措施，作出了哪些决策，解决了哪些实际问题，纠正了哪些偏差，做了哪些实际工作，取得了哪些业绩；个人的思想作风、职业道德、廉洁从政和关心群众等情况；写出存在的主要问题，并分析问题产生的原因，提出今后改进的意见和措施。这部分内容要写得具体充实、有理有据、条理清楚。层次结构可以按时间顺序排列，也可按工作内容分类排列，还可以按对问题认识渐次深入的顺序排列。由于这部分内容涉及的面广、量多，所以宜分条列项写出。"条"、"项"要注意安排好内在逻辑关系。每个方面可先写实绩，后写认识和做法；也可先写认识和做法，后写实绩。但不管怎么写，都要突现个人的工作能力和管理水平，尤其是在处理敏感、棘手问题以及突发事件或重大事件方面，更能表现出个人的素质、才能和领导水平。例如在具体业务工作中，党的方针、政策和上级的批示、部署的任务，是如何在自己分管的部门或单位得以贯彻实施的，等等。

3．结尾

说明今后的设想和决心，要从实际出发，对今后工作在科学分析的基础上作出战略性规划，表明尽职的态度。一般要求用格式化的习惯语来结束全文（如用"以上报告，请审阅"、"以上报告，请审查"、"特此报告，请审查"、"以上报告，请领导、同志们批评指正"等作结尾），采用谦逊式结尾、总结归纳式结尾或表决心式结尾等形式。

（三）落款

落款包括署名、成文或述职时间两种。上一行写明述职人的姓名，在下一行相同的位置写明年、月、日，既可与正文相隔一两行放在正文后的偏右方位，也可以将署名放在标题之下。

三、写作要求

（一）标准要清楚

述职报告不是为个人评功摆好，要围绕岗位职责和工作目标来讲述自己履行职责的能力、做法和效果，着眼点在于是否称职，不能写成工作总结。

（二）内容要客观

述职报告必须实事求是、客观实在、全面准确，既要讲成绩，又要讲失误；既要讲优点，又要讲不足；既不能夸大成绩，也不能回避问题。只有客观陈述履行职务的情况，才能有助于上级机关和所属单位群众对自身工作作出全面、准确、客观的评价。

（三）重点要突出

述职报告应抓住带有影响性、全局性的主要工作，对有创造性、开拓性的特色工作重点着笔，力求详尽具体，突出重要成绩，总结主要教训；对日常性、一般性、事务性工作表述要尽量简洁，略作介绍即可。

（四）个性要鲜明

不同岗位有着不同的职责要求，即使是相同的岗位，也由于述职者个人的个性差异，其工作方法、工作业绩也不相同。因此，述职报告要突出个性特点，展示述职者的个人风格和魄力，切忌千人一面、雷同相似。

（五）语言要庄重

述职报告的行文语言要朴实，评价要中肯，措词要严谨，语气要谦恭，尽量以陈述为主，也可写一些工作的感想和启示，但不得描写、抒情，更不能使用夸张的语言。

 例文 1

教研室主任述职报告

本人陈燕子，于 2008 年 3 月被任命为本系基础课教研室主任，至今任职将近两年。现就任职近两年来的工作情况向各位领导和老师汇报如下。

一、保持高度政治热情，忠诚党的教育事业

在这近两年的时间里，本人能一如既往地保持高度的政治热情，不断加强政治学习，积极领会党和国家的方针、政策，并能将之化为工作的动力。对于一个基层教研室的领头人来说，学习和贯彻学校领导班子制定的学校发展方针、模范遵守各项规章、落实基层管理工作、完成好自己的教学任务、关心社会、团结同事就是政治热情的体现，就是忠诚于党的教育事业的具体行动，本人自认为上述各方面做得较好。就主要事例来说，如在学校接受教育部评估专家组的"办学水平评估"工作中，本人除了高质量完成教学任务以外，能全身心地扑在评估工作中，协助系领导班子圆满完成了本系迎接评估的各项任务；又如 2008 年 "5·12" 汶川地震发生后，本人积极响应学校党委的号召，向地震灾民捐钱、捐书、捐物，本人所捐三样合计总价值超过 5000 元人民币；另如 2008 年 10 月，我系党总支部开展"最佳党日"活动，组织党员教师赴老苏区阳新县一中支教，本人作为一名老党员积极参加，带头捐书捐资，并在活动现场与阳新一中的老师进行教学交流，辅导美术考生的素描和色彩练习，受到了该校老师和学生的欢迎。除此外，学校和本系组织的各项活动如红歌演唱会、运动会等，本人都带头报名参加并取得了良好成绩，为我系争得了荣誉。

二、配合"办学水平评估"，狠抓教学管理

对于我们这个学校、特别是对于我们这个年轻的艺术系来说，2008～2009 年是不平常的一年，因为我们的学校经历了"办学水平评估"这样一个全方位的检验，我们艺术系也在这次大检验中经受了考验。本人全方位地参与了我系的评估工作，并带领基础课教研室的老师们完成了一系列难度较大的任务。这主要是对本教研室教学管理文件的修改、调整和完善。

我们这个艺术系成立不久，专业经验不足，过去几年的工作都是在摸索着进行，因此，一些应该成文的教学制度或未建立、或未健全。有鉴于此，遵照学校评估办的要求，按照系办的安排，本人带领教研室的全体老师在教学之余加班加点，主要完成了如下两方面的工作：一是全面检查和审阅已有的教学管理文件，对滞后于评估要求或与评估要求不相对应的教学文件进行修改和调整；二是针对评估要求将原本没有的某些教学管理文件拟稿补足。经过教研室所有老师的努力，在仅有一周的时间内，我们就完成了 9 门课程教学大纲的修订和各门课程教学计划的修订与编制工作，这为我系的评估工作顺利过关创造了条件。

"办学水平评估"工作于 2009 年 5 月 18 日结束了，经评估专家全方位考察和考评并上报教育部审核，最终确认我校办学水平达到"优秀"等级，这是全校教职员工一贯性齐心努力的结果。艺术系的各项工作在这次评估工作中经受了检验，得到了充分的肯定，这与全系

每一位师生的积极参与和配合分不开，本人作为基础课教研室主任，在这次"办学水平评估"中做好了自己份内的工作。

三、认真完成课堂教学，积极组织教研活动

在这评估与教学并重、时间紧迫的两年里，我们不敢有丝毫的懈怠。除了做好迎接"办学水平评估"所必须完成的各项任务外，所有老师都一如既往地将日常教学工作做得好上加好，作为3门课程的主讲教师，近两年的时间内本人过得既紧张又充实。

我系现有5个专业，每个专业两个教学班，4个年级加起来就有40个教学班。新生进校的头两年全面开设基础课如素描、色彩、字体设计、书法以及其他基础理论课程等，这样一来，本教研室的教学任务便十分繁重。在两个学期的开学之初，本人都组织教研室的全体老师开会学习，针对评估要求安排教学工作。在师资配备不足的情况下，本人带头承揽教学任务，除了色彩、素描、字体设计课程外，还兼带学生外出写生，全学年共完成教学任务307学时，所教上述3门课程的学生，其各门课程的及格率分别达到94.5%、95.2%和93.7%，优秀率达到57%、54%和53.5%，较高质量地完成了任务。2008年9月，本人的教学受到学校的奖励，被评为教学质量二等奖。

为了教学工作上"台阶"，作为教研室主任，本人基本上隔周就组织一次教研活动，教研活动中除了重申评估工作的要求、补做未尽工作外，更多的是就某些教学中的问题组织老师讨论改进措施，或就一些学术问题展开研讨，再就是组织老师相互听课、互相学习。在这近两年的时间里，本教研室共开展了21次教研活动。本人坚持每周一次地深入老师的课堂听课，其目的一是检查教学质量，二是发现教学中的不足，三是在听课过程中学习老师们的长处以弥补自身的不足。说实话，听课过程中除了发现和解决一些存在的问题外，更多的是从各位老师的教学上得到了教益、学到了许多宝贵的经验。本学年本人听课达到32课时，遍及本教研室的所有老师。

2009年5月，本人与另一位教师一道，带平面设计专业两个班的学生远赴皖南写生，在这长达半个月的时间内日夜与同学们生活、学习在一起，白天指导他们的写生教学，晚上评点他们的写生作业并进行安全教育，半夜还要清查他们的归宿情况，总之，将他们的吃、喝、拉、撒、睡全方位管理到位。这半个月，本人心系学生安危和学习，没有一天能睡个安稳觉。好在写生教学圆满完成，61名学生安全回到学校，本人也赢得了学生的爱戴和尊重。

近两年来，本人的工作取得了一些成绩，但也存在某些不足，如本教研室有个别老师因上班路途遥远、路遇堵车而出现上课迟到现象，还有个别老师批阅试卷时出现总分不准的错误，虽然这两种情况都只在少数，但这作为教师来说是不应该发生的。事后本人对这两位老师进行了批评并与之沟通思想，这两位老师对自己的失误作了深刻的检讨。在教研室会议上，本人将这些情况向全体老师做了通报并提请大家注意，老师们都纷纷表态以后将在各个方面规范自己的行为，力求教学工作搞得更好。相信在今后的教学中，本教研室的管理和教学将会踏上新的台阶。

以上是本人近两年来工作的汇报，请各位领导和老师给予批评指导。

述职人：基础课教研室　陈燕子

2009 年 12 月 20 日

（例文来源：编者自撰）

第六节 辞职与请调报告

一、文体简介

（一）辞职与请调报告的含义

辞职报告是在职人员向单位领导或人事部门请求辞去现在所担负的工作的书面材料。请调报告是在职人员向领导或人事部门请求调换工作单位或岗位的书面材料。

（二）辞职与请调报告的特点

无论是辞职还是请调，都是表达离开原单位的意愿，所以辞职报告和请调报告有着基本相同的特点，如缘由的充分性、语言的和善性以及行文的简洁性。

导致辞职的原因因人而异：有的人举家迁移不得已换工作，有的人是因为健康、年龄或家庭因素，有的人是另谋高职，有的人是因与同事或上级发生矛盾，有的人是迫于工作压力。不管何种原因，辞去原职位和工作，都应该撰写辞职报告。

辞职报告和请调报告都是由请辞者、请调者向其工作单位的人事组织部门提出工作调动的一种书面申请材料。请调报告由个人提出申请，单位人事部门批准。

辞职报告和请调报告在很多方面有相似之处，如请调缘由、行文格式和语言要求等。

二、写作格式

（一）辞职报告的写作格式

1. 标题

一般辞职报告由事由和文种名共同构成，在辞职报告正上方居中用稍大字体写上"辞职报告"（或"辞职书"、"辞职信"）作为标题，也有的采用具体化标题，如"辞去×××工作的报告"、"关于辞去×××职务的报告"。

2. 称谓

在标题下一行顶格处写出接受辞职报告的单位组织，并在称呼后加冒号。由于辞职报告的递交对象是单位人事部门，是个人与组织的单向联系，所以称呼应是单位的人事部门，如"××公司人事部"、"××党委组织部"等。

3. 正文

正文内容一般包括3个部分。

开头直接表明辞职的意图。① 提出申请辞职的内容，如"经过深思熟虑，我决定辞去目前在公司所担任的职务，我知道这对于您来说，是非常难以作决定的事情……" ② 说明考虑辞职的时间，如"我考虑在此辞呈递交之后的 2～4 周内离开公司，这样您将有时间去寻找适合人选，来填补因我离职而造成的空缺，同时我也能够协助您对新人进行入职培训，使他尽快熟悉工作。另外，如果您觉得我在某个时间段内离职比较适合，不妨给我个建议或尽早告知我"。

接着申述提出申请的具体理由。该项内容要求将自己有关辞职的详细情况一一列举出来，但要注意内容的客观性、单一性和完整性，条分缕析，使人一目了然。不论有多大的委屈和气愤，都不应该在辞职信里表露。要写上感谢的话语，说明自己在这个公司里的经验积累，尽可能地去赞扬公司对自己的栽培，如"我非常重视我在'××公司'内的这段经历，也很荣幸自己成为过'××公司'的一员，我确信我在'××公司'里的这段经历和经验，将为我今后的职业发展带来非常大的益处"。

最后重申辞职申请的决心、个人的具体要求以及希望领导解决的问题等。

4．结束语

写上致歉的语句和表敬的惯用语，如"此致敬礼"、"祝工作愉快"等。

5．签名和日期

在正文右下方使用亲笔签名，署名下面写提出辞职报告的具体日期。

另外，如果有证明材料附件也可附上。

（二）请调报告的行文格式

一般来说，请调报告由以下几个部分组成。

1．标题

在纸张正上方居中用稍大字体写上"请调报告"。

2．称谓

即申请者对其单位人事部门的称呼，如"人事处"、"人事科"、"人事部"等。

3．正文

写清请调理由，理由可以分开写，这样条理清晰，使人一目了然。请调理由可能很多，要重点写清主要理由。

4．结束语

即"此致敬礼"之类恭谦语。

5．署名

即申请人姓名。

6．时间

在申请人姓名下方写上请调报告的成文时间。

三、写作要求

因为辞职报告和请调报告有诸多相似之处，所以它们在写作上也有相似的要求，具体如下。

（1）**理由要充分、可信**。无论是写辞职报告还是写请调报告，一定要充分考虑辞职或请调的理由是否充分、可信。因为只有理由充分、可信，才能得到批准。但陈述理由的文字应扼要，不必展开。

（2）**措辞要委婉、恳切**。要用委婉、恳切的言辞来表明辞职或请调的诚意。作为辞职人或请调人，应本着好聚好散、心平气和的态度书写辞职报告或请调报告，不能借机发泄自己愤愤不平之情绪，也不能提出无理要求，语气要委婉，全面陈述双方利弊，且要给人事部门考虑的余地。

 **例文 1**

辞 职 报 告

尊敬的×总经理：

　　您好！

　　2007 年 5 月，我应您的再三要求，从汇丰银行 WH 分行来到您的公司工作，担任总经理助理职务，至今已有两年。这两年在您的直接领导和各位同事的帮助下，我从一般工作做起，直到现在能够独立工作且得到大家的好评，说明我的业务水平在领导和同事的关怀、帮助下有了一些长进，我对企业的经营管理积累了不少经验，对葡萄酒的经营业务也由生疏到熟悉。但随着社会的发展和市场对广告策划的要求越来越高，我渐渐感觉到自己的知识已经不能适应工作的需要，亟需回到校园读书"充电"、更新知识。为此，现提出申请辞去我在贵公司的工作，全身心投入到今年的考研复习中去，恳切希望能得到您的批准。

　　在公司工作的这两年里，我有幸得到了各位同事的悉心指导及热情帮助。工作上，我在大家的身上学到了许多宝贵的经验和方法，对所分管的业务有了很深的了解；生活上，我得到了各位领导和同事的关心与照顾，有一种置身家庭的感觉；思想上，我也得到了大家的指导与帮助，有了更加成熟和深刻的人生观。这两年的工作经验将是我今后学习或工作中的一笔宝贵的财富。在此，我要感谢所有帮助过我的同事，特别要感谢您对我的栽培和提携，使我在这两年里学到了不少课堂里学不到的管理方法和知识，更要感谢您对我的信任和在人生道路上对我的指导。

　　请您批准我的要求，在正式离开之前，我一定继续认真做好我份内的每一项工作。

　　祝您身体健康，事业顺心！并祝我们的公司越办越好！

×××
××××年×月×日

（例文来源：编者自撰）

 **例文 2**

请 调 报 告

尊敬的校领导：

　　我自 2003 年毕业到本校工作以来，在各位领导和老师的"传帮带"作用下，我从一名初出茅庐的讲台新手逐渐成长为一名合格的人民教师。这五年我工作得非常愉快。

　　目前，我爱人已在深圳工作和定居，孩子也在深圳读小学。几年来一家人分居两地，给各自的工作、学习和生活都带来了诸多不便。为解决我们一家人两地分居的困难，经过反复慎重考虑，我已与深圳市蛇口区××中学联系好，拟调入该校任教，以方便工作、学习和生活。现正式向校领导提出请调要求，敬请领导酌情批准，给我这个难得的机会。

　　此致

敬礼

请调人：×××
2008 年×月×日

（例文来源：编者自撰）

 **作业**

　　请根据报刊上刊登的《招聘启事》的具体要求，有针对性地写一篇格式正确的应聘书。

第三章 日用文书

　　笔者曾经从报纸上读到报道，说某名牌大学的一些学生连请假条都不会写，这不是假新闻，是真事。笔者还亲眼看过一篇报道，说某大学学生写的请假条只有四个字：上书标题"请假"二字，下写落款"××"二字。另外，笔者经常在课堂上收到学生交来的请假条，的确有许多不合规范者。由此看来，过去被某些大学应用写作教科书忽视了的条据与启事之类的小文章，不能继续被忽视了。

　　在日常工作和生活中，有很多公务杂事和私人小事要经办，在办理过程中，必须履行一些必要的手续，如写条据、发启事等，这些形制较小的文书的写作远不如合同、调查报告那么复杂，但其重要性、规范性也是不容忽视的。

第一节 条 据 类

　　条据指的是日常工作和生活中办理某些公务杂事和私人小事时拟写的、用作凭据的简便文书。它包括收条、领条、借条和请假条、留言条等。

一、收条、领条和借条

（一）收条、领条、借条的含义

　　收条是在收到单位或他人所给付的钱、物时，经收人拟写出具的具有凭据作用的简便文书。收条当事人双方的行为既可以是公务行为，也可以是私人行为。

　　领条是在领到单位或部门的钱、物时，经领人拟写出具的具有凭据作用的简便文书。领条当事双方的行为一般是公务行为，特殊情况下也可以是公私双方行为。

　　借条是在借用单位或他人少量钱、物时，经借人拟写出具的具有凭据作用的简便文书。借条当事人双方的行为既可以是公务行为，也可以是私人行为。大额度钱物的借用应以合同的形式双方签约。

（二）收条、领条、借条的写作格式

1．标题
在纸张的首行正中，用较大字样清楚写明"收条"、"领条"或"借条"字样即可。
2．正文
标题下方空一行，行首空两格落笔，用工整字迹书写。
收条的写法是"今收到×××同志（或单位）××（钱或物）××（数量＋单位）"。
领条的写法是"今领到××单位××（钱或物）××（数量＋单位）"。
借条的写法是"今借到×××同志（或单位）××（钱或物）××（数量＋单位）"。

关于借条，有时借与被借的当事双方约定了归还日期，可接正文写明"定于××××年×月×日归还"或"定于×日内归还"。

3．落款

与正文相隔一行，在正文末尾的右下方工整书写"经收人：×××（姓名）"，或"经领人：×××（姓名）"，或"经借人：×××（姓名）"。

4．日期

在姓名的下方以全码写明年、月、日，如"2006年9月26日"。

（三）收条、领条、借条的写作要求

① 字迹工整，不得潦草，方便识别。

② 文中涉及的金额、数量等必须用大写，以免误解。金额、数量的阿拉伯数字书写时要遵守财务书写规范：手写时"1"不能弯头，否则会误认为是"7"；"3"的收笔要回行带尾，否则会被别有用心的人改为"8"；"6"的书写要规范，起笔要出头，否则像"0"不像"6"，收笔不能出头"过界"，否则不像"6"而像"4"；数字的前面不能留空，以免被人加写数字；一个数字必须在一行写完，一般不能分作两行书写；小写的后面注明大写；小数点要写明显，且落位准确。

③ 年份要写全四位，如"2006年12月28日"，而不能写成"06年12月28日"。

④ 借条和领条只适用于小金额临时借用行为和少量或价值不高的领用行为，大金额的借用或大量、高价值物品的领用则需要另具凭据。大额借款要签订借贷合同或借款协议；大宗领用要填写正式、规范的领用凭据（如"物品领用单"），经有关领导或具体负责人签字后有效。

⑤ 收条、领条、借条的拟写要合乎格式要求，既不能写成有称谓、有问候语、有祝颂语的书信体，也不能写成时间、地点、当事人、证明人一应俱全的证明体。

⑥ 语言简洁、平实，不用修辞手法，不用形容词，也不用征询语气。

 **例文 1**

收　条

今收到李×支付的购书款叁佰伍拾捌元整（¥358.00）。

经收人：王××

2009年8月8日

 **例文 2**

收　条

今收到王××归还的三角牌验钞机壹台。

经收人：李××

2009年8月1日

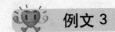 **例文 3**

> ### 领　条
>
> 今领到总务部计算器叁个，打印机壹台。
>
> 　　　　　　　　　　　　　　经领人：肖××
> 　　　　　　　　　　　　　　2009 年 8 月 8 日

例文 4

> ### 借　条
>
> 今借到财务部差旅费伍仟元整（¥5000.00）。
>
> 　　　　　　　　　　　市场部经借人：罗××
> 　　　　　　　　　　　2009 年 8 月 8 日

二、请假条、留言条

（一）请假条、留言条的含义

请假条是在因故不能到岗、不能到会、不能到课或不能如约到场办事的情况下，向上级领导或有关负责人说明缘由并请求批准的简便文书。

留言条是社会交往过程中，因公务或因私事须找人联系、办理而对方不在时，给对方留下告知信息的简便文书。

（二）请假条、留言条的写作格式

1．标题

请假条的标题要写在纸张的首行正中，用较大字样清楚写明"请假条"三字。

留言条的标题可写可不写。

2．正文

请假条和留言条正文的格式与书信类似，有称谓、问候语、主体、结束语、祝颂语等，只不过请假条有时要另加附件。

（1）**称谓**。它是对接收请假条的领导或有关人士的礼貌称呼，或是对接受留言的人的称呼。称谓与标题相隔一行，在首行顶格写，用冒号引出下文。

（2）**问候语**。在称谓的下一行空两格落笔写"你好"、"您好"、"早上好"或其他表示问候的言辞，以示对对方的尊重。

（3）**主体**。在问候语的下面另起一段，请假条要写明请假的原因、假期所需时间（几月、几天、几小时或更短）；留言条要写明具体事项或要求。

（4）**结束语**。紧接主体文字之后，请假条要表明请求批准的意思；留言条写明要求或预约见面的时间或其他意思。

（5）**祝颂语**。在结束语后下移一行写"此致敬礼"或其他祝颂语，"此致"在正文结束后的下一行空两格书写，"敬礼"在下一行顶格写，以示真诚。

（6）**附件**。关于请假条的附件：若就医后请病假，需附上医生出具的病情证明书；就医前请病假则没有附件，因事请事假也没有附件。留言条视具体情况而定是否有附件。

3．**落款**

在正文的右下方与正文相隔一行，写上请假人或留言人的姓名，姓名的下面写明请假或留言的年、月、日。

（三）请假条、留言条的写作要求

（1）**字迹工整，不得潦草，方便识别**。

（2）**摆正身份，有礼有节**。请假条是写给上级领导的，言语上要不失礼貌，尊重对方。留言条的语言视具体情况及当事人双方之间的关系而定，该礼貌时要礼貌。

（3）**语言简洁、准确**。无论是请假条还是留言条，其语言都要简洁，不能拖沓，而且要准确、得体、无误。如向上级领导请假，在结尾时就不能用"请一定批准"这种逼迫式的、无商量余地的口气，也不能用"望批准"这种上级对下级的口气，而应该用"请您酌情批准"、"恳请批准"或"盼准假"这样的字眼，以示对上级领导的尊重。逼迫式的、无商量余地的语言会使办事结果适得其反。留言时，若双方平时关系平等且十分熟悉，用语可随意些；若属初次打交道，则要以礼相待，尊重对方；若对方是上辈或上司，除礼貌用语外，必要时要用征询商量的语气。

 **例文 1**

请 假 条

尊敬的王老师：

　　您好！

　　我因昨晚受凉，现发烧、咳嗽，要到医院看病，故不能到课。特请假半天，请您酌情批准。

　　此致

敬礼

请假人：张××

2009 年 8 月 18 日

 例文2

> 李山：
>
> 　　许久不见，你好吗？
>
> 　　今天出差到武汉，想顺便找你一聚，本打算出其不意地出现在你面前，不料你不在家，且手机无应答，又不知你何时回家。我不便久等已回酒店，故请你见字后打手机0133××××××××与我联系。我住在××××大酒店×房。
>
> 　　祝身体健康！
>
> 老同学：黄　俊
> 2008年8月8日18:20

说明：以上仅举几例作必要说明，其实条据和便条还有多种，如托人办事的便条，欠人钱物一时尚难归还的欠条，代人收领钱物的代收条、代领条等。没有讲到的这些，可模仿上述条据、便条的写法来写作。

第二节　启　事　类

启事是机关、团体或个人有些事情需要公开说明，或要求他人给予帮助而公开告示时所写的简便文书。它包括寻物启事、招领启事、招聘启事、征文启事等。

一、寻物启事和招领启事

（一）寻物启事和招领启事的含义

寻物启事是失主在丢失物品后拟写的、张贴于户外的公开寻找物品的简便文书。招领启事是丢失物的拾到者拟写的、张贴于户外的公开寻找失主并认领物品的简便文书。

（二）寻物启事和招领启事的写作格式

寻物启事和招领启事的格式大同小异，都由标题、正文、结尾、联系方式和落款、日期等组成。

1．标题

寻物启事和招领启事的标题要写在纸张的首行正中，用较大字样清楚写明。

2．正文

① 寻物启事的正文，先写明丢失的原因、时间、地点，再写明丢失物的名称、数量、外形特征、大小、颜色、标记等；如果是拎包、钱包之类的物品，还要说明包内所装物品的名称、数量、特点、标记等。以上这些尽可能写得清楚明白，以便寻找。

② 招领启事的正文只写明于何时在何地拾到何物的大概情况即可，而不能写得过于明细、具体，以免被人冒领。必要时要写明请失主持身份证明前来认领。

3．结尾

① 寻物启事在写完应写的内容后，要以恳切、焦急的语言结束正文，最后表达谢意。

② 招领启事的结尾只写上"请失主前来认领"即可。

4．联系方式

① 寻物启事要在结尾的后面详细、清楚地写明失主的单位名称、地址、姓名和电话号码，以便拾到者联系失主。

② 招领启事的结尾，拾者要留下联系电话或其他方便联系的方式。

5．落款及日期

① 寻物启事在正文末尾的右下方写明失主的姓名，姓名的下方写明日期。

② 招领启事在正文末尾的右下方写明拾到者的姓名，姓名的下方写明日期。有时出于拾物不愿扬名或其他原因，拾到者也可只写一个代称或代号，或仅写姓氏，其下写明日期。

（三）寻物启事和招领启事的写作要求

（1）**辨清词义，不写别字。**这里要着重提醒注意标题中的"启事"二字，常见错将"启事"错写成"启示"，须知"启事"不等于"启示"，二者的含义大有不同。所以，寻物启事和招领启事中的"启事"二字不能错误地写成"启示"。

（2）**该详则详，当略则略。**寻物启事正文的主体要详细写明失物的各方面情况，便于寻找；而招领启事正文的主体则不能将拾到的物品各方面的情况详细写明，而要略写，否则会被道德欠缺的人冒领。

（3）**留下电话，以便联络。**无论是寻物启事还是招领启事，都要留下详细、方便的联系方式，以便寻找和归还。

（4）**寻助言谢，急人所急。**寻物人寻找物品、求人帮助时，无论最后结果如何，启事上都要先言谢意，让所有看到的人都觉得失主心诚意切，愿意帮助失主；招领人应该急人所急，及时发布信息，让失物早日回到失主身边。

 **例文1**

寻 物 启 事

　　今天下午五点左右，本人在东校区篮球场不慎丢失钱包一个，钱包为褐色牛皮质地，长方形，李宁品牌。内有人民币三百元和食堂饭卡一张，最重要的是还有本人的英语六级考试准考证和本人身份证。英语考试在即，没有这些证件本人将无法应考，后果十分严重。如果有哪位同学或老师捡到，恳请您尽快与我联系，本人先对您无私的品质和急人所急的精神致以最诚挚的谢意和敬礼。

　　我的手机号码是1312345××××,寝室电话号码是8765××××。

　　祝好人一生平安！

计算机学院0306班学生：李××

2009 年 10 月 11 日

 例文 2

招 领 启 事

今天下午，本人在北校区足球场捡到书包一个，内有物品若干。请失主携带有效证件前来认领。

寝室电话：12345678。

拾　者：常××

2009 年 10 月 12 日

二、招聘启事

（一）招聘启事的含义

招聘启事是用人单位面向社会发布信息、公开招用工作人员的小型广告文案。在当今社会，用人单位多以招聘启事形式发布信息，应聘人员通过招聘启事获得信息，招聘制已成为人才录用与就业的重要渠道。

（二）招聘启事的写作格式

招聘启事由标题、正文、结尾、落款及日期等组成。

1. 标题

招聘启事的标题有两种形式，在第一行以大号字体醒目写出。

（1）全称式。"招聘启事"四字一字不少，是常用的标题形式。标题虽全，但仅仅传达一个信息，不带感情色彩。

（2）简称式。仅用"诚聘"二字。相比之下，虽然字数少了两个，但意思比全称更丰富，感情色彩更浓厚。一个"诚"字表明了用人单位的真心真意，从经济的角度看，简称式标题字数少，在报刊及其他媒体上发布时更具经济性。

2. 正文

招聘启事的正文包括开头、主体等。

（1）开头。开头与标题相隔一到两行，首句空两格写起，简要写明用人单位的概况及招聘的缘由。

（2）主体。主体分 3 个部分。

第一部分写明要聘用的岗位、人才的类型和职数。既要说明哪些岗位缺人，还要说明需要什么样的人才、需要多少等。

第二部分写明对人才的性别、年龄、学历、户口、工作经验的要求，并请提供能证明个人情况的材料等。

第三部分写明工资待遇及其他福利的享受标准。

3. 结尾

招聘启事的结尾要写明招聘单位所在地的具体方位、详细地址、联系电话（固定电话和手机都要有）、联系人等。

4. 落款及日期

落款及日期位于正文末尾的右下方，与正文相隔一到两行，写明招聘单位的全称，并在单位全称的下面注明年、月、日。

（三）招聘启事的写作要求

（1）**以诚求才、如实介绍**。聘用人才要诚心诚意，对单位的介绍要实话实说，切不可采用欺骗的手段蒙骗应聘者。

（2）**信息准确、要求具体**。在招聘启事的正文中把职缺、职数、要求、待遇等一一写明，不要含糊其词、似是而非。

（3）**地址清楚、姓名具体**。招聘启事中要写清楚用人单位的全称及其所坐落的具体方位、地址、联系电话、联系人，一是方便应聘者寻找和联络，二是获得应聘者的信任。在以往很多报刊刊登的招聘启事中曾经出现没有单位名称、没有具体地址而仅有移动电话和联系人×小姐、×先生的情况，有些应聘者交了所谓的保证金、报名费之后便杳无音信，陷入查找无人、投诉无门的窘迫境地。

例文1

招 聘 启 事

劲动生物柴油有限公司是由江城市先科农业集团有限公司和华夏农业科学院油料作物研究所共同发起组建的。年产二十万吨的生物柴油生产线正在紧张的建设之中。为了事业发展的需要，现面向社会诚聘英才：

精细化工专业工程师、化工设备工程师、土建工程师各3名；自动控制和仪表专业工程师、机械设备安装工程师、计算机专业的网站工作人员各一名；办公室副主任及法语翻译各一名。

具体要求：

（1）应聘者需有本科以上学历，年龄22～45岁；有相关工作经验者优先。

（2）应聘者的资料通过邮箱发至本公司；资料恕不退还，本公司为其保密；初选过关后通知面试。

（3）本公司人才库常年面向社会广纳贤才，欢迎有志之士上网垂询。

联系人：赵××、钱××　　　　E-mail:jindong@×××.com

公司电话：027-7654××××　邮政编码：×××××××

网址：http://www.×××.com.cn

公司地址：江城市汉南江城经济技术开发区创业大道××号

劲动生物柴油有限公司

××××年×月×日

（例文来源：编者自撰）

三、征文启事

在社会工作、生活和学习中，为了丰富文化生活或辨明某一个观点，或为了配合某一项活动的开展，经常会有一些报刊、单位、团体、学校等，就某一主题向社会或本单位公开征集文稿，以引起公众对此项活动的思考和参与。征文有时带有比赛的成分，有的征文活动本身就是以比赛形式进行的。

（一）征文启事的含义

征文启事是在事先确定文章主题的情况下，公开向社会人士或本单位有关人员传达信息、征集文稿时使用的文书。

（二）征文启事的内容及写作格式

征文启事包括标题、正文、落款等几个部分。

1．标题

在首行正中写上"征文启事"字样，字号大于正文，以醒目、清楚为佳，标题上下需留空白，用以突出标题。

2．正文

征文启事的正文包括开头、主体、结尾3个部分。

① 开头部分以简短而简洁的语言介绍征文的主办者、说明征文的缘由和目的。

② 主体部分说明征文的具体事项，包括主题、参加对象、投稿方式、评比方法、奖励形式、截稿日期等。

③ 结尾部分用一句或几句简短的语言欢迎和鼓励有兴趣者参与。

3．落款

与正文相隔一至两行，将征文活动的主办方全称写在正文末尾的右下方，日期注明在主办方全称的下面。

（三）征文启事的写作要求

（1）选题恰当。征文是一种配合时事焦点、工作重点、学习要点或生活要事而开展的公开讨论式的活动，这个活动不是集会发言用口说话，而是就某一主题用笔来讨论，发表见解。所以，征文一定要切合当前的社会时事和工作、学习、生活方面的实际，确定一个有意义的主题，这个主题必须是大家所关注的、感兴趣的，能够畅所欲言、体现能力和水平的话题，而不能选取生僻的、牵扯到是非矛盾、影响关系或难度和深度过大的话题。

（2）要求具体。征文不是无主题的聊天，也不是自由发言，它的主题决定了它的作者群及其年龄、性别、学历、职业等各方面的特定性。所以，征文要有具体的要求，需将上述特定的要求一一写清楚；除对作者的要求外，对投稿的方式也要提出要求。

（3）必要说明。如征文主题、截稿日期、评比方法、揭晓日期等都要清楚地向参与者作明确的交代，使参与者心中有数，并积极应征。

（4）言简意赅。征文启事文稿的写作，要恰当地运用语言，不能过于花哨。用简洁的语言、清楚的条理将要说明的问题说清楚即可。

例文 1

征 文 启 事

为了使胡锦涛总书记的"八荣八耻"荣辱观深入人心，树立良好的社会风气和正确的荣辱观，营造和谐环境，促进社会主义精神文明建设，经有关部门批准，由《××文明》杂志社主办以"知荣辱、树新风"为主题的大学生征文比赛活动，具体要求如下。

一、征稿对象：面向全国所有大学的在校学生（含硕士生、博士生），凭学生证复印件即可报名；欢迎各学校组织学生集体参赛。

二、稿件篇幅控制在1500字左右，纸质稿件请寄至××省××市××大道×号×信箱（邮政编码：××××××），同时还需将电子稿件发至本社电子邮箱，E-mail:××××@126.com。

三、每篇来稿请通过邮局汇寄评审及联络费10元。

四、截稿日期：2009年9月10日，以邮戳为准。

五、本刊将邀请全国知名专家学者组成评委会，评出一等奖10名，二等奖20名，三等奖30名，优胜奖若干名；为所有获奖者颁发获奖证书，并辅以适当的物质奖励；邀请一等奖获得者出席在××电视台举行的颁奖晚会；等级奖的文章将结集出版。

六、一、二、三等奖获得者将被聘为我刊的特约撰稿人，发稿优先，稿酬从优。

七、对积极组织学生应征的学校，将授予"文明先行者"荣誉称号。

八、揭晓日期：评审结果将在本刊2009年12月号上刊登。

九、有关信息查询网址：http://www.××××.com.cn。

《××文明》杂志社

2009年6月20日

（例文来源：编者自撰）

四、招商启事

在商务活动中，经常会有一些招商启事要写，下面照录一篇作为参考，以供借鉴。

 例文1

招 商 启 事

××××集团公司是××市国有企业，以生产美虹牌时装为主，兼产皮草等，"美虹牌"商标被评为"中国服装十佳品牌"和"驰名商标"，在国际市场也大受欢迎并屡获殊荣。

××集团东北（××）分公司是××集团设在东北的唯一一家直属分公司，下设十余个地级办事处，在各地大型商场开辟了近百个销售专柜。为全面扩大营销范围、再创佳绩，现以高质量、低价格的产品面向全国诚招有实力、有经验的市、县级代理商。欢迎有意者前来洽谈、合作，共享成功。

××××集团公司东北分公司

分公司地址：××市××路××大厦×号

分公司总经理：郝××

联系人：邓×× 席××

电话：×××××××××

（例文来源：编者自撰）

说明：由于需要告示的具体内容不同，启事的种类有很多，常见的如征婚启事、寻人启事、征订启事、招生启事等。以上所讲数种仅作为案例说明而已，其他则可参照拟写。

第三节 申 请 书

作为一个单位，有时工作上某些问题自己解决不了，需要上级的帮助；或有时需要从上级部门获得一个研究项目或得到一种政策的扶持时，也需要写作并向上级呈送申请书；作为一个学生或社会成员，要关心国家大事，积极参与社会的政治活动，或积极向党、团组织靠拢，或积极参加各种有意义的社会实践活动，这时就需要写作申请书。假如你想加入党、团组织，那么，申请书就是你向组织发出的第一个信号。还有另一种情况，当你在生活上、学习上遇到困难而仅靠个人能力又难以解决时，你也可以求助于单位或组织，那么，申请书能够起到沟通个人和组织之间的情况和解决临时困难的作用。由此看来，申请书于公于私都有用。所以，写作申请书对于工作和生活都是十分重要的。

一、申请书的含义、特点和分类

（一）申请书的含义

申请书是下级部门向上级单位或者个人就某些事项向组织提出请求、表达意愿并要求批准时所使用的应用文书。

（二）申请书的特点

申请书与其他应用文书的不同点表现在如下几个方面。

（1）**应用广泛。**申请书作为一种办事的重要文书，它应用于工作和生活的许多方面，下级部门或个人，只要是合理的要求需要上级组织给予批准或帮助时，都可以用这种文书来表达意愿。

（2）**内容多样。**由于申请书广泛地应用于工作和生活，而下级或个人需要上级组织批准、协助或帮助的情况又很多，所以申请书所涉及的内容繁杂多样。

（3）**格式规范。**申请书作为一种办理具体事务的应用文书，它有着应用文必备的行文特点，如格式。申请书的格式与书信的格式基本相同，开头有称谓、结尾有礼节，申请书仅比书信多一个标题而已。

（4）**语言得体。**申请书的语言风格不同于书信。书信多是亲朋好友之间情感和情况的交流，由于双方关系亲密，语言比较随意或活泼，有时口语化成分较多，且能畅所欲言；而申请书是一种给上级组织的文字陈述，无论公事还是私事，都要以公事公办的方式严肃地进行，所以申请书的语言简洁、平实、庄重。

（三）申请书的不同形式

申请书虽不能分出类型，但可以根据用途列出如下有代表性的一部分。

① 入党、入团申请书——向党、团组织递交的要求加入的文书。

② 住房申请书——向单位有关部门递交的要求分配住房、改善居住条件的文书。

③ 困难补助申请书——向单位有关部门递交的要求协助解决生活困难的文书。

④ 转学申请书——在校学生向现就读学校递交的请求转学的文书。

申请书的种类很多，这里不便一一列出。

二、申请书的内容及写作格式

申请书包括标题、正文、落款及日期等几个部分。

（一）标题

"申请书"三字写在首行正中，字号大于正文，以醒目、清楚为佳，标题上下需留空白，以突出标题。有时"申请书"的前面加上几个能体现申请内容或项目的文字，如"入党申请书"、"困难补助申请书"，这也相当于公文"事由＋文种"的两要素标题。

（二）正文

正文包括称谓、开头、主体、结尾 4 个部分。

1．称谓

称谓是对接受申请书的机关或部门的一种称呼，一般在称呼的前面加一个敬辞，以示对对方的尊敬。例如入党申请书的称谓："敬爱的党组织"或"敬爱的党支部"等。称谓在正文的首行顶格写，后面用冒号提起下文。

2．开头

申请书的开头部分首先是申请人"自报家门"，要将姓名、单位、部门一一写清，然后概括地把自己的情况作一个简介，接着表达自己的意愿或提出自己的要求。这样的开头能使受理部门的经办人马上知道申请人是谁，明白申请书的"来意"。但有时开头只作自我介绍而不提要求，待到情况、原因充分交代清楚后，在结尾部分很自然地提出要求或表达意愿。

3．主体

这部分是申请书的核心，要把申请的缘由、具体情况较为详细地叙述，或为开头部分提出的要求作注解，或为结尾部分表达意愿作铺垫。根据申请书所表达的意愿、提出的要求不同，主体的写法也就不同。

例如入党（入团）申请书，主体部分可以写对党（团）的认识，可以写对待入党（入团）的态度，可以写自己各方面的表现，还可以写对批准与否的心理准备和今后相应的努力方向，最后请求组织对自己进行考察、考验或表达随时接受组织的各种考验的意愿。但如果是困难补助申请书，主体的写法就和入党（入团）申请书的写法有所不同，主体部分只要把家庭的具体困难作简要描述，然后很自然地提出要求或意愿。

所以，申请书的主体怎么写没有一个具体的规定，要根据不同情况采取不同的写法。

4．结尾

结尾或重申意愿，或表示决心，或表达期盼等，最后还要用礼节性结束语"此致敬礼"来收束文章。

（三）落款及日期

谁申请就落谁的名款，名款的前面写"申请人："字样；成文时间写在名款的下面。名款和日期的位置在正文末尾的右下方，与正文相隔一到两行。

三、申请书的写作要求

（一）格式书信化

由于申请书是一种书面对话、文字诉求的文书，所以，申请书的格式与书信的格式基本相同。开篇有礼节性的称谓，有诚心的问候（有时可免）；正文中有具体情况的详细叙述；在要求和想法提出后，有礼貌地向对方表示谢意并祝愿对方；除此之外，在申请书的最后还要清楚地落下姓名和日期，以示申请者是谁，何时所写。

（二）要求具体化

申请书是就某个问题或事项，由下级向上级或个人向组织提出要求并求得准许的文书，所以，在行文过程中要把要求具体（但要求不可过高）、明白地提出，以使对方了解申请单位或申请人的具体情况。所提出的要求不可含糊其词、遮遮掩掩，否则让人难以理解。

（三）语言礼节化

申请书是一种人际交往的工具，内容涉及生活、工作中的具体事务，是向上级或组织提出要求并求得准许的，虽然有时是公事公办，有时是私事公办，但不可失去人情味。所以，申请人要摆正自己的位置，语言表述要有礼有节，尊重对方，不要以为有些事情按政策、规定应该批准而忽略礼节。申请书的语言要得体，要合乎自己的身份，对上级领导要有必要的尊重。行文上以通俗易懂为上，用得体、平实的语言陈述情况和想法，不可言语失礼，但也不可谦卑过分，低三下四。

 例文 1

困难补助申请书

校研究生处各位老师：

你们好！

我叫夏×，女，是文学院 05 级现代文学专业研究生。我来自鄂西土家族自治地区的一个贫穷山村，家有六口人，上有年逾七旬的爷爷奶奶，下面还有一个正上中学的弟弟，爸爸年初外出打工因伤致残而丧失劳动能力，生活的重担落在妈妈一个人身上，家庭生活困难重重。由于我是自费生，家里为我读书已经欠下万元债务，虽然我能利用做家教挣点生活费，但拿出部分补贴弟弟的学费之后所剩无几。这样苦撑下去，生活难以为继，已经严重影响到我的学习，但我实在不愿放弃快要完成的学业。

最近听说研究生处要发放一笔困难补助金，我本不想给学校添麻烦，但觉得若能拿到补助金，也可以为家庭减轻一点负担，能使我的学业得以为继，所以冒昧提出困难补助申请，还请你们酌情批准。非常感谢各位的关照，我将用优异的成绩来报答学校。

此致
敬礼

学生：夏×

2008 年 9 月 12 日

（例文来源：编者自撰）

 例文 2

入党申请书

敬爱的党组织：

　　我叫刘××，是人文学院近代史专业 07 级 0702 班学生。经过十几年的政治思想学习，尤其是进入大学以来，在老师的教育帮助下，我的思想觉悟得到进一步提高。现郑重向党组织提出申请加入中国共产党。

　　中国共产党是中国各项事业建设的先锋队，是中国各族人民利益的忠实代表，是中国社会主义事业的领导核心。党的最终目标是实现共产主义的社会制度。中国共产党以马列主义、毛泽东思想、邓小平理论、"三个代表"重要思想和科学发展观作为自己的行动指南。自 1921 年建党至今，我们的党已经走过了 88 年光荣的光辉历程。这几十年，中国共产党从成立到不断发展壮大，从建党之初的 50 多名党员，逐步发展到今天这样一个拥有 7000 万党员的执政党，并在长期的革命历程中，先后形成了以毛泽东、邓小平、江泽民、胡锦涛为核心的四代党中央领导集体。党的辉煌历史，是党为民族解放和人民幸福而前赴后继、英勇奋斗的历史；是马克思主义普遍原理同中国革命和建设的具体实践相结合的历史；是坚持真理、修正错误、战胜一切困难、不断发展壮大的历史。中国共产党无愧是伟大、光荣、正确的党，是中国革命和建设事业最坚强的领导核心。

　　我出生在一个普通的工人家庭，从学生年代开始，一串闪光的名字——江姐、刘胡兰、雷锋、焦裕禄、孔繁森……给了我很大的启迪和教育。我发现他们以及身边许多深受我尊敬的人都有一个共同的名字——共产党员；我发现在最危急的关头总能听到一句话——共产党员跟我上。在 2008 年 5 月抗震救灾这场没有硝烟的战争中，无数共产党员那种不顾生死、一心为灾民的大无畏精神，更坚定了我要成为党的一员的决心。人的一生或重于泰山，或轻如鸿毛，就如保尔所说："人最宝贵的是生命。生命每个人只有一次。人的一生应当这样度过：回首往事，他不会因为虚度年华而悔恨，也不会因为卑鄙庸俗而羞愧；临终之际，他能够说：'我的整个生命和全部精力，都献给了世界上最壮丽的事业——为解放全人类而斗争。'"近年来诸多天灾如地震、洪水等检验了我们的党和党员，从刚刚入党的大学生到耄耋之年的老党员，有钱出钱、有力出力，大家都实践着"不惜牺牲个人的一切，全心全意为人民服务"的新时代共产党员的誓言。他们感动着我、激励着我、催促着我加入到党的队伍中，我把能加入这样伟大的党作为最大的光荣和自豪。

　　我对党的认识，是逐步加深的。孩提时代，在父母的言传身教下，我幼小的心灵萌发了对中国共产党的敬慕和向往；进入大学后，在我人生观逐步形成时，开始接受马列主义、毛泽东思想、邓小平理论；特别是最近参加了院学生党校的学习后，深刻领会了"三个代表"和"科学发展观"的内涵，使我是对党组织有了新的认识。

今天，我向党组织郑重地递交入党申请书。我深知，按党员的标准来衡量，自己离合格党员还有很大的差距，还有许多缺点和不足，如处理问题不够成熟、政治理论水平不高等。因此，我希望党组织严格要求我，以便使我更快进步。

今后，我要用党员标准严格要求自己，自觉地接受党员和群众的帮助与监督，努力克服自己的缺点和不足，争取早日在思想上，进而在组织上入党。请党组织在实践中考验我！我将以优异的表现迎接党组织的一切考验。

此致

敬礼

申请人：马××

2009 年 3 月 10 日

（例文来源：编者自撰）

说明：根据所申请事项内容的不同，申请书的应用很广泛，所以申请书远不止上面所举的两种。但不管其内容如何万变，其写作格式是基本不变的。如果要写其他内容的申请书，以上两例的格式可供参考。

作业

结合党、团工作的需要，拟写一封主题明确、格式正确的征稿启事；也可以拟写加入党、团组织的申请书。

第四章　公务文书

　　公务文书也简称为公文，行政公文是国家行政机关公务文书的简称，本章内容以行政机关公务文书为主。2000 年 8 月 24 日，国务院发布的《国家行政机关公文处理办法》指出："行政机关的公文，是行政机关在行政管理过程中形成的具有法律效力和规范体式的文书，是依法行政和进行公务活动的重要工具。"在各级机关的行政管理工作中，经常要写作和处理行政公文，可见行政公文使用上的频繁性和工作上的重要性。

第一节　行政公文概述

一、行政公文的定义

　　行政公文是行政机关在行政管理过程中所形成的具有法定效力和规范体式的公务文书，是传达与贯彻党和国家的方针政策，发布行政法规和规章，施行行政措施，请示和答复问题，指导、布置和商洽工作，报告情况，交流经验的重要工具。

二、行政公文的种类

　　根据国务院 2000 年 8 月 24 日发布的《国家行政机关公文处理办法》，行政公文包括 13 种：① 命令（令）；② 决定；③ 公告；④ 通告；⑤ 通知；⑥ 通报；⑦ 议案；⑧ 报告；⑨ 请示；⑩ 批复；⑪ 意见；⑫ 函；⑬ 会议纪要。

　　公文按其行文方向，可分为如下 3 种类型。

（一）下行文

　　下行文是指上级机关向下级机关发送的公文，在国家行政机关公文中，属于这一类的有命令、决定、公告、通知（特指上级传达的通知）、批复等。

（二）上行文

　　上行文是指下级机关向上级机关呈送的公文，属于这一类的有报告、请示等。

（三）平行文

　　平行文是指同级机关和不相隶属机关之间来往的公文，属于这一类的公文有函，有时通知也用作平行文。同级机关是指同一行政级别的机关。不相隶属机关是指隶属于不同的上级政府的下级机关或者隶属于不同的行政系统的机关。不相隶属机关之间的行文和同级机关之间的行文相同，它们之间不能相互发出指令性公文，而只能发出告知或协商有关事项性质的公文，尽管它们有时存在着行政级别的高低不同。

三、行政公文的特点

（1）**鲜明的政策性**。行政公文是传达与贯彻党和国家的方针政策，发布行政法规和规章，施行行政措施，请示和答复问题，指导、布置和商洽工作，报告情况，交流经验的重要工具。各级行政机关制发的公文都必须遵循党和国家的方针政策，成为各级机关处理社会事务与发挥其管理职能的重要依据。行政公文只有认真贯彻党和国家的方针政策，才能够保障党和政府不同阶段的目标与任务的实现。因此，在制发行政公文时，必须对党和国家指导当前各项工作的政策有所了解，这样才能使制发的行政公文更加切合实际工作，更有利于问题与矛盾的解决。作为行政公文的撰写者，一定要加强自己的政策理论修养，关心时政，吸收有用信息，为行政公文写作做好准备。

（2）**作者的法定性**。首先要清楚撰写公文者与公文的作者是两个不同的概念。公文的作者必须是公务活动的主体，即能够以自己的名义行使权利与承担义务的社会合法组织或其代表，公文的起草者不能视为公文的法定作者，因为公文的作者是依照法律和一定的组织程序产生的单位及其负责人。这些单位和单位负责人的权利是通过法律赋予的。机关的负责人代表的是机关，不是私人。公文就是由这些法定的作者根据自己的职能与权限制发的。

（3）**作用的权威性**。既然行政公文的作者是法定的，那么，作为体现其意图和愿望的公文相应也就有了法定权威性。公文一经正式发布，就具有一定的强制性和行政约束力，有关单位和个人就要遵照执行。所以说，公文代表的是一个机关的意志和要求，对受文者有强制的作用。只有这样才能做到政令畅通、上下协同，将党和国家的方针政策落实到实际工作中。

（4）**效用的时限性**。行政公文是为了解决现实生活中的问题而产生的，因此它的撰写、传递、办理都必须快捷，否则就不能及时指导工作，发挥不了其现实效用。在行政公文的撰写方面，要求及时反映现实生活中的问题，在较短的时间内按照领导意图撰拟成文。如果拖延或事后再写就有可能给工作带来很大的影响。

（5）**行文的格式性**。为了维护行政公文的严肃性与权威性，国务院办公厅制定了《国家行政公文处理办法》，对行政公文的种类、格式、书写、制作、管理作了规范化的要求。关于这个问题，将在下面的章节中作具体论述。

第二节　公文的构成要素及格式

公文格式是公文具有法定权威性和行政约束力在形式上的表现，是区别公文与一般文章的重要标志，也是保证公文质量和提高公文办理效率的重要手段。图 4-1～图 4-5 给出了公文的版式图。人们习惯于把一份公文划为 3 大部分，即眉首（文头）部分、主体（行文）部分和版记（文尾）部分。公文首页红色反线及以上的各要素统称眉首，红色反线（不含）以下至主题词（不含）之间的各要素统称主体，主题词及以下的各要素统称版记。每一部分又由若干要素构成。

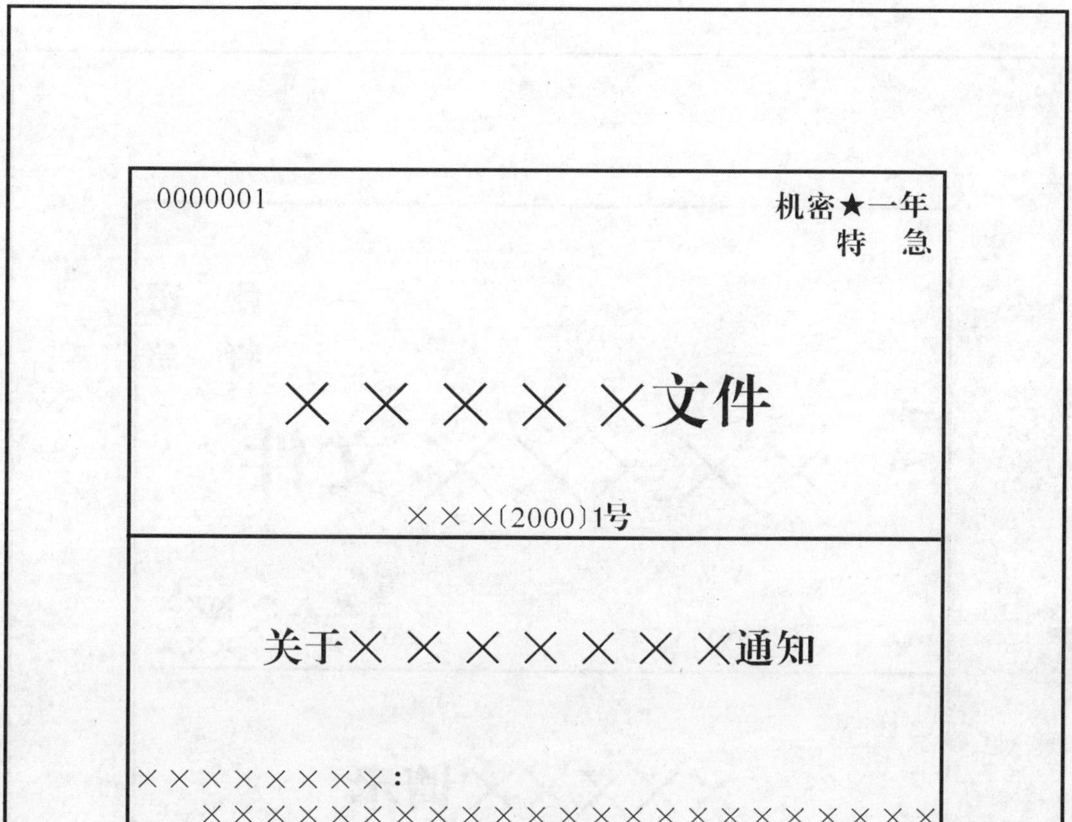

0000001

机密★一年
特　急

×××××文件

×××〔2000〕1号

关于×××××××通知

×××××××：
　　××××××××××××××××××××××××
××××××××××××××××××××××××××
×××。
　　×××××××××××××××××××××××
×××××××××。
　　××××××××××××××。
　　×××××××××××××××××××××××
××××××××××××××××××××××××××
×××××××××××××××××××××××××。

图 4-1　公文首页版式

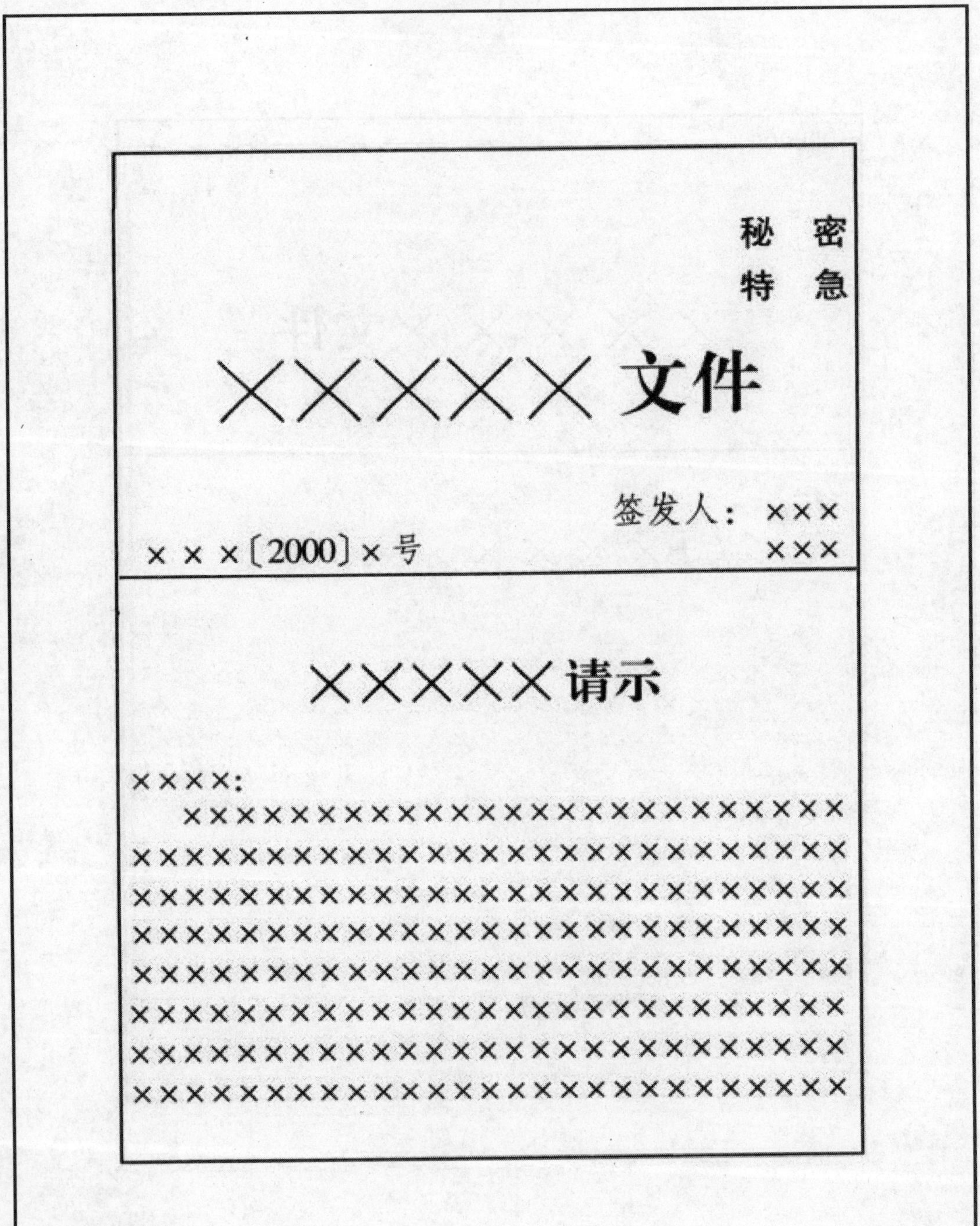

密　秘

急　特

×××××文件

签发人：×××

×××

×××〔2000〕×号

×××××请示

×××：
　×××××××××××××××××××××××××
×××××××××××××××××××××××××
×××××××××××××××××××××××××
×××××××××××××××××××××××××
×××××××××××××××××××××××××
×××××××××××××××××××××××××
×××××××××××××××××××××××××
×××××××××××××××××××××××××

图4-2　上报公文首页版式

××××××××××××××。

　　附件：1.××××××××××××
　　　　　2.××××××××××

二〇〇〇年一月一日

（××××）

主题词：××　××　××

抄送：××××××××，××××××，×××××，
　　　××××××××。

×××××××× 　　　　　2000年×月×日印发

图4-3　公文末页版式

×××××××××××××××。

　　附件：1.×××××××××××
　　　　　2.×××××××××××

主题词：××　××　××

抄送：×××××××，××××××，×××××，
　　　××××××××。

×××××××　　　　　　　　　2000年×月×日印发

图4-4　联合行文公文末页版式1

×××××××××××××××。

附件：1.×××××××××××
　　　 2.××××××××××

二〇〇〇年一月一日

主题词：×× ×× ××

抄送：×××××××，××××××，×××××，
×××××××。

×××××××× 　　 2000 年 × 月 × 日印发

图 4-5　联合行文公文末页版式 2

一、眉首（文头）格式

行政公文眉首又叫公文文头，它位于公文首页的上方，包括公文份号、秘密等级、紧急程度、发文机关标志、发文字号、签发人、红色反线等要素。

（一）份号

份号又称顺序号、流水号，即一份文件在该文总印数中的顺序的编号，用 7 位阿拉伯数字表示，标注在文件首页左上角。例如"鄂府〔2006〕9 号文第 0000125"号，表示它是湖北省人民政府 2006 年下发的第 9 号文件印发数中的第 125 份。涉密公文应标注份号，以便登记、回收，防止泄密和流失。

（二）秘密等级

秘密等级简称密级，它一般分为绝密、机密、秘密三个等级。它的标注形式为前标密级，中间加一个实心五角星，后标保密时限，例如"绝密★三年"。

（三）紧急程度

紧急程度指公文内容涉及的时间缓急程度。文件的紧急程度有"特急"、"急件"两级，电报的紧急程度有"特提"、"特急"、"加急"、"平急"四级。紧急程度标注在文件首页右上角密级下方的位置。

（四）发文机关标志

发文机关标志由发文机关全称或规范化简称加上"文件"二字组成。例如，湖北省人民政府的发文机关标志是"湖北省人民政府文件"。发文机关标志用宋体套红大字位于眉首上部居中位置，这就是"红头文件"别称的由来。如由两个以上单位联合行文，要将联合各方的单位名称分行排列，主办单位列首位。在民族区域自治地区，发文标志可并用少数民族的文字和汉字印制。

（五）发文字号

发文字号是指某一公文在发文机关一个年度内发文总号中的实际顺序号。由机关代字、年份和序号 3 部分组成，例如"×府〔2006〕××号"，或"×政〔2006〕××号"。它位于发文机关标志的下方。如果是上行文，则位于发文机关标志的左下方。

机关代字由一定范围内的领导机关统一编定其直属机关、单位的代字，字数一般不超过3 个字。行政公文中的机关代字不使用"字"一字，这是因为"字"有文件类别的意思。例如"×介字"、"×聘字"、"×建字"，分别表示介绍类、聘用类、建筑类文件的意思。又如"×政字"，解读为行政类文件的意思，因行政公文机关代字表示的是发文机关，不表示文件的类别，所以它一般不像专业类文件一样使用一个"字"字。机关代字后用"发"字，有上级发下文件的意思，例如"国办发"是国务院办公厅发下文件，"中办发"是中共中央办公厅发下文件，一般单位不要随意使用；函件式文件中要标明文种，例如"×政函"等。

行政公文中的年份要用六角符括住，并且要使用年份全称。年份必须用阿拉伯数字标全公元纪年。但要注意，上级公文在正文中引用下级机关公文的发文字号时可用年份简称，不过这时要用圆括号，例如批复用语"你单位武教（06）××号收悉"。另外，行政公文发文字号的顺序号前不要加"第"字。

如果公文属联合行文，则只标注主办机关的发文字号。

（六）签发人

签发人位于发文机关标志下方的右侧，书写"签发人"及其姓名。《国家行政机关公文处理办法》（以下简称《办法》）中规定："上行文应当注明签发人、会签人的姓名。"其目的在于让上级机关了解该文件的负责人，为上级机关就此事项与发文机关联系沟通提供方便。联合行文的所有单位批准该文发出的负责人均需签名。《办法》第二十八条规定："以本机关名义制发的上行文，由主要负责人或者主持工作的负责人签发；以本机关名义制发的下行文或平行文，由主要负责人或者由主要负责人授权的其他负责人签发。"

（七）文头横线

文头横线是行政公文用的一条横线，也称红色反线。党务公文需在横线中间印上一颗实心红色五角星。文头横线距发文字号要留有 4mm 间空。

二、主体（行文）格式

主体是公文重要的组成部分，它由公文标题、主送机关、正文、附件与附件说明、成文时间、公文生效标志、附注共 7 项组成。

（一）公文标题

公文标题在红色反线之下。标题应当准确简要地概括公文的主要内容并标明公文的文种，通常由发文机关名称、事由和文种三要素构成。

发文机关名称要用全称或规范化简称。文头已有发文机关名称的，标题可以省去发文机关。标题一般不要加标点符号，但若标题中引用具有法规、规章性质的文件，如条例、规定、办法、细则，则必须加书名号。例如，国家税务总局关于印发《广告市场个人所得税征收管理暂行办法》的通知。

事由即办理公文的主要事项，它往往用"关于"组成介宾结构。例如，关于对全省加油站进行清理整顿的通告。

关于文种选择的问题，可以从以下几个方面进行考虑：第一，根据 13 种行政公文的适用范围确定；第二，根据行文机关之间的关系来确定；第三，根据行文的目的确定。《办法》对每个文种各自适用的情况作了明确具体的规定，在哪种情况下用什么文种，结合写作的具体情况就不难确定，因此对各个行政公文的适用情况要了解透彻。首先要明确行文与受文机关是上下级、平级，还是不相隶属机关的关系，上下级机关之间主要适用上行文与下行文，平级机关与不相隶属机关之间主要用函这一文种。是否要求上级机关回复，是确定用报告还是请示的依据。同样是上行文，如果要求上级回复，则用请示，否则用报告。这些因素都将有助于我们在公文写作时选择和确定文种。

公文标题的类型：① 完整式，即三要素齐备的标题；② 非完整式，指取发文机关或事由中的一项加上文种而构成的标题；③ 文种式，即仅以文种为题的标题。

标题的位置排在正中，两边不顶格。在排列方式上，有两行对齐式、上长下短式、上短下长式、宝塔式、倒宝塔式等。排列的方式主要以对称、美观为原则，但是要注意不要为了一味追求美观而将双音节词或多音节词分拆为两行，例如：

国务院关于在若干城市试行国有企业兼并破
产和职工再就业有关问题的补充通知

标题中"破产"是一个双音节词，如上例将它分开排列是不妥的。这个标题如果排成如下形式则更好：

国务院关于在若干城市试行国有企业兼并破产
和职工再就业有关问题的补充通知

（二）主送机关

主送机关俗称"抬头"或"上款"，指负责处理、执行公文的机关。它位于正文之前，标题之下，顶格写。除"公告"、"通告"、"会议纪要"外，一般行政公文都要标明主送机关。

需要所属机关了解和执行的公文，叫普发公文。普发公文需要下级机关共办的，主送机关使用泛称，如"部属各高等院校，各直属单位"。

下级向上级写的报告、请示等公文，一般只写一个主送机关，不能多头主送，否则就会造成责任不明而贻误问题的及时处理。

主送机关一栏容易产生错误的地方是上下级关系和直属关系两称呼间的逗号使用问题。例如，"各省、自治区、直辖市人民政府，国务院各部委、各直属机构"。例中，"各省、自治区、直辖市人民政府"与发文机关属于上下级关系，"国务院各部委、各直属机构"属于直属关系，因此在两者之间用逗号，而不用顿号。又如，"各省、自治区、直辖市人民政府、国务院各部委、各直属机构"中的标点用法就存在错误。

（三）正文

行政公文的正文是最重要的内容，用来表达公文的具体事项与要求。按照《国家行政机关公文格式》的有关规定："必须保证公文首页显示正文。"公文的内容必须在首页上有所显示，这既是公文排版的要求，也是防止变造公文、保证公文在内容上不出问题的一个重要措施。公文正文位置在主送机关之下至落款前。从主送机关名称的下一行，每自然段左空两格，回行顶格，数字、年份不能回行。正文部分，内容较多的情况，一般分事由、事项、结尾三个部分；内容较少的，则采用篇段合一的方式。原公文格式中末页上端左侧顶格的"（此页无正文）"标注已撤销，现在的格式务必使印章与正文同处于一个页面，目的在于防止不法分子伪造公文。

（四）附件与附件说明

附件是指与公文正件相关的附属材料，可分为两类：一类是证实公文正件内容的材料，如历史资料、证明人资料；另一类是公文要传达的有关文件，特指随文发布的其他相关资料。附件在正文之后，起说明、注释或补充作用，有的附件本身就是正件。这类本身就是正件的附件有着实质性的内容，因此更重要，而正件只相当于一个按语或者说明，正件为附件而发，没有附件就没有正件，这种现象在批转、转发、印发型通知中常见。作为正文的一部分，要把附件标题列在正文之后、落款之前，有的在标题后还要注明页数。

（五）成文时间

成文时间指公文经签发后生效的时间。成文日期的确定，一般以机关领导人签发的日期为准；经会议讨论通过的公文，以通过日期为准；法规性公文以批准日期为准；联合行文，以最后签发机关领导人的签发日期为准；电报以发出日期为准。

成文时间必须使用汉字，意指汉语小写数字。"零"写成"○"。

（六）公文生效标志

公文生效标志是证明公文效力的表现形式，即发文机关印章。生效标志有两种情况。

1. 单独行文的印章

单独行文时落款处不署发文机关名称，只标志成文日期，并在上距正文一行之内，端正、居中下压成文时间，印章用红色。

2. 联合行文的印章

① 联合上报的公文，由主办机关加盖印章。

② 联合下发的公文，发文机关都应当加盖印章，有两种情况。

第一种，如需加盖两个印章，应将成文日期拉开，左右各空 7 字，署发文机关名称（可用简称），两个印章均压成文日期，主办机关印章在前。

第二种，当联合行文需盖 3 个以上印章时，将各发文机关名称（可用简称）按加盖印章顺序排列在相应位置，并使印章加盖或套印在其上，主办机关印章在前；每排最多 3 个印章，如余一两个印章，应居中排列；印章之间不得相交、相切；在最后一排印章之下右空两字标志成文时间。

公文除"会议纪要"和以电报形式发出的以外，均应当加盖印章。

当公文排版后所剩空白处不能容下印章位置时，应采取调整行距、字距的措施加以解决，务必使印章与正文处于同一页面，不得采取标志"（此页无正文）"的办法解决。

（七）附注

附注是需要说明的其他事项，如说明公文传达的范围，说明有关引文的出处，解释有关名词术语。公文如有附注，应居左空两字加圆括号标志在成文日期下一行。

三、版记（文尾）格式

版记包括主题词、抄送机关、印发机关和印发日期、版记中的反线。

（一）主题词

主题词是公文主要内容的标准化概括，由标明公文主要内容及文种名称的名词或名词性词组组成。主题词是提高公文检索速度的检索符号。主题词的制作是衔接公文制发机关和档案部门的一项重要工作。为适应引用公文主题词的需要，《国务院主题词表》规定了主题词的范围。一份文件的主题词除类别词外最多不超过 5 个。主题词标注在公文末页下部、抄送范围上方，居左顶格标志后加冒号，词与词之间不加标点，空一格。

主题词的标引方法如下。

① 标引顺序是先标类别词，再标类属词。在标类属词时，先标反映文件形式的词。例如，"国务院关于加强水土保持工作的通知"，先标类别词"农业"，再标类属词"水土保持"，最后标文种词"通知"，标引顺序为"类别词＋类属词＋文种词"。

② 一份文件如果有两个以上的主题内容，先集中对一个主题内容进行标引，再对第二个主题内容进行标引。例如，"国务院关于在若干城市试行国有企业兼并破产和职工再就业有关问题的通知"，先标引第一个主题词内容的类别词"经济管理"，再标类属词"企业"、"破产"，然后标引反映第二个主题内容的类别词"劳动"，再标类属词"就业"，最后标文种词"通知"。

③ 根据需要，可将不同类的主题词进行组配标引。例如，"国务院关于九五期间深化科学技术体制改革的决定"，可标"科技体制　改革　决定"。

（二）抄送机关

抄送机关指需要了解公文内容，但是不需要执行公文事项的机关。公文需要抄送的条件是协调工作，受文单位虽不负责执行公文，但因其工作关系，它对相关的公文事项必须有所了解，从而在必要的时候协调或者配合工作。如果没有上述行文条件，则公文一般不需要抄送。抄送机关要空一格书写，并用横栏线与正件分开，表示其非正件之意。

在实际中，某些单位对上级抄送文件沿用了"抄报"一词，这是要注意的。目前，行政公文无论对上对下抄送，概用"抄送"一词。关于这一点，《办法》中有多处相关表述，如第十七条"应当抄送被越过的上级机关"等，它表示行政公文不再使用"抄报"一词。

（三）印发机关和印发日期

印发机关一般是直属于上级领导的办公部门或文秘部门，它们负责文件的办理与印发等具体工作。印发时间指公文送印完成的时间，它们位于抄送机关之下（无抄送机关则在主题词之下），约占一行。印发机关左空一字，印发日期右空一字，印发时间以公文付印的日期为准，用阿拉伯数字标志。

（四）版记中的反线

版记中各要素之下均加一条反线，宽度同版心。

第三节　常用行政公文写作

很多机关单位因管理职能、行政级别的原因，在公文写作实践中不会涉及如命令、公告等文种。为了更贴近大多数企事业单位业务工作的实际，有针对性地选择常用的行政公文，本节将主要介绍通知、通报、报告、请示、批复、函、会议纪要等行政公文的写作。

一、通知

（一）适用范围

通知是批转下级机关、转发上级机关和不相隶属机关的公文，它适用于传达要求下级机关办理和需要有关单位周知或者执行事项、任免人员等。

（二）通知的种类

根据通知的适用范围，可以将其分为以下4种。

1. 批转与转发性通知

批转与转发性通知是用于批转下级机关的公文、转发上级机关和不相隶属机关公文的通知。

2. 发布性通知

发布性通知是用于发布行政法规与规章的通知。

3. 传达性通知

传达性通知是用于传达要求下级机关办理和需要有关单位周知或者执行事项的通知。

4. 任免通知

任免通知是用于人事的任免与变动的通知。

（三）通知的特点

（1）适用范围的广泛性。通知的适用范围非常广泛，现已成为机关使用频繁的行政公文。就发文机关而言，党和政府的领导机关、基层单位、企事业单位等都可使用。

（2）文体功用的指导性。上级机关、组织向下级机关、组织用通知行文，体现出鲜明的指导性。通知的指导性主要体现在对工作的布置与提出相关的具体要求上。

（3）行文方向的不确定性。通知具有多个行文方向。通知一般情况下用作下行文，多为上级机关向下级行文；但在不相隶属单位之间也可用通知行文，此时用通知行文只能表述需周知的内容，不能带有指导性，用作平行文。在实际工作中，下级不能用通知向上级行文，为了让上级机关了解下级机关发布了重要通知，必须将通知抄送给上级机关。

（4）知照事项的时间性。在行政公文中，通知的时间性最强，一般都有明确的时间要求，需要在规定时间内执行。相对于其他行政公文而言，通知的办理时效性更强。

（四）通知的结构与写作

通知在类别上可分为4大类型，下面分别介绍其写法。

1. 批转与转发性通知的写法

"批转"指的是批转下级机关公文，意指上级机关对下级机关的公文加上批语或批示性意见转发出去，对于上级的公文是不能加批语的，因此它只适用于对下级的文件使用。

"转发"指转发上级机关和不相隶属机关的公文，"发"字有尊重上级机关和不相隶属机关的含义，它和"呈"字是相对的。

在批转性通知中，它的原件是下级机关的文件，但一经批转，它就代表着上级机关的发文意图，有着与上级机关文件同等的效力。

（1）标题。批转与转发性通知标题格式一般为"发文机关+批转（或转发）+原件标题+文种"。例如，"国务院批转国家药品监督管理局关于药品监督管理体制改革方案的通知"。另外，要注意层层转发性通知标题的写法。如果一份公文经过层层转发之后，标题势必会出现多个"通知"这一文种，这样会显得复杂、烦琐，例如，"××省人民政府关于转发国务院关于将部分土地出让金用于农业土地开发的通知的通知"，划横线部分是××省人民政府所要转发的文件，正确的写法是"××省人民政府转发国务院关于将部分土地出让金用于农业土地开发的通知"。此类标题的拟写在于适当的省略。首先，当被转发的公文是通知这一文种时，要省略第一个"关于"和最后一个"通知"。其次，当被转发的公文不是通知这一文种时，要省略第一个"关于"，例如，"关于转发省经贸委关于推进省属国有企业改制的意见的通知"中就要省略第一个"关于"。

此外，如转发或批转的原件非法规、规章类文件时，标题中不得加书名号。

（2）正文。批转和转发性通知的正文内容包括两个方面：一是批转或转发的对象，这方面要写明原发文机关和原件名称，内容重要的还要写明原件发文字号；二是批示性意见或转发性意见，批示语一般要写明批转原件的工作目的及意义、原件有哪些做法值得学习和推广等内容。有时有些转发性通知或只写贯彻要求，用语简洁，或还有阐明上级或不相隶属机关文件工作意义的用语，目的是方便下级了解上级机关或不相隶属机关的文件精神。

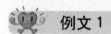 **例文 1**

国务院批转国家税务总局
关于加强个体私营经济税收征管强化查帐征收工作意见的通知

国发〔××××年〕×号

各省、自治区、直辖市人民政府，国务院各部委、各直属机构：

国务院同意国家税务总局《关于加强个体私营经济税收征管强化查帐征收工作的意见》，现转发给你们，请遵照执行。

加强个体、私营经济税收征管，强化查帐征收工作是规范个体、私营经济管理，促进个体、私营经济健康发展的重要措施。各级人民政府要高度重视，切实加强领导，协调税务、工商行政管理、公安和金融等有关部门，积极稳妥地做好这一工作，并帮助税务部门解决工作中出现的困难和问题。国家税务总局要结合深化税收征管改革，切实做好对这项工作的组织指导和监督检查。各有关部门要相互支持、密切配合，确保这项工作的顺利进行。

本通知的具体实施意见，由国家税务总局会同有关部门制定。本通知的贯彻执行情况，各省、自治区、直辖市和计划单列市人民政府应于七月底前报告国务院，同时抄送国家税务总局。

附件：关于加强个体私营经济税收征管强化查帐征收工作的意见（略）

国务院
××××年×月×日

（例文来源：国家税务总局网站，经本书作者重新整理）

 例文 2

××省人民政府办公厅
转发国务院办公厅关于禁止非法买卖人民币的通知

×政办发〔××××年〕×号

各市、县（区）人民政府，省人民政府各工作部门、各直属机构：

现将《国务院办公厅关于禁止非法买卖人民币的通知》（见附件：国办发明电〔××××年〕×号）转发给你们，请认真遵照执行。

附件（略）

××省人民政府办公厅

××××年×月×日

（例文来源：编者自撰）

2．发布性通知的写法

发布性通知指用于发布行政法规、规章的通知，具体指国务院各部门、地方人民政府及其职能部门用通知发布的属于本职权范围的规定、办法、细则。其写法如下。

（1）**标题**。基本格式是"发文机关＋发布（或颁发、颁布、印发等）＋原件标题＋文种"。例如，"广东省人民政府颁布《广东省人民政府任免工作人员规定》的通知"。

（2）**正文**。发布性通知的正文一般十分简短，一般先写明所发布的规章名称、原件的生效时间或执行要求，执行要求习惯以"请按照执行"一类的语言表示。但有时发布规章要经上级机关批准，这时就有必要写明授权的依据。

例文 1

关于印发《关于深化科研事业单位人事制度改革的实施意见》的
通　　知

人发〔2002〕30号

各省、自治区、直辖市党委组织部和人民政府人事（人事劳动）厅（局）、科学技术委员会，党中央各部门和国务院各部委、各直属机构人事（干部）、科技部门：

现将《关于深化科研事业单位人事制度改革的实施意见》（见附件）印发给你们，请结合本地区、本部门的实际情况贯彻执行。

附件（略）

中共中央组织部

中华人民共和国人事部

中华人民共和国科学技术部

2002年×月×日

（例文来源：科技部网站，经本书作者重新整理）

3. 会议通知的写法

会议通知也是一种常用的公务文书,其写法要求将召开会议的有关要素交代清楚。较重要的会议,尤其是召集外机关人员的会议,除格式与上面两种通知相同外,还要注意写明以下8个要素:① 会议目的;② 会议内容;③ 会议时间;④ 会议地点;⑤ 参会人员;⑥ 准备材料;⑦ 会议费用;⑧ 其他事项,如报到时间、会议联系人及联系方式、乘车路线等。这些内容可根据会议的具体情况作出明确的选择和具体的安排,要求内容周全细密,语言简洁明晰。

例文 1

关于召开××省工程咨询单位资格认定工作会议的通知

各有关工程咨询单位:

根据《国家发展改革委办公厅关于开展工程咨询单位资格认定工作的通知》(发改办投资〔2005〕2900号)要求,为顺利开展我省工程咨询单位资格认定申报和初审工作,我委定于2月22日(星期三)上午9时在××市金桥酒店(西北二路一号)召开工程咨询单位资格认定工作会议,具体会务由省工程咨询协会承办。现将会议有关事项通知如下:

一、会议内容

1. 传达全国工程咨询单位资格认定工作会议精神。

2. 安排布置我省工程咨询单位资格申报工作。

3. 介绍并演示工程咨询单位资格申报相关软件。

二、参加单位和人员

1. 已取得甲、乙级的预备级和临时资格的工程咨询单位。

2. 已取得丙级资格的工程咨询单位。

3. 新申请工程咨询资格的单位。

请以上单位的负责同志和熟悉计算机操作程序的经办人员参加会议。

三、联系人及联系方式

省发展改革委投资处:程×　0××-×××××××××

省工程咨询协会:张×　0××-×××××××××

××省发展改革委员会

2006年2月10日

(例文来源:小木虫网,经本书作者重新整理)

4. 任免通知的写法

任免通知指用于将本机关任免人员的消息传达下去的通知,目的是让有关单位知道有关人员的变动,从而协调好相关工作。这种通知的写法十分简单,写明任免的依据与任免的内容即可。

 例文 1

××市人民政府关于李××等同志任免职的通知

各县（市）、区人民政府，市政府各委办局、各直属机构：

经市政府常务会议讨论决定，任命：

李××为××市人民政府办公室副主任；

张××为××市人民政府办公室副主任；

唐××为××市发展计划委员会副主任；

马××为××市教育局副局长。

××市人民政府

二×××年×月×日

（例文来源：编者自撰）

二、通报

通报是用于表彰先进、批评错误、传达重要精神或者情况的公文。它的基本作用在于以相关的事例或说明性的情况引导工作。

（一）通报的分类及适用范围

1．表彰通报

表彰先进的通报目的在于引导良好的工作风气或引导做好某方面的工作，主要用于表彰先进集体与个人，陈述其事迹，评价其先进事迹，号召人们向其学习。

2．批评通报

批评通报的目的在于纠正某种不良的工作作风或工作中的某种不良倾向，主要用于批评有典型错误的个人或群体，陈述其错误事实，分析其错误行为与思想，指明应吸取的教训。

3．情况通报

传达重要精神或者情况的通报目的在于告诉下级机关目前工作中要注意或警惕什么问题，这类通报可以分为两类：一类是政策性情况引导通报；另一类为重大情况性通报，主要用于将精神或情况传达给下属机关，以便下级机关在工作中注意避免某种类似的问题。

（二）通报的写作

1．表彰通报的写法

表彰通报的标题由"发文机关＋关于＋被表彰单位（或个人）＋主要先进事迹＋通报"构成。其正文的写作一般有如下几方面内容：被表彰人物及其先进事迹；对事迹的意义分析；表彰项；希望或号召项（通式是希望受表彰者保持进步，他人向受表彰者学习）。具体来说，先叙述被表扬单位（或个人）的先进事迹，然后进行评价，分析先进的典型意义，概括其主要经验。语言要简明概括，要写好结论式的评语。

转发式的表彰通报,在写作的内容上,发文机关要写出"按语",概括主要经验,提出学习先进的要求,评价、推广先进的意义。

例文 1

×　×　省　人　民　政　府
关于表彰全省支援汶川地震灾区工作先进集体
和先进个人的通报

×政发〔2009〕××号

各市、州、县人民政府,省政府各部门:

从 2008 年 5 月中旬开始,我省按照中共中央和国务院的要求,对口支援汶川地震灾区的灾后重建工作。半年多以来,全省人民特别是工作在汶川灾区前线的各行各业外派人员,高举邓小平理论伟大旗帜,全面贯彻"三个代表"重要思想,坚持以科学发展观为统领,锐意进取,克难攻坚,努力完成党中央、国务院交给我省的援建灾区的工作任务,为灾后重建做出了突出贡献。为了表彰先进,省人民政府决定,授予××市人民政府等××个单位"全省援建震区工作先进集体",授予刘××等 60 名同志"全省援建震区工作先进个人"荣誉称号(名单见附件)。

希望受表彰的先进集体和先进个人,戒骄戒躁,再接再厉,不断取得新的成绩。全省各地、各部门要以先进典型为榜样,从讲政治、讲大局的高度充分认识援建灾区工作的重要意义,进一步加大援建工作力度,为实现震区灾后恢复和发展做出新的更大的贡献。

(附件略)

××省人民政府
2009 年 1 月 10 日

(例文来源:编者自撰)

2. 批评通报

批评通报的标题由"发文机关＋关于＋被批评单位(或个人)＋主要错误事实＋通报"构成,有的还在主要错误事实后加处分结果,例如,"国务院办公厅关于对少数地方和单位违反国家规定集资问题的通报"。

批评通报的正文在写作方面与表彰通报是互为对照的,它的写作程序一般为:被批评对象及其错误事实＋对事实教训意义的分析＋通报批评项＋训诫或警示项(通式是希望被批评者改正错误,他人从中吸取教训)。

例文 1

国务院办公厅关于××省××市××县
擅自停课组织中小学生参加迎送活动的通报

××××年×月×日,××省××市××县举行××高速公路在本县的通车仪式,××县主要领导擅自决定,让本县部分中、小学校停课参加通车仪式,近千名中小学生在风雪天等候长达二小时,致使部分中小学生生病,学生家长和群众极为愤慨,致信中央要求坚决制止此类现象。

中小学校依照国家规定建立有严格的教育教学秩序,这是教育教学质量的保证,任何单位和个人都不能随意破坏。现在一些地方的个别领导利用自己的权力,动辄调用中小学生为各种会议、考察、参观、访问甚至商业性典礼搞迎送或礼仪活动,有些地方还因此发生了严重的安全事故,造成极恶劣的社会影响。××县发生的问题,已不只是一般的形式主义,而是官僚主义,严重脱离群众,此类不良风气必须坚决予以制止。各地区、各部门以及各级领导干部,要高度重视这一问题并从中吸取深刻的教训,切实增强群众观念,杜绝此类事件再度发生。

中小学生是祖国的未来,他们的学习和活动安排要有利他们的学习和身心健康。今后各地区、各部门都必须严格执行国家的有关法规和规定,不得擅自停课或随意组织中小学生参加各种迎送或"礼仪"活动,如确有必要组织的,须报经省级教育行政部门批准。

国务院办公厅(盖章)

××××年×月×日

(例文来源:中华管理在线,经本书作者重新整理)

3. 情况通报

情况通报用来传达上级机关的重要精神或者重要情况。标题由"发文机关+关于+情况+通报"构成,例如,"国务院办公厅关于××有限公司违法违规建设××项目调查处理情况的通报"。其正文一般由三个方面的内容组成。一是通报缘由,即说明为何要对这一情况发出通报,其写作思路是:在什么背景下开展什么专项行动(检查、清查、调查等),取得了一定的成绩,还存在一些问题(而且是既普遍又严重),"现将有关情况通报如下"。二是将所要通报的情况如实、全面地反映出来。这是通报的主体部分,应集中笔墨加以叙述,力求准确、全面地反映情况。三是提出希望和要求。针对有关情况,特别是存在的问题,表明发文机关的态度,并对今后的工作提出指导性的意见。

例文 1

长江航务管理局
关于"狮子山号"客渡船碰撞事故的通报

2008年1月13日约11时,监利荆航有限责任公司所属"狮子山号"客渡船(载旅客41人,船员5人)由监利县白螺渡口驶往岳阳道仁矶渡口,航经道仁矶水道横驶区(长江中游里程218公里)过程中,与下行的"飞航1号"(载煤900吨,宜昌至石矶头,船员4人)发生碰撞,造成"狮子山号"右舷中后部黑杆以上舱壁局部破损,两名旅客轻微伤,"飞航1号"无损。此次碰撞事故并无人员死亡失踪,但潜伏着极大危险,如有处置不当就会造成恶性后果,近期上海私渡船发生冒雾航行造成24人落水,11人死亡,更给客渡船安全管理敲响了警钟。

1月11日,中共中央政治局常委、国务委员、国务院安委会副主任周永康在全国安全生产电视电话会议上明确提出，把今年作为"隐患治理年"，在去年隐患排查治理专项行动的基础上，加大隐患治理力度，坚决遏制重特大事故，真正把各项工作措施和要求落到实处。目前正值长江枯水期，大雾、大风、大雪等恶劣气况多发，是水上交通事故多发季节。同时，长江干线春运工作将于元月23日拉开序幕。为深刻吸取事故教训，做到"举一反三"，强化渡口渡船安全管理，防止群死群伤等重大恶性事故的发生，确保水上安全形势稳定，现将有关要求强调如下：

一、高度重视冬季及枯水期通航安全工作。各船公司，特别是客渡船公司要深刻吸取事故教训，结合实际，以交通部"两防"专项整治"回头看"活动和"三保一创"活动为载体，采取切实有效的措施，认真抓好渡口渡船安全管理工作，防止群死群伤恶性事故的发生，确保辖区客渡运安全。

二、进一步加强对客渡船的安全监管。一是加强现场监控。海事部门要充分利用GPS、VTS等现代化监控系统对渡船进行实时监控，利用海巡艇和执法车进行渡船渡运现场维护，防止渡船冒险航行，重点加强渡船冒雾航行等情况的发生。二是加强违章处罚力度。海事部门要严厉查处渡船超载、无证驾驶、私设渡口、非渡船渡运等非法渡运行为，加大对超载、强行横越、冒雾航行等严重违法行为的处罚力度，及时将违章情况向各级港航管理部门通报，根据有关规定取消相关船公司、船舶的春运资质。三是认真落实渡船首末班报告（备）制，开展春运上线专项检查，确保上线渡船处于良好的技术状态。四是加强水上交通安全的预防预警工作，及时发布有关航行通告、航道信息、水情和气象信息，保证安全信息得到及时有效的传递。

三、进一步加强春运期间渡船的安全管理。各级港航管理部门应按照我局《关于认真做好2008年长江春运工作的通知》（长航运〔2008〕15号）相关要求，加大对春运客船的资质管理，对不符合管理要求的船公司和客船不得安排上线投入春运。长江海事部门要积极组织客渡船春运上线前安全检查，做到缺陷不整改不准上线。督促参运船舶安全技术状况处于良好状态。严格实行"四个一律"：一律对船公司进行附加审核、一律处以上限罚款、一律暂扣船长适任证书12个月（超定额5%以上的吊销船长适任证书）、一律列入船舶黑名单，加强对春运期间有严重违法行为的客船的治理力度。

四、督促船舶单位进一步落实安全生产主体责任。各级港航管理部门和海事部门要督促各船舶单位深入检查安全责任制的落实情况，全面查找管理盲点和薄弱点，切实加强船舶设施设备的维护保养，发现问题及时整改。进一步强化从业人员安全教育，提高从业人员安全责任意识和业务操作技能，要使船员充分认识到库区客船发生碰撞事故潜在的极大危险性。要督促船员在航行中严格遵守水上交通安全法规，杜绝"三违"现象发生。要及时掌握船舶航行水域的气象、水文、航道信息，督促船员正确选择航路，保持正规瞭望，谨慎驾驶。要加强船员社会责任意识教育，严禁肇事逃逸，发现船舶遇险，要积极履行法律法规规定的救助义务。

五、长江海事局要立即召开渡船安全管理现场会，按照"四不放过"的原则，对此次事故进行认真调查处理，严肃追究事故责任，认真分析事故原因，严格落实渡船安全生产责任制和枯水期船舶安全航行措施，防止类似事故再次发生。

长江航务管理局
2008年1月14日

（例文来源：长江航务管理局网站，经本书作者重新整理）

（三）通报的写作要求

（1）**材料真实**。无论写哪一类通报，它们的内容都有一个原有材料的问题，如果材料不真实，就起不到通报应有的作用。选取的材料必须核实，单位和人员、时间和地点、主要经过和结果、相关数据等要素都应交代清楚。叙述材料时，应突出主旨，抓住重点。

（2）**评价中肯**。在通报中，无论是表彰、批评，还是传达情况，对原有的事迹或事件都要作出中肯的评价，不能随意上纲上线。通报中所涉及的对人或事的定性，一定要慎重，实事求是，注意分寸，做到合情、合理、合法。

（3）**选好典型**。写通报都会碰到选取材料的典型问题，或是人物事迹的典型，或是引导工作性质的典型。唯有选好典型，通报才能发挥它应有的作用。

三、报告

（一）适用范围

报告是向上级机关汇报工作、反映情况、答复上级机关询问时使用的公文。

报告是一种广泛使用的陈述性公文，汇报性是其本质特征。通过向上级汇报工作、反映情况，为上级机关提供信息，有助于上级作出科学、准确的决策。因此，报告的作用体现在两个方面。第一，下情上达，为上级的决策提供参考和依据。下级机关及时地向上级机关汇报自己的工作情况，反映各种问题，可以及时得到上级机关的指导，更好地开展工作。而上级机关了解下情，掌握了工作的主动权，决策有了参考依据，就能制定出更符合实际的方针政策。第二，协调工作，密切上下级之间的关系。向上级机关报告情况，既是一种工作制度，也是对上级的尊重。

（二）报告的结构与写法

报告的结构主要由标题、主送机关、正文、落款等组成。

报告标题的常见写法是省略发文机关，由"关于＋事由＋报告"构成。例如，"关于扶持沿海渔民转产转业保持渔区稳定的方案报告"。报告是向特定的上级机关写作的，通常只有一个主送机关。同时，也为对上级负责和以示尊重，报告要签署。报告如以机关行政首长负责人个人的名义签署，其职务及姓名要签于标题之下。报告的写法因其种类而有所不同，下面分别予以介绍。

1. 工作报告

工作报告用于向上级机关汇报工作情况，通常又分综合报告和专题报告两个类别。综合报告是对某一阶段工作的各种主要情况的综合性报告，典型的例子如各级人民政府首长向人民代表大会作的政府工作报告。专题报告是就某一专项工作向上级机关作的报告，它一般是针对重要工作或上级交办的某一项工作任务的完成情况而写作的。

工作报告的正文一般包括工作的基本情况、主要成绩、经验体会、存在问题、今后打算等内容。基本情况可简要交代时间、背景和工作概况；主要成绩应把工作的过程、措施、结果和成绩叙述清楚；经验体会主要是指对工作实践的理性认识，要从实际工作中概括出本质性、规律性的东西来；存在的问题要写出工作中存在的缺点与不足；今后的打算是指针对存在的不足进行整改的要点。工作报告的结尾一般用"特此报告"或"专此报告"作结。

 例文 1

工会财务工作报告

各位代表:

大家好!

我受公司工会××主席的委托,向大会做第×届工会委员会财务工作报告,请予以审议。

自 200×年×月×日工会换届以来,公司工会财务工作在上级工会的正确领导下,在公司党政领导的高度重视和大力支持下,在公司工会财务、经费审查人员的共同努力下,紧紧围绕工会工作大局,开拓进取,按照省公司"三抓一创"的总体要求,全面落实"依靠"方针,突出维护职工权益,在财务管理上求规范,在经费、资产管理上求实效,保证了经费足额及时拨缴,圆满完成了省电力工会、市总工会上解经费的目标任务,为工会开展好各项职工活动奠定了坚实的基础。工会财务工作连续 6 年获得××省电力工会财务竞赛一等奖、××市总工会财务工作先进单位等荣誉称号。借此机会,向一贯支持和关心工会建设的各级领导、各有关部门和全体会员表示衷心的感谢!

一、工会经费收支使用情况

(一)经费收入情况

200×年初经费余额×万元。7 年来,公司工会总收入为××万元。其中:

(1)拨缴经费收入××万元,包括行政和三产。

(2)会员会费收缴××万元。

(3)上级工会补助××万元,主要是补助购车、办公费等。

(4)行政补助收入××万元,主要是补助购置文体活动场地器材及大型文体活动等。

(5)银行存款利息收入××万元。

(二)经费支出情况

经费合计总支出为××万元。其中:

(1)上解经费。按照拨缴经费收入 30%的比例上解省电力工会、10%的比例上解市总工会,共计上解经费××万元。

(2)会员活动费支出××万元,其主要用于基层分会开展活动。

(3)职工活动费支出××万元。其中:

① 职工教育费。主要用于购买职工学习书刊等,支出金额××万元。

② 文体活动费。主要用于组织职工参加省公司文体活动和市总工会举办的职工运动会、"文化体育活动月"、"双节"文艺晚会、重大节日文体活动等,支出金额××万元。

③ 宣传活动费。主要用于制作宣传板面和宣传条幅、举办摄影展等费用,支出金额××万元。

④ 其他活动费。慰问一线职工和"三八"节等活动,支出金额××万元。

(4)工会业务费支出××万元,其中:

① 会议费。用于职代会及工运理论研讨会等,费用××万元。

② 培训费。主要用于摄影技术培训及女职工健康咨询师培训等,费用××万元。

③ 专项业务费。主要用于劳动竞赛活动支出等,费用××万元。

④ 其他业务费。主要用于工会自身建设方面，包括给基层分会购照相机、购置必要的办公用具及办公用品、接待兄弟单位等，费用××万元。

（三）经费结余

截至2006年底经费滚动结余××万元。

二、七年来工会财务工作回顾

（一）密切联系群众，保持经费拨交渠道的畅通

工会经费是工会工作的物质基础，确保经费收支主渠道的畅通是工会财务工作的重中之重。为了圆满实现工会经费的收缴目标，工会先后制定了《关于加强工会财务管理的规定》、《工会经费上解季度考核管理办法》、《××公司工会经费管理办法》等，积极指导协调基层分会会费收缴和工会经费收缴工作，将会员会费按80%返还基层，有效提高了基层分会收缴会费的积极性；工会还加强对多经企业经费拨缴的规范化管理。在经费收缴方面，七年来，我们加大宣传力度，使各单位从领导到职工了解工会经费收缴的依据，通过基层分会的作用，向职工宣传《工会法》和有关工会经费管理规定，使每个职工明白工会经费的真正意义和上缴会费是每个会员应尽的义务，打消了模糊概念，收缴率达到了 100%，从而使职工支持工会工作变为现实，为工会工作开创了新的局面。

（二）服务中心工作，努力管好、用好工会经费

本着"统筹兼顾、量入为出、收支平衡、略有结余"的原则，工会始终坚持"四个服务"的导向：一是为企业中心工作服务；二是为职工身心健康服务，使职工健康生活，快乐工作；三是为基层分会组织建设服务，有计划地对基层工会开展活动进行补助；四是为企业凝心聚力服务。把资金的重点用在促进企业和谐发展、维护职工合法权益、开展好职工各项活动、为基层服务、为职工办实事等方面，坚持做到支出合理、职工满意。

（三）科学管理，努力提高经费管理水平

一是强化工会经费的预决算工作，年初周密预算，年中对照检查，年末认真决算，保证有计划、有步骤地合理使用经费；二是坚持民主理财，增强经费使用的透明度，面向基层，服务职工。坚持"一支笔"审批制度，重点开支由工会委员会集体讨论决定，经审委对工会经费的使用、管理情况进行定期检查、督促，在每年的职工代表大会上公布工会经费的收缴、使用、管理和经审情况，自觉接受各级组织和广大会员、职工的监督；三是加强财务人员的专业培训，采用省电力工会开发的财务管理软件，实现工会资产的信息化管理和工会财务规范化管理，工作效率大幅度提高，财务管理水平明显提升，连续多年在全省电力系统工会财务审查评比中名列前茅。

三、今后五年财务工作的重点

随着工会工作整体水平的不断提高，工会财务工作任务将更加艰巨，工会财务在工会工作中的经济保障作用将更加显现。我们将在上级工会的领导下，坚持科学发展观，依法聚财、科学理财、有效用财，全面加强工会财务工作建设，为工会各项工作开展提供坚实的物质保障。

（一）工会要进一步加强对财务工作的领导

重视工会经费收缴工作，坚持工会经费独立管理和工会主席"一支笔"审批制度，抓好财务内部控制制度的建设，把握经费开支的原则、方向和重点，将工会经费用于为职工群众服务上，用于工运事业发展上。关心、帮助、支持财务人员履行职责，大胆探索做好工会财务工作的新方法。

（二）坚持依法收缴工会经费，加大对工会财务工作的考核力度

继续加强对多经企业工会经费的收缴管理力度，搞好工会财务工作的季度考核，确保工会经费收入的稳定增长。按照省公司工会财务工作考核细则，即时、足额上解经费。

（三）进一步加强工会预算制度管理，更好地管好、用好工会经费

科学编制预算直接影响着工会经费的使用和管理。今后要努力探讨如何根据形势收好、管好、用好工会经费，自觉接受同级和上级经费审查委员会的监督。强化预算约束，不断调整和优化支出结构，让有限的资金发挥出最大的效能，为工会自身建设和工运事业发展提供有力保障。

（四）认真学习，不断提高工会财务人员业务水平

不断提高财务人员的业务水平，是工会财务工作今后五年的重中之重。财务人员在做好本职工作的同时，要认真学习业务，努力掌握业务技能，严格按照省公司工会关于工会财务管理的具体要求做好各类报表。虚心向兄弟单位学习，向专业人员学习，取长补短，使工会财务工作再上一个新台阶。

各位代表，今后五年，我们将紧紧围绕公司工会的中心工作，以服务为宗旨，进一步加强工会财务管理，竭尽全力收好、管好、用好工会经费，为开创工会财务工作新局面做出新的贡献！

（例文来源：www.6ma.cn，经本书作者重新整理）

2．情况报告

情况报告侧重于对当前情况的反映。它一般可分为两个类别：一是重大政策失误情况方面的报告，二是重大事故情况的报告。

重大政策失误情况方面的报告的写法一般分以下两步进行：先概述基本失误情况，再提出解决问题的初步建议供上级决策时参考。此类报告一经上级批转下发，其解决问题的建议就成为正式的行政措施。

重大事故情况报告的写法一般如下：概述事故基本情况为第一项内容，通常介绍事故发生的时间、地点、人员伤亡、经济财物损失及其价值等；介绍发文机关或其下属有关单位如何及时处理事故为第二项内容，通常用"在……之后，机关的领导马上赶赴现场……"一类句子领起，它的作用在于向上级机关写明发文机关办事的认真态度，一般说来这项内容是不可少的；写明事故发生的初步调查分析为其第三项内容，通常用"经初步分析"一类句子带起；写明发文机关对事故处理的初步方案为第四项内容，如要追究有关人员的责任、认真整改，等等。

 例文 1

××省人民政府
关于××市第三棉花加工厂特大火灾事故检查处理情况的报告

国务院：

××××年×月×日，我省××市第三棉花加工厂发生一起特大火灾事故，烧毁皮棉101 980担，污染1 396担；烧毁籽棉5 535担，污染72 600担；烧毁部分棉短绒、房屋、机

器等。造成直接经济损失 20 129 000 余元，加上付给农民的棉花加价款 3 669 000 余元，共损失 23 798 000 余元。

火灾发生后，虽然调集了本省和邻省部分地区的消防人员和车辆参加灭火，保住了主要的生产厂房、设备，抢救出部分棉花，但由于该厂领导组织指挥不力，加上风大、垛密、缺乏消防水源，致使火灾蔓延，给国家造成了巨大损失。事故发生后，省委、省政府立即采取紧急措施，派有关部门负责人赶赴现场，协助调查处理这一事故，做好善后工作。经过上下通力合作，该厂于 4 月 30 日正式恢复生产。

从调查核实的情况看，这次火灾是一起重大责任事故，其直接原因是该厂临时工李××违反劳动纪律，擅自扭动籽棉上垛机上的倒顺开关，放出电火花引燃落地棉所致。但这次火灾的发生，领导负有重大责任。一是长期以来，厂领导无人过问安全工作。从去年棉花收购以来，该厂有记录的火情就有十二次，并因仓储安全搞得不好、消防组织不健全、消防设施失灵等，多次受到通报批评。厂长段××严重丧失事业心和责任感，对火险隐患听之任之，对上级部门的批评置若罔闻，直至得知发生火灾消息后，也没有及时赶到现场组织抢救。因此，段××对这次火灾应负主要责任。分管安全生产工作的副厂长张××，工作不负责任，对该厂发生的多次火情从未研究和采取措施，对造成这次火灾负有重大责任。二是××市委、市政府对该厂的领导班子建设抓得不紧。19××年建厂以来，该厂一直没有成立党的组织，班子涣散，管理混乱。这次火灾发生后，分管财贸工作的副市长×××同志，忙于参加商品展销招待会，直至招待会结束才到火灾现场，严重失职，对火灾蔓延、扩大损失负有重要领导责任。三是这次事故虽然发生在基层，但也反映出省政府、××行署的领导，在经济体制改革的新形势下，对安全生产工作中出现的新情况、新问题认识不足，抓得不力。

另外，近几年来，××市棉花生产发展较快，收购量大幅度增加，储存现场、垛距、货位都不符合防火安全规定的要求。再加上资金缺乏、编制不足、消防队伍的建设跟不上、消防设施不配套等，也给及时扑救、控制火灾带来了困难。

为了认真吸取这次特大火灾的沉痛教训，我们采取了以下措施。

(1) 认真学习国务院关于搞好安全生产的有关规定，提高对新形势下搞好安全工作的认识。省政府于五月上旬发出了《关于加强安全生产工作的紧急通知》，要求各级政府、各部门认真学习有关安全工作的规定，牢固树立"安全第一，预防为主"的思想，迅速制订安全措施，建立健全安全生产、安全管理、安全监察等各项制度。××市第三棉花加工厂发生的火灾事故已通报全省。

(2) 在全省开展安全生产大检查，及时消除事故隐患。从五月中旬开始，省政府确定由一名副省长负责，组织了四个检查组，到有关地市，对矿山、交通、棉储、化工、食品卫生等行业进行重点检查。各地市也分别组成检查组，进行安全检查。

(3) 对××市第三棉花加工厂发生的这起特大火灾事故，省政府责成省供销社、省劳动局、省公安厅会同××地委、行署核实案情，抓紧做好善后工作。××地委、行署几次向省委、省政府写了检查报告，请示处分，并已整顿了企业领导班子，决心接受这次事故的教训。事故的性质和责任已经查明，对肇事者李××已依法逮捕，负有直接责任的厂长段××、副厂长张××依法处理。对××市政府分管财贸工作的副市长×××同志，给予行政撤职处分。

我们一定要在现有人力、物力、技术条件下，尽最大努力做好安全工作，防止此类事故的发生。

以上报告，如有不当，请指正。

××省人民政府（印）

××××年×月×日

（例文来源：应用写作网，经本书作者重新整理）

（三）报告的写作要求

（1）**内容要真实、具体**。报告的内容必须是真实的，要实事求是，要深入调查研究，认真分析归纳，去伪存真。同时，材料要具体，既要有概括性的材料，也要有典型性的材料。

（2）**重点突出、详略得当**。报告的写作虽然要求全面反映工作的情况，但是内容要根据主旨的要求来确定，分清主次、处理好点与面的关系。内容以叙述为主，加以适当的议论点明主题。

（3）**遵守报告的行文规则**。报告中不得带有请示事项。报告不得越级主送。除上级机关负责人直接交办的事项外，不得以机关名义向上级机关负责人报送报告。

四、请示

（一）请示概述

请示是向上级机关请求指示、批准用的公文。

请示是上行文，只适用于具有上下级关系的机关单位。对于发文单位来说，上级机关有两种：一是具有隶属关系的上级机关，如某省政府之于该省教育厅；二是具有业务指导关系的上级机关，如国家教育部之于某省教育厅。不属于这两种关系的，则不宜用请示行文。上级机关必须对请示作出答复。

请示具有请求性。请示的内容不管是请求上级机关就有关政策问题予以阐释或作出批示，还是遇到机构设置、人事安排、资产购置、物款调拨等事务，需要上级机关予以批准，请示都需要上级机关给予明确的答复。请求性使得请示同时具有了期复性，即期望得到上级机关的批复。

在行文实践中，请示与报告常常混淆，误将请示写成请示报告或报告请示。如果不弄清两者之间的差别，错用文种，将会给工作带来影响。那么，请示与报告的区别体现在哪些方面呢？

（1）**行文目的不同**。请示的目的是请上级机关答复有关问题、批准事项、解决困难；而报告则是用于汇报工作、反映情况，目的是让上级机关了解下情、掌握下情、掌握动态，为决策提供参考依据。

（2）**内容含量不同**。请示只能一文一事；而报告可以一文一事，也可以进行综合性报告。一般来讲，请示的内容含量比报告少，篇幅也短些。

（3）**上级处理方法不同**。请示是一种期复性公文，上级机关不管同意与否，都要及时作出批复，向下级机关表明自己的意见；而对报告，上级机关则无须批复，一般采用阅存或批转两种处理办法。

（4）时限不同。请示只能在事前行文，而且必须等上级机关作出批复之后才能行动；而报告一般是在事中或事后行文，对已完成或即将完成的工作向上级汇报。有时在事前进行报告，但不要求上级解决具体的问题。

（二）请示的写作格式

1. 标题

请示的标题有两种写法：一是由"发文机关＋事由＋文种"构成，例如"××省人民政府关于增拨防汛抢险救灾用油的请示"；二是由"关于＋事由＋请示"的方式构成，例如"关于重庆市城市总体规划调整方案的请示"。

写作标题时，不要将文种要素写成"请示报告"。标题中不要出现"申请"、"请求"等与请示含义雷同的词语。

2. 主送机关

请示的主送机关只能有一个，而且必须明确具体，即请示事项的主管部门。不可多头请示，否则容易引起相互推诿，不利于请示事项的解决。另外，也不可越级请示。

3. 正文部分

请示正文包括请示缘由、请示事项和请示结语3个部分。简而言之，就是要写清楚为什么请示、请示什么事情以及恳请上级有关部门批准这3个方面。

一般来说，公文缘由的写作都很简洁，但是，请示要求将请示的缘由充分写出来，写得越明白和越有迫切性就越好，其目的毫无疑问，就是要让上级机关明白请示的必要性。

请示的缘由即阐述呈送请示的依据和理由。请示缘由的写作可分为两种情况。

（1）**说理式**——这通常是争取上级给予人力、物力或财力帮助的请示缘由所用的写作方法。总体来说，有以下两方面要注意的问题：①写清请示事项的相关工作背景，这是让上级领导明白请示事项的必要性的基础，如果一份请示的相关背景不为上级了解，领导在批准请示事项时就很难作出判断；②写明请示事项的工作性质或意义，例如请示救济款是为了解决当地群众的生产或生活困难。这样，请示的理由就显得更加充分。

一般将说理式请示的写作结构概述如下：请示背景性说明＋说明工作意义的议论性说理＋事项（后两者通常连在一起写，不分段）。

（2）**说明式**——这通常是政策性或问题请示缘由所用的写作方法。在政策请示中，通常要说明相关请示事项的背景，符合国家有关法规的哪方面规定，或是根据国家哪方面规定做的请示等。在问题请示中，则要说明在工作中碰到什么问题，这方面的问题影响了哪方面的工作等，然后再请上级领导给予允许或明示。

从表达方式来看，说明性缘由的写作重在说明、叙述，而说理性缘由的写作重在议论。大致说来，说理性请示缘由的写作近似于说理文，说明性请示缘由的写作近似于说明文。

请示事项指需要上级机关解释、批示的问题，或者予以批准的事项和解决的困难。写好请示，关键在于写清楚请示的事项，表达要直截了当，内容要具体，以利上级作出具体有针对性的批示。

请示的结尾一般使用如下的惯用语："妥否，请批示"或"此请示如无不妥，请批示"。

（三）请示的写作要求

（1）**遵守请示规则**。请示一般不得越级，一文一事、单头主送，不得同时抄送下级机关，一般不主送领导个人。

（2）**弄清行文程序。**现实中有不少请示的行文程序是不正确的。例如，某一机关中某处向财务处请示配置办公设备，这是不符合行政程序的，因为一个机关的财务处是无权核准请示的。因此，其正确的行文程序为该处先向本机关领导请示，经批复后再向财务处请款。

（3）**正确使用文种。**在使用时，要防止将请示与报告、函相混同的情况。

必要时，请示要在附注处注明联系人的姓名和电话，主要是方便上级机关与请示单位能够就具体的请示事项及时取得联系。

 例文 1

关于暂缓调高旅游专项资金
在交通建设附加费中分配比例的请示

武计字〔2008〕第 18 号

市人民政府：

今年 4 月 7 日，市委、市政府《关于加快发展旅游业的决定》（×字〔××〕8 号），同意建立旅游建设发展专项资金，其部分资金来源于交通建设附加费的分配，并将此分配比例从原来的 5% 调高到 10%。对此，我委认为该措施无疑有利于筹集资金，促进旅游业发展。但当初决定征收旅业交通建设附加费的目的，主要是筹集地铁资金，现在如提高旅游专项资金在交通建设附加费中的分配比例，必然减少地铁资金的来源。地铁工程建设年度投资高达 30 亿元，筹资任务十分艰巨，而今年地铁资金缺口更大，需开拓更多的资金来源。因此，任何减少筹集地铁资金的做法都会异致工期拖长和投资增大，不利于工程建设。

鉴此，我委建议在地铁建设期内，暂缓调高旅游专项资金在交通建设附加费中的分配比例，仍执行旅游专项资金在交通建设附加费中占 5% 的分配比例不变。

此请示如无不妥，请批复。

××市计划委员会

××××年×月×日

（例文来源：河西政务网，经本书作者重新整理）

五、批复

（一）适用范围

批复是答复下级机关的请示事项的公文。批复是下行文。批复必须以下级的请示为前提来行文，没有请示就没有批复。但并非只有"批复"才能答复"请示"，有时候上级对下级呈报的请示拿出意见后，交由办公部门或业务职能部门以部门的名义用"函"来回复。

（二）批复的特点

（1）**针对性强。**批复的内容都是针对请示而行文的。

（2）**行文的被动性**。具体指请示的写作是主动的，批复据请示而写作则是被动的。

（3）**行政效力的规定性**。具体指请示经过批复，上级同意或不同意的意见都具有行政工作的规定性，不得违反。

（三）批复的分类

从内容上看，批复可分为指示性批复与表态性批复两类。

（1）**指示性批复**。用于回答请求帮助的请示，主要对下级机关的请示问题给予处理意见，用以指导下级机关工作，带有较强的指示性。它包含两方面内容，一方面要明确答复请示事项，另一方面对落实请示事项提出原则性的界限。

（2）**表态性批复**。用于回答请求批准类的请示，主要表明上级机关对下级机关请示事项的同意或不同意。

（四）批复的结构与写法

批复的结构包括标题、主送机关、正文、落款等几个部分，下面主要介绍标题和正文的写作。

1．标题的写法

由于批复是针对下级机关的请示而行文，因此标题由发文机关、请示的事项和文种组成。有时省略发文机关，由请示的事项和文种组成。拟写标题时，首先要注意不能引用原请示标题。其次，要注意批复标题一般用以下两种结构式：一是"关于……问题的批复"，这种结构式是避开引用请示标题，把请示的内容概括出来，以"问题"二字反映出来，如国务院对国家新闻出版署关于编纂《中华大典》的请示的批复，其标题为"国务院关于编纂《中华大典》问题的批复"；二是"关于同意……的批复"。

2．正文的写法

批复的正文一般由批复引语、批复意见和结尾用语三个部分组成。所谓批复引语，即开头引用请示原件的语言，它是批复行文的必要用语，如不写清请示原件，就不知批复针对什么请示。依据《国家行政机关公文处理办法》关于"引用公文应当先引标题，后引发文字号"的规定，批复引语应以引述请示标题及发文字号这两项为规范写法。具体来讲，批复引语先引标题，后用括号括住发文字号，如国务院一批复引语是这样写的："广西壮族自治区人民政府《关于要求把北海市列为全国农村改革试验区序列的请示》（桂政报〔1995〕130号）收悉"。批复意见必须紧扣请示事项，作出恰当而明确的答复，以便下级单位或部门参照执行，作为处理某项问题的依据。如果是批示性的批复，则要对落实请示项目的相关做法及政策原则等作出说明，以提示下级机关注意遵守。如果是表态类的批复，则无非表明同意或不同意的态度，通常有以下三种情况：对请示事项完全同意；对请示事项部分同意，部分不同意；对请示事项完全不同意。如果不同意或只同意其中一部分，也要说明不同意的理由和依据，以便下级机关接受。结尾可用"特此批复"、"此复"作结，有时也可不要结尾。

（五）批复的写作要求

（1）**及时慎重**。对下级机关请示的批复要做到迅速及时，不能拖延。请示的单位往往是由于问题重大才向上级进行请示，如果回复的时间太长，就会影响到下级机关工作的开展。因此，不管是同意还是不同意，上级机关都要尽快给予回复。另一方面，对下级请示事项作出批示时，上级机关提出的意见、措施一定要慎重，要符合下级机关的实际情况。

（2）**答复明确**。对下级有关请示事项的答复必须明确，既要直截了当，又要态度诚恳，不能含糊，在不批准下级机关的请示时，也不能不说明理由，以势压人。

（3）**一事一批**。一份批复用于回复一份请示，做到一文一事。

 **例文 1**

关于《暂缓调高旅游专项资金
在交通建设附加费中分配比例的请示》的批复

汉府发〔2008〕第 188 号

××市计划委员会：

你委送达的《关于暂缓调高旅游专项资金在交通建设附加费中分配比例的请示》（武计字〔2008〕第 18 号）收悉。经市委、市政府联席办公会会同有关部门研究后，批复如下：

建立"旅游建设发展专项资金"，关系到我市旅游业的快速发展，对改变我市经济现状有着十分重要的意义，也关乎我市经济发展的全局，所以，调高分配比例是我市经济发展的必需。鉴于我市地铁建设已进入关键时期及其筹资工作的难度，办公会认真研究你们的请示后，决定调整旅游专项资金在交通建设附加费中的比例，由原定的 10%下调至 8%。请遵照执行。

特此批复。

××市人民政府
××××年×月×日

（例文来源：编者自撰）

六、函

（一）函的适用范围

函适用于不相隶属机关之间商洽工作、询问和答复问题、请求批准和答复审批事项。

作为公文的函不同于私人之间的信函，它主要用于不相隶属机关，即平级或本行政系统之外的不同级别机关之间。它是一种简便、灵活的文体。函的适用范围在实际工作中很容易与请示相混淆，向业务主管部门请求批准某个事项时，本应该用函，而有的单位误用请示，这是不符合行文规则的。请示只用于上下级之间，而函一般用于不相隶属机关之间，牢牢把握这个原则，就不会出现类似的错误。

（二）函的特点

（1）**使用的广泛性**。凡是不相隶属单位之间，平级的党政机关之间，政府及其部门与同级的军事机关、群众团体及其部门之间均可用函，不受系统、部门、行业、地域的限制。它的这个特点，使函在不相隶属机关之间发挥了联系与沟通的作用。

（2）**功能的多样化**。由于函的用途广泛，使用起来灵活方便、功能多样，可以在不相隶属机关之间进行商洽工作、询问和答复问题，也可以向业务主管部门请求批准或向主管部门答复审批事项。

（3）**用语谦敬有礼**。在所有公文当中，函在语言、语气的运用上有其特殊性，表现出一种谦和、诚恳、有礼的风格，不同于上级对下级或是下级对上级的行文用语风格。不相隶属机关之间行文，具体来说，就是要做到说话平和、有礼貌、把握分寸、不生硬等。用"贵单位"来称呼对方以显敬重，提出的要求要给对方办理留有余地，如时间应宽限，切不可强人所难，即使是上级机关给下级机关的去函，也要注意礼貌，切忌用指示性的语言布置工作。

（三）函的分类

1. 按照行文方向分

（1）**来函**。又称去函，其内容一般是主动商洽工作、询问事项、告知情况等。

（2）**复函**。是对来函所提事项给予答复的函。

2. 按照用途和性质分

（1）**商洽函**——用于不相隶属机关之间相互商洽工作、讨论问题。商洽函重在商洽，通常由一方提出初步意见，和另一方进行商洽。商洽函的业务性比较强，如人员调动、信息交流、物质供给等。

（2）**询问函**——用于不相隶属机关之间相互询问，如疑难询问、调查询问等。主要是一方对不清楚、不了解的问题进行询问，希望对方给予答复。

（3）**答复函**——它与询问函相对应，用于答复平行机关和不相隶属机关的来函，也可用于上级机关回答下级机关的问题或请示，但下级机关请示的问题是一般事务性的问题，或是上级意见带有参考性质。

（4）**请批函**——用于向没有行政隶属关系的有关主管部门请求批准事项，这种函多是向业务主管部门请求批准事项时使用。

（5）**告知函**——用于主动告知平行机关或不相隶属机关需要了解的有关事项。

（四）函的结构与写作格式

函在结构上由标题、主送机关、正文和落款4个部分组成。

1. 标题

一般由发文机关、事由和文种组成，例如，"湖北省物价局关于明确城市公用事业附加费有关问题的函"。标题中也可省略发文机关。标题的拟定要注意事由的概括必须准确、简明。如果是复函，文种则用复函。

2. 主送机关

函的主送机关只有一个，需要送有关单位或个人时，用抄送的形式。

3. 正文

函的正文写作一般分为缘由、事项和结束语3个部分。首先写明商洽的缘由，简要地陈述发函的原因和情况，引出要商洽的事项。接着提出商洽的事项，具体说明有什么事情需要协商，有何意向和要求。如果内容较多，可以分条列项来写。结束语常用"请复函"、"盼复"等习惯用语。

 例文 1

关于鄂穗两地携手联合打捞"中山舰"的函

湖北省人民政府：

现沉于长江金口赤矶山江底的"中山舰"，是中国现代革命史上的重要历史文物，尽快将其打捞、修复和陈列展览，是海内外同胞的共同心声。

"中山舰"是重要的革命历史文物。该舰 1938 年参加"保卫大武汉会战"时被日军炸沉。尽快打捞"中山舰"，使其重展英姿，是一件深得海内外同胞和两岸有识之士拥戴的义举。这对于充实完善中国现代革命史文物，并重现其历史价值，加强爱国主义教育和革命传统教育，增强整个中华民族的凝聚力和向心力，改善两岸关系，促进台湾回归祖国大业的早日实现，都具有重要的意义和作用。

由于"中山舰"在广州的时间长达 21 年，且围绕"中山舰"的几次主要历史事件都发生在广州，因此，"中山舰"是把广州建设成为中国现代革命史教育基地，向广州、全国乃至海内外同胞进行爱国主义教育和革命传统教育不可缺少的文物。近几年来，广东省、广州市人大、政协、民革，黄埔军校同学会中的不少代表、委员、成员，各界有关专家学者、人民群众，以及港澳台同胞、海外华侨、华人，纷纷向广州市政府来电来函，希望广州市政府主动与贵省联系，一起尽快组织打捞"中山舰"，并进行修复和陈列。为此，我们经过认真研究，提出由两地政府本着相互合作、相互支持的态度，协商联合打捞、修复、展出的办法和有关问题。

专此函达，请答复。

广州市人民政府（盖章）

××××年×月×日

（例文来源：河西政务网，经本书作者重新整理）

（五）函的写作要求

（1）文种使用正确。向平行和不相隶属机关行文请求或回复需要批准的事项时，应该使用函，而不用请示或批复。要掌握与理解函的适用范围，防止出现文种用错的情况。

（2）内容单一。在事项的写作方面，函以一函一事为主，而不应有太多的事项。如果涉及的某一事项内容较多，要分条列项，表述有条理。

（3）用语得体。函的语言讲究规范、简明扼要，力戒漫无边际，不要讲不必要的客套话与没有实质性内容的客套话；不能用命令式的语言，注意礼貌。

七、会议纪要

（一）适用范围

会议纪要是用来记载和传达会议情况和议定事项的公文。会议情况一般是知照性的，即指介绍会议的主要情况；会议的议定事项一般要加以贯彻执行。

（二）会议纪要与会议记录的区别

会议纪要是在会议记录等会议材料的基础上经过归纳整理出来的，它和会议记录有着一定的联系，但两者有着本质的区别。

（1）**性质不同**。会议记录一般只有纪实性，而会议纪要除纪实性外还有指导性。

（2）**要求不同**。会议记录一般记载得比较详细，甚至要求尽可能地有话必录，而会议纪要则要体现简要性，不能有话必录。

（3）**作用不同**。会议记录一般仅作为机关单位内部资料使用，而会议纪要则要求在一定范围内公布，指导工作。

（三）会议纪要的特点

（1）**纪实性**。会议纪要必须真实、全面地反映会议情况，而不能凭空杜撰材料或添枝加叶地表述会议内容。

（2）**提要性**。要在深刻领会会议的精神实质、全面掌握会议情况的前提下，抓住要点，合理取舍材料，有所侧重地把会议的主要精神、重要问题反映出来。

（3）**指导性**。会议纪要是对会议讨论的事项的归纳和整理，它比较集中地反映了会议的精神，所以它一经发布和下达，即要求与会单位贯彻执行会议的有关精神，从一定程度上说，它对实际工作起指导作用。

（四）会议纪要的种类

会议纪要是一定性质会议精神的体现，按照会议的性质，可以将会议纪要分为以下3种。

（1）**指示性会议纪要**。这是最常见的一种会议纪要。各级机关召开办公会议或工作会议，在一些重大的理论或实际工作问题上达成共识，在此基础上产生的会议纪要，既有对方针政策的具体执行意见，也有对实际工作中各种问题的统一认识，对传达和部署工作都具有指示作用。

（2）**通知性会议纪要**。通知性会议纪要即用来宣布会议议定事项的纪要。各级机关和单位召开会议，议定一些事项，用纪要的形式让下级机关和有关人员了解或执行。

（3）**研讨性会议纪要**。研讨性会议是为研讨某个问题或交流某方面情况，召集有关人员参加以发表各自的看法。研讨性会议不需要有统一的意见，因此这类会议纪要只要归纳出各自的主要观点、意见即可。

（五）会议纪要的写作格式

一份完整的会议纪要一般应包括下列内容：① 会议的中心议题、依据、背景和目的，即这个会议研究和解决的中心议题是什么，会议是依据上级什么指示和要求召开的，会议举行的政治背景和经济背景或当前所面临的形势是什么，会议的目的是什么；② 会议概况，包括会议名称、时间、地点、主持人、出席会议的人员及其所在单位、会议经过，有时还包括会议的主要收获；③ 会议研究、讨论的问题和决定的事项的内容。

会议纪要的格式一般由标题和正文组成。与其他公文不同的是，会议纪要一般没有主送机关和落款，但有成文时间。

1．标题

作为公文文件一般用单标题，即用"会议名称＋纪要"一行标示，例如"全国农村工作会议纪要"。用通知转发或用在新闻报道之中，会议纪要多用由正、副标题组成的双标题，正标题标示会议主要精神，副标题标示"会议名称＋纪要"，例如"反腐倡廉正党风——××市反腐工作座谈会纪要"。

会议纪要一般要求注明成文时间，成文时间位于标题正下方，外加圆括号。

2．正文

会议纪要的正文由前言、主体和结尾3个部分组成。

（1）会议纪要的前言。会议纪要的前言部分，陈述写作依据、背景、目的及会议概况，简要介绍会议起止时间和地点以及与会人员（主持人、出席人和列席人），说明会议议程或会议进行情况。此部分用简要的语言概括出会议的议题和指导思想。

（2）会议纪要的主体。会议纪要的主体要很好地提炼和组织，以反映出会议的主要精神和成果，需详写会议研究的问题及其形成的意见。办公例会的纪要，只需在"会议研究决定事项如下"之后，按条目简要归纳会议讨论的问题和决定事项就行了。座谈会专题纪要和学术讨论会纪要的正文内容比较复杂，一般采取3种方式。

① 发言记录式：按照会上发言的顺序，将与会者发言的主要观点、意见整理出来。这种写法的好处是能如实地反映会上的讨论情况，并表现出各人对同一问题的不同看法，但又不是像会议记录那样有闻必录，而是精选出那些最能代表发言者观点的话加以提炼，用以集思广益。发言记录式会议纪要要列出每次发言的人的姓名，第一次引用时还要在姓名后用圆括号注明工作单位和职务。

② 分类式：将会议讨论的事项分类整理，归纳出几个问题，用小标题组织材料，小标题可以是文字，也可以是数字。这种写法的好处是条理清晰、问题集中、重点突出。

③ 综合式：将会议研究的问题综合成几个部分概括地叙述出来，一般包括对过去工作的估价、对当前形势的分析、对未来工作的构想和实行的行动步骤等。这种写法按照人们对问题思考的逻辑顺序，循序渐进，由浅入深。

采用分类式和综合式写法，除报告人、重要人物的发言要提出名字外，一般的综合观点，常用"与会者认为"、"会议认为"、"会议强调"、"会议决定"、"会议指出"等惯用语提示出来，起过渡连接和强调提示作用。

（3）会议纪要的结尾。有的结尾提出希望、发出号召，这种结尾多是那些部署工作任务性质的纪要。一般是正文最后一个问题叙述完了，全文也就结束了。会议纪要不需要加盖公章。

（六）会议纪要的写作要求

（1）把握会议主要内容。会议纪要的写作应体现会议的主要精神，以便参加会议的单位或人员贯彻执行，因此写作者对会议的主要内容要了解清楚，尤其是要将会议的主要精神理解透彻，这样才能动笔。

（2）掌握会议的主要材料。会议纪要的内容包括会议的基本概况和主要精神，因此，对会议的相关材料要进行认真的分析研究，做到概括准确无误；对领导的发言、与会者的意见、会议的议定事项要进行收集、归纳、整理。写作前，为了保证信息的准确无误，可以查看会议记录，做到全面准确地了解和掌握会议的情况。

 例文 1

2007 年全国抗震办公室主任座谈会会议纪要

2007 年 11 月 7 日至 9 日，全国抗震办公室主任座谈会在四川省成都市召开。建设部质安司有关负责同志，各省、自治区、直辖市抗震办公室主任、设计处长，全国超限高层建筑工程抗震设防审查专家委员会、中国建筑科学研究院和北京工业大学的有关专家参加了会议。建设部质安司曾少华副司长对 2007 年的工作进行了回顾和总结，对 2008 年的工作提出了意见和要求。新疆、四川、江苏、江西、云南、吉林等省（区）抗震办和厦门市建设与管理局的负责同志做了经验交流。会议学习了《关于实施农村民居地震安全工程的意见》和《关于地震重点监视防御区法规文件内容摘要》。

会议认为，当前，我国的防震减灾任务十分繁重，国务院领导和部领导非常重视和关心。自去年全国抗震办主任座谈会以来，建设系统不断完善抗震防灾法规和支撑保障体系，加强重点领域重点环节抗震防灾工作，积极推动工程抗震科学研究，深化完善应急预案，强化超限高层抗震设防审查，认真做好农村民居抗震工作，取得了显著的成效。一是抗震防灾工作布局进一步完善。2007 年，建设部出台了《关于加强建设系统防灾减灾工作的意见》，统筹考虑抗震与防灾工作，进一步明确了工作的指导思想、目标、重点和相关措施。二是抗震防灾支撑保障体系进一步强化。各地进一步深化完善建设系统破坏性地震应急预案，提高了预案的针对性和有效性。建设部出台了《城市抗震防灾规划标准》，建立了涉及建设领域自然灾害信息上报制度。三是超限高层建筑工程抗震设防管理进一步加强。全国超限高层建筑工程抗震设防专项审查专家委员会换届一年多来，受各地建设主管部门的委托，开展或参与了 49 个超限高层建筑工程的抗震设防专项审查工作；针对新形势，修订了《超限高层建筑工程抗震设防专项审查技术要点》，增加了大跨空间结构超限审查这一重要内容。四是农村民居抗震保安工作稳步推进。各地认真落实国务院"全国农村民居防震保安工作会议"精神，扎实推进农村民居地震安全工程建设。新疆农村民居防震保安工作取得突破性进展，云南、江苏等地的农村民居防震保安工作正在稳步推进，建设系统充分发挥了专业优势，起到了重要作用。五是工程抗震防灾科学研究迈开新的步伐。建设部成立了全国城市建设防灾减灾专家委员会，支持召开了"城市与工程安全减灾学术研讨会"和"第七届全国地震工程学术研讨会"。开展了大城市群综合防灾对策研究，完成了《村庄和集镇建筑抗震技术规程（送审稿）》。

会议指出，在充分肯定成绩的同时，还应看到当前抗震防灾工作还存在一些薄弱环节，例如，抗震设防管理机构建设不健全，且各地很不平衡；抗震防灾的技术经济政策不完善，投入不足；对市政基础设施的抗震设防和农村民居抗震管理和指导力度亟待加强等，必须引起高度重视并采取措施加以解决。

会议讨论了下一阶段的工作思路。会议强调，抗震防灾工作，责任重大，使命光荣。今后一段时期，要以十七大精神为指导，全面贯彻落实国务院的工作部署，不断加强法制，完善标准，加快体制、机制、管理和技术创新，努力开创抗震防灾工作新的局面。

一是充分认识建设系统在国家防震减灾工作布局中的重要地位和作用，继续高举工程抗震和防灾的旗帜。工程抗震是减轻地震灾害的主要手段，也是工程建设管理的重要内容。同时，建设部门在震后房屋和市政基础设施应急鉴定、抢险抢修以及恢复重建过程中，也起着主要的作用。要充分肯定并大力宣传建设系统在抗震防灾工作中取得的成绩，赢得政府领导、相关部门和广大人民群众的认可和支持。

二是强化法规建设，为工程抗震防灾工作提供制度保障。要认真总结历史经验，及时将有关制度和政策措施纳入法制化的轨道，为各项工作提供法律保障。作为《防震减灾法》配套法规的《建设工程抗御地震灾害管理条例》已列入五年立法计划，要抓紧开展调研工作。

三是不断完善工作机制，加强队伍建设。在与地震局、发改委、财政部等有关部门的工作配合中，既要坚持建设部门在工程抗震方面不可替代的地位和作用，又要加强沟通与协调，形成合力。要积极创造条件，努力争取政府领导和有关部门的理解和支持，不断巩固和加强建设系统抗震工作机构建设。

四是积极创造条件，建立健全抗震防灾的技术经济政策。要通过多种渠道和多种方式，争取各级财政和有关部门对抗震加固、新技术研发以及农村抗震安居工程等的政策支持力度。要积极推动抗震防灾科技进步并加强试点示范，努力在工程抗震新技术、新产品研发方面取得较大的突破，鼓励有条件的地区开展多种形式的试点示范等。

关于当前的重点工作，会议提出了以下意见。

一是切实推进城乡抗震防灾规划编制和实施。各地要结合《城乡规划法》的贯彻和新一轮城市总体规划的修编，积极推动城乡抗震防灾规划的编制和实施工作。建设部将成立城市抗震防灾规划审查专家委员会，稳步推进城市抗震防灾规划审查工作。

二是继续抓好新建工程的抗震设防。各地要继续把贯彻《房屋建筑工程抗震设防管理规定》作为抗震防灾工作的重点，依法履行监督管理职责，切实把本地区房屋建筑工程抗震设防工作抓紧抓好抓实，保证抗震设防工作在标准制定、规划、选址、勘察、设计、施工图审查、施工和新技术应用等各个环节得到落实。

三是加强城市市政基础设施抗震设防管理。各地要重视市政基础设施、特别是城市轨道交通、城市桥梁、供气、供水、排水、供热等重要生命线系统的防灾能力建设，严格选址、设计、建设和运营管理。要把对重要市政基础设施的抗灾设防质量监管重心前移，在立项和方案阶段就针对防灾的关键性问题开展分析、研究和论证，提出防灾减灾意见和要求；在初步设计阶段进行抗灾设防的专项审查，或在相关审查中增加防灾的内容要求；在施工图审查阶段把抗灾设防质量作为审查的重要内容。

四是继续加强对超限高层建筑工程抗震设防的监管。各地要把超限高层的抗震设防作为工程质量监督和执法检查的重要内容，加大对违法违规行为的查处力度。要加强对施工图审查机构的监管，超限工程没有进行专项审查的，不得进行施工图审查。要加大超限审查工作的宣传力度，促进建设、设计、施工、监理、审图等机构充分了解超限审查在保证结构地震安全性方面的重要作用。在适当时候，建设部将组织全国超限高层建筑工程抗震设防专项检查。

五是进一步强化农村民居防震保安工作。各地要高度重视村镇抗震防灾工作，加强领导和组织协调。要在村镇建设规划中强调抗震防灾要求，新建村镇要科学选址，从源头上减轻地震灾害并防止发生各类次生灾害；要积极提供技术服务和技术培训，大力推进示范工程，把抗震防灾工作作为社会主义新农村建设的重要内容抓紧抓好。

六是加强地震重点监视防御区的抗震防灾工作。国务院要求，地震重点监视防御区的县级以上城市要在 2010 年以前完成建筑物抗震性能普查。地震重点监视防御区的县级以上建设主管部门要根据国务院的部署，积极做好相关的技术 准备，为普查工作的全面开展提供技术条件。

2007 年 11 月 12 日

（例文来源：百考试题网，经本书作者重新整理）

 作业

按照请示和批复的写作格式及要求，模拟写作公文请示和批复各一篇。内容为下级单位向上级写请示成立某公司，上级针对这个请示签发批复，同意成立该公司。

第五章　礼仪文书

　　我国是有着五千年历史的文明古国，素有"礼仪之邦"的美誉。人们的社会交往和思想感情的交流，往往是通过各种活动来进行的，这些活动有完备的仪式，礼仪文书就是这些仪式上必不可少的，也是社会及人际交往中最为常见的应用文体。

第一节　礼仪文书的含义、特点和分类

　　中国古代有一句俗话叫做"礼尚往来"，意思是说，礼节上重视有来有往、相互交流。作为单位与单位之间、个人与个人之间或单位与个人之间友好往来的桥梁，礼仪文书功不可没。这些文书与其他应用文书相比较，从内容到形式都有许多不同点。

一、礼仪文书的含义

　　礼仪是礼节和仪式的合称。礼仪文书就是指人们在各种社会交往、礼仪活动中传递信息、沟通感情、增进友谊、融洽关系时使用的书面文书。它是社会交往中一种必不可少的媒介工具，起着增进友好关系、促进事业成功、充实生活内容的重要作用。

二、礼仪文书的特点

　　（1）形式的礼节性。作为社会交往、礼仪活动的媒介工具，礼仪文书是活动的主办者和参与者双方传达信息的载体。它起到联系交际双方或多方的作用，帮助大家表达愿望和情感。因此，礼仪文书要注重以礼相交、以诚相待，并分出类别，因人、因事、因地、因时地区别使用。有礼有节是礼仪文书最显著的特点。

　　（2）应用的广泛性。社会工作和生活中各种活动经常开展，各种仪式经常举行，那么，各种礼仪文书就应各种活动和仪式之需而产生并发挥着重要的作用。社会工作中的大会开幕、工程奠基、商铺开张、宣誓就职、迎送使节等，私人事务中的结婚生子、嫁女娶媳、生日寿诞、丧亲吊唁、私房落成等都要用到礼仪文书，其应用的广泛性由此可见一斑。

　　（3）格式的规范性。礼仪文书用于不同的事项和不同的场合，它就有相对不同的文种形式，不同的文种形式自然就有各自不同的写作格式。这是前人创造的礼仪文化的独特标志。请柬有请柬的格式，贺词有贺词的写法，悼文有悼文的规矩，各有其章，各得其法。不能不顾基本格式而胡乱草成，否则文不得体会被人笑话或被斥之为不懂文法。

　　（4）语言的雅重性。各种类型的礼仪活动都是庄重、严肃的，以示人们对这些活动的重视。那么，充当着各种礼仪活动媒介工具的礼仪文书，就必然要体现其庄重性、严肃性。在这些礼仪文书的行文语言上，讲究用词用语的规范、敬谦和雅重，而不能把琐碎的家常俚语、浮滑的市井俗语写进文案。

三、礼仪文书的分类

　　从不同的角度看，礼仪文书有如下几类。

1. 约请类

约请类有请柬、邀请书等，用于婚嫁、庆典等喜庆场合。

2. 祝贺类

祝贺类有贺词（贺电）、祝酒词等，用于会议、宴会等交际场合。

3. 答谢类

答谢类有答谢词、感谢信等，用于受惠和受助后表达谢意。

4. 关怀类

关怀类有慰问信等，用于表达关心、安慰、安抚之情。

5. 纪念类

纪念类有唁电、悼词、祭文等，用于对死者的追悼、怀念。

实际上礼仪文书还不止以上这些种类，还有不少有待进一步研究和探讨。需要说明的是，以上分类只是从某一个角度去考虑的，实际上还有其他的分类法，分出的结果与此有较大区别，如有的分类法把感谢信、慰问信、贺信等分为一类，把贺词、祝酒词、欢迎词、欢送词等分为一类。各有各的角度，各有各的分法，不必拘泥于形式。

第二节 几种常用礼仪文书的写作

礼仪文书的篇幅一般都不大，形制较小，但由于适用的场合和对象不同，其写作方面也不同，以至于不可能所有的礼仪文书都套用某一种格式，要因文而异。下面仅就日常生活和工作中常见、常用的几种礼仪文书介绍其写作的格式和要求。

一、请柬

（一）请柬的含义

请柬通常也称请帖，是邀请宾客参加某一活动时所使用的一种书面形式的通知。请柬一般用于联谊会、友好交往、重要会议和各种纪念活动及婚宴、寿筵、奠基、开业等仪式。发请柬是为了表示活动举行的重要性。

（二）请柬的写作格式

1. 标题

标题要根据请柬所采取的幅面形式和行列走向来确定。

（1）由左向右书写。横成行、竖成篇是现代文案通行的形式。采用这种形式时，标题的写法是："请柬"或"请帖"两字用特大号字，醒目地横列于封面的上方正中，两字适当拉开距离，居中落位。

（2）由上向下书写。由右向左阅读、竖向成列是中国古代的传统形式。采用这种形式时标题的写法是："请柬"或"请帖"两字用特大号字，上下排列，醒目地位于封面上下的中线偏上部位，两字适当拉开距离。

"请柬"或"请帖"两字一般请书法高手书写，看起来颇有文化、艺术韵味，同时能起到使版面看起来活泼的作用。也可用粗壮的印刷体。

2．正文

正文格式如书信，有称谓（但无问候语）、有主体、有落款。

（1）**称谓**。称谓是对被邀请人（或单位）的称呼，在正文的第一行顶格书写，后面用冒号以引出下文。

（2）**主体**。主体先写明主语，如"我校"、"我公司"或邀请人自己的名字或代称，然后用"定于"引出时间、地点，随之点明活动的名称、形式，并表达欢迎对方参加的敬语。

3．款识及日期

（1）**款识**。谁约请落谁的名款，单位名款上要加盖公章。

（2）**日期**。写在名款的下方（现代横向书写的形式）或写在名款之左（传统竖向书写的形式）。

（三）请柬的写作要求

（1）**要素明确**。请柬的主题要明确，时间、地点要准确。活动的主要任务、目的、形式、具体时间和地点等都要写清楚。只有做到这些，受邀人才能顺利地如约前来。

（2）**说明事项**。必要时请柬要注明应该说明的事项，如联系人、联系电话、食宿办理方式、携带物品、文件要求、交通路线等，都要在请柬的附件上一一说明。

（3）**语言雅重**。请柬的措辞要雅重、简洁，除礼貌、敬谦用语外，还用表达期待、希望或祈请意思的词语以示诚意。

（4）**制作精美**。请柬作为礼仪媒介文书，其印制不可粗制滥造。过去印刷术不发达的时候，请柬一般请字写得好的人书写在红纸之上，略加图案装饰；现代印刷术高度发达，请柬一般由专业人士设计，然后精美彩印成型，十分美观。根据具体情况，为求得最佳效果，请柬可以由美工针对请柬的主题作专门设计。

 **例文 1**

现代形式的请柬

（封底）	（封面） **请　柬**

××电视台：

　　兹定于 2003 年 11 月 29 日上午 9 点整，在××大学行政楼前奥林匹克运动场举行××大学建校 110 周年庆典活动。届时恭请贵台委派记者光临报道。

　　　　此致

敬礼

　　　　　　　　　　　　　　　　　　　　　　　　　××大学（公章）

　　　　　　　　　　　　　　　　　　　　　　　　　2003 年 11 月 15 日

 例文 2

传统形式的请柬

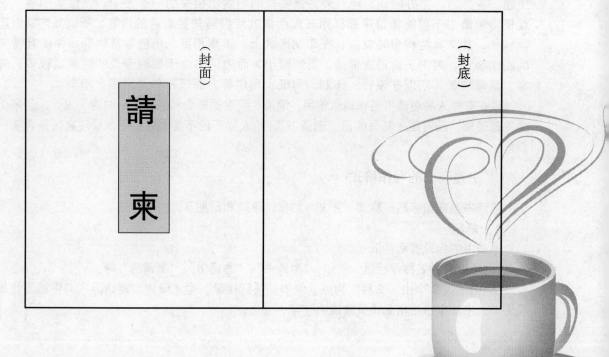

（正文页）

李蘭亭閣下台鑒：

茲定于農曆己丑年八月十五日午時（公曆九月二十二日），假座城南渝州路頤年堂為家父舉行七十壽誕慶典，恭請閣下攜夫人屆時光臨。

徐竹君攜內鞠躬

己丑年八月初八謹啟

二、邀请书

（一）邀请书的含义

邀请书是行政机关、企事业单位、社会团体或个人邀请有关人士前往某地参加某项活动时所用的信函式文书。邀请书又称为邀请信、邀请函。

邀请书与请柬属于一类，但有一定的区别。在文案内容上，邀请书除要写明活动的主题、主办方、主办时间、地点外，还要写明与活动相关的一些要求、注意事项等，这就使得邀请书不可能像请柬那样用三言两语就能说清楚要表达的内容，所以其内容、篇幅较长，其文案结构也较复杂；在印制形式上，请柬用纸、用色非常讲究，并配有精美的图案装饰，内里正文语言简洁、篇幅短小，而邀请书由于要附带说明的事项较多，内容、篇幅较长，所以在设计、印制、用纸、用色等方面远不如请柬那么精美。

现在有些人将邀请书当作请柬使用，混淆了两者的概念和区别，从内容、设计、印刷上看应是请柬，而封面上却写的是"邀请书"，给人以不伦不类之感。所以要注意区别两者的异同。

（二）邀请书的写作格式

邀请书通常由标题、称谓、正文、结尾、落款和日期及回执等构成。

1. 标题

邀请书的标题有两种形式。

① 单以文种名称作标题。例如，"邀请书"、"邀请信"、"邀请函"等。

② 由"发文事由＋文种"构成。例如，《红楼梦》学术研讨会邀请函"、"中国当代最具影响力书法家书法精品展览邀请函"等。

2. 称谓

称谓是对被邀请人的称呼，如何称呼视具体情况而定。称谓在正文的首行顶格写，后面用冒号提示下文。例如，"上海电视台："、"清华大学："、"张华同志："、"李大强先生："等。

3. 正文

邀请书的正文通常要写明活动的主题、时间、地点、内容、方式和被邀请人以及需要被邀请人做哪些准备工作等；另外，还有主办方的接待方式、接待联系人、接站安排、报到地点、食宿安排、费用缴纳、议程安排等，都要在主体中作详细说明，为被邀请人提供如约方便。

4. 结尾

邀请书的结尾处要写上礼节性的结束语或祝颂语，如"恭候光临"、"欢迎参加"或"祝一切顺利"，或其他礼貌用语等。

5. 落款及日期

落款写清邀请人姓名或邀请单位的名称。日期写成文的日期。

邀请书的写作要求与请柬的写作要求相同。

6. 回执

回执是邀请书正文后面的附属件，由被邀请方填写后回寄给邀请方，对应邀如约作一个确认，以便邀请方安排有关事宜。一般情况下，是否附上回执视具体情况而定，必要时则附上，无必要则可免。

例文 1

"中国当代青年书法家书法精品展览"邀请书

尊敬的××先生：

为了迎接第×届中国艺术节，展示我国当代青年书法家书法艺术的研究和创作成果，经有关部门批准，由全国第×届艺术节组委会、××省文化厅和《××××》杂志社联合主办"中国当代青年书法家书法精品展览"。鉴于您在书法研究和创作方面的成就，现特别约请您为本次展览提供展品。现将有关事项告知如下：

一、作品内容健康向上即可；书体不限，篆书和草书请附释文。

二、作品幅面为立轴形式，规格须控制在八尺宣以内，以方便展示。作品无需装裱。

三、所有特邀作品将由"第×届中国艺术节"组委会颁发荣誉证书。展览结束后作品将由××省博物馆收藏。

四、所有特约青年艺术家将作为嘉宾，应邀参加"第×届中国艺术节"在××举行的开幕式，并参加艺术节组委会组织的采风活动，一览××市壮美景色。费用由艺术节组委会承付。艺术节开幕式有关事宜另行通知。

五、截稿日期：200×年3月31日，以邮戳为准。

六、收稿单位及地址：××省××市××路××大厦××室"中国当代青年书法家书法精品展览"组委会，联系人：徐××，联系电话：×××-××××××××，邮政编码：×××××××。

七、信息回馈：如果您愿意提供作品并同意上述事项，请在收到本函后一周内将填写好的回执寄回组委会办公室徐××同志备案，寄回的回执将视为认同以上条款并须履约。回执附后。

衷心感谢您对本次展览的大力支持，期待您的大作如期寄到。

谨此并祝

身体安康！

第×届中国艺术节

"中国当代青年书法家书法精品展览"组委会

20××年2月12日

姓名		性别		职务		年龄	
单位				联系电话			

回执

"中国当代青年书法家书法精品展览"组委会：

　　本人应邀参加"中国当代青年书法家书法精品展览"及开幕式活动，稿件将按要求如期寄到。

签　名：

20××年　　月　　日

备　注：

（例文来源：编者自撰）

三、慰问信

（一）慰问信的含义

　　慰问信是机关、单位或组织向被慰问的集体或个人表示慰劳、问候、鼓励和关心的信函式文书。一般情况下，慰问信以机关、单位或组织的名义写作，有时是在报刊发表，有时邮寄给对方，有时是在工作、活动现场宣读。

（二）慰问信的应用范围

　　根据慰问信的内容，可知其应用的范围如下。

　　① 用于对做出杰出贡献的集体或个人的慰问。在我们身边，有很多模范集体和模范个人为经济的繁荣和社会的发展承担了艰苦的任务，做出了巨大的贡献，取得了突出的成绩，作为领导机关、党政组织、社会团体或个人，借慰问信这种书面形式来表达对模范集体和模范个人的崇敬和关心，如慰问战斗在抗击"非典"第一线的医务工作者、慰问抗洪抢险的解放军战士等。慰问信能鼓舞他们的士气，激励他们再接再厉。

　　② 用于对蒙受灾难和损失的单位或个人的慰问。我国幅员辽阔，气候情况复杂，有些地区经常会受到自然灾害的袭击，群众生活受到极大影响；有时工作在第一线的劳动者也会受到意外事故的伤害。为了安慰和安抚这些自然灾害和事故中的受害者及其亲属，作为国家机关、地方政府、社会团体、企事业单位或个人，出于对受害人及其亲属的同情和关心，常常用慰问信这种书面形式来表达心意，如对地震灾区灾民的慰问、对台风受灾区群众的慰问、

对煤矿透水事故受害人及其亲属的慰问等。慰问信能使他们感受到祖国大家庭的温暖,坚定抗灾自救的决心,增强生活的信心。

③ 用于节假日时上级对下级的慰问。在重大节日、纪念日到来之际,上级对下级群众进行一种节日性问候和致意,以表示领导对群众生活的关怀。例如,教师节来临时对广大教师的慰问、春节来临时对群众的慰问、八一建军节时对军人和军属的慰问等。另外,慰问信还用于对节假日仍然坚守岗位的各类人员的慰问,如慰问除夕之夜坚守在工作岗位的工人,慰问警卫、戍边的民警和解放军战士等。

(三)慰问信的写作格式

慰问信由标题、称谓、正文、祝颂语、落款及日期构成。

1. 标题

慰问信的标题有 3 种写法:① 单以文种名称作标题,如"慰问信";② 由"受文对象 + 文种构成",如"致大学生志愿者的慰问信";③ 由"发文机关名称 + 受文对象 + 文种"构成,如"××市民政局致台风灾区群众的慰问信"。

标题在首行正中,以大于正文字号的字样醒目表示,标题上下要空一到两行。

2. 称谓

在标题下方第一行顶格写上对被慰问者的称呼,称呼可以是"同志们"、"战士们"或"干部群众同志们",究竟如何称呼要视具体情况而定。称谓的后面以冒号提示下文。一般在称呼的前面冠以"尊敬的"或"敬爱的"字样。

3. 正文

正文包括开头、主体、结尾。

(1)**开头**。开头在称谓的下面另起一行空两格起写。开头写明行文背景及缘由,表示问候和安慰,语言要简明概括。

(2)**主体**。主体部分或概括对方的先进事迹、工作成绩,表彰其工作态度和所做出的贡献,或概述受灾的概况等。针对对方的具体情况表达慰问、安慰、安抚之情,以示组织对个人的关怀。

(3)**结尾**。针对对方的具体情况,对文章进行不同的收束:或对模范集体的工作提出希望,或对他们的工作态度和成绩表明谢意,或对灾区群众表明将要采取的支援行动等。总之,结尾要鼓舞士气,要表达谢意,要使人看到希望。

4. 祝颂语

在慰问信的结尾后面写上礼节性的良好祝愿,如对抗洪战士的祝颂语可以是"祝大家身体健康",对灾区干部群众的祝颂语可以是"祝大家早日过上安定、幸福的日子"等。祝颂语写在正文的下一行。

5. 落款及日期

落款位于祝颂语的下面,与祝颂语相隔一至两行,偏右书写;成文日期写在落款下面,与落款形成一个小组合。

(四)慰问信的写作要求

(1)**主题明确**。主题明确即要求慰问信写作的目的清楚,内容切实。

(2)**语言得体**。慰问信的语言要求措词准确、用语得当,语言要有亲和力,情真意切,不说假话、套话、空话，话要说到点子上，情要送到对方的心坎上。

（3）篇幅简短。慰问信的篇幅不宜过长，冗长繁琐的篇幅会令人反感、厌烦。

例文1

致离退休老同事的春节慰问信

离退休老同事们：

新年伊始，辞旧迎新，××医院迎来一个新春，在此，我们对全院离退休老同事致以最亲切的慰问。

遥想当年，我们曾经甘苦与共，逆境中谋求发展；曾经意气风发，把一腔的热血铺张成理想的图腾；曾经眉峰紧蹙，为医院的发展呕心沥血；曾经相视一笑，为取得的每一点成绩举杯相庆；曾经携手共经沧海，执手相约未来……车轮滚滚、日月如梭，一代又一代××医院人用激情与热血浇灌，筑起今天的辉煌。

沧海桑田，百年锤炼，优良传统代代传承，深厚的文化积淀令××医院如同参天松柏，在每一个季节轮回里傲现勃勃生机。一大批在国内外有较高声望的专家、教授成为医院发展的中流砥柱；越来越多的在国内外有影响的科研成果为医院发展提供了不竭的动力；大量与国际接轨的先进技术、医疗设备创造出一流的诊疗水平；品牌战略已使数十个专科成为杏林权威……

正当盛世，五十余名博士百舸齐发竞风流；数十名退休老专家发挥余热展现名医风采；立志探索的青年学者们刻苦钻研勇攀高峰；放眼未来的新一代领导人锐意改革，人事制度、分配制度、后勤制度改革正成为全国卫生系统学习的典范；经济收入、固定资产翻倍增长；一个蜚声荆楚的多学科、现代化、具有国内领先水准的综合医疗、教学、科研机构，正向世人展示着她卓尔不群的气度！

所有的这些，离不开你们的无私奉献，因为站在你们肩膀上，后来人才能超越局限，才有底气一路高歌猛进！虽然你们已经离开岗位，但在行进的道路上，我们依然彼此挂牵：忧心在一起，思虑在一起，关爱在一起，呼吸在一起……

"莫道桑榆晚，为霞尚满天"，时代呼唤发展，奋进才能笑迎挑战。让我们团结在一起，薪火相继，共创××医院美好的明天！

祝各位老同事健康长寿，合家欢乐，新春愉快！

××医院

200×年2月

（例文来源：中国教育文摘网）

四、感谢信

（一）感谢信的含义

感谢信是对给予自己以帮助、支援、关心和款待的单位或个人表示答谢的信函式文书。感谢信可以通过邮递方式寄发给有关单位，也可通过电视、电台、报刊播发或刊登，还可通过张贴形式发布或在现场直接宣读。张贴形式的感谢信一般在大红纸上清楚誊正，以便阅读。

（二）感谢信的适用范围

根据不同的情况，感谢信适用于不同的范围。

（1）**写给单位的感谢信**。这类感谢信一般是对给予自己关心、帮助、支援的单位或部门表达谢意的。例如，某员工家属在农村，因受水灾导致家庭生活十分困难，单位的工会组织因此对他给予困难补助，并组织员工为其捐款捐物，使其渡过难关。针对组织的关怀，该员工便以感谢信的形式表达对组织的真诚谢意。

（2）**写给个人的感谢信**。这类感谢信是写给对自己有过帮助、关心、支援的某一个人的。例如，某人在上班路上不幸发病，被一过路的好心人救助并垫资送医。病愈后为了答谢施以援手的好心人，便写了一封感谢信到好心人的单位并张贴，以表谢意，颂精神，弘扬助人为乐的美德。

（三）感谢信的写作格式

感谢信由标题、称谓、正文、落款及日期构成。

1. 标题

感谢信的标题常用"感谢信"3 个字，左右居中，用大号字醒目写出，标题上下适当空出一至两行。也有引题加正题形式和正题加副题形式的标题，不过在通常情况下，这两种标题见得不多。

2. 称谓

称谓是对被感谢单位或个人的称呼，称呼后面加冒号提起下文。如果受谢面较广、人数众多而难以一一提及时，则可以笼统地写一个集合式的称谓，以能基本涵盖所有受谢人为宜。称谓在标题下第一行顶格书写，以示尊重。

3. 正文

正文包括开头、主体、结尾 3 部分。

（1）**开头**。开头在称谓下面一行空两格写起。开头先要将对方感人的事迹和行为概括说明，然后表明谢意。

（2）**主体**。主体要表现几层意思。

首先是感谢的原因。要较为详细地陈述对方感人的行为和事迹，即在何时何地因何事自己得到对方的何种帮助、关心和支援，事情产生了什么样的好结果和好影响。

其次是揭示意义。针对对方的所作所为，赞扬对方的好品德、好作风、可贵精神以及对社会的积极影响。

最后是表示学习决心。表明感激之情及致谢者向对方学习的态度和决心，必要时还要写明为感谢对方而配合的具体行动。

（3）**结尾**。感谢信要以礼节性的祝颂语和吉祥语结束文章，如"此致敬礼"、"致以崇高的敬意"或"祝好人一生平安"等。

4. 落款及日期

在距离正文一到两行的右下方写明致谢人的姓名，在致谢人的姓名下面再写明成文日期。

（四）感谢信的写作要求

（1）写明事情经过。要将被感谢的人物、事件、地点、事情经过等既简洁又清楚地陈述出来，让读者能知晓事情的原委。

（2）阐明意义和影响。不要将好人好事的陈述停留在表面或现象上，要通过现象来分析出事情的本质和被感谢人的优良品质，以及优良品质形成的原因，即对方自修德行和单位教育培养的结果，还要就被感谢人的事迹对于自己的教育作用、对于优良社会风气的形成起到的良好影响、现实意义等阐发开来，达到弘扬精神的目的。

（3）要有真情实感。向被感谢人表示感谢时，感情要真诚、诚恳，表达谢意要符合实际，说到做到；还要考虑到被感谢人的身份、性别、年龄、性格等，恰如其分地表达谢意，不能言不由衷、虚情假意，或过度夸大事实、拔高境界，使人听后产生反感。

（4）语言得体规范。语言上要做到得体、简洁，行文条理分明，用词恰到好处，切忌浮华和虚伪。篇幅不可过长，以简洁、平实为上。

 例文1

感 谢 信

××广告公司各位领导和员工：

　　你们好！

　　在即将结束实习返校之际，我们武汉××学院艺术与设计系 04 级平面设计二班的全体实习生，向接纳并指导我们实习的贵公司领导和员工致以最诚挚的谢意。

　　过去的一个月，作为实习生，我们在贵公司学到了很多课堂上学不到的东西，使我们受益匪浅。公司领导层洞察市场、善抓机遇、指挥协调的能力，使我们懂得如何面对激烈的市场竞争并立于不败之地；具体指导我们实习的各部门的业务高手对于各种媒体、各种题材的广告的创意和策划，使我们明白了广告业务的具体操作程序，也从中学到了广告创意策划的高超技巧和方法；尤其是公司领导对我们各方面的悉心关照使我们倍感亲切；各位指导老师在业务上对我们的谆谆教诲，是我们实习中最为宝贵的收获；公司员工忠于职守、任劳任怨的工作精神为我们树立了学习的榜样。

　　我们即将与你们告别，返回学校，不久也将走上工作岗位，在贵公司所学到的一切，是我们在校四年学习中最为宝贵的收获，也是我们将来立身、从业效仿的典范。为此，我们全体实习生再次对你们表示衷心的感谢！

　　最后，祝贵公司各位领导及员工工作顺利，身体健康！

武汉××学院艺术与设计系

04 级平面设计二班全体实习生

200×年 11 月 18 日

（例文来源：编者自撰）

五、贺信

（一）贺信的含义

贺信是行政机关、社会团体、企事业单位或个人向举行重要活动的其他单位或个人表示祝贺的一种专用的书信式文书。贺信按照不同的发布形式，又可以称为贺电，如通过电话、电报或传真送达的祝贺性文书等。

（二）贺信的适用范围

（1）**对重要会议的召开表示祝贺**。例如，祝贺党代会、人代会召开的贺信等。

（2）**对当选人、就职者的祝贺**。例如，外国首脑祝贺胡锦涛当选为中共中央总书记的贺信、祝贺曾荫权就任香港特别行政区第二任最高行政长官的贺信等。

（3）**对重大工程竣工和重大科研项目成功的祝贺**。例如，祝贺三峡工程胜利竣工的贺信、祝贺神舟六号飞船成功发射的贺信等。

（4）**对获得奖励和荣誉的祝贺**。例如，祝贺王选当选为中国科学院院士、祝贺徐本禹被评为"感动中国十大杰出人物"的贺信等。

（三）贺信的写作格式

贺信一般由标题、称谓、正文、结尾、落款及日期等构成。

1．标题

贺信的标题通常由文种单独构成，即只写"贺信"二字，字号要大，要醒目，写在首行的居中位置。标题上下适当空出一至两行，用以突出标题。

2．称谓

称谓是对被祝贺单位或个人的称呼，在标题下的第一行顶格写上单位名称或人名，后面用冒号提起下文。

3．正文

贺信的正文有如下内容。

（1）**阐明背景**。结合当前形势，说明对方取得成绩（或召开重要会议、举办其他重大活动）的大背景和历史条件。

（2）**交代原因**。说明对方取得成绩（或召开重要会议、举办其他重大活动）的主客观原因。这是贺信的核心部分，一定要交代祝贺的原因。

（3）**表达心意**。向对方表示热烈的祝贺，要用真心诚意的语言写出感情色彩，由衷地表达自己真诚的祝福和同喜同庆的心情。同时还要写一些鼓励的话，以表示对对方的期望。

（4）**致礼作结**。结尾一般用"此致敬礼"等祝颂语收束文章，也可用"祝愿取得更大的成绩"或"期待着你们胜利的捷报"等短语作结尾。

4．落款及日期

与贺信正文相隔一到两行，在右下方写明发文单位的名称或个人的姓名，并在落款相同的方位，即在落款的下面写明成文日期。

（四）贺信的写作要求

（1）**真情实感。** 贺信的写作首先要体会被祝贺人的心理，语言要热情洋溢、喜庆热烈，给对方以热情和鼓舞。

（2）**语言明快。** 贺信的语言不同于一般应用文书，它可以用文艺语体行文，运用修辞手法把语言修饰得优美而文雅，但切忌浮华。

（3）**短小精悍。** 贺信的篇幅不可过长，三五百字即可，切忌长篇大论。

例文 1

贺　信

中共××市委、××市人民政府并转各位与会代表：

　　时值第×届华中国际商贸洽谈会在你市隆重开幕之际，谨向你们并通过你们向华中国际商贸会的开幕表示热烈的祝贺，向所有与会代表表示诚挚的问候。

　　华中国际商贸洽谈会是在中共××市委、市政府关怀下举办的华中地区最具规模、最有特色的商业贸易盛会，至今已成功举办×届。商贸会汇集了我国乃至全世界众多的知名企业和品牌，其规模、特色和声誉已经为国际社会所关注，其科技含量越来越高，其交易额屡创新高。商贸会的成功举办，为我国市场经济的深入推进起到了十分重要的作用，对我国企业加强与国际知名企业之间的合作、促进我国科技的发展具有开创性的意义。

　　我们希望华中国际商贸洽谈会越办越大、越办越好，越办越红火，为我国的经济建设起到示范和领头作用。

　　预祝商贸会取得圆满成功！并祝各位与会代表身体健康！

中华人民共和国商务部
20××年 11 月 18 日

（例文来源：编者自撰）

作业

　　一个新公司的成立大会，要邀请社会各界前来参加，或发新闻，或祝贺。请按格式要求写作请柬，邀请有关单位和部门（如新闻媒体）的嘉宾出席成立大会。

第六章 通用文书

通用文书是通用于各行各业的实用文书的总称，从名称上看不出其行业或专业特色，但写作成文后就能看出其鲜明的行业或专业特色来。通用文书包括讲话稿、演讲稿、简报、规章制度、工作计划、工作总结等。

第一节 讲 话 稿

一、文体简介

（一）讲话稿的含义

讲话属会议主要发言人（多为单位或部门的领导者）使用的文种。领导者为实施领导，在各种会议上所做的指示性发言，即领导讲话。讲话一般专门就某一方面的问题发表意见，内容集中，中心突出，容易讲深讲透。讲话稿是会议的主要文件，有些会议不安排会议报告，讲话稿起到报告的作用，成为反映会议精神的最主要的文件。

（二）讲话稿的特点

领导讲话具有 3 个特点。

（1）**权威性**。讲话历来是政治家和各级领导宣传政见、安排部署工作的有效形式。领导讲话不同于一般的演讲和发言，目的是贯彻上级的指示精神，实施本级的决定，对分管的工作提出指导性意见。因此，领导讲话具有一定的权威性和有效性。因领导职务的不同，讲话的权威效果也不同。

（2）**思想性**。领导讲话一定要有理论色彩，要能以马列主义的理论为指针，阐述所进行的工作的意义，以动员群众投身于改革开放和经济建设之中。讲话就是要用自己的语言去思考、去总结，通过自己的思考和理解去分析问题、去说服人，这样才能打动听众，让人接受，并付诸行动。

（3）**鼓动性**。领导者要达到某种政治目的，可以通过讲话起到激励、鼓动的作用。讲话稿要针对形势、问题或某种思想动态展开富有启发性的议论，才能取得成效。

按照讲话的内容和效应分，领导讲话分为 8 个类型：① 部署动员型，这是向本单位或下级布置、部署工作时使用的讲话稿；② 总结推广型，通常是在阶段性工作总结、推广某种典型做法时所使用的讲话稿；③ 研究探讨型，这是在某些理论研讨会、新技术开发研讨会、思想政治工作研讨会等场合使用的讲话稿；④ 传达贯彻型，这是在传达贯彻上级文件和指示精神的会议上使用的讲话稿；⑤ 批评指导型，这是在批评某种错误倾向、总结失误和教训时使用的讲话稿；⑥ 表彰号召型，这是在表彰先进事迹会、经验交流会上使用的讲话稿；⑦ 社交礼仪型，主要用于兄弟单位之间、军政军民之间，以及与外国友人之间的交际、联谊、参观、访问、合作洽谈等场合（如欢迎词）；⑧ 典礼仪式型，这是在较隆重的大型会议及各种大型活动的开幕式、闭幕式上使用的讲话稿（如开幕词和闭幕词）。

二、写作格式

尽管不同场合、不同内容的领导讲话稿特点各异，也无固定不变的规格和范式，但其写作格式，在基本结构上可分为以下几大块。

（一）标题、日期、称谓

① 讲话稿的标题，领导在宣讲时一般都不念出来，但绝不能因此而认为标题可有可无。其实，讲话稿的标题不仅重要，而且十分讲究。领导讲话的标题有两种写法：一是单标题，由讲话人姓名、会议名称、文种组成，也可以在标题中省略讲话人姓名（将姓名放在标题之下居中的位置）；二是双标题，写法是将主要内容或中心思想概括为一句话作主题，再由讲话人姓名、会议名称、文种组成副标题。

② 将讲话当天的日期用汉字书写，加括号置于标题下方中央。

③ 称谓，根据会议的性质、与会者的身份，分别使用不同的称呼，给听众一种亲切的感受，控制听众的情绪，如"同志们"（党的会议常用）、"各位代表"（代表大会常用）、"各位专家学者"（学术会议常用）、"女士们、先生们"（国际会议常用）等。

（二）开头

开头主要有 6 种写法：① 表明态度，点出题目。即对一个问题、一件事物或一次会议，首先要亮明讲话者的态度，然后顺势将下面要讲的主要内容点出来；② 起句立意，揭示主旨。即采用倒悬法，将讲话的主旨写于开端处；③ 分析实际，提出问题。即在开头处对当前面临的形势和工作中的实际问题进行概括的分析，进而说明讲话的原因、目的和背景；④ 作出评价，说明目的。一些纪念性、群众性的会议，领导同志讲话开始时，首先对所纪念的重要人物和重要事件作出简介和评价，然后交代会议讲话的目的；⑤ 开门见山，引起下文。这种开头庄重简洁，对控制会场气氛有较强的作用；⑥ 致以祝贺，表示慰问。一些纪念性的会议讲话、节日祝词及各种代表大会的祝贺讲话，开头一般是致以祝贺或慰问。

（三）主体

主体即讲话主题稿的具体展开部分。作为讲话稿的核心，讲话稿在写作中需要注意的问题无非是主题明确、内容充实、层次清楚、表达通畅、文字准确。层次安排主要有并列和递进两种方式。并列式结构就是将几个方面的问题相互并置地排列起来，说完一个再说下一个，各个层次之间如果相互交换位置，一般不影响意思传达。在部署工作的会议或总结性的会议上讲话，这种写法比较常见。递进式结构是由现象到本质、由表层到深层的层次安排方法，各层意思之间呈现逐层深入的关系。在统一思想的会议上，较多采用这种讲话的方式。还有的讲话稿采用对比式结构，就是将一个问题的两种不同看法、结果放在一起进行比较、对照阐述。讲话稿的主体，因会议不同、讲话人的身份不同、内容侧重点不同、领导之间先后讲话的次序不同，其写法也会有较大差异。以上说的结构方式只是就大体而言，具体操作起来还需要灵活处理。或按时间顺序安排，如动员部署全年工作任务，可按照上半年、下半年或每个季度的时间顺序，划分成几个阶段，一个阶段一个阶段地讲；或按工作性质的主次安排，如总结一个部队的工作，可以按照政治工作、军事工作、后勤工作的次序讲；或按照内容的轻重程度安排，每个单位在每个时期都有一个中心工作或工作重心，安排结构时就要把该项工作放在首位来讲；或按问题的逻辑联系安排，如要推广某种先进经验，号召人们学习某一先进思想，可以先讲学习和推广的意义，再讲学习和推广的重点内容，最后讲推广和学习的要求等。总而言之，写讲话稿的正文，必须做到条理清楚、层次分明、重点突出、言之有物，这样才能抓住听众，增强效果。

（四）结尾

讲话稿的结尾要对讲话的主要内容加以概括，作个小结，使听众对整个讲话的主要精神的印象得到进一步加深。好的结尾会使听众感到奋发昂扬，充满希望。常见的结尾方式有：① 总结式，就是将讲话的主要内容加以概括，照应开头，首尾连贯；② 展望式，就是给听众展示美好的前景，催人奋进；③ 决心式，就是表示今后进一步做好工作；④ 号召式，就是向听众提出要求和希望；⑤ 商讨式，就是提出设想，抛砖引玉，增强听众的参与感；⑥ 悬念式，就是讲话时故意留下余地，提出悬念，引而不发，使听众在思考中走出会场；⑦ 幽默式，就是用寥寥几句幽默话，使听众在轻松的心境中结束听讲；⑧ 坦诚式，就是讲几句简短的感谢话语，给听众留下坦诚、礼貌、有风度的良好印象。

三、写作要求

（一）主旨明确，材料具体

每个会议都有各自的目的、任务，讲话不能离开会议的宗旨。撰写讲话稿必须紧扣会议的议题，考虑听众的需要，做到主旨明确，有的放矢。如果不考虑会议的中心任务，只凭个人兴趣，写稿时离题万里，发言时信口开河，必然会影响听众情绪，导致听众的反感。讲话稿是读给听众听的，听众在短暂的时间内凭听觉来接受讲话人的观点，因此说理要简洁明快、深入浅出；述事要真实准确、简洁典型；材料必须真实准确，绝不能凭空编造，事例、数据都要反复核实；材料还必须典型，只有典型的材料才能揭示事物的本质，具有广泛的代表性和强大的说服力；还要对材料进行提炼加工，堆砌事实、罗列现象是不能达到说服听众的目的的。

（二）量体裁衣，写出特点

不同的领导者有不同的特点，同一讲话稿，由不同的领导人宣读效果大不一样。因此，本着为领导服务的原则，必须看人写稿，避免千人一腔。一是要考虑讲话人的职务，主管与副职、党委与行政领导讲话的语气与分寸都是不同的。二是要考虑讲话人的语言风格，有的人擅于分析说理，有的人喜欢朴实简练，还有的人习惯幽默风趣，起草讲话稿时力求量身定做，尽可能符合讲话人的口味。三是要考虑讲话人的文化素养，文化水平高的人比较注重文字修养，文化水平一般的人更习惯于生动的口语，写讲话稿时应照顾到这种不同的需要。

（三）感情真挚，态度诚恳

领导讲话感情真挚、态度诚恳，才能很快沟通听众，消除逆反心理，大大缩短与听众之间的距离，以便在自然而亲切的气氛中传达自己的思想。为了取得较好的宣传教育效果，讲话稿应字字句句倾注讲话者诚挚的感情，注意从感情上打动听众，特别是开幕词、闭幕词、欢迎词、欢送词、祝酒词一类的讲话稿。撰写讲话稿要注意两点：一是讲话人要和听众站在平等的位置上，态度要诚恳、严肃，考虑与听众的感情交流，切忌以我为中心打着官腔训人，或无原则地去评价某些事、某些人；二是态度要鲜明，爱戴什么、憎恶什么、歌颂什么、反对什么，必须立场明确，且在事理的陈述中饱含感情，这样才能使讲话稿以情动人，产生魅力。

（四）语言平易，富于文采

起草领导讲话稿，只有将说理性与通俗性结合起来，才能使所要阐明的道理生动、明了，使听众易于接受，从而起到讲话应有的效果。为此，撰写讲话稿尤其要避讳晦涩、生僻的词语，也不能过多地使用名词术语，还要注意避用容易产生误解的同音字词，不要过多地使用形容词和修饰语。讲话不仅需要逻辑严明、思路清晰，而且需要生动活泼、文采盎然，应是口头语言和书面文学语言的有机结合。撰写领导讲话稿应讲究一些文采，文采对形成风格有着很大的关系。用于喜庆等特殊场合的讲话稿要有激情，这样可使讲话更富有生气，更富有感染力、号召力。

例文 1

在劲动植物柴油有限公司成立庆祝酒会上的致词

劲动植物柴油有限公司总经理　马秉胜

2009 年 10 月 18 日

各位领导、各位记者、各位朋友、各位员工：

大家好！

金秋十月，是收获的季节；今天，是一个值得永远铭记的日子，是我们劲动人引以为自豪的日子，因为劲动植物柴油有限公司在今天成立了！

劲动公司是市场经济全面推进的产物，劲动公司的成立是高科技进军市场的必然。劲动公司从事变废为宝的事业，将餐厨垃圾提炼为植物柴油，既杜绝了潲水油流入餐桌的危害，又节约了能源、保护了环境；既为国家创造利税，又为政府排忧解难、为下岗工人提供再就业岗位，我们的事业功在当代，利在千秋。

所以，为了它的成立，我们整整准备了 3 年；为了它的成立，我们等待了 3 年！这 3 年来，市、区各级政府以及各职能部门的领导给予我们无微不至的关心和支持，新闻、工商、税务、供水、供电以及其他各界朋友给了我们莫大的支持和帮助。今天，这些关心和帮助劲动公司的领导和朋友们都来了，在此，我谨代表劲动公司全体员工对各位领导和朋友的光临表示热烈的欢迎和真诚的感谢！

为了报答各位领导和朋友的关心和支持，我们劲动人唯有努力工作、积极进取，创造最好的经济效益和社会效益，贡献最多的利税造福于民。

为了劲动公司的持续发展，我们希望能够继续得到各位领导和朋友的关心和支持，我们决不辜负领导和朋友的希望，一定要把劲动公司做大做强。

劲动公司不是我个人的，是你的、是他的、是人民的、是国家的，是我们大家共有的。为了劲动公司的未来，让我们齐心协力、同心同德地爱护它、培育它、建设它，并使之发展壮大吧！

领导们、朋友们，请为我们的祖国共同举杯，请为劲动公司的明天共同举杯，请为我们的相聚共同举杯，请为各位的身体健康共同举杯——我感谢你们！我祝福你们！——干杯！

（例文来源：编者自撰）

 **作业**

模拟公司成立大会即将举行，假设市领导及全市各有关职能部门领导和各往来单位的领导将出席成立大会。请按照讲话稿的写作格式和要求，拟写一篇总经理在成立大会上的讲话稿。

第二节 演 讲 稿

一、文体简介

（一）演讲稿的含义

演讲稿是在群众集会上或其他会议上口头或书面发表的具有特定主题讲话的底稿，它是一种带有宣传鼓动作用并具有号召性的应用文体。

（二）演讲稿的特点

演讲稿用于特定的场合，它应该具备内容上的针对性、语言上的简洁性、语气上的亲和性、鼓动性和号召性。

人们之所以对演讲的兴趣日益浓厚，是因为他们对于演讲的功能的认识日益深化：文理并茂、热情洋溢的演讲能够用于思想政治工作、开启青年的心灵；在学术会议上，演讲的才能能够帮助自己更好地表达学术观点和学术成果；在法庭上，演讲技巧的掌握有益于检察员的有力诉讼、律师的成功辩护和当事人的清晰陈述；在至亲好友的婚丧活动中，人们要恰如其分地表达自己的感情，也要学习演讲技巧……当然，还有的人是希望能在社会交际中显示自己的文化修养之美，表现自己的语言谈吐之雅，才去重视、学习和研究演讲艺术的。

（三）演讲稿的分类

按主要表达方式，演讲稿可以分成3类：议论型演讲稿、抒情型演讲稿和叙事型演讲稿。议论型演讲稿多从正面阐述事理或反驳某种观点，通过立论或驳论的方式，针对正面或反面论点进行逻辑论证，语言运用要求简洁明快。抒情型演讲稿主要借助对人、事、景、物的描述来抒发自身情感，也可直抒胸臆，直接倾述内心思想感情，语言运用更近散文的要求。叙事型演讲稿指依托对某事（如亲身经历、重大事件等）的叙述介绍来阐述观点或抒发情感，这类稿件多用第一人称，以便于充分表达情感，使听众感到亲切可信。

二、写作格式

演讲稿没有严格固定的格式，它的结构一般分为标题、称谓、开场白、主体、结束语等5个部分。

（一）标题

好的标题能概括演讲的中心内容，体现演讲的内容风格，还能发人深思，引人入胜。标题有两种形式，一种是文章式标题，用以概括演讲稿的主旨，常用的几种命题的方法是：① 阐明内容，如"谈谈德与才"；② 揭示主题，如"要为自己的理想奋斗到底"；③ 提出问题，如"友爱是什么"；④ 形象比喻，如"扬起生命的风帆"；⑤ "在……上的演讲"式的标题，通常是后人辑录文章时加上去的。另一种是双行标题，即由正题和副题构成。如：

扬起生命的风帆

——在……上的演讲

（二）称谓

得体的称呼使人感到亲切，能唤起听众的注意，拉近演说者与听众的感情距离。称谓写在演讲稿的开头，顶格，单列一行。如"各位来宾"、"朋友们"等，除开头称呼外，在演说过程中还要适当地穿插使用；凡长篇演讲，在层次过渡或转换论点时用在有关段首，起提示听众注意的作用。

（三）开场白

开场白的任务有二，一是建立说者与听者的同感，二是如字所释，打开场面，引入正题。开场白应能迅速创造一种气氛，抓住听众的注意力，控制听众的情绪，为演讲的主体打下基础。开场白有多种方式：或点题，开门见山，道出题旨；或说明，交代背景，说明意图；或概括，扼要介绍，揭示内容；或渲染，娓娓道来，小题大做；或设问，欲擒故纵，引发思考；或导引，引用名言，导出正题。开场白形式要新颖，内容要新鲜，要有容量，要有气势。开场白要注意的几个问题是：一是切忌卖弄，二是谦虚有度，三是平等待人。另外，开场白要考虑到演讲的场所、时机、听众的情况而有所变化。

（四）主体

这一部分是演讲的展开部分，要根据开场白中提出的问题进行阐述和议论。这一部分是演讲成败的关键。要写好这一部分，需要做到如下几点。

（1）**选好演讲主体的重点**。这个重点是指那些能体现演讲中心和目的，蕴含着极深刻的思想与充满感情的段落和语句。演讲内容的重点根据演讲内容的不同而有所不同。就一次演讲来说，重点在开头的很少，绝大部分在主体中，也有的在结束部分。另一种情况是，重点不是集中而是分散的，即分散在各部分、各层次之中。

（2）**安排好讲述的层次**。层次的安排要视演讲的体式而定：① 议论式演讲，与论说文一样涉及 3 个环节（提出问题、分析问题、解决问题），多采用并列式、总分式、层递式、对比式结构，多采用引证法、喻证法、对比法、类比法、例证法等；② 叙述式演讲，多采用时间顺序、空间顺序、因果顺序、问题顺序结构；③ 抒情式演讲，演讲内容按演讲者感情的自然发展顺序来表述，结构手法与散文类似，不拘一格，抒情方式多为间接抒情，也有直接抒情的。为了在有限的时间内始终抓住听众的注意力，主体部分除了要注意用语言（提示性、总结性语言）揭示演讲层次的发展和意思的转变之外，还要在适当的地方设计演讲的高潮，做到跌宕起伏，有张有弛，富有变化。一般来说，宣传鼓动性内容的演讲都有一到几次高潮，学术性、学理性内容的演讲则不必硬性设计。

（五）结束语

这部分总结全文。结束语的设计至关重要，因为一方面它体现演讲稿的完整性，另一方面它又密切关联着演讲的气氛和效果。所以结束语既要总结全文，同时语言要含蓄、深刻、有力，给人以"余音袅袅，不绝于耳"的感觉，这样才能收到好的效果。结束语的常见写法有催人奋起的激励式、耐人寻味的含蓄式、加深印象的重申式、引人发笑的幽默式和深化主题的总结式。结尾不宜突然刹车，草草收兵；不宜写得太长，意已尽而言未终；不要节外生枝，画蛇添足。

三、写作要求

（一）要有的放矢

所谓有的放矢，就是要求演讲的内容有针对性，克服盲目性，这就要求在撰稿之前要进行调查研究，了解听众的思想状况、文化程度、职业状况等，了解他们的心理、愿望和要求，了解他们所关心和迫切需要解决的问题。了解得越明白透彻，准备也就越充分，演讲时就越能引起共鸣，从而收到良好的效果。

（二）要主题突出

一次演讲应当有一个鲜明的主题，要想主题突出，首先主题必须单一，就是说不可面面俱到，全篇内容都必须紧紧围绕一个中心去铺陈。无中心、无主次、杂乱无章的演讲没有人愿意听。选择主题要从听众所普遍关心、感兴趣的问题着眼，要能反映新思想、新情况。

（三）要感情真切

演讲不能像一般论说文那样板起面孔抽象说教，无论是引用史例、联系现实，还是举出实例，加以议论，都要情真意切，寓理于情，把叙事、说理和抒情紧密结合起来。首先感情要真实，唯其真实才可信赖；其次感情要真挚，唯其真挚才能感人。真的感情不是装腔作势的虚情假意，而是内心情感的自然流露。

（四）要扣人心弦

这就要求演讲稿在内容安排上要跌宕起伏，富有变化和节奏感，以此集中听众的注意力，引起他们的兴趣，收到好的效果。为了加强演讲的感人效果和说服力量，还可在文中适当地采用比喻、排比、反问和重复等修辞手法。此外，还应善于运用格言警句。

（五）要鲜明生动

鲜明是对论述而言，生动是对修辞而言。写演讲稿时要深入浅出，把抽象的事物具体化，把深奥的道理浅显化，把概念的东西形象化；要善于运用通俗生动的口语、简明活泼的句式和丰富多彩的修辞方法来增强演讲的启发性、引导性和鼓动性。

 例文1

<h1 style="text-align:center">最后一次的讲演</h1>

闻一多

这几天，大家晓得，在昆明出现了历史上最卑劣最无耻的事情！李先生究竟犯了什么罪，竟遭此毒手？他只不过用笔写写文章，用嘴说说话，而他所写的，所说的，都无非是一个没有失掉良心的中国人的话！大家都有一支笔，有一张嘴，有什么理由拿出来讲啊！有事实拿出来说啊！（闻先生声音激动了）为什么要打要杀，而且又不敢光明正大的来打来杀，而偷偷摸摸的来暗杀！（鼓掌）这成什么话？（鼓掌）

今天，这里有没有特务？你站出来！是好汉的站出来！你出来讲！凭什么要杀死李先生？（厉声，热烈的鼓掌）杀死了人，又不敢承认，还要诬蔑人，说什么"桃色事件"，说什么共产党杀共产党，无耻啊！无耻啊！（热烈的鼓掌）这是某集团的无耻，恰是李先生的光荣！李先生在昆明被暗杀，是李先生留给昆明的光荣！也是昆明人的光荣！（鼓掌）

去年"一二·一"昆明青年学生为了反对内战，遭受屠杀，那算是青年的一代献出了他们最宝贵的生命！现在李先生为了争取民主和平而遭受了反动派的暗杀，我们骄傲一点说，这算是像我这样大年纪的一代，我们的老战友，献出了最宝贵的生命！这两桩事发生在昆明，这算是昆明无限的光荣！（热烈的鼓掌）

反动派暗杀李先生的消息传出以后，大家听了都悲愤痛恨。我心里想，这些无耻的东西，不知他们是怎么想法，他们的心理是什么状态，他们的心怎样长的！（捶击桌子）其实简单，他们这样疯狂的来制造恐怖，正是他们自己在慌啊！在害怕啊！所以他们制造恐怖，其实是他们自己在恐怖啊！特务们，你们想想，你们还有几天？你们完了，快完了！你们以为打伤几个，杀死几个就可以了事，就可以把人民吓倒了吗？其实广大的人民是打不尽的，杀不完的！要是这样可以的话，世界上早没有人了。

你们杀死一个李公朴，会有千百万个李公朴站起来！你们将失去千百万的人民！你们看着我们人少，没有力量？告诉我们，我们的力量大得很，强得很！看今天来的这些人都是我们的人，都是我们的力量！此外还有广大的市民！我们有这个信心：人民的力量是要胜利的，真理是永远是要胜利的，真理是永远存在的。历史上没有一个反人民的势力不被人民毁灭的！希特勒，墨索里尼，不都在人民之前倒下去了吗？翻开历史看看，你们还站得住几天！你们完了，快了！快完了！我们的光明就要出现了。我们看，光明就在我们眼前，而现在正是黎明之前那个最黑暗的时候。我们有力量打破这个黑暗，争到光明！我们光明，恰是反动派的末日！（热烈的鼓掌）

李先生的血不会白流的！李先生赔上了这条性命，我们要换来一个代价。"一二·一"四烈士倒下了，年青的战士们的血换来了政治协商会议的召开；现在李先生倒下了，他的血要换取政协会议的重开！（热烈的鼓掌）我们有这个信心！（鼓掌）

"一二·一"是昆明的光荣，是云南人民的光荣。云南有光荣的历史，远的如护国，这不用说了，近的如"一二·一"，都属于云南人民的。我们要发扬云南光荣的历史！（听众表示接受）

反动派挑拨离间，卑鄙无耻，你们看见联大走了，学生放暑假了，便以为我们没有力量了吗？特务们！你们看见今天到会的一千多青年，又握起手来了，我们昆明的青年决不会让你们这样蛮横下去的！

反动派，你看见一个倒下去，可也看得见千百个继起的！

正义是杀不完的，因为真理永远存在！（鼓掌）

历史赋予昆明的任务是争取民主和平，我们昆明的青年必须完成这任务！

我们不怕死，我们有牺牲的精神！我们随时像李先生一样，前脚跨出大门，后脚就不准备再跨进大门！（长时间的鼓掌）

（例文来源：百度百科）

 例文 2

让高尚在阳光下绽放
——学习胡锦涛"荣辱观"演讲稿

记得很小时候，我的老师就在我心里播下了一颗种子，一颗对教师这一职业期望的种子。这颗种子在各位老师爱的雨露和关怀的阳光下，渐渐生根发芽，一天天长大。它终于结出了果实——我也成了一名光荣的人民教师。当我站上讲台，我看到了一双双渴求的眼睛，这一双双眼睛让我仿佛置身于灿烂的星空之中，在他们中我看到了澄澈如镜的真、善、美。我开始懂得教师这个职业的重要性与艰巨性，站上讲台就担当着人类灵魂工程师的角色，它需要我无怨无悔，矢志不改，需要我情系学生，耕耘不辍！

但同时，我也知道就如学习先学做人一样，教师不但要具备优秀的业务水平，更要把高尚的道德追求放在行为首位。有位名人说过，教师的高尚不在于他培养了多少科学家、艺术家，而在于他的细微之处，以高尚的师德影响人、培育人。正是说明教师要为人师表，因为在学生眼里，老师的形象是崇高的，老师的教导是神圣的，老师的话是他们辨是非、分荣辱的标准。胡锦涛总书记在 3 月 4 日指出要引导广大干部群众，特别是青少年树立"八荣八耻"社会主义荣辱观：以热爱祖国为荣，以危害祖国为耻；以服务人民为荣，以背离人民为耻；以崇尚科学为荣，以愚昧无知为耻；以辛勤劳动为荣，以好逸恶劳为耻；以团结互助为荣，以损人利己为耻；以诚实守信为荣，以见利忘义为耻；以遵纪守法为荣，以违法乱纪为耻；以艰苦奋斗为荣，以骄奢淫逸为耻。

春天是桃红柳绿、百花盛开的季节，"八荣八耻"又为姹紫嫣红的精神文明园献上了一朵鲜花，增添了一抹新绿。这不但为新时期的青年，也为新时期的教师思想工作提出了新的课题、新的要求。教师往往是学生们做人的榜样，教师的一言一行往往成为学生模仿的对象。所以作为一名新时期的语文教师，我开始更深刻认识自己在培养青少年成长中肩负的光荣责任，试着结合学生年龄和思想品德建设的实际，将"八荣八耻"引进教学。除了在课堂上积极讨论荣辱观之外，我还利用批改"周记"之便让学生以书面的形式畅谈自己的想法，我给予一定的思想指导。

就这样，交流中更加坚定了我把荣辱观作为教学指导的决心。有一位学生因底子差不爱学习，在一次周记中他写到："老师，我是学不好的，课堂上你忽略我的存在吧，别提问我……"我看后一阵心痛，在我们国家文盲、半文盲已经是数以亿计，这是在过去特定的历史条件下不得已而形成的。可现在在我们的周围如果再培养出上了学但没知识的人，这只能算作我们的失败！于是我凭借私下对他的了解，给他写了一句话："别灰心，只要你肯，你的学习总有一天跟你的人缘一样棒！"因为我话语中肯，之后不久的一次周记中他写到："老师，我不知道你是怎么知道我人缘好的，但你的确给了我有史以来最大的鼓励，我知道我的知识储备还不够，但我真的想以后也做一名教师，去鼓励帮助更多的孩子。老师，有人说，一位老师的影响是巨大的，而且谁也不知道这种影响会止于何处。从你身上我理解了这句话。"就这样我的班上又多了一名勤奋刻苦的学生。我也由衷地感到了欣慰，这种感觉胜过享受夏日凉风沐浴冬日骄阳。

在由"八荣八耻"促进"廉洁文化进校园"活动开展时，许多现实问题在我的脑海浮现。我觉得现在用"人梯"、"红烛"等来比喻教师难免有伤感悲壮的成分。毕竟社会主义经济浪潮在全国汕涌澎湃，同样它也冲击着我们的教育园地。好多同学、同事都抱着"拿青春的热情搏一回"的心态"下海"了，虽然有成有败，但他们毕竟换回一个"试过了不后悔"的心理安慰。的确，每一位教师都踌躇满志、满腹经纶，面对物质的诱惑不可能无动于衷。但是又是为什么绝大多数老师都能立足于三尺讲台，辛勤地耕耘呢？特别是贫困地区的中小学教师，拿着低微的工资，住着简陋的校舍，却能用崇高的品德去塑造千百万学生美好的心灵。他们十年、数十年如一日，默默奋斗在教学岗位上，甘愿做"人梯"，让孩子们站到自己肩上，去攀登新的科学文化知识的高峰。他们正像叶圣陶先生说的"捧着一颗心来，不带一根草去"。又是为了什么呢？

"感动中国"2004 年度人物徐本禹，堪称我们迈入 21 世纪后教师乃至大学生学习的楷模。在 2004 年里他让我落泪了，他放弃读研究生的机会，远离大城市，走入大山深处，用一个刚刚毕业的大学生稚嫩的肩膀，扛住了倾颓的教室，扛住了孤独和清贫，扛起了本来不属于他的责任，为贵州那些贫困山区的孩子们撑起了一片无雨的天空。我忘不了他的那句话："我愿意做一滴水，我知道我很微小，但是当爱的阳光照射到我身上的时候，我愿毫无保留地反射给别人。"这足以让我思索与回味了。可是今年年初又一位现实中的"红烛"闯入我的脑海，以他的故事激荡着我的心。重庆某村小学教师刘念友，连续三年，每逢假期都会到镇上的煤矿下井挖煤。挣的钱除了供自己的儿女上大学外，全给自己班上的贫困生交学费，买学习用品，买新衣服，但自己却天天吃咸菜和白开水泡饭，因有人说他衣着有损教师形象，他才狠心花二十五元买了双皮鞋。但他到底资助了多少贫困生连他自己也数不清楚，只知道他的班上从来没有人因家庭贫困而辍学。相信很多人都曾在电视上见过他那粘满煤灰的脸，可是谁又不为他黝黑的脸上反射着的满足而打动呢。

是他们用实际行动解答了我的疑问，拨亮了我心里的灯，让我更加理解教师的内涵，如果没有红烛那种燃烧自己、照亮别人的奉献精神，我们的教育事业怎么会蒸蒸日上？四化建设的栋梁之才从何而来？国家的繁荣富强谁来创造？每位教师都是有血有肉、知疼懂爱的人，渴望幸福的现代文明。只为教育的振兴，才舍利益、守清贫，追求自己矢志不渝的憧憬。我知道：岁月催人老，粉笔染白头。但我也知道：岁月可使皮肤起皱，而失去热情则使灵魂起皱。正所谓"知之者不如乐之者，乐之者不如好之者"。所以我将时刻谨记"八荣八耻"，并拿出我的勇气与热情，为太阳底下最光辉的事业孜孜不倦，风雨兼程！

（例文来源：免费范文网，经本书作者重新整理）

第三节　规章制度

俗话说得好："没有规矩不成方圆。""规"和"矩"本身就有"约束"、"制约"的意思，人们引申这句话并赋予它新的含义，借用这句话来比喻办事、做工作，如果不按"规矩"，事情是办不好的。用今天的话来说，所谓"规矩"就是规章制度。任何国家、任何单位、任何部门如果不按"规矩"办事，一切事情都是办不好的。

一、文体简介

（一）规章制度的含义

广义地说，规章制度就是国家机关、社会团体、企事业单位制定的具有约束性和法律效力的各种规范性文书的总和。狭义地说，规章制度是为实施有效的管理而依法制定的对有关公务活动和个人行为提出具体要求的规范性文书，它包括法规、条例、规定、办法、细则、章程、规则、制度、准则、公约、守则等。

（二）规章制度的特点

与其他应用文书相比，规章制度无论是在内容、写作格式还是在语言表述方面都有着很多不同的特点。

（1）**政策性**。规章制度是法规性文件，是党和国家大政方针的具体化。制定规章制度既要根据本地区、本单位、本部门的具体情况，又必须以党和国家的路线、方针、政策、法规和法令为依据，不得有任何的随意性。

（2）**权威性**。管理国家的大法大典，是经众多法学专家研究、起草、修改，经过众多人大代表讨论、商议并通过才能实施的；针对地方、单位、部门的工作管理和经营所制定的局域性法规，是国家重大法规的具体化，同样是经过认真起草、认真修改、认真审议才能通过并实施的。所以，在国家的建设、管理上，在对单位、部门的工作和经营或对个人的言论、行为的规范上，规章制度有令行禁止的约束力，无论是谁，若有违反则必受其罚。

（3）**约束性**。规章制度一经制定，就是各级、各单位、各部门工作、言论、行为的准则，无论是哪个单位，无论什么人，都必须严格地、无条件地遵守。就国家而言，只有在规章制度的制约下，才能使亿万民众的思想统一、言论一致、行为规范，才能将国家管理好、建设好，实现共同的目标；反过来，假如国家或各级、各地、各单位没有规章或执行规章不严，人们的言行失去了应有的制约或所受的制约力度不够，那么，任何国家、任何单位或部门就不能维持正常的秩序和运转，自制能力差的人也就难以规范自己的言行，甚至违法乱纪。

（4）**明确性**。规章制度要求人们遵照执行，因此，它的每条每款对人们言行的要求，在语言文字表述上必须明确清楚、通俗易懂、没有歧义。这样既能方便人们理解和领会，又能方便执法人员正确地行使处置权。所以，规章制度不能似是而非、模棱两可，使人无法遵从，更不能有遗漏的地方，以防被钻空子。

（三）规章制度的分类

根据适用的范围、领域和约束力的大小，规章制度有如下类型。

1. 行政规章

行政规章包括部门规章和地方政府规章。部门规章是国务院所属的各职能部门根据法律和国务院的行政法规、决定、命令等，在本部门权限内按照规定程序制定的规范性文件的总称。

地方政府规章是由各省、自治区、直辖市及其所管辖的行政区域内的各级行政机关，根据国家法律和上级行政机关的法规，按照规定的程序所制定的、普遍适用于本地区行政管理的规范性文件的总称。

行政规章有章程、条例、规定、办法、细则等几种形式。

章程是一个组织或团体共同遵守的纲领性文件。它由这个组织或团体根据其性质、宗旨、任务、组织原则、结构、成员条件、权利、义务及活动方式等因素作出相应的规定，例如《中国共产党章程》、《中外合资企业章程》等。章程由该组织或团体的最高权力机构——代表大会制定和发布，具有规范性、法规性和约束力。

条例是对某一方面的工作事务或某类工作人员的职责、权限等作的比较全面、系统的规定，如 1992 年 3 月 18 日发布的《中华人民共和国国库券条例》、2004 年 2 月 7 日发布的《中国共产党纪律处分条例》等。条例的成文依据是宪法或国家的基本法律，所以条例的制发机关仅限于国务院、全国人大及其常委会和省、自治区、直辖市人大及其常委会，国务院各部门和地方人民政府职能部门制定的规章不得称为条例。

规定是对某一方面的具体工作或专门问题所提出的要求和规范，如 2006 年 8 月 6 日中共中央办公厅印发的《党政领导干部职务任期暂行规定》《党政领导干部交流工作规定》《党政领导干部任职回避暂行规定》等。规定与条例相比较，一是其内容涉及的范围比条例狭小，二是其内容比条例更加具体详细。条例只作原则性的规定，规定则详细具体，便于实施。条例只能由国务院、全国和省（直辖市）、自治区人大及其常委会制发，规定则可由任何机关、团体、企事业单位制发。

办法是用于对某一项工作或事务作出具体规定的文书，如 2005 年 4 月发布的《中华人民共和国公民自费出国旅游管理暂行办法》、2001 年 3 月 14 日建设部发布的《商品房销售管理办法》等。办法的内容、范围比条例和规定更窄更细，它不是就某一方面的事务作出原则性、粗线条的规定，而只是对某一项工作作出具体化、详细化的规定，实践性和可操作性更强。

细则是用于对已有的文件，包括法律、条例、规定、办法等进行解释、补充的辅助性说明文书，其作用是使之进一步具体化、详细化，便于实施和操作，如 1992 年 3 月 14 日国家教委发布的《中华人民共和国义务教育法实施细则》、《中华人民共和国商标法实施细则》。细则可以由各级政府机构根据有关法律、法规制发。

2．管理规章

管理规章是各级机关、团体、企事业单位为强化行政管理、经济管理、企业管理而依据法令、方针政策的精神和实际情况，在其职权范围内所制定的规范性文件的总称。

管理规章包括规则、制度、公约等几种形式。

规则也称守则、准则，它是在一定的场合为规范人们的行为而制定的共同准则，如"篮球比赛规则"、"考场规则"等。凡有集体、公众活动的场合，就会有规则。制定规则的目的是规范和限制人们的行为，保障各项活动正常、有序地进行。

制度是国家机关、社会团体、企事业单位为加强各方面的管理而制定的要求人们照章办事的行为准则，如"财务管理制度"、"卫生管理制度"、"员工医疗费报销制度"、"差旅费报销制度"等。

公约指一定范围内的成员，为了实现共同的目的而约定共同遵守的行为准则，如"市民公约"、"班级公约"等。公约是由组织内部的成员相互协商、共同制定的，其主要作用是自我教育、自我约束，并有利于成员之间的相互监督。

除了在社会管理和日常生活中使用公约外，在国际关系上还有一种专用的外交文书，如《日内瓦公约》、《海牙公约》、《联合国儿童公约》等。这种国际公约对缔约国具有约束力，违者将受到国际社会的制裁。

二、写作格式及写作要求

（一）条例

1．写作格式

（1）**标题**。条例的标题由3个要素构成，即"国家机关名称＋事由＋文种"。例如，"中国共产党纪律处分条例"、"中华人民共和国国库券条例"等。

（2）**签署**。签署一般在标题的正下方，写明发布机关、会议日期和名称，以及公布日期，并加括号。如果公布机关在标题中已写明，在括号中只写发布日期即可。

（3）**正文**。条例的正文一般由总则、分则和附则3个部分组成。

总则一般作为第一章，是条例的开头部分。主要陈述制定本条例的缘由、意义、目的、对象以及总的原则和要求等。但这些内容不一定每个条例都具备，根据需要而写入。

分则是总则之下的各个章（条），也是条例的中心内容和规定的具体事项。分则可分为若干章（条），写明条例的具体要求，每一条写一个具体内容。如果其中包括几个事项或要求，可在一条之下再分列几款、几项来叙述。分则的章目下应加小标题，标明该章的主要内容。

附则是条例的最后部分，同时又是条例内容的补充说明。附则内容为条例的适用对象、具体实施办法的制定权、解释权、实施的起始日期，以及其他有关事项的说明等。附则可以单独作为最后一章，也可以只用几个条文列出，排在最后。

2．写作要求

（1）**符合法规**。条例的写作要严格遵循党和国家的有关方针、政策和法规，不能与之相矛盾。

（2）**切实可行**。条例的写作必须充分考虑在现实条件下执行条例的可能性和在一定时期内的稳定性，力求合理、规范和完备。

（3）**准确严谨**。条例的条文既不能过于简要，也不能烦琐，使用的概念要准确、规范，语言表述要清楚明白，能怎么做、不能怎么做、允许这样做、不允许那样做等，都要规定得具体明确，不能含糊和笼统，以免产生歧义而发生误解。

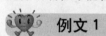

例文1

企业职工奖惩条例

（国发〔1982〕59号）

第一章　总　　则

第一条　根据中华人民共和国宪法的有关规定，为增强企业职工的国家主人翁责任感，鼓励其积极性和创造性，维护正常的生产秩序和工作秩序，提高劳动生产率和工作效率，促进社会主义现代化建设，特制定本条例。

第二条　企业职工必须遵守国家的政策、法律、法令，遵守劳动纪律，遵守企业的各项规章制度，爱护公共财产，学习和掌握本职工作所需要的文化技术业务知识和技能，团结协

作，完成生产任务和工作任务。

第三条　企业实行奖惩制度，必须把思想政治工作同经济手段结合起来。在奖励上，要坚持精神鼓励和物质鼓励相结合，以精神鼓励为主的原则；对违反纪律的职工，要坚持以思想教育为主、惩罚为辅的原则。

第四条　本条例适用于全民所有制企业和城镇集体所有制企业的全体职工。对企业中由国家行政机关任命的工作人员给予奖励或惩罚，其批准权限和审批程序按照《国务院关于国家行政机关工作人员的奖惩暂行规定》办理。

第二章　奖　　励

第五条　对于有下列表现之一的职工，应当给予奖励：

（一）在完成生产任务或者工作任务、提高产品质量或者服务质量、节约国家资财和能源等方面，做出显著成绩的；

（二）在生产、科学研究、工艺设计、产品设计、改善劳动条件等方面，有发明、技术改进或者提出合理化建议，取得重大成果或者显著成绩的；

（三）在改进企业经营管理，提高经济效益方面做出显著成绩，对国家贡献较大的；

（四）保护公共财产，防止或者挽救事故有功，使国家和人民利益免受重大损失的；

（五）同坏人、坏事作斗争，对维持正常的生产秩序和工作秩序、维持社会治安，有显著功绩的；

（六）维护财经纪律，抵制歪风邪气，事迹突出的；

（七）一贯忠于职守，积极负责，廉洁奉公，舍己为人，事迹突出的；

（八）其他应当给予奖励的。

第六条　对职工的奖励分为：记功、记大功，晋级，通令嘉奖，授予先进生产（工作）者、劳动模范等荣誉称号。在给予上述奖励时，可以发给一次性奖金。

第七条　记功、记大功、发给奖金，授予先进生产（工作）者的荣誉称号，由工会提出建议，企业或者企业的上级主管部门决定。发放奖金一般一年进行一次，在企业劳动竞赛奖的奖金总额内列支。

通令嘉奖，由各级人民政府或者企业主管部门决定。授予劳动模范称号的办法，另行制定。

第八条　对职工给予奖励，需经所在单位群众讨论或评选，并按照第七条规定的权限办理。职工获得奖励，由企业记入本人档案。

第九条　对职工中有发明、技术改进或合理化建议，符合第五条第（二）项规定的，按照《发明奖励条例》、《合理化建议和技术改进奖励条例》给予奖励，不再重复发给奖金。

第十条　经常性的生产奖、节约奖的发放原则、奖金来源、提奖办法，按照国家有关规定办理。

第三章　处　　分

第十一条　对于有下列行为之一的职工，经批评教育不改的，应当分别情况给予行政处分或者经济处罚：

（一）违反劳动纪律，经常迟到、早退，旷工，消极怠工，没有完成生产任务或者工作任务的；

（二）无正当理由不服从工作分配和调动、指挥，或者无理取闹，聚众闹事，打架斗殴，影响生产秩序、工作秩序和社会秩序的；

（三）玩忽职守，违反技术操作规程和安全规程，或者违章指挥，造成事故，使人民生命、财产遭受损失的；

（四）工作不负责任，经常产生废品，损坏设备工具，浪费原材料、能源，造成经济损失的；

（五）滥用职权，违反政策法令，违反财经纪律，偷税漏税，截留上缴利润，滥发奖金，挥霍浪费国家资财，损公肥私，使国家和企业在经济上遭受损失的；

（六）有贪污盗窃、投机倒把、走私贩私、行贿受贿、敲诈勒索以及其他违法乱纪行为的；

（七）犯有其他严重错误的。

职工有上述行为，情节严重，触犯刑律的，由司法机关依法惩处。

第十二条 对职工的行政处分分为：警告，记过，记大过，降级，撤职，留用察看，开除。在给予上述行政处分的同时，可以给予一次性罚款。

第十三条 对职工给予开除处分，须经厂长（经理）提出，由职工代表大会或职工大会讨论决定，并报告企业主管部门和企业所在地的劳动或者人事部门备案。

第十四条 对职工给予留用察看处分，察看期限为 1～2 年。留用察看期间停发工资，发给生活费。生活费标准应低于本人原工资，由企业根据情况确定。（注解：关于留用察看人员待遇问题，现按 1984 年 11 月 7 日《劳动人事部关于解决留用察看人员经济待遇问题的通知》执行。）留用察看期满以后，表现好的，恢复为正式职工，重新评定工资；表现不好的，予以开除。

第十五条 对于受到撤职处分的职工，必要的时候，可以同时降低其工资级别。

给予职工降级的处分，降级的幅度一般为一级，最多不要超过两级。

第十六条 对职工罚款的金额由企业决定，一般不要超过本人月标准工资的 20%。

第十七条 对于有第十一条第（三）项和第（四）项行为的职工，应责令其赔偿经济损失。赔偿经济损失的金额，由企业根据具体情况确定，从职工本人的工资中扣除，但每月扣除的金额一般不要超过本人月标准工资的 20%。如果能够迅速改正错误，表现良好的，赔偿金额可以酌情减少。

第十八条 职工无正当理由经常旷工，经批评教育无效，连续旷工时间超过 15 天，或者一年以内累计旷工时间超过 30 天的，企业有权予以除名。

第十九条 给予职工行政处分和经济处罚，必须弄清事实，取得证据，经过一定会议讨论，征求工会意见，允许受处分者本人进行申辩，慎重决定。

第二十条 审批职工处分的时间，从证实职工犯错误之日起，开除处分不得超过 5 个月，其他处分不得超过 3 个月。

职工受到行政处分、经济处罚或者被除名，企业应当书面通知本人，并且记入本人档案。

第二十一条 在批准职工的处分以后，如果受处分者不服，可以在公布处分以后十日内，向上级领导机关提出书面申诉。但在上级领导机关未作出改变原处分的决定以前，仍然按照原处分决定执行。

第二十二条 职工被开除或者除名以后，一般在企业所在地落户。

如果本人要求迁回原籍，应当按照从大城市迁到中小城市、从沿海地区迁到内地或者边疆、从城镇迁到农村的原则办理。

符合本条规定的，企业主管部门应当事先同迁入地的公安部门联系。迁入地公安部门应当凭企业主管部门的证明，办理落户手续。迁回农村的，生产队应当准予落户。

第二十三条 受到警告、记过、记大过处分的职工在受处分满半年以后，受到撤职处分的职工在满一年以后，受到留用察看处分的职工在被批准恢复为正式职工以后，在评奖、提级等方面，应当按照规定的条件，与其他职工同样对待。

第二十四条 对于弄虚作假、骗取奖励的职工，应当按照情节轻重，给予必要的处分。

第二十五条 对于滥用职权，利用处分职工进行打击报复或者对应受处分的职工进行包庇的人员，应当从严予以处分，直至追究刑事责任。

第四章 附 则

第二十六条 各省、市、自治区人民政府和国务院各部门，可以根据本条例的规定，制定实施办法。

第二十七条 各级劳动部门有权对执行本条例的情况进行监督检查。

第二十八条 本条例自发布之日起施行。

（二）规定、办法、细则

1．写作格式

这类文书的基本格式一般由标题、日期和正文3个部分构成。

（1）标题。标题有两种形式：三要素标题，即"制发机关名称＋事由＋文种"，如"中华人民共和国公民自费出国旅游管理暂行办法"；两要素标题，即"事由＋文种"，如"党政领导干部任职回避暂行规定"。

（2）日期。关于发布规章的日期，除了"令"、"通知"等文种在内容中写明具体发布日期外，其余文种的日期可写在标题的下面，也可以放在正文的末尾。

（3）正文。内容较复杂的，可分为总则、分则、附则3个部分；内容较单一的，一般包括开头、条文和结尾3个部分。

① 总则或开头。内容涉及面广，用于宏观管理规章制度的开头，要有总体要求，并设"第一章 总则"，下分若干条来表述。内容较简短的，其开头类似导语、总述，通常写明制定规章的缘由、目的和依据，表述较简练。多用"为了……"、"根据……"开头，写明缘由后引出导语，紧接着用"特制定本规定"（或"本办法"、"实施细则"）、"现规定如下"或"特作如下规定"过渡到主体，也可以作为第一条来表述制定规章的目的，不写依据和导语等。

② 分则或条文。这部分是主体。无论作用于宏观管理还是微观管理的规章制度，一般都用条、款、项的贯通式来谋篇布局。内容按原则性、规定性、实施性和补充性的顺序写；关键的基本原则要求列为第一章（条），接着依次写明具体内容。各项规定的先后次序安排，要本着主要在前、次要在后的原则。一条只写明一项内容，如果其中包含几项内容，可在该条下再分若干款、项来叙述。

③ 附则或结尾。这是规章的最后部分，主要交代该规章的实施要求、解释权、同过去或其他有关规章的关系以及施行日期等。结尾的表现形式比较灵活，依据前两部分的结构形式，有的可列为附则，有的只标明条款的序号，有的单写一段结束语。

2．写作要求

（1）依法而制定。规定、细则、办法都具有强制性和约束性，能起到行政法规的作用，一经公布就必须严格执行，不得违反。所以，起草时必须认真领会上级的方针、政策和法规条文，不得与现行或现有的法规、政策等有相矛盾的地方，如有矛盾则要作"以本规定（或办法、细则）为准"的说明。

（2）**周到而具体**。规定、细则、办法是人们各方面言行的准则，它涉及社会工作、人民生活的方方面面。所以在起草和制定这些规章时，要充分预见工作和生活中将会出现的一切情况，针对这些情况作出相应的处理措施和处理标准。条款要做到尽可能没有遗漏，语言要明确无误，该怎么做、不能怎么做都清楚写明，否则被人钻了空子，就会造成工作上的被动。

（3）**行文条款式**。国务院批准执行的《行政法规制定程序暂行规定》中明确规定："行政法规的内容用条文表达，每条可分为款、项、目，款不冠数字，项和目冠数字。法规条文较多的，可以分章，章还可以分节。"常用的是分章、条、款 3 级，最多使用章、节、条、款、项、目 6 级。

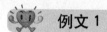 **例文 1**

党政领导干部任职回避暂行规定

第一条 为了加强对党政领导干部的管理和监督，保证领导干部公正履行职责，促进党风廉政建设，根据《中华人民共和国公务员法》、《党政领导干部选拔任用工作条例》和有关法律法规，制定本规定。

第二条 本规定适用于中共中央、全国人大常委会、国务院、全国政协的工作部门和工作机构的领导成员，上述工作部门和工作机构的内设机构的领导干部；中央纪委和最高人民法院、最高人民检察院的副职领导成员及其机关内设机构的领导干部；县级以上地方党委、人大常委会、政府、政协及其工作部门和工作机构的领导成员，上述工作部门和工作机构的内设机构的领导干部；县级以上地方纪委和人民法院、人民检察院的领导成员及其机关内设机构的领导干部。

第三条 有夫妻关系、直系血亲关系、三代以内旁系血亲关系以及近姻亲关系的，不得在同一机关担任双方直接隶属于同一领导人员的职务或者有直接上下级领导关系的职务，也不得在其中一方担任领导职务的机关从事组织（人事）、纪检（监察）、审计、财务等工作。

第四条 领导干部的配偶、子女及其配偶以独资、合伙或者较大份额参股的方式，经营企业或者举办经营性民办非企业单位的，该领导干部不得在上述企业或者单位的行业监管或者业务主管部门担任领导职务。

第五条 领导干部不得在本人成长地担任县（市）党委、政府以及纪检机关、组织部门、人民法院、人民检察院、公安部门正职领导成员，一般不得在本人成长地担任市（地、盟）党委、政府以及纪检机关、组织部门、人民法院、人民检察院、公安部门正职领导成员。

民族自治地方的少数民族领导干部参照上款规定执行。

第六条 领导干部任职时存在需要回避情况的，按照干部管理权限由组织（人事）部门提出回避意见，报党委（党组）作出决定。必要时，组织（人事）部门可要求领导干部报告拟任职务所需要回避的情况。

第七条 领导干部任职期间出现需要回避情况的，本人应当提出回避申请。所在单位党组织发现其有需要回避情况的应当提出回避建议，按照干部管理权限由组织（人事）部门审核后提出意见，报党委（党组）作出决定。

第八条　个人、组织有权反映领导干部需要回避的情况，接到反映的机关应当按照干部管理权限交有关组织（人事）部门处理。

第九条　出现本规定第三条所列需要回避情形时，职务层次不同的，一般由职务层次较低的一方回避；职务层次相当的，根据工作需要和实际情况决定其中一方回避。

第十条　实行回避需要跨地区跨部门调整、按照干部管理权限本级难以安排的，报请上级组织（人事）部门协调解决。

第十一条　经人民代表大会选举产生的领导干部需要实行地域回避的，根据实际情况，可以在任期内调整的，在任期内予以调整；任期内难以调整的，任期届满后予以调整。

第十二条　组织（人事）部门提出回避意见报党委（党组）决定前，可以听取领导干部本人及相关人员的意见。

第十三条　领导干部有需要回避的情况不及时报告或者有意隐瞒的，应当予以批评，情节严重的进行组织处理。

第十四条　领导干部必须服从回避决定。无正当理由拒不服从的，就地免职或者降职使用。

第十五条　除本规定第三条、第四条、第五条所列情形外，法律法规对领导干部任职回避另有规定的，从其规定。

国家驻外机构领导干部的任职回避，由有关部门另行规定。

第十六条　各级党委（党组）及其组织（人事）部门按照干部管理权限，负责本规定的组织实施，对执行党政领导干部任职回避制度的情况进行监督，对违反本规定的行为予以纠正。

第十七条　工会、共青团、妇联等人民团体和县级以上党政机关所属事业单位领导干部的任职回避，参照本规定执行。

第十八条　乡（镇、街道）领导干部的任职回避办法，由省（自治区、直辖市）党委根据本规定制定。

第十九条　本规定由中共中央组织部负责解释。

第二十条　本规定自发布之日起施行。

（例文来源：新华网，经本书作者重新整理）

 例文2

××××公司差旅费报销规定

1．公出人员返回公司后一周内必须报销还款；

2．报销时间为每周二全天，周三上午，周四全天；

3．出差费用包括往返车费（不包含出租汽车），住宿费（住宿费限额80元/每天，低于限额，据实报销；无住宿费收据的，一律不予报销），购票费。

4．交通费开支：

（1）乘火车，从晚8时至次日晨7时之间，在车上过夜6小时以上的，或连续乘车时间超过12小时的，可购同席卧铺票。夜间乘坐长途汽车、轮船最低一级舱位超过6小时的，每人每夜加发一天伙食补助费；

（2）工作人员出差期间，每人每天发市内交通费15元，包干使用，不再凭据报销市内交通费，如开会则只负责往返交通费 18 元；

（3）如经批准乘坐飞机者，其乘坐往返机场的专线客车费用，可在出差人员市内交通费包干的范围之外凭据报销。

5. 出差伙食补助：

省外出差一般地区 80 元，特殊地区 100 元；

省直市出差一律 40 元；

省内县（含县级市）及其以下出差一律 15 元。

6. 关于差旅费、会议费的几项特别规定：

（1）自带交通工具出差，不再报销任何车船费及外市交通补贴，司机的住宿费按一般工作人员的标准报销；

（2）在交通工具（飞机、软卧除外）上连续乘坐超过 12 小时（含 12 小时）人员，每超过 12 小时增加 30 元的伙食补助；

（3）参加会议的出差人员在报销时必须提供会议通知原件或复印件。

7. 下列人员不予报销伙食补助：

（1）会议通知上明确注明收取会议费且住宿费另收的；

（2）被外单位聘请提供有偿劳务的；

（3）带工资外出进修或学习的（一个月以内的业务培训除外）；

（4）在出差的同时发生业务招待费的。

8. 出差期间所发生的车船费、住宿费等直接差旅费之外的其他费用，需单独办理报销手续，不可与差旅费票据混在一起报销。

××××集团公司

2008 年 9 月 18 日

（例文来源：编者自撰）

 例文 3

关于医疗费报销的暂行办法

一、凡本校在籍学生均可享受每人每年 50 元医疗费补贴，由学校医院控制统筹使用。

二、学生在校期间，患一般疾病者，应一律在本校医院就诊，否则医药费用自理；重病需要转院治疗者，必须经本校医院医生出具转院证明，否则，医药费用自理。

三、因公外出或实习期间患急症，可以在当地医疗机构就诊，凭乡以上医疗机构的处方、收据和病历回校报销；慢性病不得借故在外治疗，自购药品不准报销。

四、滋补药物及不属于公费报销范围的药物，概不报销。

五、学生在参加由学校组织的体育训练、比赛、军训、实验和实习等各项活动中致伤，凭指导教师证明，可报销医药费用的 60%。学生在参加非学校组织的各项活动中致伤，其医药费不予报销。

六、新生入学后由学校组织体检复查，复查过程中需要加做的体检项目，其费用由学生自理；发现有较重疾病，经学院批准不取消入学资格者，治疗此病的医药费全部自理；发现患有疾病准许保留入学资格一年的学生，应回家治疗，这一年的医疗费自理；若发现高考体检中未查出的先天性疾病及慢性病，学校不负担其手术费及医药费。

七、学生因病休学期间，凡与休学有关病症的医药费可报销60%。与休学无关的疾病，其医药费自理。

八、学生在校学习期间，在正常情况下可报销医药费的60%。

九、因病情危急需直接送往医院急诊住院者，应该在住院3天内报告校医院，否则不予报销医药费。

×××大学
2008年10月

（例文来源：编者自撰）

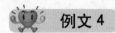 例文4

化妆品生产许可证实施细则

第一章　总　　则

第一条　为了加强化妆品的质量管理，促进企业完善生产合格产品的条件，确保产品符合国家标准或行业标准，根据国务院发布的《工业产品生产许可证试行条例》、原国家经济委员会发布的《工业产品生产许可证管理办法》、全国工业产品生产许可证办公室颁发的《编写产品生产许可证实施细则的要求》以及有关化妆品法规的规定，结合化妆品生产许可证的实施情况，特制订本实施细则（以下简称《细则》）。

第二条　实行生产许可证的化妆品，包括护肤、发用、美容三类产品。其中护肤类发证产品有雪花膏、香脂、润肤乳液、洗面奶、护肤水、爽身粉、痱子粉、化妆粉块、香粉；发用类发证产品有洗发液、护发素、洗发膏、头发用冷烫液、染发水、染发粉、染发剂、发乳、发油、发用摩丝、定型发胶等；美容类发证产品有唇膏、指甲油、花露水、香水等。

第三条　本细则适用于我国境内所有生产化妆品的企业，不论企业的所有制和隶属关系，凡生产化妆品的企业只有取得化妆品生产许可证才具有生产该产品的资格。无生产许可证的企业不得自行生产、销售或进行其他形式的交易活动，违者按原国家经济委员会等七个单位联合颁发的《关于实行<严禁生产和销售无证产品的规定>的通知》（经质〔1987〕180号）及其他有关规定处理。

第四条　化妆品生产许可证由中国轻工总会负责归口颁发、管理和监督实施；其他任何地区、部门和单位，均不得自行发证。

第二章　生产许可证的申请、发放和管理

第五条　化妆品生产许可证发证部门为"中国轻工总会生产许可证办公室"（以下简称"轻工发证办"）。其日常办事机构设在中国轻工总会质量标准部认证处。

其主要职责：

（一）组织编写化妆品生产许可证实施细则；

（二）审核企业申请生产许可证的报告及地方主管部门的预审意见；

（三）推荐产品质量检测机构，审核其检验报告；

（四）负责组织审查组对企业进行质量体系审查；

（五）负责生产许可证的审批、发证、管理、监督与注销。

第六条 "轻工发证办"会同"中国香料香精化妆品协会"组成化妆品小组，负责化妆品生产许可证各项具体工作。

第七条 化妆品生产许可证产品质量检测工作由中国轻工总会化妆品质量监督检测中心等12个检测单位承担（见附件六）。

其职责：

（一）按化妆品现行的国家标准和行业标准制订检测方案和补充规定；

（二）对申请生产许可证的化妆品进行产品质量检测，并提出书面报告；

（三）按"轻工发证办"的安排，对取得生产许可证的化妆品进行质量监督抽查，并及时提出书面报告。

第八条 企业取得化妆品生产许可证的必备条件：

（一）申请生产许可证的企业，必须持有工商行政管理部门核发的营业执照；

（二）企业正常批量生产的产品，必须经生产许可证检测单位检验，证明各项指标符合现行国家标准或行业标准及本细则规定的质量要求（详见细则附件二）；

（三）企业必须具备生产必备条件和质量保证能力，达到能够持续稳定生产出合格品的要求。包括：必须具有按规定程序批准的正确、完整、统一的技术工艺文件；必须具备保证该产品质量的生产设备、工艺装备和计量检验与测试手段；必须有一支足以保证产品质量、进行正常生产的专业技术人员、熟练技术工人及计量检测人员等组成的队伍，并能严格按照生产工艺和技术标准进行生产、试验和测试；必须建立并实施有效的管理制度（详见细则附件二）。

第九条 化妆品生产许可证申请与审批程序：

（一）企业申请产品生产许可证，必须在规定期限内向所在省、自治区、直辖市、计划单列市轻工业厅、局（总公司）和地方工业产品生产许可证机构加盖公章，由轻工业厅、局（总公司）统一上报。

（二）申报企业属新投产、新转产不足半年时间者，持当地省级及计划单列市生产许可证办公室证明，可准予申报。

（三）申报企业投产、转产时间超过半年者，由当地省级及计划单列市生产许可证办公室，按查处生产和销售无生产许可证产品的有关文件规定处罚后，持罚款单和证明，可准予申报。

（四）审查企业质量体系，由"轻工发证办"组织审查小组或委托省、自治区、直辖市、计划单列市、轻工业厅、局（总公司）会同地方工业产品生产许可证机构组成审查小组（成员报"轻工发证办"认可）按产品生产许可证实施细则有关规定，负责对企业的质量体系进行审查，并在规定期限内抽封样品，填写检测样品封样登记表（见附件八），同时通知企业在规定日期内将样品送有关检测单位。对企业的质量体系"轻工发证办"保留不超过30%的抽查权。

（五）考核产品质量。检测单位收到样品后，在规定时间内按产品生产许可证实施细则的有关规定完成产品质量测试判定，将测试报告及时寄申请企业，同时将测试结果汇总后送"轻工发证办"和有关省、市轻工业厅、局（总公司）各一份。

（六）汇总上报。轻工业厅、局（总公司）将产品质量测试和企业质量体系审查结果填在化妆品生产企业质量体系审查结果汇总表（见附件五）上，连同企业的质量体系审查结论表（见附件四）原始资料及企业申请书各一份，在规定时间内寄"轻工发证办"。

（七）审核发证。"轻工发证办"根据审查结果，对符合发证条件的经全国工业产品生产许可证办公室审核同意后编号发证，同时报全国工业产品生产许可证办公室统一公布。对于考核不合格者，从产品测试报告发出之日起或质量体系审查不合格通知之日起，允许企业进行一般不超过半年时间的整改，再次提出申请，第二次审查仍不合格者，取消申请资格。

（八）经济联合体中的企业，化妆品使用同一种商标和厂名的，产品生产许可证申请书由龙头厂提出（写明各分厂名称）或分别由联合体各厂提出。中国轻工总会将对经济联合体中所有厂点均要进行检查，全部厂点符合本细则第七条规定条件的，生产许可证发给龙头厂或分别发给联合体中各企业。如联合企业中使用不同商标和厂名的单位，必须单独提出申请书，经检查评审符合规定条件的，分别发给生产许可证。未经检查合格的联营厂、分厂均不得擅自使用龙头厂的生产许可证。

第十条 化妆品生产许可证有效期为五年。

第十一条 化妆品生产许可证的标记及编号方法：

凡取得生产许可证的企业，必须在化妆品产品的大、小包装盒（瓶、袋）外表面和随产品附的说明书上标明该产品生产许可证标记和编号，标明方法统一规定为 XK16-108 并接证书编号，如 XK16-108××××。

第十二条 企业已取得生产许可证的产品，要纳入地方的定期监督检查《受检产品目录》。各地方加强对取得生产许可证企业产品质量的日常监督检测，并将日常监督的抽查检测结果及时通知企业主管部门并抄报"轻工发证办"。连续两次国家、省、部级抽查不合格的企业，注销生产许可证。

第十三条 企业对审查结果、生产许可证颁发和注销有异议时，可向"轻工发证办"提出要求复审的报告。"轻工发证办"接到要求复审报告后，应在两个月内予以答复。企业对其答复或复审结果仍有意见时，可向全国工业产品生产许可证办公室申请裁决。

第三章 费用与管理

第十四条 根据《工业产品生产许可证试行条例》第十一条、《工业产品生产许可证管理办法》第二十二条以及国家物价局、财政部〔1992〕价费字 127 号文公布的《工业产品生产许可证收费管理暂行规定》的规定，凡申请化妆品产品生产许可证的单位，应缴纳有关费用，项目包括：审查费、产品质量检验费和公告费。

产品质量检验费由企业直接交检验单位。其他费用交轻工总会。汇款地址：中国轻工总会机关服务局，开户银行：××工商银行××大街分理处，账号：×××-×××××××-××。公告费按实际支出收取。交款单位汇款时请注明"许可证费用"、单位和详细地址。收费标准按国务院物价管理部门批准的文件执行。

第四章 处 罚

第十五条 对取得生产许可证的企业，有下列情况之一的，要注销并收回其生产许可证。由"轻工发证办"报全国工业产品生产许可证办公室备案。

（一）粗制滥造，降低产品质量；

（二）经复查，不符合本细则第八条规定条件的；

（三）将生产许可证转让其他企业使用的，或未经审查批准自行给联营厂使用的；

（四）企业持有生产许可证的产品，不再生产时。

第十六条 各级参加颁发生产许可证的单位和工作人员，必须严格遵守原国家经济委员会发布的《发放生产许可证工作人员守则》（见附件九），违法者要追究责任并给予必要处分。

第十七条 企业必须执行《受检企业须知》（见附件十），凡发现企业通过请客送礼、行贿等不正当手段取得生产许可证者，一律取消其资格，并在全国通报批评，情节严重者根据有关法律追究企业和个人责任。

第五章 附 则

第十八条 本细则由中国轻工总会生产许可证办公室负责解释。

第十九条 本细则已经国家技术监督局全国工业产品生产许可证办公室技管许发〔1994〕20 号文批准发布实施。

中国轻工总会生产许可证办公室

1994 年 8 月 24 日

（例文来源：中华管理学习网）

（三）章程

1. 写作格式

相比之下，章程在规章类中形制和篇幅都是最大的，所以章程的写作相对复杂。但章程在格式上的要求与其他规章制度大体相同，即由标题、签署和正文构成。

（1）标题。章程的标题一般由两个要素构成，即"组织名称+文种"。例如，"中国共产党章程"（2002 年 11 月 14 日修改通过）、"中国足球协会章程草案"。

（2）正文。章程的正文包括总则、分则和附则 3 个部分。

① 总则。总则又称为总纲，它从整体上规定该组织的性质、宗旨、目标和任务等。

② 分则。分则是章程的主体部分，是总则的具体化，即根据总则对有关组织机构、人员构成、常设机构的任务和职责及其会议的召开、经费等作出具体而全面的规定。

③ 附则。附则是对正文的补充，一般用于对未尽事宜进行说明，如说明生效日期、实施要求、制定权、修改权、解释权等。如果这些内容在正文的其他地方已说清楚，则可以省去附则。

2. 写作要求

章程在写作之前，一定要广泛征求组织成员的意见，达成共识，精心酝酿，确定主旨；拟稿过程中要注意语言的严肃性和严谨性，表述明白无误；草稿完成后要经过组织成员或代表的认真讨论、严格审议，在确认无误后再经会议通过并发布生效。

（1）**全面具体、约束言行。**章程一经制定，就成为一个组织或团体的行动纲领，为了使组织的工作正常开展并卓有成效，章程的条款对于方方面面都要作出详细、全面的规定，这样才能使组织成员照章行事并有显著成效。章程还能起到规范组织成员的言行的作用，每个组织成员都要严格遵守章程的条款要求，接受条款的约束，将组织的各项工作做好。

（2）**保持稳定、慎重修改。**制定章程是一件严肃的事情，所以章程一经通过、发布，就必须保证章程有较长时间的相对稳定性，任何人不得随意修改，否则章程就失去了庄重、严肃、严谨、稳定的特性。但社会是发展的，经过若干年或相当时间的实践证明章程在某些方面存在不足或不妥，这时就应该进行必要的修改。这种修改不是某个人能独自进行的，必须如同当初起草章程那样，经组织成员或代表反复斟酌、认真讨论才能修改。

（3）结构严谨、条理分明。章程采用章、条式结构，所有的内容都分章、分条、分款叙述，条理清楚，表意无误，该怎么做、不应怎么做都写清楚，使人一目了然。

（4）语言得体、精炼明确。章程的语言必须合乎语体要求，要庄重、严密、准确、精炼，不得滥用词藻哗众取宠，也不得言语啰唆、让人厌读。

例文 1

海峡两岸关系协会章程

（1991 年 12 月 16 日通过）

第一章 总 则

第一条 本会定名为海峡两岸关系协会，是社会团体法人。

第二条 本会以促进海峡两岸交往，发展两岸关系，实现祖国和平统一为宗旨。

第三条 为实现上述宗旨，本会致力于：

一、加强同赞成本会宗旨的社会团体和各界人士的联系与合作；

二、协助有关方面促进海峡两岸各项交往和交流；

三、协助有关方面解决海峡两岸同胞交往中的问题，维护两岸同胞的正常权益。

第四条 本会接受有关方面委托，与台湾有关部门和授权团体、人士商谈海峡两岸交往中的有关问题，并可签订协议性文件。

第五条 本会会址设在北京。

第二章 组 织 机 构

第六条 本会最高权力机构为理事会，协商产生。理事任期三年，可连任。

第七条 本会设会长一人，常务副会长一人，副会长若干人，秘书长一人。本会聘请名誉会长、顾问各一人。

第八条 理事会的职责是：每年度会务报告；修订章程；每年经费预算、决算；推举会长、常务副会长、副会长；聘请名誉会长；聘请顾问；决定增免理事；根据会长提名，决定秘书长人选。

第九条 理事会每年举行一次全体会议。会长、常务副会长认为必要或经三分之一以上理事提议，可以临时召开理事会议。

第十条 理事会决议事项，须经出席会议的多数理事通过。

第十一条 会长、常务副会长、副会长、秘书长组成常务理事会，作为理事会的常设执行机构。

常务理事会的职责是：召集理事会会议；增免理事，并提请理事会审议追认；根据秘书长提名，决定副秘书长人选。

第十二条 会长领导本会工作。常务副会长、副会长协助会长工作。常务副会长主持日常会务。

第十三条 会长、常务副会长、副会长代表本会。经本会常务理事会授权，理事可代表本会办理某项具体事宜。

第十四条 本会根据需要设办事机构。

第三章 经 费

第十五条 本会经费来源：民间赞助和捐赠；国家资助；咨询服务等其他合法收入。

第十六条 本会的收入、支出，受理事会监督。

第四章 附 则

第十七条 本会的解散，应依法办理手续。

第十八条 本会章程自理事全体会议通过之日起生效。

第十九条 本会章程由理事会修改。理事会全体会议修改章程，须四分之三以上理事出席，并须出席会议的三分之二以上理事同意。

第二十条 本会章程由常务理事会解释。

（例文来源：新华网，经本书作者重新整理）

（四）制度、守则（准则、规则）

1. 写作格式

制度、守则（准则、规则）等是较为常用的规章文书，其内容包括标题、正文和落款 3 大部分。

（1）标题。一般情况下，制度、守则的标题由两个要素构成，即"事由＋文种"，例如"员工医疗费报销制度"、"员工守则"；也由 3 个要素构成的，即"名称＋事由＋文种"，例如"大胜广告公司财务管理制度"、"××学校学生守则"。

（2）正文。内容较多的制度的正文，其写法有条例式和条目式两种。

① 条例式。由总则、细则、附则 3 个部分构成。每个部分可根据内容的多少分为若干章，每章又分为若干条，条下还可分款、项等。总则常常是第一章，简要说明宗旨、任务、性质，对全文起统领作用；分则是主体部分，分条、分款写明具体内容；附则多是最后一章，说明生效日期、适用范围，以及修改、解释、批准的权限和未尽事宜的补充说明。附则可以单独成章，也可附在最后不设章。

② 条目式。先写一个前言，说明行文的依据、目的，然后用"特制定本制度"（或本守则）作过渡，引起下文。条目是主要部分，一般按先主后次、先原则后具体的顺序逐条叙述。

内容简单的守则（准则、规则）的正文，其结构由前言、主体、结尾构成。

① 前言。说明制定的缘由、依据、目的和意义。

② 主体。分条款具体写明应该遵守的内容。

③ 结尾。提出执行守则（规则）的要求事项。

（3）落款。落款是在文书的末尾右侧签署制定的单位或机关名称和发文日期。如果在标题下方写了单位或机关名称和发文日期，这里就可免写。

2. 写作要求

（1）符合政令，切合实际。制度、守则的内容一定要符合党和国家的方针、政策、法规，不能与之相矛盾；同时要切合本地区、本系统、本机关、本单位的实际，要能起到规范言行、优化管理、提高效益的作用。

（2）**行文简洁、结构合理**。制度、守则和准则的行文一定要简明扼要、具体可行，切忌冗长，否则使人不得要领；在结构上采用条款式，将内容按次序逐条写清楚，使人一目了然。

（3）**分清主次，有逻辑性**。制度和守则条文内容的安排要分清主次，以主在前次在后为原则，各条款之间体现逻辑性。

 **例文 1**

高等学校学生行为准则（试行）

（国家教育委员会于 1989 年 11 月 17 日颁布）

高等学校的大学生、研究生，应当坚定正确的政治方向，热爱社会主义祖国，拥护共产党领导的社会主义制度，努力学习马克思主义；应当热心于改革和开放，有艰苦奋斗的精神，走与工农群众相结合的道路，努力为人民服务，为实现具有中国特色的社会主义现代化而献身；应当自觉地遵守宪法、法律，严格遵守校纪校规，增强法制观念，有良好的品德；应当勤奋学习，努力掌握现代科学文化知识；立志成为有理想、有道德、有文化、有纪律的社会主义现代化建设事业的合格人才，做无产阶级革命事业的接班人。在日常生活中须自觉遵守以下行为准则。

1．维护祖国的利益。不得参与任何有损国家尊严和荣誉、违背四项基本原则、危害社会秩序的活动，反对破坏安定团结的行为。

2．遵守宪法和国家的各项法律、规定。努力做维护民主和法制的典范，反对无政府主义。

3．维护各民族的平等、团结、互助关系。尊重不同民族的风俗习惯和宗教信仰，反对损害民族团结的行为。

4．坚持社会主义集体主义。个人利益要服从国家利益、集体利益；同学之间团结友爱，互相学习，互相帮助；关心集体；反对极端个人主义。

5．坚持实事求是原则。说话要有事实根据，办事力求从实际出发；正确开展批评与自我批评。

6．热爱劳动，积极参加社会实践。积极参加公益劳动、生产劳动和勤工俭学活动，虚心向工人、农民学习；不参与经商活动。

7．发扬艰苦奋斗的精神。勤俭节约；不浪费水、电、粮食；不向学校和家庭提出超越实际可能的生活要求。

8．注重个人品德修养。服饰整洁，讲究卫生；诚实守信，谦虚谨慎，说话和气，待人有礼；男女交往，举止得体；尊重师长，尊重他人；敬老爱幼，乐于助人；勇于同不良行为作斗争。

9．积极参加体育锻炼和健康的文化活动，增进身心健康。

10．勤奋学习、刻苦钻研。在努力完成各项学习任务中树立科学性和革命性相结合的学风。

11．维护教学秩序。遵守学习纪律，考试不作弊。

12．维护公共秩序。遵守公共场所的有关规定，不扰乱秩序，不起哄；遵守学校校园管理制度，不打架斗殴，不赌博，不酗酒，不观看和传播反动、淫秽书刊和声像制品；不在禁烟区吸烟。

13．遵守宿舍管理规定。按时熄灯就寝，不喧哗、打闹，不影响他人的正常学习和休息；不损毁和私自拆装宿舍设备；不留宿异性；未经有关部门同意，不留宿校外人员。

14．爱护公共财物，保护公共设施，爱护花草树木；珍惜教学、科研设备；损坏公物要赔偿。

15. 遵守外事纪律。在涉外活动中不做有损国格、人格的事,与外国留学生平等、友好相处;对外籍教师和国际友人以礼相待,不卑不亢。

(例文来源:百度百科)

 **例文2**

财务管理制度

×××公司

第一章 总 则

第一条 为加强公司的财务工作,发挥财务在公司经营管理和提高经济效益中的作用,特制定本规定。

第二条 公司财务部门的职能是:

(一)认真贯彻执行国家有关的财务管理制度;

(二)建立健全财务管理的各种规章制度,编制财务计划,加强经营核算管理,反映、分析财务计划的执行情况,检查监督财务纪律;

(三)积极为经营管理服务,促进公司取得较好的经济效益;

(四)厉行节约,合理使用资金;

(五)合理分配公司收入,及时完成需要上交的税收及管理费用;

(六)对有关机构及财政、税务、银行部门了解,有关机构或部门检查财务工作,主动提供有关资料,如实反映情况;

(七)完成公司交给的其他工作。

第三条 公司财务部由总会计师、会计、出纳和审计工作人员组成。在没有专职总会计师之前,总会计师职责由会计兼任承担。

第四条 公司各部门和职员办理财会事务,必须遵守本规定。

第二章 财务工作岗位职责

第五条 总会计师负责组织本公司的下列工作:

(一)编制和执行预算、财务收支计划、信贷计划,拟订资金筹措和使用方案,开辟财源,有效地使用资金;

(二)进行成本费用预测、计划、控制、核算、分析和考核,督促本公司有关部门降低消耗、节约费用、提高经济效益;

(三)建立健全经济核算制度,利用财务会计资料进行经济活动分析;

(四)承办公司领导交办的其他工作。

第六条 会计的主要工作职责是:

(一)按照国家会计制度的规定、记账、复账、报账做到手续完备,数字准确,账目清楚,按期报账;

(二)按照经济核算原则,定期检查,分析公司财务、成本和利润的执行情况,挖掘增收节支潜力,考核资金使用效果,及时向总经理提出合理化建议,当好公司参谋;

（三）妥善保管会计凭证、会计账簿、会计报表和其他会计资料；

（四）完成总经理或主管副总经理交付的其他工作。

第七条 出纳的主要工作职责是：

（一）认真执行现金管理制度；

（二）严格执行库存现金限额，超过部分必须及时送存银行，不坐支现金，不认白条抵押现金；

（三）建立健全现金出纳各种账目，严格审核现金收付凭证；

（四）严格支票管理制度，编制支票使用手续，使用支票须经总经理签字后，方可生效；

（五）积极配合银行做好对账、报扎账工作；

（六）配合会计做好各种账务处理；

（七）完成总经理或主管副总经理交付的其他工作。

第八条 审计的主要工作职责是：

（一）认真贯彻执行有关审计管理制度；

（二）监督公司财务计划的执行、决算、预算外资金收支与财务收支有关的各项经济活动及其经济效益；

（三）详细核对公司的各项与财务有关的数字、金额、期限、手续等是否准确无误；

（四）审阅公司的计划资料、合同和其他有关经济资料，以便掌握情况，发现问题，积累证据；

（五）纠正财务工作中的差错弊端，规范公司的经济行为；

（六）针对公司财务工作中出现问题产生的原因提出改进建议和措施；

（七）完成总经理或主管副总经理交付的其他工作。

第三章　财务工作管理

第九条 会计年度自1月1日起至12月31日止。

第十条 会计凭证、会计账簿、会计报表和其他会计资料必须真实、准确、完整，并符合会计制度的规定。

第十一条 财务工作人员办理会计事项必须填制或取得原始凭证，并根据审核的原始凭证编制记账凭证。会计、出纳员记账，都必须在记账凭证上签字。

第十二条 财务工作人员应当会同总经理办公室专人定期进行财务清查，保证账簿记录与实物、款项相符。

第十三条 财务工作人员应根据账簿记录编制会计报表上报总经理，并报送有关部门。会计报表每月由会计编制并上报一次。会计报表须会计签名或盖章。

第十四条 财务工作人员对本公司实行会计监督。财务工作人员对不真实、不合法的原始凭证，不予受理；对记载不准确、不完整的原始凭证，予以退回，要求更正、补充。

第十五条 财务工作人员发现账簿记录与实物、款项不符时，应及时向总经理或主管副总经理书面报告，并请求查明原因，作出处理。财务工作人员对上述事项无权自行作出处理。

第十六条 财务工作应当建立内部稽核制度，并做好内部审计。出纳人员不得兼管稽核、会计档案保管和收入、费用、债权和债务账目的登记工作。

第十七条 财务审计每季一次。审计人员根据审计事项实行审计，并做出审计报告，报送总经理。

第十八条 财务工作人员调动工作或者离职，必须与接管人员办清交接手续。财务工作人员办理交接手续,由总经理办公室主任、主管副总经理监交。

第四章 支票管理

第十九条 支票由出纳员或总经理指定专人保管。支票使用时须有"支票领用单",经总经理批准签字,然后将支票按批准金额封头,加盖印章,填写日期、用途、登记号码,领用人在支票领用簿上签字备查。

第二十条 支票付款后凭支票存根,发票由经手人签字、会计核对(购置物品由保管员签字)、总经理审批。填写金额要无误,完成后交出纳人员。出纳员统一编制凭证号,按规定登记银行账号,原支票领用人在"支票领用单"及登记簿上注销。

第二十一条 财务人员月底清账时凭"支票领用单"转应收款,发工资时从领用工资内扣还,当月工资扣还不足,逐月延扣以后的工资,领用人完善报账手续后再作补发工资处理。

第二十二条 对于报销时短缺的金额,财务人员要及时催办,到月底按第二十一条规定处理。凡一周内收入款项累计超过 10 000 元或现金收入超过 5 000 元时,会计或出纳人员应文字性报告总经理。凡与公司业务无关款项,不分金额大小由承办人文字性报告总经理。

第二十三条 凡 1 000 元以上的款项进入银行账户两日内,会计或出纳人员应文字性报告总经理。

第二十四条 公司财务人员支付(包括公私借用)每一笔款项,不论金额大小均须总经理签字。总经理外出应由财务人员设法通知,同意后可先付款后补签。

第五章 现金管理

第二十五条 公司可以在下列范围内使用现金:

(一)职员工资、津贴、奖金;

(二)个人劳务报酬;

(三)出差人员必须携带的差旅费;

(四)结算起点以下的零星支出;

(五)总经理批准的其他开支。前款结算起点定为 1 000 元,结算规定的调整,由总经理确定。

第二十六条 除本规定第二十五条外,财务人员支付个人款项,超过使用现金限额的部分,应当以支票支付;确需全额支付现金的,经会计审核,总经理批准后支付现金。

第二十七条 公司固定资产、办公用品、劳保、福利及其他工作用品必须采取转账结算方式,不得使用现金。

第二十八条 日常零星开支所需库存现金限额为 2 000 元。超额部分应存入银行。

第二十九条 财务人员支付现金,可以从公司库存现金限额中支付或从银行存款中提取,不得从现金收入中直接支付。因特殊情况确需坐支的,应事先报经总经理批准。

第三十条 财务人员从银行提取现金,应当填写"现金领用单",并写明用途和金额,由总经理批准后提取。

第三十一条 公司职员因工作需要借用现金,需填写"借款单",经会计审核;交总经理批准签字后方可借用。超过还款期限即转应收款,在当月工资中扣还。

第三十二条 符合本规定第二十五条的,凭发票、工资单、差旅费单及公司认可的有效报销或领款凭证,经手人签字,会计审核,总经理批准后由出纳支付现金。

第三十三条 发票及报销单经总经理批准后,由会计审核,经手人签字,金额数量无误,填制记账凭证。

第三十四条　工资由财务人员依据总经理办公室及各部门每月提供的核发工资资料代理编制职员工资表，交主管副总经理审核，总经理签字，财务人员按时提款，当月发放工资，填制记账凭证，进行账务处理。

第三十五条　差旅费及各种补助单（包括领款单），由部主任签字，会计审核时间、天数无误并报主管副总经理复核后，送总经理签字，填制凭证，交出纳员付款，办理会计核算手续。

第三十六条　无论何种汇款，财务人员都须审核"汇款通知单"，分别由经手人、部主任、总经理签字。会计审核有关凭证。

第三十七条　出纳人员应当建立健全现金账目，逐笔记载现金支付。账目应当日清月结，每日结算，账款相符。

第六章　会计档案管理

第三十八条　凡是本公司的会计凭证、会计账簿、会计报表、会计文件和其他有保存价值的资料，均应归档。

第三十九条　会计凭证应按月、按编号顺序每月装订成册，标明月份、季度、年起止、号数、单据张数，由会计及有关人员签名盖章（包括制单、审核、记账、主管），由总经理指定专人归档保存，归档前应加以装订。

第四十条　会计报表应分月、季、年报，按时归档，由总经理指定专人保管，并分类填制目录。

第四十一条　会计档案不得携带外出，凡查阅、复制、摘录会计档案，须经总经理批准。

第七章　处罚办法

第四十二条　出现下列情况之一的，对财务人员予以警告并扣罚本人月薪1～3倍：

（一）超出规定范围、限额使用现金的或超出核定的库存现金金额留存现金的；

（二）用不符合财务会计制度规定的凭证顶替银行存款或库存现金的；

（三）未经批准，擅自挪用或借用他人资金（包括现金）或支付款项的；

（四）利用账户替其他单位和个人套取现金的；

（五）未经批准坐支或未按批准的坐支范围和限额坐支现金的；

（六）保留账外款项或将公司款项以财务人员个人储蓄方式存入银行的；

（七）违反本规定条款认定应予处罚的。

第四十三条　出现下列情况之一的，财务人员应予解聘：

（一）违反财务制度，造成财务工作严重混乱的；

（二）拒绝提供或提供虚假的会计凭证、账表、文件资料的；

（三）伪造、变造、谎报、毁灭、隐匿会计凭证、会计账簿的；

（四）利用职务便利，非法占有或虚报冒领、骗取公司财物的；

（五）弄虚作假、营私舞弊，非法谋私，泄露秘密及贪污挪用公司款项的；

（六）在工作范围内发生严重失误或者由于玩忽职守致使公司利益遭受损失的；

（七）有其他渎职行为和严重错误，应当予以辞退的。

（例文来源：天涯问答）

第八章 附 则

第四十四条 本规定由总经理办公室负责解释。

第四十五条 本规定自发布之日起生效。

五、公约

1. 写作格式

公约的形制和篇幅有大有小，大的有如章程，形制完善具体，章、条、款、项俱全，篇幅较大；小的有如守则，形制简略，篇幅较小，分条分项按次序行文即可。

（1）标题。公约的标题有三要素标题和两要素标题两种形式：① 三要素标题，即"公约内容＋文种或单位＋文种"，例如"联合国打击跨国组织犯罪公约"；② 两要素标题，即"制定者＋内容＋文种"，例如"北京市民文明公约"、"印刷行业公约"、"班级公约"。

（2）正文。形制较大、结构较完善的公约，其正文由序言、主体、结尾构成；形制较小、结构较简单的公约，由主体、落款构成。

① 大型公约。其结构一般包括序言、主体、结尾3个部分。

序言即开头部分，常常以"为了……特制定本公约"的句式写明制定的缘由、目的，以引出公约的具体内容。

主体部分要分条列出公约的具体内容，各条内容既要有所侧重，又要有所联系，一般采用先原则、后具体的表述方法。

结尾提出执行或检查要求。

② 小型公约。小型公约无序言，只有主体。形制较小的公约，其主体较为简略，一般仅用序号表示条款的多少和内容的分类，一条就是一个要求或规定。

（3）落款。在行文的末尾标明制定机关或团体的名称，同时注明制定或生效的日期。

2. 写作要求

（1）**征求意见，达成共识**。公约是一个组织或团体的成员共同制定的必须共同遵守的规章，所以要广泛地征求意见，认真地研究讨论，使大家达成共识，然后成文公布，各成员必须共同遵守。

（2）**切合实际，具体可行**。公约的内容必须切合工作和生活的实际，规定明确、具体，不得过于笼统；同时，公约要有针对性，使每个成员都觉得应该做到且能够做到。

（3）**行文简洁，语言通俗**。语言不可华丽，要得体、平实，读起来上口、易记，以便执行和检查。

 **例文1**

印刷行业公约（试行）

中国印刷技术协会

印刷业是我国国民经济的重要产业，又是文化产业的一部分。为了依法治业，以德兴业，适应我国经济、文化和社会发展的需要，加强行业管理和行业自律，规范市场秩序，维护印刷行业的合法权益和社会公共利益，推动印刷行业健康、持续发展，提高社会效益和经济效益，为社会主义物质文明和精神文明建设服务，特制定本公约。

第一条　严格遵守国家法律和行政法规，自觉执行国家政策，维护国家利益和尊严。

第二条　认真贯彻《印刷业管理条例》，遵守印刷法规，严格按照批准的经营范围合法经营，自觉接受有关行政部门的管理和监督。

第三条　严格执行出版物印刷、包装装潢印刷品的印刷和其他印刷品的印刷之规定，不承印非法、盗版和不健康的出版物；不承印假冒、伪造的注册商标标志以及容易对消费者严重误导的广告宣传品和作为产品包装装潢的印刷品；不承印其他假冒、伪劣印刷品，依法经营，照章纳税。

第四条　严格企业生产管理，积极贯彻相关技术标准，提高企业科学管理水平和社会、经济效益。

第五条　坚持技术进步，保证质量、服务到位，培育企业精神，创建名牌企业。

第六条　在生产经营活动中诚实守信，切实履行合同、契约，牢固树立用户至上的理念，杜绝各种虚假欺诈行为，决不损害客户利益。

第七条　打破部门和地区封闭、封锁、分割，坚持公平竞争，自觉维护市场秩序，规范营销行为，反对无序竞争和不正当竞争，不侵害其他企业的利益。

第八条　企业之间要在尊重知识产权的前提下加强联系，互通信息，交流经验，扩大合作，形成团结协作、共同提高的行业氛围。

第九条　坚持以人为本，充分发挥和保护职工的生产积极性，鼓励职工技术创新和提出各种合理化建议，重视各类人才培养，积极开展技术培训、技术交流、职工教育，不断提高企业员工综合素质。

第十条　积极参与和支持行业协会工作。

第十一条　本公约由各地印刷协会和印刷企事业单位发起，中国印刷技术协会组织制定，业内各类经济成分的印刷企业应自觉遵守，严格自律。

第十二条　中国印刷技术协会和各地印刷协会要经常检查公约执行情况，协调公约执行中行为内部与企业之间的有关事宜，对执行好的要及时表彰，广泛宣传。对违反公约的会员单位，根据情节轻重给予批评教育、警告，直到除名。对违反公约的非会员单位，向有关方面提出建议酌情处理。违反法律的，由国家执法部门依法处理。

第十三条　本公约所称印刷业包括从事出版、包装装潢和其他印刷品的生产、科研、教育、经营、物资流通的企事业单位。

第十四条　本公约在执行中如遇有和国家政策法规不符的，以国家政策法规为准。

第十五条　本公约由中国印刷技术协会负责解释。

（例文来源：科印网）

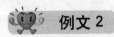 例文2

××市市民文明公约

一、热爱祖国，热爱中国共产党，热爱社会主义制度，热爱城市，热爱劳动，同心同德建设社会主义。

二、讲文明，讲礼貌，敬老爱幼，邻里团结，家庭和睦，不说脏话，不耍态度。

三、讲清洁卫生，不随地吐痰，不乱扔脏物，不乱倒垃圾，消灭蚊子、苍蝇、蟑螂、臭虫、老鼠。

四、遵纪守法，维护公共秩序，不打架斗殴，不起哄。

五、爱护山水林木，爱护文物古迹，爱护珍禽益鸟，爱护一切公共财物。

六、积极植树造林、种草栽花，美化、绿化环境。

七、破旧习，树新风，实行计划生育，婚事、丧事要简办，不赌博酗酒。

八、开展健康的文化体育活动，坚决抵制反动淫秽书刊和录音录像。

（例文来源：编者自撰）

说明：作为规章制度中的几种重要形式，条例、章程、规定、办法、细则、公约等的适用范围相当广泛，不仅适用于一个国家、一个团体，还适用于一个企业、一个部门；建设和管理国家需要，规范企业经营和个人言行也需要。以上仅举数例针对教材的知识点作印证说明，其他方面的应用可阅读、参考有关应用文书资料。

 作业

模拟公司已经成立，请各部门根据工作内容和岗位性质建立和健全各自的规章制度，如《医疗费报销制度》《差旅费报销规定》《班组公约》等，以规范各种工作行为。

第四节 工作计划

一、文体简介

（一）工作计划的含义

工作计划是对未来一定时期内的工作目标、任务、措施和执行步骤等事先作出的打算和安排，并把这些打算和安排写成系统化、条理化的书面材料。计划的文种根据不同的内容有不同的名称，如计划有时就称为"计划书"，还有的称为"设想"、"规划"、"安排"、"打算"等。

（二）工作计划的特点

（1）预见性。无论工作的内容、性质是什么，也无论工作的任务、目标是什么，只要想把工作搞好，就必须在制订计划前对工作进行预见性的筹划。筹划的内容包括对工作前景的预测、设想和推断；对完成某项工作的目标、方案、步骤、措施等进行谋划；对可能出现的情况提出相应的对策。只有这样思前想后、周密安排，工作才能有条不紊地进行。

（2）针对性。计划是完成工作的前期准备程序，它要针对具体的工作任务、工作对象而制订。另外，计划总是在过去和现实情况的基础上制订的，所以，凡是过去工作中积累的对今后工作有指导意义的成功经验、好的方法和措施等，都可以或必须继续沿用；对那些失败的教训要引以为戒；对那些尚未解决的问题，要密切联系现阶段工作的实际，有针对性地制订出具体可行的解决方法和措施。

（3）**约束性**。计划一经制订并公布，它就是各项工作的指南和规范。因为它客观上既起到对工作的引导作用，同时也起到对执行、实施计划者的监督和约束作用；既是检查工作进度、工作质量的依据，又是协调各单位、各部门统一行动的有效手段，不能随意修改或拒不执行。例如，国家制订的"十一五"（第十一个五年）计划，就是对未来一个五年时间内国家各项工作的安排，各机关、各社会团体、各企事业单位以及每个人都要按照这个计划行事，这是法律赋予每个公民的义务，作为国家的一分子，有责任为实现这个计划而努力工作。

（4）**可行性**。制订计划的目的是为了指导工作和完成任务，是为了把计划的内容付诸行动。那么，作为计划的具体要求、方法、措施、步骤等，一定要根据实际情况来制订，在实际工作中才能行得通，才能解决问题。这就要求制订计划的人本着实事求是的原则，善于将上级的指示精神同本单位、本部门的具体实际有机地结合起来，一切从实际出发，提出切实可行的指标，既要科学先进，又要留有余地，能通过艰苦努力最终完成任务，达到目标；而不能把目标定得过高，经过艰苦努力、拼命工作仍然完成不了的计划是不合理的计划，它无异于一纸空文。

（三）工作计划的分类

计划是一个大概念，是有关工作安排的文书的总称。细分起来，有很多文书都可以归入计划的门类。它的分类方法有如下几种。

① 按内容分，有工作计划、学习计划、生产计划、生活计划、训练计划等。

② 按范围分，有国家计划、区域计划、单位计划、部门计划、个人计划等。

③ 按性质分，有综合计划、专题计划。

④ 按时间分，有远期规划、年度计划、季度计划、月度计划、临时计划等。

⑤ 按计划形成的过程和成熟度分，有计划草案、初步计划、计划等。

⑥ 按成文形式分，有条文式计划、表格式计划等。

二、写作格式

计划的格式与其他应用文书的格式基本相同，包括标题、正文和落款3大部分。

（一）标题

计划的标题有几种形式。

① 四要素标题，由"计划制订单位＋适用期限＋计划的性质＋文种"构成，如"中博公司2010年房地产项目开发计划"。

② 三要素标题，由"适用期限＋计划的性质＋文种"构成，如"第三季度房地产营销工作计划"。

③ 两要素标题，由"适用期限＋文种"构成，如"营销工作计划"。

（二）正文

正文是计划的核心部分。它包括前言、主体、结尾3个方面的内容。

1. 前言

前言相当于序言或导言。前言有两种写法：① 依据式开头，即简要说明制订计划的根据、目的、缘由。② 概述式开头,即简要概述前一段工作的情况,叙述制订本期工作计划的指导思想、缘由、依据和目的。

计划的前言采用哪一种方式开头,要根据实际情况来定,但实质性的内容就是要高度概括地阐明制订计划的缘由、制订计划的依据、将要完成的任务。更加通俗地说,前言部分主要回答3个方面的问题,即"为什么"(为了达到什么目的、实现怎样的目标而制订计划)、"凭什么"(以什么作为依据来制订计划)、"是什么"(文书的种类,即文种)。

前言的写作要求做到简明扼要、高度概括。

2. 主体

主体是计划的核心部分,包括目标和任务、措施和方法、步骤和安排3部分。目标和任务这部分要具体写明计划的目标、任务和各项主要指标,并根据目标、任务和指标的地位和关系分出轻重、主次和详略。特别是常规性、综合性计划,更要注意突出重点和难点。如果内容较多,可以增设小标题,也可以用序列号来分条列项地写明。关于措施和方法,要求制订计划的人一定要有前瞻性和预见性,对未来工作中的问题作充分的预测和估计,针对这些问题作出全面、周密的安排,即针对问题拿出解决的方法和措施,一是保证工作的顺利进行,二是为了随时解决工作中出现的问题。如怎样安排人力、物力、财力,怎样分工协作,怎样实施管理,怎样考核奖励等,职责分明,措施得力,安排具体,便于操作,便于监督检查。关于步骤和安排,作者要在主体中系统性地安排好时间顺序,详细列出完成任务的阶段性要求和环节,明确操作的规程,包括先后次序以及各阶段所需要的、必要限定的时间等;还要分清主次,具体实施时按先主后次的程序进行;突出重点,对关键性的工作或艰难的部分作出特别的安排;要做好各个环节的衔接、协调与配合,以保证工作按计划、有步骤地顺利进行。

对于以上所说的计划正文主体的写作要求,可以简单地理解为计划的主体要回答解决5个问题,即"做什么"(将要完成什么任务或要达到什么目标)、"做多少"(完成多少指标)、"由谁做"(这些任务交给谁来完成)、"何时做"(要求在多长时间内完成)、"怎么做"(采取什么方法、什么措施、什么步骤来完成任务)。

3. 结尾

所谓结尾就是计划正文的结语部分,它与正文的前言相呼应,使文章有一个完整的结构。结尾部分一般是用简洁的语言、短小的篇幅对计划作一个收束。内容是对计划实施的前景进行展望,对计划执行者提出具体的希望和要求。

需要说明的是,结尾还有两种方式可以选择:第一,提出希望和要求;第二,不写结语,随着计划条文的终了而自然结束文章。

(三)落款

落款包括制订计划单位的名称、成文日期和盖章,三者形成一个版块,位居正文的右下方,与正文相隔一到两行。具体要求是单位名称要写全,不得写简称;日期一般写成文时间,要写全年、月、日,年份要写全四位数;公章要盖得醒目、端正。

三、写作要求

制订计划是一个复杂的"工程",不仅要求起草人具有扎实的语言文字表达能力,更重要的是要有工作经验。其写作要求具体表现在如下几个方面。

（一）熟悉工作性质和业务

制订计划是一项十分重要的工作。计划的起草人必须是本行业、本业务的行家里手，既了解行业特点，又熟悉操作规程；既有宏观运筹能力，又有微观操作经验；既要有实战工作能力，能解决实际问题，又要有文字驾驭能力，能把所想到的付诸文字。

（二）弄清计划写作的程序

起草计划之前，要明确写计划的目的，即为什么要制订计划、根据什么制订计划；然后要搜集资料，有时要下基层听取第一线工作人员的意见，特别是要搜集以前的计划和总结，把这些资料进行对比、分析、核实；最后，结合未来时期的工作性质、工作任务、工作目标等，制订出前后有连贯性的计划来。计划的草稿可以有几个方案，以供领导、专家、群众讨论选择。

（三）作出周密细致的安排

作出周密细致的安排是计划写作的关键。因为任务是明确的、指标是具体的，如何来完成这些任务、指标就在于计划的制订是否合理，方法措施是否得力，时间安排、程序安排是否周密细致、切实可行。所以，将微观上所想到的、所预计到的一切付诸文字时，一定要细致周密，每一环节都要想到且安排好，每一可能出现的问题都要能预测到并有相应的应急处理预案。

（四）掌握语言的表述方法

掌握语言的表述方法体现在两个方面。其一，要将任务表述清楚。未来一个时期将要完成哪些任务、达到怎样的目标、按怎样的进度分阶段实现目标、采取怎样的方法和措施保证任务的完成、最终达到怎样的结果等，写作者要能用准确、简洁的语言说清楚、写明白，使人一看就懂。其二，要做到层次分明，条理清楚，不可语无伦次，缺少逻辑性。

 **例文 1**

××旅行社有限公司 2010 年度营销工作计划书

根据旅游市场目前的竞争态势，我社如想在有限的市场份额中占有一席之地，就得具有超越单纯价格竞争的新的竞争思路，以创新取胜，以优质取胜，以价廉取胜，以服务取胜，以快速取胜，以促销取胜等。所以，我社明年必须加大营销工作的力度，以促进我社的发展，在集团公司的领导下，把旅行社做大做强。

1. 据调查，在整个××市，乃至××省的旅游市场上，还没有哪家旅行社是专做商务会议旅游及奖励旅游这一细分市场的，所以我们可以占领这个旅游市场上的空白点来给自己的旅行社找一个准确的定位，正如美国学者肯罗曼·珍曼丝所言："定位的精义在于牺牲，只有舍弃若干要点才能重点突出，从而使自己区别于众多的竞争对手，避开市场竞争形成的经营压力。"我们要利用集团公司带给我们的优势条件，迅速占领市场，成为这一市场上主导型的旅行社。争取在明年承办 10 个以上的会议团，并采取以下营销计划。

（1）在旅行社设专门的商务旅游业务部。可以提供比如代订饭店客房、代办交通票据和文娱票据，代客联系参观游览项目、代办旅游保险、导游服务和交通集散地的接送服务等，为会议主办方排忧解难，做好后勤保障工作，为与会代表提供丰富而周到的服务。

（2）制定一句旅游业务的宣传口号，可以通过一句朗朗上口的宣传口号反映出我社的市场定位。我认为"让我代理你的移动"比较合适。

（3）通过一切渠道获取有关政府机关、各企事业单位的商务会议信息。

（4）主动出击，承办其商务会议及旅游业务。

（5）提供周到而丰富的系列服务。

（6）加强与主办方的联系，形成稳定的回头客户群。

2．除了做好公务旅游这一市场外，旅行社传统的休闲旅游这一块业务要继续做，并且要稳步发展，力争明年达到组团和地接人数 2 000 人次的预期目标。

（1）在旅行社成立休闲旅游业务部。

（2）在休闲旅游业务部内部又可细分为组团业务和地接业务两大部分。

（3）根据不同的业务特点，采取不同的营销活动。力争做一个客户便留住一个客户，建立完整的客户档案，因为维系一个老客户比去发展一个新客户容易得多，可以更容易形成客户对我们的品牌忠诚度。

（4）加强与外地组团社的联系与沟通，主动向他们提供我们最新的地接价格以及线路的变化，根据他们的要求提供所需的线路和服务，并有针对性地实行优惠和奖励。

（5）主动地走出旅行社，走访本地各大机关单位、团体、学校、医院、企业等，甚至是深入大街小巷，上门推销我们的旅游产品。

3．配合集团做好××沙漠旅游项目的销售工作。

（1）开发"××沙漠散客天天发"这一产品，将散客天天发同行价以传真形式发给本市及周边地市的各大旅行社，从而把各大旅行社收集来的散客做成团队形式，进而占领市场。

（2）将营销重点放在本省、本市的企事业单位和大、中专院校，以及中小学校方面，适时地进行推销，使沙漠旅游成为各大学校组织学生春游、秋游及开展有益健康活动的首选之地。

4．继续开发新的旅游产品。

目前的旅游市场，各旅行社可供市民选择的都是近几年来一成不变的几条固定线路，我社可根据这一状况，适时地开发出一条或几条新的旅游线路，比如浙江龙游石窟、九江石门涧等，只有不断地创新，才能保持竞争优势。当然新的旅游线路的开辟也要有消费群体，符合未来市场的需求，这也是我社明年可尝试的一项工作计划。

5．加强售后服务，这对旅行社保持已有客源和开拓新客源都至关重要，服务的形式有打问候电话、意见征询单、书信往来、寄问候性明信片等。

（例文来源：www.fanwen.net.cn，经本书作者重新整理）

作业

请模拟公司的各部门经理根据自己的工作性质，针对未来工作要点制订好未来一个季度或年度的工作计划；员工根据自己的岗位工作性质起草个人工作计划。

第五节 工作总结

一、文体简介

（一）总结的含义

总结是根据计划的内容，对计划时限内的某项工作或某些任务完成情况，包括取得的经验和存在的问题进行回顾、评价并得出结论的常用文书。总结是人们自身实践经验的本质概括，是人们认识客观规律的重要方法。总结的目的在于发掘工作规律，扬长避短，增强主动性，克服盲目性，以指导和推动今后工作的顺利开展。

总结与计划之间存在着相互制约、相互依赖、相互促进、不断提高的关系。计划是工作前的打算，解决要做什么、如何做、做到什么程度的问题，是总结的前提和依据；总结是工作之后的鉴定，解决已经做了什么、如何做的、做到了什么程度的问题，是对计划的检查和验收。

（二）总结的特点

与其他文书相比，总结具有如下特点。

（1）回顾性。总结所针对的是过去的情况，因此，它要回顾过去已经做过的工作和工作中存在的问题。

（2）评价性。总结除了回顾过去的情况外，还要对已经做过的工作进行实事求是的评价，说明取得的成绩，指出存在的问题。

（3）时效性。总结所涉及的是特定时期的情况，及时总结这些情况是为了更好地开展下一个时期的工作。

（4）汇总性。总结必须全面反映情况，汇集事实、数据等客观材料，使读者对特定时期的工作情况有总体的、概括的、清晰的印象。

（三）总结的分类

根据不同的分类标准，总结可分为不同的类型。

① 根据内容分，有工作总结、学习总结、生产总结、思想总结等。

② 根据时段分，有年度总结、季度总结、月度总结、临时总结等。

③ 根据作者主体分，有个人总结、班组总结、部门总结、单位总结等。

④ 根据总结的容量分，有综合总结和专题总结等。综合总结也称全面总结，多数是在一定范围内按照一定时限所写的总结，如单位年度总结、部门年度总结，它的内容比较全面、详尽，表现了一定范围、一定时间内的实践活动及经验教训的全貌。专题总结是对某一项具体工作或具体工作的某一方面进行专门性总结，它的内容单一，针对性强，对实践有很强的指导作用。经验或教训，通过专题总结，以点带面，推动整个工作。多数专题性总结着重于总结成绩和经验，对缺点和问题，可一笔带过或省略不提，以免泛泛而谈，中心不突出。

⑤ 根据写作侧重点分，有工作总结和经验总结。工作总结侧重于对基本活动、主要工

作作详尽的介绍和总结，即主要介绍做法、成绩、不足、努力方向。经验总结侧重于经验教训的介绍，主要是通过分析问题找出规律，总结经验教训，指导以后的工作。

二、写作格式

总结的内容主要包括 4 个方面：一是基本情况；二是所做的工作及取得的成绩和经验；三是存在的主要问题；四是今后的打算。即要求写清在一定时期内完成了哪些主要任务、取得了哪些主要成绩或经验、还存在哪些主要问题、对下一阶段工作的展望和打算。

总结的格式一般包括标题、正文、结尾 3 个部分。

（一）标题

总结的标题分单行标题和双行标题两种。

1．单行标题

有四要素标题和文章式标题两种。前者由对象名称、时限、主题、文体种类 4 个部分构成，如"××市秘书学研究会 1998—1999 年工作总结"；后者以总结的内容、主题为标题，如"推进目标成本管理　提高企业经济效益"。

2．双行标题

以总结报告的主题为正标题，以对象名称、时限、文体种类构成副标题。例如：

加强安全教育　健全安全制度
——家用电器厂 2010 年开展安全生产教育活动的总结

有些经验总结、专题总结需要在更大范围交流，其标题可以灵活拟定，使之适应传播媒体的特点。

（二）正文

总结的正文由前言、主体、结尾 3 个部分组成。

1．前言（也称导语）

一般是概述基本情况或简要交代工作背景和开展工作的条件，写法比较灵活。它是为引入总结的主体部分而写作的，因而它有多种写法，最常见的写法有概述式、结论式和提问式 3 种。

（1）概述式。概述工作的基本情况或基本成效。

（2）结论式。先将工作经验的结论写明。例如：

采取适合企业特点的经营形式进行改革

我县在深化企业改革过程中，积极探索所有权与经营权分离的新路子，采取适合企业不同特点的多种经营方式，从本县 30 个国有工业企业的规模、生产性质、技术水平及经营状况出发，有针对性地分别实行租赁、承包等经营形式，把责、权、利全面落实到企业及经营者身上，较好地调动了企业全体职工的积极性，增强了企业活力，促进了经济的发展。

（3）提问式。以设问的方式先提出问题，引人深思。例如：

"拿来主义"加快了经济的发展

——××市借用外力发展经济的经验总结

在人才严重缺乏的情况下，如何实现技术进步，提高经济效益？我市工厂企业的普遍做法是：采取"拿来主义"，借用外地大专院校、科研单位和大工厂的技术力量。厂长们说：搞智力投资，自己培养人才，固然非常重要，但毕竟远水难解近渴。采用"拿来主义"，现在就可以收效，对于小企业来说，这是一种既实惠又收效快的办法。

2. 主体

主体的内容主要为做法、成绩、体会、存在的问题、今后的工作设想等。这部分要求全面、简要地说明某一时期所做的各项工作（综合总结）或某项工作的各个方面（专题总结），可分项逐条表述。例如：① 成绩（做法）与经验。这部分要有重点地概括介绍工作中取得的主要成绩或经验，充分体现总结的评价性，要实事求是，反对浮夸，应做到用事实说话、用数据说话，将主观评价与客观真实材料结合起来。具体来说，要说明做了什么工作，采取了什么方法措施、步骤，取得了哪些成绩，成绩取得的原因是什么，有何经验体会。在这里总结经验体会是重点，说明成绩做法是为它服务的；② 存在的问题及原因。在此部分要实事求是地把工作中的失误、不足写出来，并深刻分析产生问题的原因，指出应从中吸取的教训，要反对避实就虚、文过饰非的不良文风。如果是经验总结，则不必写此部分。一般的工作总结必须要有这一部分，认真分析存在的问题，对于今后工作的开展是非常有益的。

总结的主体内容一般包括以上两个方面，但有时不一定要面面俱到，可以有所侧重，或着重写成绩，或着重写经验，或着重写体会，或着重写缺点、教训。写什么，如何写，一切要从实际出发，灵活行文。

主体的结构要严谨，条理要清晰。主体部分从材料安排的角度看，常见的有如下几种方法。

（1）横式结构。也称并列式，具体来说，总结的各项内容并不是按时间或阶段顺序排列，而是将同一性质的内容归纳成一个部分。例如，《××市秘书学研究会2008年工作总结》一文就是采用横式结构的方法来安排材料的，主体部分从5个方面进行了总结。

一、坚持以科学发展观为指导，积极参加我市社会科学界的各项活动。

二、组织理论研究活动，总结学术研究成果。

三、总结秘书经验，开展学术交流，提高秘书工作水平。

四、参加培训考核，培养秘书人才。

五、加强组织建设，巩固发展会员。

（2）纵式结构。也称阶段式，可分为两个小类别：一是时间式，即第一季度做了什么工作，第二季度又做了什么工作等；二是因果式，具体指前项工作为因，后项工作为果，前一阶段工作完成不了，后面的工作就无法展开，由于各项工作间有一环扣一环、一层接一层的关系，所以又把这种结构方式称为层递式。

（3）综合式结构。综合式结构就是综合运用横式与纵式，既体现事物发展过程，又注意内容的逻辑关系。

3．结尾

一般情况下结尾写今后的设想与打算。这部分内容主要是根据存在的问题，有针对性地提出今后工作的努力方向以及改进的意见，文字比较简练，不作具体的阐述，但不能泛泛而谈，要有的放矢。也有的总结可以没有这一部分，写作时根据具体情况而定。

三、写作要求

（一）材料真实

写作总结的目的是指导工作，因此，它所运用的各种材料，包括工作情况、数据、图表等都要真实，如果这些材料不真实，它概括出的所谓经验、认识也就会成为无源之水、无本之木，对工作没有任何指导意义。在这方面，尤其要反对目前还存在的任意夸大成绩、政绩的浮夸风，因为依据这种前提写出的总结，它的结论很难有工作的指导性质。

（二）重点突出

无论是综合总结还是专题总结，在写作中都会碰到原始材料的杂乱问题，因为现实工作很庞杂，而工作中哪一种做法才是最见成绩、最有效用因而是值得总结的呢？这需要写作者作出认真的比较研究，只有这样，才能抓住工作中的主要矛盾，并围绕工作的主要经验进行写作。客观实际纷繁复杂，新生事物层出不穷，我们必须不断研究新情况、新问题，总结新经验，工作才会进步。因此，写总结不应面面俱到，主次不分，而要突出重点，着力反映工作实践的特殊性。

（三）揭示规律

总结的写作还要注意它对于现实工作的应用价值性，既要分析原来面上或点上的工作存在的最大问题是什么，而且必须通过工作回顾提出一些具体的解决方法。因此，在写总结时，必须从感性认识上升到理性认识，揭示出工作的客观规律，并用来指导实际工作。

四、特别说明：总结与计划的关系

总结作为回顾和盘点某一个时间段工作的收束性文书，它与这个阶段中所写的某些文书有着密切的联系或相关之处，弄清其关系和相关点，有助于清楚了解总结以及其他相关文书并正确地写好这些文书。

总结和计划的关系密不可分，有人将它们比喻成工作的"接力棒"，此话有一定道理。具体来说有如下几点。

① 总结既要检查计划的执行情况，又要作为今后修订计划或制订新计划的依据。

② 计划的制订要参考前期总结的内容，总结的写作要参照本期计划的内容。

③ 计划体现的内容主要是在某一时间段内要做什么、谁来做、怎么做，而总结所体现的内容是在某一时间段内谁做的、做了什么、做得怎么样。

正确认识两者之间的关系，能使这两种应用文书的写作互为对比、互相关联，更有针对性，从而使工作更具有连贯性。

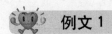 例文1

××市规划局2009年上半年工作总结

2009年上半年度，我局紧紧围绕建设幸福目标，进一步做好"保增长、保民生、保稳定"的各项工作，以贯彻实施《城乡规划法》为重点，按照城乡规划一体化的要求，以"城市建设学新加坡、新市镇建设学上海"为目标，统筹城乡规划，优化城乡空间布局，健全城乡规划管理一体化模式，服务城市建设、新市镇建设、新农村建设，全面均衡提升全市城乡规划和建设水平。

一、深化规划编制，严格规划控制。（内容略）

二、创新规划管理，服务村镇基层。（内容略）

三、强化规划审批，推进阳光规划。（内容略）

四、提升队伍素质，坚持勤政廉政。（内容略）

五、下半年度工作打算。

城乡统筹是新时期城乡规划建设的重点。我们要按照社会主义新农村建设的总体要求，重点推进城乡一体化发展。根据2008年编制的四大片区发展研究、市域空间管制及可持续发展规划研究、芙蓉大道、长山大道、徐霞客大道、暨南大道等市域快速干道两侧用地控规、市域产业布局规划，按照"一城四片区"的城镇空间发展结构，加快新市镇建设，形成中心城区、澄东、澄西、澄南、澄东南五大优先建设和重点发展区域，进一步优化各片区用地结构，积极实施各项引导和控制措施，形成合理分工、优势互补的区域性产业组团，优化城乡产业布局、生态布局和空间布局，提升城乡规划一体化水平，进一步统筹城乡建设。强势推进城乡规划公示制度。按照《城乡规划法》要求，深入贯彻"以人为本"的规划理念，全面施行《××市城乡规划公示试行办法》及《××市规划局行政许可听证暂行办法》等规章制度，大力推行"政府组织、专家领衔、部门合作、公众参与"的执行程序，持续开展优秀设计双月评工作，不断提升规划与设计水平，切实增强我市城乡规划的透明度，保障公众的知情权、参与权和监督权，突出规划工作对公共政策属性和公共利益的保护。

（例文来源：教育在线网，经本书作者重新整理）

 作业

假设某一时间段（自然年度、半年度或学期、学年度）即将结束，请回顾这个时间段的工作或学习情况，拟写一篇针对公司工作的总结或针对学校学业的总结。

第七章　经贸文书

所谓经贸文书，是一切应用于经济工作的应用文的总称。根据适用情况的不同，它又分为很多种类，下面择要讲解其中的部分文体。

第一节　广　告

一、文体简介

（一）广告的含义

在拉丁文中，广告有"注意"、"诱惑"之意；在我国也有多个版本的解释，其中最通俗易懂的狭义理解即是"广而告之"——广泛地向听众、观众、读者、消费者传达信息。这里给广告一个广义、简单的定义：广告是借助各种媒体向社会广泛发布公益或商务信息的一种宣传手段。

（二）广告的特点

社会发展到今天，广告作为一种专业性很强的新兴产业，它有着与众不同的形式，当然也有着与众不同的特点。

（1）**多样性**。当今世界处于市场经济全球化的时代，信息量大得仅用"爆炸"二字还不足以形容。这些信息要及时地发布出去，只有借助各种各样的媒体渠道来实现：有纸质媒体如报纸、杂志、专印海报等，有电子媒体如广播、电视、网络传播等，有户外媒体如建筑、道桥、专设展牌等，有流动媒体如车身、车载电子屏、人体以及外着衣衫等。

（2）**快速性**。随着高科技的不断发展，用以传播信息的媒体在不断增多的同时，发布信息的速度也在不断加快，可以说，谁能快速占领媒体，谁就抢得了先机，谁就能立于常胜之地。在市场上，企业需要广告快速宣传自己的新产品，消费者需要广告快速传递信息以丰富生活，作为广告业本身，也需要以快速的广告形式来为自己争得效益。所以，广告的快速性是当今社会的全方位需求。

（3）**广泛性**。由于媒体的多样性和发布的快速性，广告呈现出另一个特点，那就是信息传达的范围广，信息接收的知者众。有广播、电视的地方，音像广告反复播放，入耳入眼，使人记忆深刻；报纸、杂志上图文并茂的广告能被人反复阅读研究，入心入脑，使人理解透彻；行走在路上、坐在车上，户外广告、流动广告、车载电子广告等既能传播信息，又能调节心情；坐在电脑前，网络上广告信息无所不有。可见，广告广泛出现在社会生活的每一个角落。

（4）**艺术性**。这是广告能否吸引受众的重要因素。广告是一门综合性艺术，它运用各种各样的艺术形式为广告内容服务，好的广告是多种艺术形式相结合的产物。动听的旋律能使受众精神怡然，亮丽的色彩能使人过目不忘，优美的文辞能将物品描绘得栩栩如生，独具匠心的表现手法能将广告的内容、被宣传的信息表现得淋漓尽致。有了艺术性，广告就有了生命力，广告信息就有了可读性、可观性和愉悦性。

（5）**创意性**。广告作为一种综合性艺术，要使受众喜闻乐见，就必须具有新意。所以，从广告策划、广告文案起草、广告音像及图文的摄制和绘制各环节，都要赋予广告以新意。从商品广告形式看，一个创意新颖、主题鲜明、音乐动人、画面优美的广告能给受众以愉悦的感觉，同时具有一定的诱惑性，使受众产生强烈的购买欲望，达到广告的最终目的。从公益广告形式看，好的广告创意能使人迅速领会广告精神，达到教育和引导的作用。

（6）**诱导性**。首先是由于产品本身的品质、功用、外观的完善性决定了广告对其受众具有诱导性，其次是广告制作的艺术性又增强了被宣传产品和信息对其受众的诱导性。有了这两点，企业的产品和信息能迅速得到消费者的认知和认同，消费者通过货币交换来满足生活、工作等多方面的需要，生产、流通、消费各个环节都能从中获得各自的满足。广告的诱导性成分促成了消费行为的实现，使商品生产企业获得经营效益、经销企业获取差价利润、消费者获得生活和精神满足，三方的行为互为依托、相互配合，促成了生产、流通、消费的循环往复。

（三）广告的分类

广告的分类有 3 种方法，即按广告的内容、媒体形式和广告的诉求方式进行分类。

从内容上分，广告有两大类，即公益广告和商品广告。

（1）**公益广告**。公益广告不以赢利为目的，内容不涉及商品及与商品销售有关的信息，一般是对党政方针政策、国家和地方的大事及公益事业进行宣传，让每一个公民领会精神，统一行动。另外，利用公益广告来教育民众也是一种效果不错的手段，如在大街的十字路口树立大型广告牌，将《市民公约》等内容用大字书写展示，使每一个看到的人受到教育，达到规范言行的作用。

由此可以看出，宣传性、教育性、引导性是公益广告最显著的特点。

（2）**商品广告**。商品广告以赢利为目的，内容全部是有关商品的信息，包括商品的商标品牌、商品类型、适用范围、功能作用、质量数据、销售地点、售后服务等。通过广告向消费者传达信息，是现代企业和商家乐于采用的、效果极佳的宣传方式。

区分公益广告和商品广告的标志是是否以赢利为目的，但须作说明的是，现在有一种广告具有两面性而使人难以分清其类别，那就是由企业赞助的公益广告，其内容属非营利性质的公益宣传，而发布费用由企业赞助，在广告文案、画面上注明赞助者的名称或标示商标图案，这样既作了公益宣传，又为企业扬了名。

本章重点介绍商品广告。

按广告信息的承载媒体形式分，广告又可分为如下几种类型。

（1）**报刊广告**。报刊广告是在纸质媒体如报纸、杂志上发布信息的广告形式。这些广告只是报刊主打栏目的副产品，能为媒体带来高额的经济收入。这类广告还包括专门用来发布广告的无刊号的报刊类，它仅仅刊登广告信息而没有其他内容，其合法性尚在争论之中。

（2）**音像广告**。音像广告是在广播、电视等媒体上以声音和图像传播信息的广告形式。这些广告也只是音像节目的副产品，能为媒体带来高额的经济收入。广播、电视广告是一种综合艺术，融合了播音、音乐、文学、摄影、绘画等多门类艺术形式的表现手法。

（3）**网络广告**。网络广告是通过电子网络传播信息的广告形式。这是一种新型的广告形式，具有传播便捷、受众多、更新快的特点。

（4）**户外广告**。户外广告是借助户外建筑物或其他立体结构物悬挂和展示的、以图文来传播信息的广告形式。这些广告用绘画、摄影、文学等艺术形式综合表现信息内容。

（5）**流动广告**。流动广告是以交通工具等为媒体发布信息的广告形式。与户外广告一样，这些广告也是用绘画、摄影、文学等形式表现信息内容。它包括汽车、火车、轮船、车载电子信息屏等，人体彩绘广告及人体外着衣衫上的印制广告也可归入这一类。

（6）**邮寄广告**。邮寄广告是通过邮政系统的邮递途径传递信息的广告形式。这类广告多为印刷品，有图案形式的广告、有文字形式的广告，也有图文并茂的广告。

（7）**散发广告**。散发广告是通过人工散发、传递载有信息资料的广告。这类广告多为纸质印刷品。

按诉求方式分，广告又可分为如下几种类型。

（1）**直接诉求广告**。直接诉求广告俗称"硬广告"，是直奔主题、专为推销产品或服务信息的广告。这类广告直言不讳，不用委婉的表达方式，只须直接介绍和说明产品的性质、功能、购买地点以及服务信息等，企望消费者购买。

（2）**间接诉求广告**。间接诉求广告俗称"软广告"，名为新闻报道或故事讲述，实为推销产品的广告文。这类广告具有不存恶意的伪装性，正是由于这种伪装性，使得受众常常把广告当作新闻来看，乐于接受，所以其诱导性更强，效果较之硬广告更好。

二、写作格式

广告文案又称广告文稿，它有广义和狭义之分，广义的广告文案泛指一切表现商品信息的语言与文字；狭义的广告文案则是指针对既定的广告主题进行创意和策划的书面专业性文书，它为广告的规划、制作、发布提供程序性操作指导。

广义的广告文案，作为表现广告信息的语言与文字构成，它是由标题、正文、随文、广告标语构成，必要时辅以图像设计和音响配器的说明文字。

（一）标题

广告的标题是广告文案的主题，往往也是广告内容的诉求重点。它的作用在于吸引受众对广告的注意，给受众留下印象，引起受众对广告的兴趣。只有当受众对标题产生兴趣时，才会阅读正文。

广告标题不像其他应用文书的标题那样由几个要素组成而呈现出格式化，广告标题无定式，各种形式都有，一般由广告从业人员来精心设计。

广告标题按表现主旨的形式来分，有陈述式、问答式、祈请式、新闻式、口号式、暗示式、提醒式等。广告标题撰写时要求语言简明扼要、易懂易记、传递清楚、个性新颖，标题文字一般以 10 字左右为宜，过长则不便记忆，且多占版面。但特殊情况下，有的广告主要内容全都表现在标题上，这时广告的标题字数就要视具体情况而决定了。

① 陈述式标题（家电业），例如：

自主创新再结硕果

海尔推出全球第一台全流媒体电视

② 问答式标题（地产业），例如：

你想有个家吗？

——欧式经典小区"画里人家"就是你最温馨的港湾

③ 祈请式标题（旅游业），例如：

领略椰风海韵，请到天涯海角

④ 新闻式标题（医药零售业），例如"离子银第一夫人"药品广告：

神秘女子开着宝马闯药店

⑤ 口号式标题（健身服务），例如：

将瘦身美体进行到底

⑥ 暗示式标题（微机展销会），例如：

错过了今天的"机会"，明天就只剩下遗憾了

⑦ 提醒式标题（食品业），例如：

乐百氏奶，今天你喝了没有

按照标题表现主旨的诉求方式，广告标题又可分为3种方式。

（1）直接诉求标题。这如同某些文章开门见山地表现主旨的手法一样，广告标题以开门见山、直奔主题的方式介绍广告最重要的信息，想表达什么就直说什么。换句话说，就是将广告发布者的目的、要求直接传达给受众，使人一目了然，一听就明。这类标题要求言简意赅，顺口顺耳，通俗易懂。例如：

领略椰风海韵，请到天涯海角

（2）间接诉求标题。这种标题具有含蓄性、趣味性和艺术性的特点，往往用饶有趣味的、令人回味的语言将广告的主旨间接地表现出来，以诱导消费者的购买欲。通俗地说，就是用婉曲的手法表现广告的主旨，有话不直说，有意不直言，有时还带有趣味性和艺术性。这种方式能令人回味和思考。例如某房地产楼盘广告：

谁把房子建在公园里？

（3）**复合诉求标题**。这种标题把将两种方式综合起来运用，既有直接诉求，又有间接诉求。例如：

破解冰箱保鲜密码

——海尔光波增鲜开辟冰箱里的"果菜园"

以上所举数例仅作参考，而不是广告标题的全部。由于广告讲究创意，其标题也多具创意性，以致有些标题难以归类，所以准确地说，广告标题是随着广告人的不断创新而表现出多种多样的形式的。

（二）正文

正文是广告文案的主体部分，以说明广告物（产品或服务信息）为主，对标题作进一步的阐释，论证广告物的功能性、可靠性、先进性等，诱导和激发广告受众的购买欲望，最终达到销售、赢利的目的。

广告正文的写法因文案起草者创意思维的丰富而呈现多样化，甚至由于创意的独特性和新颖性，有些广告文案超出了通常的格式要求，而呈现出一种全新的面目。所以，有创意的广告其正文的格式具有不确定性。

作为一般性的纯文字广告文案，单就其结构而言，与其他文体的应用文区别不大，可以包含开头、主体、结尾这种三段式结构。

下面以《海尔推出全球第一台全流媒体电视》这个间接诉求广告为例作印证。

自主创新再结硕果

海尔推出全球第一台全流媒体电视

流媒体电视成为行业发展主流趋势、驶入高速发展的快车道。随着 3 C 融合趋势的加快，各类数码产品日益普及，消费者对流媒体电视在产品兼容性、延展性方面也提出了更高的要求。

自主创新不断满足用户要求

流媒体电视是整个彩电业的一项进步，也是海尔彩电通过自主创新奉献给消费者的一份大礼。随着人民生活水平的提高，各类数码产品日益普及，这些数码产品与电视的互联互通成为新的消费需求。

海尔率先抓住机遇推出流媒体电视，为电视与各类数码设备的互联互通搭建了平台。如今，海尔彩电在流媒体技术方面又有升级，推出全球第一台全流媒体电视。它可以全面支持移动流媒体（U盘、移动硬盘）、个人流媒体（DC、DV、MP3）和网络流媒体（在线数据流和音视频流）等全流媒体设备，轻松读取 JPG、MPEG、MP3 等全流媒体文件，是真正的"家庭数码产品显示中心"。

自主知识产权确保产品性能优势

全流媒体电视满足了用户新的消费需求，因而迅速普及，在市场上蔚然成风。

海尔全流媒体电视拥有 16 项专利技术，并唯一拥有自主知识产权，因而在产品的性能指标和升级方面具有更强的优势。海尔全流媒体电视采用了目前业界尖端的流媒体技术，使画质、音质、兼容性都大大提升；同时还增强了产品无限升级的功能，如果将来技术升级，用户只需下载软件拷贝到电视中便可实现升级，增强了产品的适用性。最新上市的全流媒体电视已经扩展到海尔彩电的全系列产品上，从液晶、等离子到数字 CRT 电视全线铺开，产品规格从 21 英寸到 60 英寸，是目前市场上系列最全的新产品。

自主品牌出口夺冠

如今，流媒体电视已成为彩电市场的主流产品，根据赛诺的统计，海尔流媒体电视以 62.4% 的市场份额在国内市场独占鳌头。流媒体电视的快速拉动也使海尔彩电品牌在国外市场的影响力迅速提升，自有品牌出口第一。在欧洲，海尔流媒体电视在 IFA 展上一举获得 1 亿欧元大订单，被誉为"中国平板电视第一单"。

为满足不断扩大的市场需求，海尔在青岛最新建成中国最大的流媒体电视生产基地，使得海尔流媒体电视在制造、技术、质量上达到国际先进水平。

（例文来源：武汉晨报）

以上是最为常见的广告文案示例。由于文案作者思维的创意性，广告正文可用多种方法来表现，如新闻体、赞颂体、承诺体、建议体、悬念体、幽默体、对比体、诗词体、祝愿体、道歉体、对联体、情节体，等等。作者可充分发挥创造性思维，使广告正文的表现方法更丰富，更有创意。

（三）随文

随文又称附文，主要传递与广告主体（企业）有关的、必要的备查信息，它具有沟通产、供、销三方关系和情感，为业务往来提供方便的作用。

随文一般包括企业名称、经销处名称、地址、网址、行车路线、邮政编码、联系电话、电传、开户银行、户头、账号、联系人与负责人姓名等。在文案格式上，随文一般安排在正文的后面，也可根据媒体的版式设计，安排在其他适当方位。

（四）广告标语

广告标语也称广告语、广告口号。现代广告十分讲究广告标语画龙点睛的作用，往往在广告的醒目处打出广告标语，以突出企业的经营理念、服务宗旨或企业精神等。例如海尔企业的广告语："真诚到永远"。

广告标语一般是由为数不多的几个字组成的具有宣传、赞扬、展示作用的短语，它是一个极其精炼的、高度浓缩了许多内涵的独立语句，意思完整，语法成分较齐全，能够表达一个明确完整的概念。对企业内部而言，它是一种具有号召、动员、教育、鼓动和鞭策作用的宣传方式，能凝聚员工的心血和力量去实现企业的目标；对广告的受众而言，它是一种具有感染力和诱惑力的宣传方式，能使受众得到心理和物质上的满足。

特别说明：有时广告标语和广告标题会被人们混为一谈，那是因为二者之间有很多共同点，例如，两者都是对广告主要信息的浓缩，都是为了吸引消费者的注意力，都是为了达到促进销售的目的，但它们之间又存在如下明显的不同点。

（1）使用"寿命"不同。广告标题随着广告内容和主题的变更而变更，一个标题只能用于某一个特定内容、特定主题的广告案例，换了内容和主题它就终结了使命，尽管在媒体上重复刊登或播出，除特殊情况外，它的作用基本上是一次性的。

而广告标语则是企业经营理念、企业精神、企业价值观的浓缩，是企业广告的普遍标志，是商品观念的长期表现形式，它相对稳定，长时间、经常性地应用于企业的各类广告之中。广告标语只有反复使用才有意义。如下海尔的两个实例可为区别广告标题和广告标语提供鉴别参考：

① 阶段性使用的海尔产品广告标题："海尔推出全球第一台全流媒体电视"。

② 长期使用的海尔广告标语："真诚到永远"。

（2）在广告版式上的位置不同。广告标题在广告文案及版式中的位置是固定的，一般被安排在最醒目的、首要的位置上，经常与照片、图案等有机地结合在一起。

广告标语在广告文案或版式中位置十分灵活，根据版式的构图和结构形式来决定其位置，它既可以单独使用，也可以配以图案花饰放在任何一个地方，既起到画龙点睛的作用，也起到活泼版面的作用。

（3）表达方式不同。广告标题的用语非常灵活，有时一个字就是一个标题，有时用词语或成语作标题，有时用短语或句子作标题，甚至有时用不完整的句式作标题，其目的是引起消费者的注意，继而产生阅读正文的兴趣。

广告标语一般是由为数不多的几个字组成的具有宣传、赞扬、展示作用的短语，它是一个极其精炼的、高度浓缩了许多内涵的独立语句，意思完整，语法成分较齐全，能够表达一个明确完整的概念，且在相当长时间内不作改动，反复使用。

三、写作要求

（一）准确规范、点明主旨

准确规范是广告文案写作最基本的要求。要实现对广告主题、广告创意的有效表现和对广告信息的有效传播，第一，要求广告文案的语言表达要规范完整，避免语法错误或成分残缺。第二，广告文案中所使用的语言要准确无误，避免产生歧义或误解。第三，广告文案中的语言要符合语言表达习惯，不可生搬硬套、生造词汇。第四，广告文案中的语言要尽量通俗化、大众化，避免使用冷僻以及过于专业化的词语。以上所说的4点都是为"点明主旨"服务的，主旨的表现又是通过准确规范的语言来完成的，所以，广告文案要用准确规范的语言来展示其主旨。

（二）言简意赅、文从字顺

广告文案在文字语言的使用上要简明扼要、精炼概括，尤其是广告标语的写作，要以尽可能少的语言和文字表达出广告产品的精髓，实现有效的广告信息传播。文从字顺的广告文案有助于吸引广告受众并使之集中注意力和迅速牢记广告内容，要尽量使用简短的句子，以防止受众因语句冗长而产生反感。

（三）图文并茂、用色出彩

广告文案的生动形象能够吸引受众的注意，激发他们的兴趣。国外研究资料表明：文字、图像能引起人们注意的百分比分别是 22%和 78%；能够唤起记忆的百分比分别是 65%和 35%。这就要求文案创作时，在采用生动活泼、新颖独特的语言的同时，应辅之以一定的图像。例如，动画卡通图案适用于儿童用品的广告；漫画图案适合成年人的口味；一些能对产品起说明作用的影像资料则适合于对高科技电子产品的解说。还要注意广告画面的用色，暖色调适用于家居、饮食产品的广告，以营造温馨的氛围、表现美味可口的诱惑，如浅黄色调的床上寝卧用品、橙黄色的食品包装；冷色调适合于电子产品的广告，如电脑、电视机等。广告从业人员写作的广告文案，有时是直接见报上刊的纯文字广告，也有时是图文并茂的平面印刷广告，但有时又是用于广告作品制作的脚本性文案，关于色彩的设计和运用，在图文并茂的平面印刷广告和作为制作广告的脚本中要规划清楚，以便广告平面作品的完美化和影像作品的顺利完成。

（四）创意新颖、画龙点睛

这一点主要是针对广告标语而言的。广告标语是广告整体构思中的重要组成部分之一，一定要重视广告标语的创作与创意，要惜墨如金地字斟句酌，达到画龙点睛的效果。要达到这样的效果，广告标语的用词用语就必须讲求艺术性，谙熟各种修辞手法并能运用于广告标语的创意之中，使广告标语具有艺术性、趣味性、可读性和回味性。另外，广告标语是诉之于听觉和视觉的广告语言，要注意优美、流畅和动听，使其易识别、易记忆和易传播，从而突出广告定位，很好地表现广告主题和广告创意，产生良好的广告效果。同时，也要避免过分追求语言的音韵美而忽视广告主题，生搬硬套，牵强附会，因辞害意。

四、广告创意

"创意"是一个新概念，对它的解释有多个版本，其中有一种解释比较准确——创意，就是创新立意。这里涉及另一个概念"立意"，所谓立意，也就是文章写作之前所确立的主题思想（也称主旨、主题、中心思想）。那么，创新立意就是在一切文章写作之前要创造性地确立与众不同的、具有新颖而正确的主题。只有新颖、正确的主题才能获得良好的宣传效果和积极的社会意义。

所谓广告创意，也就是广告从业人员在广告文案写作之前所确立的具有新意的主旨和写作过程中表现主旨的独特手法。这就是说，在广告的全方位创作中，创意还包括主旨创新以外的表现手法的创新。

广告的创意是全方位的，它包括文案的创意、画面的创意、影像的创意、商标设计的创意、音乐的创意、色彩的创意等。无论哪方面的创意，其实都是广告表现手法的创意，因为商品是不可改变的早已成型的产品，能改变的尚待"成型"的只能是广告的表现手法。表现手法是否有创意，取决于创意者思维的敏感性和新颖性。

（一）广告创意的步骤

一个好的广告创意来之不易，它既是创意主体创意能力的体现，又是广告人宏观把握能力的体现，总之，它是优良综合素质的体现。广告的创意不是随心所欲的，它是要按照一定的程序来操作并使之系统化、完善化。

第一步，找准市场，做好调查。

做好市场调查是获得成功创意的前提。广告是营销商品、传达信息的重要手段，实现广告目的要针对具体的消费对象或特定的信息接收者。那么，要想广告获得理想的效果，就必须充分做好市场调查。

如果广告标的物是具体的产品（商品），那么它的性能如何、功能是什么、价位如何、售后怎样、与同类产品有何区别、优势在哪里、不足在哪里、如何扬长避短等，在创意形成之前对这些问题都要有一个详细的了解，做到心中有数。

第二步，选准对象，有的放矢。

这也就是要明确诉求对象。广告标的物作为一种商品（产品或信息），其销售的对象是城市居民还是乡村百姓，是针对已婚人群还是针对尚未结婚的青年人群，是针对机关单位还是针对工厂企业，对这些问题都必须有充分的了解，以便有的放矢地进行创意。例如，空调和小汽车的主要市场在城市，而不能将其广告的重点放在农村；相反，化肥、农药的市场在农村，而不能针对城市大做广告；手机、MP4、电脑等要主攻在校大学生；高档服饰、金银首饰要针对高级白领；别墅、高档小汽车等要主攻企业家、知名教授；化妆品、美容健身等要针对有钱和有闲阶层的女性。

第三步，根据广告载体的特点进行创意。

所谓载体，是指承担广告发布的媒体。媒体有多种类型，如户外牌匾、纸质传媒、电子媒体、流动媒介。任何有创意的广告最终都要通过一定的媒体向社会发布，选择什么样的媒体就决定着广告的宣传效果的优劣。这就要求广告人在策划广告时，充分考虑到各种不同类型的媒体广告的创意方式。户外牌匾广告注重图文并茂；报刊广告注重文案结构和对产品性能的详细阐述；电视广告注重画面色彩、模特形象、背景音乐、光影效果及广告的简略情节等；广播广告则注重广告语言的简洁、悦耳和音乐旋律的动听、优美。对各种媒体有了清晰的了解，再结合对广告标的物的了解，创意才能做到有的放矢，既出新又受看。

第四步，实施文案策划。

文案是广告的外在表现形式，有时还是广告制作（如电视广告）的脚本，任何广告创意都有文案策划这一环节。文案策划的思路要清晰，结构要完整，要求要具体。电视广告需要怎样的模特、准备什么道具、配用什么音乐、色调怎样、光色如何等，这些都要在文案策划中作明确交代。最重要的是要将广告的主题用极具创意的形式表现出来，以诱导和激发消费者的购买欲。

（二）广告创意的原则

虽说广告创意可以不受时空的限制，可以发挥创意者的主观能动性而创作出广告佳作，但广告创意也是有原则的，要求遵循一定的规范，正如一个绝妙的比喻——"带着镣铐跳舞"。

（1）**广告创意要顾及受众的禁忌和习俗。**广告心理学告诉我们，广告受众对广告内容有极强的好恶心理，看起来顺眼、听起来顺耳、想起来顺心的广告才能获得受众的认同感，否则会产生排斥感。广告发布出来是给受众看或听的，必须考虑到受众心理的感受。每个民族、每个地区，甚至很多个人都有一些习俗和禁忌，且已经形成了一种观念，那么，广告创意就要考虑这些禁忌和习俗，不要冲犯，否则就达不到广告宣传的效果。

（2）**广告创意不能故弄玄虚。**广告是通过各种大众传媒发布出去的，是为了宣传产品或信息而要让广大受众眼观耳听并接受的，尤其是商品广告，其最终目的是诱发消费者的购买欲并销售产品。那么，广告的创意就不能故弄玄虚，搞得神秘莫测，让人一时摸不着头脑，更不能离奇古怪使人产生恐慌，否则，其效果将会适得其反。

（3）**广告创意不要伤害民族情感。**人都是有情感的，其情感不仅表现在对至爱亲朋的爱心和关照上，还表现在对国家、民族的热爱上，这都是难能可贵的、高尚的情感。在进行广告创意时，要考虑到这一点。

（4）**广告创意要真实可信。**工矿企业生产产品、商业企业经销商品，其行为和目的都是为消费者服务。经济工作中的任何商业行为都应该以人为本，将消费者放在首位，这一点是衡量一个企业是否确立了正确的价值观的重要标准。以人为本不是空洞的说教，而应该体现在企业行为的方方面面，尤其要体现在广告宣传和广告创意上，也就是在宣传产品（商品）时要说实话，不能用欺诈的手段来哄骗消费者。如果用假冒伪劣商品和花言巧语来做广告，最终会导致广告行为的失败，给企业带来负面影响，即使产品暂时得以销售，但时间一长被消费者识破其影响更坏。

例文1

怠慢了持币待购的消费者　等急了奔波忙碌的采购员　累坏了夜以继日的员工们

冰川牌系列产品供不应求
总经理冯三九向社会各界公开致歉

尊敬的"冰川"真诚的朋友们：

你们好！

多年来，承蒙各界朋友的悉心关照，我公司生产的"冰川牌"系列产品畅销国内外，连年获大奖，对此，我谨向你们表示衷心的感谢和诚挚的敬意！

今年入冬以来，"冰川"产品以其惯有的高质量、高信誉赢得了消费者的厚爱，市场需求量激增，以至于我公司生产的羽绒服、皮服、高弹棉及床上系列用品因产量有限而难以满足消费者的需求，众多的消费者持币待购，渴望已久；各地商场的采购员驻厂等货，经常失望而归。对此，我公司组织全体员工免休节假，夜以继日地赶任务、出产品，累不言苦。即便如此，产品仍不能满足市场需求。对此，作为总经理我责无旁贷并深怀内疚。今天，谨向社会各界厚爱"冰川"的朋友们致以真诚的、深深的歉意！

持币待购的消费者，怠慢您了，请您原谅！奔波忙碌的采购们，让您久等了，望您谅解！夜以继日的职工们，你们受累了，我感谢你们！

"冰川"不会使你们失望！我们正在设法解决这一供不应求的矛盾，以确保天下人安度寒冬。

愿我们理解长在！愿我们友谊长存！

　　此致

敬礼

武汉冰川集团公司董事长兼总经理：冯三九

200×年 12 月 21 日

（例文来源：编者自撰，刊于《长江日报》并获评广告佳作奖）

 例文 2

外婆家的那台破"创维"

　　外婆家有台创维牌彩电，18 英寸的，"资格"老得都不记得它有多少"岁"了。在我的记忆中它好像从来没有"调皮"过。但它是台名副其实的破彩电，那是搬家时不小心摔的。

　　外婆住在二楼。2004 年搬来时，那台彩电是外公亲自搬上二楼的，他说怕别人搬不小心摔坏了。结果很尴尬，快上到二楼时他的脚被绊了一下，身子一歪，电视机滚下了楼。他人倒没什么大碍，可电视机正面的右上角摔掉了，角虽掉得不大，但一条裂缝足有 20 多厘米长，使得显示屏和外壳有些许松动而分离。当时以为这彩电报废了，没想到抬进家里一试，图像依然稳定、绚丽，声音依然清晰、好听。外公请了个修家电的老板到家里来看了一下，那人说这个型号的电视机早已停产，找不到相配的外壳，即使有相配的外壳，配件费加上上门费、开机费、修理费最少要花三四百元，还不如买台新的划算。最终没有换壳有 3 个原因：①确实买不到配件；②即使能买到配件而外公（特小气，每天买葱都要讲价）嫌费用太高；③能看、能听，其效果一点都不比原来差。后来外公拿打包封口用的透明胶带把破角和裂缝"补"了一下，把它端正地摆在电视柜上。退了休的外公、外婆在破彩电前打发时光，每天不少于 8 个小时。这样又过了四五年，外公外婆的身体一年不如一年，而那台破彩电却依然有声有色、"精神矍铄"。妈妈和大舅多次提议换一台新的，没想到最近一次提起时外公发了脾气："它天天陪着我，比你们都强！就不换！你们要换彩电还不如经常回家看看！"

　　在外公外婆看来，破彩电比儿女还亲，他们跟它有感情了。

（例文来源：编者自撰，创维广告文写作大赛获奖作品）

 作业

　　请为你自己创办的"公司"或某品牌产品拟写一篇具有创意的软广告文案，篇幅控制在 600 字以内。

第二节　合　同

一、文体简介

（一）合同的含义

　　《中华人民共和国合同法》明文告知："合同是平等主体的自然人、法人、其他组织之间设立、变更、终止民事权利义务关系的协议。"

合同是平等民事主体的自然人、法人、其他组织之间，为实现一定的经济目的，明确双方权利义务关系而达成的协议。它广泛地使用于经济活动当中，它调整的是自然人、法人与其他组织之间的经济贸易关系。因此，与公司、企业的生产经营密切相关，与各类经济协作、合作活动紧密相连。

（二）合同的特点

合同因其特殊性而具有鲜明的特点，表现在如下几个方面。

（1）**合法性**。合同的签订必须遵守国家的法律法规，符合国家的政策和要求。依法签订的合同受法律的保护，否则得不到法律上的承认。合同的合法性具体表现在以下几个方面：其一，当事人须具备相应的主体资格，即具有在国家法律范围内的一定的权利能力和行为能力；其二，合同的内容、具体条款必须符合有关法律法规；其三，签订合同必须履行合法的手续，包括程序上要经过"要约、承诺"等环节，还要当事人反复协商，达成一致意见后才能签订。

（2）**约束性**。合同的相关条款对当事人具有约束力，合同的法律效力使当事人必须根据合同的要求去履行，否则就会承担一定的法律责任。因此，签订合同是一种法律行为，任何一方不能单方面终止合同。只有在法律规定的特别情况下，才允许变更或解除合同。

（3）**平等互利性**。合同的签订是当事人之间意见达成一致的结果，同时，当事人各自利益达到最大化。合同签订的任何一方都不得胁迫另一方接受其条件，只有本着平等互利、友好合作的态度才能实现合同的签订。

（4）**周密严谨性**。合同要求条款齐全，语言表述严谨周密，不能有歧义，否则很容易在履行的时候产生纠纷。因此，签订合同时必须做到心要细、语要明，格式规范，避免产生疏漏。

（三）合同的分类

合同有多种形式，根据不同的分法分为不同的类型。

1．按内容分

《中华人民共和国合同法》根据合同内容将合同分为以下 15 种。

（1）**买卖合同**。是出卖人转移标的物的所有权于买受人，买受人支付价款的合同。

（2）**供用电、水、气、热力合同**。供用电合同是供电人向用电人供电，用电人支付电费的合同。供用水、供用气、供用热力合同，参照供用电合同的有关规定。

（3）**赠予合同**。是赠予人将自己的财产无偿给予受赠人，受赠人表示接受赠予的合同。

（4）**借款合同**。是借款人向贷款人借款，到期返还借款并支付利息的合同。

（5）**租赁合同**。是出租人将租赁物交付承租人使用、收益，承租人支付租金的合同。

（6）**融资租赁合同**。是出租人根据承租人对出卖人、租赁物的选择，向出卖人购买租赁物，提供给承租人使用，承租人支付租金的合同。

（7）**承揽合同**。是承揽人按照定作人的要求完成工作，交付工作成果，定作人给付报酬的合同。承揽包括加工、定作、修理、复制、测试、检验等工作。

（8）**建设工程合同**。是承包人进行工程建设，发包人支付价款的合同。建设工程合同包括工程勘察、设计、施工合同。

（9）**运输合同**。是承运人将旅客或者货物从起运地点运输到约定地点，旅客、托运人或者收货人支付票款或者运输费用的合同。

（10）**技术合同**。是当事人就技术开发、转让、咨询或者服务订立的确立相互之间权利和义务的合同。

（11）**保管合同**。是保管人保管寄存人交付的保管物，并返还该物的合同。

（12）**仓储合同**。是保管人储存存货人交付的仓储物，存货人支付仓储费的合同。

（13）**委托合同**。是委托人和受托人约定，由受托人处理委托人事务的合同。

（14）**行纪合同**。是行纪人以自己的名义为委托人从事贸易活动，委托人支付报酬的合同。

（15）**居间合同，即中介合同**。是居间人向委托人报告订立合同的机会或者提供订立合同的媒介服务，委托人支付报酬的合同。

2．按形式分

（1）**条文式合同**。是逐条写明约定事项的合同。

（2）**表格式合同**。是事先已设计好格式并显示主要内容的、事中只需逐项填写的合同。

（3）**条文表格式合同**。是既有条文又有表格的合同。

3．按期限分

（1）**长期合同**。是履约期限超过一年的合同。

（2）**年度合同**。是指履约期限在某一年度的合同。

（3）**临时合同**。是指就某一不具长期性的业务所签订的合同。

4．按签约方式分

（1）**双方合同**。由甲、乙（或供方和需方）两方签订的合同。

（2）**多方合同**。多于两方所签订的合同（第三方有可能是鉴证机关）。

（3）**纵向合同**。合同主体具有上下级关系的协议称为纵向合同，例如分公司与总公司、员工与雇主等。

（4）**横向合同**。合同主体具有平等关系的协议称为横向合同，例如公民与企业、企业与企业等。

二、写作格式

合同的写作，不论其采用的是表格式、条文式，还是表格条文结合式，在格式上一般都包括标题、约首、正文和约尾几大部分。

（一）标题

合同的标题也就是合同名称，一般是直接标明合同的性质，如"购销合同"、"建设工程承包合同"等。有的合同标题采用单位名称加上合同种类的形式。标题写在合同首页上方居中位置，字体大些，字距宽些，要醒目。

（二）约首

约首包括合同编号、合同当事人、签约时间、签约地点等。合同当事人要写单位全称，可称呼为供方、需方（托运方、承运方或贷款人、借款人等），或简称甲方、乙方，为正文行文提供方便。

（三）正文

这是合同的主体部分，是双方当事人责、权、利的具体体现，包括以下内容。

1. 引言

引言是订立合同的依据和目的，一般用概述式来表示。

2. 主体

主体是合同最主要的部分。合同法规定这一部分包括以下条款。

（1）**代称及实名**。用甲方、乙方（或供方、需方）作代称，以方便行文；有时合同签约方不止两个，可能有第三方如法律公证处，其代称为"丙方"或"公证方"。在代称的后面写明当事单位的全称和办公地址，或当事人的姓名及其住址。

（2）**标的**。标的是合同当事人双方权利所共同指向的对象。它因合同的种类可以是货物、劳务、工程项目或财物。合同的标的要明确、具体，否则会在履行合同时产生纠纷。

（3）**数量**。数量是对合同标的在量的方面的注明，包括具体的数据、计量单位和计量方法都要标示清楚，而且要按国家主管部门规定的标准执行，如果没有规定标准的，可以由双方约定一个标准。

（4）**质量**。质量是对合同标的物在质的方面的要求，如标的的内在品质与外在形态方面的要求，即标的的品种、规格、型号、成分、性能等方面的要求，这是对标的的优劣程度的说明。对于标的在质的方面的要求，通常提出一定的技术标准、等级及检测依据等。

（5）**价款或酬金**。价款或酬金是取得产品、接受劳务或智力成果的一方所支付的代价，它体现了商品交换关系的客观要求。要写明计算标准、结算方式和时间。

（6）**履行期限、地点和方式**。期限是指交货或完成劳务的日期，明确期限有利于双方安排生产与工作，有计划、有步骤地完成任务。履行地点、方式包括供方送货、需方自提或委托交通运输部门托运等，它关系到计费方式、交接地点、途中损失等问题，必须写明。

（7）**违约责任**。违约责任是对不履行合同的对象的制裁措施，如果双方都有过错而影响了合同的履行，则根据实际情况，由双方分别承担应负的违约责任。违约责任包括违约金、赔偿金和其他制裁方法。交货的品质不符、数量不符、时间不符、一方擅自更改合同或终止合同、未按期付款等，都算违约。但由于不可抗力原因造成无法如期履行或不能履行合同的，按合同规定不能视为违约行为，但应迅速通知对方。

（8）**解决争议的方法**。为了有效地防止和解决在合同履行过程中出现的争议和纠纷，《中华人民共和国合同法》规定："应将合同的变更、解除及争议仲裁办法在签订时商定清楚，并且明确、具体地写入合同。当事人之间发生争议，可以通过协商或者调解的办法解决；当事人不愿协商、调解或者协商不成的，可以根据仲裁协议向仲裁机构申请仲裁；当事人没有订立仲裁协议或者仲裁协议无效的，可以向人民法院起诉"。

另外，正文部分还包括合同当事人的经济责任或法律责任、合同的有效期、合同份数与保存以及合同附件。附件包括图纸、材料项目、表格、担保书、有关协议及实物样品等。附件是合同的组成部分，与合同具有同等法律效力。

（四）约尾

约尾是合同的签署，要写明签订合同的双方或多方单位全称、法人代表姓名、委托代理人姓名，单位盖公章，法人代表及委托代理人应签名盖章。要写明单位地址、电话、电报挂号、开户银行、账号、邮政编码等，还要注明签约年、月、日。

另外，合同要写明公证或鉴证机关的名称，并签署盖章，也要注明日期。

三、写作要求

签订合同是一个复杂的过程，也是一个必须十分慎重的工作。做好这个工作必须了解和按照一定的步骤一环扣一环地进行，切不可盲目签订，给自己和企业带来不必要的损失。

（一）履行必要的程序

合同的签订一般要经过要约、承诺、谈判和成文 4 个步骤。

1. 要约

要约是当事人一方向另一方提出订立某合同的建议或要求。一般用书面形式提出或拟出合同文本初稿，要求对方在一定期限内答复。有时也可以采用口头形式提出建议或要求。

2. 承诺

承诺是指受约人完全接受要约的建议或要求，并在规定期限内答复。

3. 谈判

谈判是合同成文之前的必经程序，否则合同中的相关条款是无法定下来的。

4. 成文

成文是将双方在谈判过程中所作的各项承诺付诸文字，形成文书，是当事双方或多方照此履约和解决纠纷的凭证。成文后加盖公章，合同立即生效。

（二）防止无效合同的发生

签订合同之前，要熟悉国家法律和行政法规，考察对方资信，注意代理人不能超越代理权限，防止发生无效合同。

合同要依法签订，国家法律明令禁止的项目不得经营，当然更不能签订合同；即使是国家法律允许经营的项目，也要按照合同法的要求来签订条款，不能签订对某一方明显不公的合同。

（三）必须注意担保手段，以减少风险

合同担保是合同双方或几方当事人，为了保障合同的切实履行，根据法律规定或当事人的约定而采取的法律措施。担保的形式有以下 3 种。

1. 定金

定金是合同当事人之间为了证明合同的成立、保证合同的履行，约定由一方向另一方预先支付一定数额的货币。给付定金一方不履行合同的，无权请求返还定金。合同履行后，定金可以收回或抵作价款，接受定金一方不能履行合同的，应当双倍返还定金。

2. 保证

保证是指合同当事人以外的第三人以自己的名义作为一方当事人的关系人，向另一方当事人作履行合同的担保，该第三人称为保证人。保证人是应被保证人请求而同意担保的，被保证的当事人不履行合同的，按照合同由保证人履行或者承担连带责任。

3. 抵押

抵押是指合同当事人一方或第三人用自己特定的财产同当事人保证履行合同义务的担

保形式。要考察抵押人提供的抵押物是否为其所有。合同要写清抵押担保的范围、抵押财产名称、占有、归属和抵押日期等。

（四）符合国家的各项方针政策及法律、法规的规定

合同的内容条款必须符合国家的法律、法规和现行政策的规定，符合《中华人民共和国合同法》的有关条款，防止不具备法人资格却以法人身份签订合同的现象，维护合同当事人的合法权益。

（五）遵循平等互利、协商一致、等价有偿的原则

签订合同是一种以法律的形式反映合同当事人之间责、权、利关系的行为，因此，任何一方都不得将自己的意志强加给对方，所有合同条款都应在平等协商的基础上约定，明确各自所应承担的责任，不得在合同当中出现霸王条款。

（六）合同的条款要齐备，内容要明确、具体

合同的具体条款要齐备，不能有疏漏，各项内容的表述要明确、具体，这样的合同才能便于执行，防止产生合同纠纷，对合同当事人起到约束和督促的作用。

（七）合同的语言要准确，格式要规范

合同条款的文字表述非常关键。如果条款齐全，但是语言文字的表达存在问题，必然会使合同当事人对相关条款的理解存在歧义，具体表现为概念不清、量词不当、音近相混，这些情况对合同的履行会产生消极的后果，甚至会引发合同纠纷。现实生活中的合同纠纷大多源于此。例如，违约责任的表述要将当事人所承担的责任有条理、有层次地讲清楚，用语要准确。因此，语言准确、简要、周密，书写规范、正确，条款齐全是合同写作中必须注意的重要问题。

合同的格式要规范，有合同范本的最好使用范本；如没有范本，要按照合同的格式要求进行写作。

 例文 1

农副产品购销合同

供方：××区××乡××村　　　　　　　　合同编号：05098

需方：××区粮油贸易公司　　　　　　　　签订地点：供方所在

签订时间：2005 年 3 月 14 日

一、产品名称、品种等级、数量、金额、交售时间。

产品名称	品种	数量/吨	单价/元	总金额/元	交售时间及数量/吨	
					合计	4 月 5 日
香米2号	大米	15	2 000	30 000		15

合计人民币金额（大写）：叁万圆整

二、质量标准：按双方封存样品标准认定。

三、验收办法及时间、地点：需方按合同第一条规定时间，到供方所在地公路旁仓库按封存样品验收后，供方即按合同所规定数量一次交货。

四、检验及检疫办法、地点及费用负担：需方验收时，进行水分检验，所需费用由需方负担。

五、交（提）货地点及运输方式，到达站（港）和费用负担：交货后运输由需方自理，如需要供方协助办理，供方应代为提供运输条件，其费用由需方负担。

六、超欠幅度、损耗及计算方法：超欠幅度不超过总数量的 5%，按水分的实际含量扣除水分。

七、包装标准、包装物的供应与回收和费用负担：供方代购 100 千克装的麻袋（每条不超过 8 元），费用与货款同时向需方结算。

八、结算方式及期限：供方按合同规定交清数量后，需方即一次付清全部货款。

九、给付定金的数额、时间：合同生效之日，需方即付给供方总金额 10%的定金。

十、如需提供担保，另立合同担保书，作为本合同附件。

十一、违约责任：各方不能按时交货、提货时，每迟一日，责任方应向对方偿付货款总额 2%的违约金；供方不能交货时，向需方退回全部定金并偿付不能交货部分总金额 3%的违约金；需方退货时，定金归供方所有。

十二、解决合同纠纷的方式：双方协商；协商不成时，向合同仲裁机关申请仲裁。

十三、其他约定事项：1. 样品双方封存，分别保管，作为检验根据；2. 如遇不可抗力的意外情况，致使本合同不能执行时，双方另行协商。

供方单位名称（章）	需方单位名称（章）	鉴（公）证意见：
××区××乡××村	××粮油贸易公司	本合同符合有关法律规定，具有法律效力。
法定代表人：张　三	法定代表人：李　四	
电话：87654321	电话：12345678	
开户银行：中国农业银行××支行	开户银行：中国农业银行×支行	经办人：林　强
账号：××××××××	账号：××××××××	鉴（公）证机关（章）
邮政编码：××××××	邮政编码：××××××	2009 年 3 月 15 日

（例文来源：编者自撰）

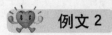 **例文 2**

房屋租赁合同

甲方：张　×　　　　　　　　　　　　乙方：魏　×

根据《中华人民共和国合同法》的有关规定，经甲乙双方友好协商，就乙方承租甲方房屋事宜达成如下协议。

1. 甲方同意将其所属的樱花水榭小区×栋×单元×楼×号房屋租给乙方使用。该房总面积为 159.96 平方米（四室两厅两卫一厨），豪华装修，甲方交房时保证房内设施完好。乙方承租使用时出现的一切设施故障由乙方自费修理；乙方弃租交房时必须保证一切设施的完好，如有损坏须照价赔偿。乙方在承租期内不得将房屋转租他人。

2. 租期为 5 年，自 2004 年 12 月 1 日至 2009 年 11 月 30 日。年租金为 20 000 元整（贰万元整/年），每年 11 月 20 日前由乙方向甲方支付未来一年的租金（以现金支付）。

3. 乙方居住期间，必须爱惜房屋及房内家具、电器等一切设施，若有损坏须照价赔偿。

4. 合同签订之日，由乙方向甲方交纳租赁押金 5 000 元（大写：伍仟元）整。乙方弃租时，如房内设施有损坏或应缴费用有拖欠，作价理赔费用及拖欠费用等将从押金中扣除。如果押金不足以抵扣理赔金额和拖欠费用，则由乙方如数补齐；如押金有余或既无损坏又无拖欠，甲方须如数退还所剩或全部押金。

5. 租用期间，如水电费、物业费、卫生费、有线电视收视费等费用均由乙方自理，甲方概不承付。

6. 违约责任。双方必须严格履约，任何一方不得违反。甲方提前终止合约或乙方提前弃租，则各按年租金的 20% 付给对方违约金；乙方若不按约定时间付给甲方租金，甲方按年租金的 20% 向乙方加收滞纳金。其余违约行为视具体情况由甲乙双方协商解决。

7. 本合同条款若需变更，由双方共同协商。

8. 本合同一式两份，甲乙双方各执一份。

甲方签字：　　　　　　　　　　　　乙方签字：

电话：24681357　　　　　　　　　　电话：12345678910

2004 年 11 月 5 日

（例文来源：编者自撰）

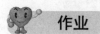

作业

两个同学为一组，模拟甲、乙双方，就公司的经营业务按照合同的有关要求签订一份条款式合同或表格式合同。

第三节　招　标　书

一、文体简介

（一）招标书的含义

招标书也叫招标通告、招标公告、招标启事，它是将招标主要事项和要求公告于众，从而使众多的投标者前来投标的周知性文书。

（二）招标书的特点

招标书具有如下特点：一是明确性，即对招标项目或工程的主要目的、基本情况、产品要求、人员素质和具体规定等作出明确、清晰的表述，不能含糊其词、模棱两可；二是竞争性，让投标者相互竞争、择优中标；三是具体性，要写明有关招标的做法和步骤，不能笼统抽象。

（三）招标书的分类

① 按招标的范围，可分为国际招标书和国内招标书。国际招标书要求两种版本，按国际惯例以英文版本为准。考虑到我国企业的外文水平，招标书中常常特别说明，当中英文版本产生差异时以中文为准。

② 按招标的标的物划分，招标书又可分为 3 大类：货物招标书、工程招标书、服务招标书。

二、写作格式

写招标书之前，撰写人必须充分做好市场调查研究工作，了解市场信息，明确招标项目的标准和条件。一般先把招标目的、图样、材料、技术要求、货样等对外公布，印成文件，以备投标人索取或购买。招标书一般必须写清下列内容：招标的项目名称、投标方法、投标资格、技术要求、投标和开标日期、保证条件、支付办法等。每项内容往往只用两句话加以概括，力求写得简洁明确，使投标人按照招标的条件和要求填报投标书，向招标人申请承包建设工程或经营业务。

招标书的结构由标题、正文、签具 3 个部分构成。

（一）标题

有完全式标题和省略式标题之分。完全式标题由招标单位名称、招标项目和文种构成，如"××股份有限公司××高新技术开发区高层住宅建筑工程承包招标书"、"××学院建筑安装工程招标书"。省略式标题由招标单位名称及文种构成，如"××工程设备公司招标书"，或由招标项目和文种构成，如"建筑安装工程招标书"。还有一种比较灵活的广告性标题，如"谁来承包这座华侨大厦"。如果是招标公司，应于标题下写出招标号，招标号一般由招标公司的英文缩写和编号两个部分构成。

制作标题时必须克服文种混乱现象，如有的用"通知"，有的用"通告"，有的用"广告"，有的用"公告"，按国家有关规定和写作习惯，通知等文体都有其特定的内涵和使用范围，不能随便乱用。招标的目的是向人们公布招标的项目和内容，促使人们产生投标欲望并前来投标。因此，它有公开性和征求性的特点，这就使得传播招标信息的文体只能是"招标书"或"招标启事"。

（二）正文

招标书正文要写得概括，必须写清投标人参加投标应行事项，如招标项目、方式、程序、要求等。上述内容必须妥善安排，正文由前言和主体组成。

1. 前言

概括说明招标的原因，写明招标项目名称、招标目的、资金来源等。常常用介词"为了"、"经过"表明目的和依据，要求对招标的项目开门见山，作简明扼要的表述。例如，"为了提高建设安装工程的建设速度，提高经济效益，经主管部门批准，决定对建筑安装工程的全部工程（单位工程、专业工程）进行公开招标"。有的还要简介单位基本情况，如地理位置、自然条件、固定资产、人员状况、经营情况等。

2．主体

主体部分包括以下内容。

① 招标方式，即说明是公开招标或邀请招标，还是议定招标。

② 招标范围，是指对招标对象的选择，或国际，或国内，或省内，或市内等。

③ 招标内容及具体要求，包括数量、质量、规格等条件和要求以及中标者的责任权利等内容。例如货物类招标，内容一般包括商品总购进、商品总销售、利润总额、费用水平等。又如，建筑工程类招标，内容一般包括工程内容、范围、工程量、工期、地质勘查单位和工程设计单位等（可根据情况列表说明）；此类招标要求应包括工程质量等级、技术要求、对工程材料和投标单位的特殊要求、工程验收标准等。工程项目还必须写综合说明书，以便投标者衡量承包是否合算、是否投标。

④ 招标程序，应对招标、设标、开标、定标的方法、步骤作必要的说明，有些程序应注明时间、地点。

⑤ 招标过程中的权利和义务。招标方根据必要的法规和程序进行审标、定标。投标方要严格按照招标书的要求投标，中标后不能改变中标内容。

⑥ 双方签订合同的原则，包括签订、变更、解除、终止合同的条件要求和法律程序以及时间等。

⑦ 组织领导，有的招标书要求写明招标领导机构和办事机构的情况以及联系人姓名。

⑧ 其他事项，一般是上述内容的未尽事宜，或投标方应注意的事项。该部分一般采用分条列项或表格式结构来写，分条列项，条理清楚，一目了然；表格式，项目齐全，简明扼要。有的在表述招标内容之前，还需要写上标书编号。

（三）签具

签署招标单位的名称（落款单位可以是招标单位的主管部门或承办部门）、地址、电话号码、传真号码、电子信箱、网址、邮政编码等。如果是两个以上单位联合招标，应将其各自的名称与联系方式分别写上。最后写上招标书发布日期。

由于招标项目不同、招标条件不同，招标书的写法不是固定不变的，但一般应具备上述三个部分的内容及其结构形式。

招标书还有附件，为了使正文简洁，而把繁复的专门内容作为附件列于文后或作为另发的文件，如项目的具体内容数量、工程一览表、设计勘察资料及有关的说明书等。

三、写作要求

（一）全面反映使用单位的需求的原则

招标机构要针对使用单位状况、项目复杂情况，组织好使用单位、设计院所、工程专家等编制好标书，做到全面反映使用单位需求。

（二）科学合理的原则

技术要求、商务条件必须依据充分并切合实际；技术要求根据可行性报告、技术经济分析确立，不能盲目提高标准，如设备精度、房屋装修标准等。

（三）公平竞争的原则

招标的原则是公开、公平、公正，只有公平、公开才能吸引真正感兴趣、有竞争力的投标厂商竞争，通过竞争达到采购目的，从而真正维护使用单位利益、维护国家利益。招标书中不应含歧视性条款，审定（审查）标书中是否含歧视性条款，是保证招标是否公平、公正的关键环节。

（四）维护企业利益、社会公共利益的原则

招标书编制要注意维护使用单位的利益（如商业秘密），不得损害国家利益和社会公共利益。

招标书的写作要严谨。招标多数是一次性的经济活动，没有反复磋商的余地，因而招标书的文字表达要尽可能准确简明，无论是技术规格还是数据都要准确无误，避免因含混不清而产生歧义。文字要简洁明了，突出重点即可，如果内容比较原则，文字就要高度概括，如与招标无关或关系不密切的，要尽可能删繁就简。

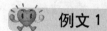 **例文 1**

××大学××校区学生公寓物业管理招标书

为进一步加强××大学××校区学生公寓的管理，提升学生公寓管理服务质量，为学生提供更好的学习和生活环境，现拟通过招标方式确定我校××校区部分学生公寓物业管理服务单位。具体招标事宜公告如下：

一、招标范围

第一标段：××校区一、六、七、八号学生公寓物业管理。

第二标段：××校区四、九、十号学生公寓物业管理。

二、委托管理期限

2010 年 12 月 14 日至 2011 年 12 月 13 日，期限一年。

三、项目概况

第一标段：

1. 一号学生公寓（女生宿舍）：七十年代砖混结构 3 层建筑，南走廊、公共卫生间、30 间 8 人间，2 间 10 人间，共 260 个床位，由铁围栏与六号学生公寓连成围合；

2. 六号学生公寓（女生宿舍）：九十年代末框架 5 层围合建筑，南北阳台、内走廊、中天井，各室独立卫生间。78 间 8 人间，624 个床位；72 间 6 人间，432 个床位。共 1056 个床位。

3. 七号学生公寓（男生宿舍）：九十年代中期砖混结构 6 层建筑，南北阳台、中走廊、公共卫生间，71 间 4 人间，共 284 个床位。

4. 八号学生公寓（女生宿舍）同七号学生公寓，70 间 4 人间，共 280 个床位。

第二标段：

1. 四号学生公寓（男生宿舍）：八十年代初砖混结构 5 层建筑，中走廊、南北 8 人间、公共卫生间、公共洗漱间，共 112 间 896 个床位。

2. 九、十号学生公寓（男生宿舍）：九十年代末砖混结构 6 层围合建筑，南阳台、北走

廊、6 人室内卫生间，共 138 间 828 个床位。

详情请各投标单位咨询发包人，并查看现场。

四、物业管理服务内容

1. 学生公寓安全保卫和防范工作；

2. 学生公寓公共部位的卫生保洁、围合内的环境卫生及绿化维护工作；

3. 学生公寓的室内卫生管理、检查、教育、整改工作；

4. 学生公寓内水电、门窗、家具等所有设施、设备的管理、维修工作（毕业生离校后，重新安排宿舍前，房间墙面刷新所需费用由学校承担）；

5. 各学生宿舍用水、用电抄表、催费工作；

6. 学生在宿舍内日常行为的教育、引导与管理工作；

7. 学生公寓人文环境建设、特色服务工作；

8. 其他属于物业管理服务范畴内的工作。

五、物业管理服务要求

中标单位具有"管理育人、服务育人"的责任，必须为入住学生提供优质高效的服务，把学生宿舍（公寓）管理工作作为企业精神文明建设的重要抓手和载体，以规范合理的管理来保证各项工作的顺利进行。

1. 学生公寓封闭式管理，实行 24 小时门卫值班制度，师生进出凭证件，异性学生和外单位人员不得进入公寓，管理员必须认真核对证件，严格把关并随时巡查；每天做好值班和交接班记录，发现异常情况及时上报；

2. 制订学生公寓各类突发事件的处理预案，有突发事件及时处理，并迅速上报校区有关部门，确保学生人身和财产安全，公寓内无恶性治安案件发生；

3. 每周组织 2 次以上安全、消防检查，及时排除安全隐患，并做好相关记录；严禁任何人在公寓内使用明火，杜绝违章用电；做好消防器材维护保养，确保消防器材处于良好状态，消防通道畅通，公寓内无消防安全隐患。

4. 学生公寓走廊、楼梯、公共卫生间、公共洗漱间等公共部位每天清扫 2 次以上，拖洗 1 次，并全天保持整洁。做到地面无积水、无污垢、无痰迹、无纸屑、无瓜皮果壳；公共卫生间、公共洗漱间无异味、无积水、无污垢；墙面保持整洁，无污迹、无乱悬挂、无乱张贴等现象。学生对公共部位环境卫生满意率 85%以上。

5. 围合内每天清扫 2 次以上，并全天保持整洁，无积水、无垃圾、杂草；公寓楼门前车辆停放有序，无乱停、乱放现象。

6. 建立严格的维修制度，配备专业维修人员，并建立报修档案；维修及时、快速，紧急维修响应不超过半小时，一般维修半个工作日内并且当天完成，确保学生学习、生活正常；学生公寓的公共财物齐全、无人为损坏，完好率在 98%以上；公共部位的照明和应急灯具必须每天巡查，保证完好无缺；定期对水电设施、消防器材等公用设施进行检查、维护并做好记录。学生对维修服务满意率在 85%以上。

7. 学生宿舍内务管理方面，每天对学生寝室的内务进行 1 次检查并做好记录，每天巡视寝室 2 次以上，每周公布宿舍环境卫生成绩；有效制止学生在公寓内吸烟、酗酒；对环境卫生较差的宿舍做好教育工作，并帮助整改。宿舍环境卫生优良率 85%以上。

8. 思想文化建设方面，配合推进学生党团组织进公寓和学生思想政治教育进公寓的工作；掌握学生的思想动态，及时做好引导、说服、教育工作，做到管理育人、服务育人，并及时向有关部门和学生所在班组辅导员反映学生在公寓内的表现和动态。

9. 做好节水节电工作，公寓内无常流水、常明灯现象，制止违章用电；水电抄表准确，催费及时，超额用水用电费收缴率 95% 以上。

10. 按照学校有关规定，主动配合校区开展学生公寓管理创新、服务创优工作。

六、报名条件

1. 投标单位资质要求：投标单位必须具有独立法人资格，注册资金不少于 50 万元，叁级（含）以上资质（学院后勤集团公司不作此项要求）。本项目不接受联合体报名。

2. 投标单位经营业绩、财务状况良好，具有高校学生公寓管理经验的单位优先考虑。

3. 具有一套较完善的物业管理服务的规章制度和素质较高的管理队伍，投标方选派的宿舍管理负责人应有大专以上学历水平，能为人师表且具备一定的学生管理工作和思想政治工作经验，其他主要管理人员学历水平应在高中以上，且具备较高的政治思想素质和管理服务水平。

七、投标文件内容

1. 投标申请公函。

2. 企业法人代表证明书及其法人签名（盖章）的委托授权书。

3. 企业营业执照和资质证书复印件（备原件核对）。

4. 公司简介及近两年经营业绩（特别是高校管理业绩）。

5. 物业管理站负责人简历、证书及业绩。

6. 管理措施及竞标策划（必须包含招标文件约定的相关内容，提供投标人为实现专业服务，拟实施的各项管理办法、规章制度、人员配备情况、实施细则等）。

7. 安全、优质服务承诺书；

8. 管理费用预算及报价。包括人员工资、劳保用品费、维修材料费、清洁卫生用品费、管理费、利润及税金等全部费用，按年报价，一标一价。

上述资料要求加盖法人公章，按顺序装订成册，一式两份，装入同一密封袋内，加盖骑缝章。

八、限制条款

1. 第一标段最高限价 21.43 万元，第二标段最高限价 19.33 万元，超过最高限价的投标书，作废标处理。

2. 中标单位不得利用管理区域内的发包人房产、物业、水电等资源从事经营活动。

九、开标、评标、答疑、定标

1. 开标：各投标单位参加现场开标，开标时间：2010 年 1 月 12 日 9:15，地点另行通知。

2. 评标：由学院相关部门组成评标小组进行综合评标。

3. 答疑：如评标小组对投标文件有疑问，投标单位以书面形式现场答疑。

4. 定标：经评标小组评委投票表决，获超过半数的最高票者中标。

十、其他事项

1. 招标文件和中标单位投标文件将成为合同附件。

2. 领取标书时间：2009 年 11 月 4 日至 6 日，投标单位应察看各学生公寓，以便有针对性地做好物业管理方案。

3. 投标单位对招标文件的疑问，可以书面或电话形式咨询，咨询截止时间为 2009 年 11 月 10 日 10:00。对投标文件中原则性疑问，招标单位将以书面形式告知所有投标人。但投标单位自己对招标文件的推论与招标单位无关。

4．招标文件工本费 100 元（不予退还）；投标单位在开标前需交投标保证金 2 000 元，未中标单位开标后即可退还；中标单位需交履约保证金 15 000 元；合同期满且办理完交接手续后无息退还。

联系电话：0931-×××××××× 联系人：袁老师、黄老师

×× 大学 ×× 校区

2009 年 10 月 29 日

（例文来源：甘肃法律服务网，经本书作者重新整理）

第四节 投 标 书

一、文体简介

（一）投标书的含义

投标书是投标者按照招标单位在招标书中提出的标准和要求，对自身的主观条件进行自我审核后，向招标单位递交的提出自己投标意向的书面材料。

投标书是社会竞争的产物，它体现了一种参与意识和竞争意识。通过投标者之间的优胜劣汰实现资产的优化组合，从而提高工作效率、增强社会效益。

（二）投标书的特点

（1）针对性。从其定义我们就可以清楚地看到，投标者为了达到自己承包或承购的目的，一定要以招标单位所提出的各项要求为依据，展示自己的实力优势；同时又不可漫无边际地随意去写，而应严格按照招标书中的内容条款，有针对性地安排投标的内容。

（2）竞争性。作为投标人来讲均以竞标成功作为自己最终的目的，而招标单位只能选择其一，这就要求投标人一定要强化竞争意识，在投标书中充分展示自己的实力和优势，才能在竞争中脱颖而出。

（3）具有严格的法律约束力。投标书和招标一样，均为日后签订承包合同提供了原始依据，它本身必须是在法律许可范围之内的，而它的条款一经写入投标书中，就具备了严格意义上的法律约束力，投标人应完全按照其拟定的各项经济指标进行工作。

（三）投标书的分类

投标书可以分成以下两大类。

① 生产经营性投标书，如工程投标书、承包投标书、产品销售投标书、劳务投标书。

② 技术投标书，如科研课题投标书、重大关键技术投标书、技术引进或技术转让投标书。

在制作投标书之前，要全面了解情况。它包括：一要对招标书提供的招标项目情况，即招标范围、规定、招标方式及招标书格式等全面了解，做到既不放过任何一个细节，又要抓

住一些关键问题；二要对招标项目做周密的调查研究和精心的计算，掌握市场信息，做到知己知彼。成本核算要合理，报价要适当，这样既有竞争能力，又能在中标后取得经济效益。

二、写作格式

投标书一般由标题、称谓、正文和结尾 4 个部分组成。

（一）标题

用简明扼要的语言，揭示出投标人、投标单位和标书名称。标题一般有 5 种写法，应依具体情况而选定：① 完全性标题，由投标方、投标目标、事由、文种组成；② 不完全性标题，由事由、投标目标、文种 3 个部分组成，如 "××地铁建筑工程投标书"；③ 简明性标题，由事由和文种构成；④ 只有文种的标题，这也是一种比较常见的标题方式，一般只写上 "投标申请书"、"招标答辩书" 即可；⑤ 新闻式标题，分主题和副题两个部分，如 "有实力，讲信誉——我的投标书"。

（二）称谓

在标题下顶格写上招标单位全称或评标机构。

（三）正文

投标书的正文内容一般包括前言和主体两个部分。

1. 前言

主要交待投标的依据和目的，表明投标的态度。写依据就是表明投标言而有据，如 "根据××学院实验楼工程施工招标书的设计图的要求"，这就是根据。所谓表明态度，就是表明本单位参加该项目的投标活动，遵守施工规定优质按时完成等。有的投标书前言还要介绍投标单位的基本情况（投标单位名称、法人代表姓名，单位所有制性质及隶属关系，单位人员构成情况，固定资产、流动资金、开户行账号、设备及技术力量等；若为个体，则需说明个人的基本情况，如姓名、性别、民族、文化程度、政治面貌、隶属关系、简要经历、任职情况及资格证书等）以及对该投标项目的态度。在介绍基本情况时，必要情况下还要附上营业执照、资格证书的复印件。如招标方要求财产抵押，则需写明具体数额等情况。

2. 主体

主体包括以下 4 个方面的内容。

（1）投标项目的具体内容和指标（标底），这部分是投标的核心。对不同类型的投标项目，所需要写明的指标是不同的。例如，投标承包企业，应该写明这样几项指标：生产指标、利润指标、税金指标、费用率、利润率、周转资金等经济指标；投标建设工程，应该写清楚工程总报价及对价格组成的分析、计划开工和竣工日期、主要材料指标、施工组织和进度安排、保证达到的工程质量标准、投标单位技术力量与设备力量等；如果投标大宗货物，应写明保证按合同履行责任义务等。

（2）实现指标、完成任务的措施。正文不仅要提出各项经济指标，而且要提出实现指标、完成任务的具体措施。措施要有力、具体，切实可行。例如，承包商店，实现指标的主要措施应包括：领导班子的组建，经营管理机构的设置，各经营科室资产抵押责任承包管理，加强人员培训和资金管理、资金发放等；承包工程，要具体提出完成该项目所要采取的措施，

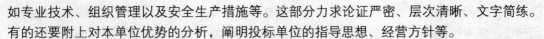

如专业技术、组织管理以及安全生产措施等。这部分力求论证严密、层次清晰、文字简练。有的还要附上对本单位优势的分析，阐明投标单位的指导思想、经营方针等。

（3）结语。以建议为主，有的投标书在正文中还常常要对招标单位提出一些要求，如请求招标单位对施工预以配合，施工中如出现意外问题，双方应互相体谅、协商处理。一般分若干条具体写明。

（4）附件。投标书一般都有附件，就建筑工程投标书而言，主要有两个部分，一是工程量清单或单位工程主要指标部分标价明细表；二是单位工程主要材料、设备标价明细表。一些重大工程还要附上投标保证书。如有必要，附上担保单位的担保书、有关图纸和表格等。

（四）结尾

写在正文之下，要写出投标单位名称及法人代表名称或姓名，并加盖印章，还要写明联系人姓名、电话、电报挂号、传真、邮政编码、地址、投标日期等，以便招标者联系。

以上是文字式投标书的基本格式，许多投标书制有封面，封面上填写招标单位名称、招标工程名称、投标单位名称及负责人（或法人代表）签章，还需写出其职务。在封面的右下角写上送达标书时间。

表格式投标书一般由招标者制发，投标者只需按要求填写即可。表格式投标书一般由封面、表头（由标题、投标单位负责人或法人代表签章及制作标书时间等项目构成，标题只写文种）、正表（依照招标文件要求与规定填写相关事项）3个部分组成，并形成较为固定的规范式样。

三、写作要求

（一）行动要迅速

由于投标报名或申请是有时间限制的，因此，投标人购得或领取招标书后，就要抓紧时间制作投标书，否则过了投标期限，就没有资格再参与投标了。

（二）要有针对性

投标书是标底亮出后，投标人根据标底分析主客观情况后进行竞争的决策方案。分析情况、提出方案和措施，都要紧紧围绕和针对标底及问题来阐述，这样就讲得清楚，说得明白，能切中要害。

（三）重点要突出

把投标项目、有利条件及项目分析写清楚即可，文字不宜过多，以免喧宾夺主。对投标者本人的主观条件及能力的说明，对有利条件和不利因素的分析，对达标的行动方案的陈述，都要实事求是。

（四）制作要仔细

文字要准确，特别是术语必须绝对准确。单位名称和地址不可简写。时间应具体写"××××年×月×日"，不可写"今年"、"明年"之类或仅写年号的后两位。保证完工时间与招标规定相符。文书密封、加盖公章（或负责人章）等细节都不可忽视。

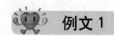 例文1

投 标 书

工程名称：×××××××
投标企业：××××××

一、标书综合说明

根据××市××局××建设工程招标管理处××××年×月×日发布的《××广播电视中心办公楼建设安装工程招标公告》，以及××省建筑设计院设计的图纸内容，我公司具备承包施工条件，决定对以上工程进行投标。

本公司经历了长期建筑安装工程实践，于××××年企业整顿验收合格，××××年经省建委审定为一级建筑安装施工企业。公司现有职工×××人，共设有建筑安装××个分公司，并配有全钢架现浇、大弯度钢架、预应力工艺等项目的施工能力和经验，具备大型土石方工程、建筑工程和水电安装工程总承包施工能力。

我们决心在此建筑工程中以全面质量管理为核心，严格编制施工组织设计程序，发挥企业固有的优势，保证缩短工期，力争在该项目上创优良、优质工程。

二、工程标价

预算总造价为5 500万元，标价在预算总造价的基础上降低1%，即55万元（详见报价表）。

三、建设工期

在接到"中标通知书"后十五天进场，做好开工前的一切准备工作。××××年×月×日正式破土动工，××××年×月×日竣工，总工期为××个日历工作天（详见进度计划）。

四、合理的施工措施

1．计划控制。总进度计划控制与土石方工程平衡调配和主车间平行，与主体交叉流水网络计划控制相结合。

2．制定质量目标。坚持TQC管理方法，建立各单位工程中分部分项工程质量预控网络体系。

3．健全技术档案。做到技术资料"十二有"，提高施工管理科学性。

4．安全生产。搞好安全教育，加强安全检查监督，防范事故于未然。

5．加强职工队伍思想政治教育，增强劳动纪律，讲究职业道德。

6．各工种工程，分部分项实行挂牌施工，落实岗位责任，推行拣号承包。

五、建议

建设过程中如有设计变更、材料串换、代用等现象出现，相互间都应本着实事求是的原则处理。

六、附件

① 工程报价表
② 工程进度计划

××××公司（盖章）

负责人：×××（盖章）

（例文来源：soso问问网）

第五节　市场调查报告

一、文体简介

（一）市场调查报告的含义

市场调查报告是运用科学的方法，有组织、有计划地对国内、国际商品市场交易活动的各种情报资料进行搜集、整理、分析、研究，作出恰当结论后写成的书面报告。

（二）市场调查报告的特点

市场调查报告具有情报性、文章性、研讨性、总结性等特点。

市场调查报告是市场调查工作的最终成果，也是市场调研过程中最重要的一环。许多管理者并不一定涉足市场调研过程，但他们将利用调查报告进行业务决策。一份好的调查报告，能对企业的市场策划活动提供有效的导向作用，同时，对于各部门管理者了解情况、分析问题、作出决策、编制计划以及控制、协调、监督等各方面都能起到积极的作用。如果调查报告写得拙劣不堪，再好的调查资料也会黯然失色，甚至可能导致市场活动的失败。

（三）市场调查报告的分类

市场调查报告的种类很多，主要有以下几种。

① 市场需求调查报告，主要内容包括产品销售对象的数量与构成，消费者的家庭收入水平、实际购买力、潜在需求量及其购买意向，如消费者收入增加额度、需求层次变化情况、消费者对商品需求程度的变化、消费心理等。

② 市场供给调查报告，主要内容包括商品资源总量及构成、商品生产厂家有关情况、产品更新换代情况、不同商品市场生命周期的阶段、商品供给前景等。

③ 商品销售渠道调查报告，主要内容包括渠道种类与各渠道销售商品的数量、潜力，商品流转环节、路线、仓储情况等。

④ 商品价格调查报告，主要内容包括商品成本、税金、市场价格变动情况，消费者对价格变动情况的反应等。

⑤ 市场竞争情况调查报告，主要内容包括竞争对手情况，竞争手段，竞争产品质量、性能、价格等。

二、调查方法

写作市场调查报告，首先要做市场调查。市场调查的方法很多，如普查和抽样调查、典型调查和重点调查等，常用方法有如下几种。

（一）口头调查法

根据已经制订的调查目的和调查计划，用口头方式取得调查资料的一种方法。采用口头询问时，可以通过个人访问或小组访问，召开一些不同类型的座谈会，直接交谈，或找个别对象访问，还可以打电话向被调查者询问或征求意见。

（二）问卷调查法

制定市场调查问卷让被调查者填写。结构为：被调查者的基本情况（主要有姓名、性别、年龄、民族、文化程度、工作单位、职业、住址、家庭人口等），调查内容（所需调查内容的具体项目），问卷填写说明（包括目的要求、项目含义、调查时间、被调查者填写时应注意事项、调查人员应遵守事项等），编号（以便于分类归档，便于计算机管理）。设计市场调查问卷时应注意：① 必要性，所提的问题应直接为目的服务，没有价值或无关紧要的问题不应列入；② 可行性，应尽量避免列出令人难以回答的问题，注意使用适合被调查者身份、水平的词句或用语；③ 准确性，提问要简单明确，切忌模棱两可或难以理解；④ 艺术性，提问要讲究艺术，有趣味，使被调查者乐于回答。这种方法的优点在于适应大面积调查，可以同时、异地一次性地获得大量的市场信息，比较节省经费，而且控制性强，尤其是便于定量分析问题；其缺点是信息的可信度受到问卷对象的道德、文化、认识水准的限制。

（三）观察调查法

是指通过直接观察取得第一手资料的调查方法。市场调查人员直接到商店、订货会、展销会、消费者比较集中的场所，借助于照相机、录音机或直接用笔录的方式，身临其境地进行观察记录，从而获得重要的市场信息资料。观察法的优点是可以客观地收集资料，可以集中地了解问题；不足之处在于许多问题观察不到，如被调查者的兴趣、偏好、心理感受、购买动机、态度、看法等。

（四）实验调查法

即从影响市场调查问题的诸因素中选出一两个，在一定条件下进行小规模的实验。在改变商品的设计、包装、价格、品质、广告等因素时，先作小规模实验，搜集用户意见，预测产品销售量，然后研究决定可否大规模投产或进入市场。它是目前运用得较好的一种方法，如试销会、展销会、看样订货会、国际博览会都是如此。

（五）统计分析法

利用企业内的现成资料，如统计、会计报表及有关数据进行综合分析的一种调查方法。这是一种间接调查法，可分为发展趋势分析、相关因素分析、市场占有率分析、市场覆盖率分析等，这种调查可为现场调查作准备，有的问题还可以弥补现场调查的不足。这种方法研究的问题比现场调查更为广泛，而且费用低廉。

三、写作格式

市场调查报告的结构一般由标题、前言、主体、结尾、落款几个部分组成。

（一）标题

标题即市场调查报告的题目。一般来说，市场调查报告的标题没有固定的格式，它要求与文章的内容融为一体，是文章内容的高度概括，用精炼简洁的文字去表现文章的中心思想。市场调查报告的标题有以下几种：① 直接写明调查的单位、内容和调查范围，如"天津自行车在国内外市场地位的调查"；② 直接揭示调查结论，如"皮革服装在济南市场畅销"、"出口商品包装不容忽视"等；③ 除正题（点明市场调查的项目、范围、内容和情况）之外，再加副题（说明市场调查的项目、地区和文种），如"'泥巴换外汇'——陶瓷品出口情况调查"。

（二）前言

前言部分用简明扼要的文字写出调查报告撰写的依据，报告的研究目的或是主旨，调查的范围、时间、地点及所采用的调查方式、方法。除此之外，有的调查报告为了使读者迅速、明确地了解调查报告的全貌，还在前言里极简要地列出一个报告的内容摘要。前言的写法主要有以下几种：① 说明式，即说明市场调查的时间、地点、目的、对象、方式、范围等，有时亦可扼要说明文章的基本观点或调查的重要意义；② 叙述式，即简要介绍调查对象的基本情况及全文的主要内容；③ 提问式，即用提问的方式，引起读者的注意；④ 点题式，即开头就表明观点，借以吸引读者。由于写作目的、写作对象的不同，前言可长可短。短者只交代调查的问题或表明作者的基本观点，长者还包括调查方法、调查经过和调查人员。

（三）主体

主体部分是报告的正文，这一部分的质量如何，直接关系到报告的整体水平。写作时主要考虑以下因素：一是表现主题的需要，什么写法能更好地表现主题，就采取什么写法；二是调查材料的状况，材料不同，写法也不一样；三是谋篇布局。主体主要包括基本情况、结论或预测、建议和决策3个部分的内容。

1．基本情况

即对调查结果的描述与解释说明，如发展历史、市场布局、销售情况等，可以用文字、图表、数字加以说明。对情况的介绍要详尽而准确，为下一步作分析、下结论提供依据。引用历史情况，主要是为了总结过去的经验和教训，说明发展的延续性以及对当前和未来的影响。重点应放在对当前情况的介绍方面，要如实反映调查对象的现状现貌，包括以下4个方面的内容。

① 消费者情况：消费者的数量、地区分布；消费者的职业、收入、年龄、性别等个别情况；消费者购买的动机、次数、数量、习惯、时间、地点等情况。

② 产品情况：主要消费者对商品质量、性能、价格、包装、交货期限、技术服务的评价、意见和要求；商品在市场上的占有率、覆盖率，在市场上的供求比例；厂牌商标的效果；消费者对商品的使用方法是否正确。

③ 销售情况：影响销售的因素；现有销售能力；如何扩大销路、提高销售能力；现有销售渠道是否合理，如何减少中间环节；商品的销售成本与销售收入的比率；商品的仓储、运输成本、运输路线等情况；广告费用和宣传力度。

④ 市场需求情况：市场潜在需求量；本企业在不同市场的占有率；竞争对象的经营情况、经营理念和发展战略；市场变化趋势。

以上内容既要有典型事例，又要有典型数据；不仅内容要丰富，还要做到条理清晰，并科学合理地揭示出内在联系。以上4个方面，写作时不一定面面俱到，哪些方面要写，哪些方面不写，哪些方面详写，哪些方面略写，要视具体情况来确定。

2．结论或预测

该部分通过对资料的分析研究，对上述情况数据进行科学的分析，找出原因及各方面因素的影响，透过现象看本质，得出针对调查目的的结论，或者预测市场未来的发展、变化趋势。（市场调查报告虽不以预测为重点，不要求对未来进行详细的预测，但一般要在反映市场现状的基础上简略地推断其发展趋势，展望市场前景。）论述可长可短，可将分析、推断过程写出来，也可只写结论不反映分析过程，针对性和逻辑性要强，预测力求准确，不能牵强附会。为了条理清楚，该部分往往分为若干条叙述，或列出小标题。

3. 建议和决策

经过对调查资料的分析研究，发现了市场的问题和预测了市场未来的变化趋势后，应为准备采取的市场对策提出建议或看法，供领导决策参考，这是市场调查的落脚点。写这部分时，要求有针对性地提出建议，要有科学根据，要切合企业和市场实际，在不损害国家利益和政策的前提下，强调企业的最大利益。建议可以分条写出，具体说明，也可以概略写出，不作具体解释。

主体部分 3 个方面的内容并非截然分开的。市场调查报告的重点在于通过调查，掌握市场的客观情况和变化规律，其他两个方面的内容可渗透在调查的情况中。这部分写作重在归纳信息，主要是将搜集到的资料经过去伪存真、分析归类，以类与类之间的逻辑联系来形成主体部分的写作结构思路。结构方式有纵式、横式、综合式 3 种。

① 纵式结构，是按照事物发展的先后顺序，一个层次一个层次地说明主题，或者将具有因果关系、递进关系的内容按其逻辑顺序组合。这种结构的优点是事实有头有尾，过程清清楚楚，有助于读者了解问题的来龙去脉。采用这种结构时应该注意：一是应按照时间先后的自然顺序将事物发展的过程分为几个阶段，然后逐段说明情况，逐段分析；二是对于报告的重点部分，应通过典型实例予以分析，不能写成"流水帐"。

② 横式结构，即把调查的事实和形成的观点，按照性质或类别分成几个部分，并列分头叙述、归纳和分析，分别从不同角度论证报告的主体。采用这种结构，可使观点比较鲜明、突出，并有较强的说服力。但应该注意两点：一是各部分的独立是相对的，它们的目的是说明主题，为调查报告的主题服务；二是在安排材料及观点顺序时，应该注意到事物发展的时间性和逻辑性。

③ 综合式结构，这种结构结合了上述两种结构的优点，或以纵为主，纵中有横；或以横为主，横中有纵。这种结构可以把材料和观点与时间有机地结合在一起，适于范围较大、调查问题较多的报告。无论用哪种结构形式，都要突出写作重点。有的报告重在写清实际情况，有的报告重在分析基本情况的原因或结果，有的报告重在决策建议，应根据具体写作目的和要求适当剪裁。

（四）结尾

结尾的写法多种多样，从形式上看可分为 3 种情况：没有结束语（较为简单的市场调查报告可以不专门写结尾）；有较短的结束语；有较长的结束语（较复杂的市场调查报告要写结尾，一般写有前言的市场调查报告也要有结尾，以与前言互相照应）。从内容上看，结尾有以下几种写法：① 综述全文，重申报告的观点，画龙点睛，深化主题；② 总结经验，形成调查的基本结论；③ 提出问题，并提出相应的建议或意见，以引起注意；④ 补充交代，补述其他部分无法交代的问题；⑤ 揭示意义，针对调查对象，由面到点，由此及彼，展望未来，指出调查问题的重要意义。不管采取哪种写法，都力求简洁，绝不可画蛇添足，影响正文效果。提出问题而不直接致力于解决问题，这是市场调查报告有别于市场预测报告和经济活动分析报告等的标志。

（五）落款

如果市场调查报告是为单位领导或领导部门而写，应于结尾后右下方位置署上调查部门名称和调查人员姓名，以及调查报告完成日期（也可写在标题之下，用括号括上）。如果在报刊上发表，单位名称或作者姓名应署于标题之下、正文之前，结尾后不再写报告的完成日期。

四、写作要求

（一）深入调查研究

调查要做到广泛深入，有两个方面的工作要做：一是文献资料的调查，即利用各种文献、档案资料进行市场调查；二是实地情况的调查，即深入实际，通过了解消费者或与有关机构和人员的接触，从中搜集反映市场状况和变化的第一手资料。同时，要灵活运用各种市场调查的方法，诸如普查和抽样调查、典型调查和重点调查等，多方面、多层次地掌握市场动态，这样才可能获得正确的结论。

（二）尊重客观事实

写作市场调查报告一定要从实际出发，客观如实地反映出市场的真实情况、营销中的问题，尽可能说明事实的来源、数字的出处，实事求是，不浮夸，不偏倚，不歪曲事实，要用真实、可靠、典型的材料反映市场的本来面貌。分析要严格从资料事实出发，不能用主观臆断代替分析。

（三）严格筛选材料

运用多种方式进行市场调查，得到的材料往往是大量而庞杂的，要善于根据主旨的需要对材料进行严格的鉴别和筛选，给材料归类（典型材料、综合材料、对比材料、排比材料、统计材料），并分清材料的主次轻重，按照一定的条理，将有价值的材料运用到文章中去，用最典型的材料来论证和说明主题。

（四）认真提炼主题

确定和提炼好主题，是撰写调查报告的关键。提炼主题要考虑3个方面的因素：调查的目的、调查中的实际材料、现实生活中需要回答的问题。调查目的可能被实际材料证实或修正，需要回答的问题则来源于实际材料，因而，确定主题应以材料为基点，参考调查目的，力求反映和论证各种现实问题。

（五）表述简练流畅

市场调查报告是写给决策领导看的，既要以理服人，让人认同，又要给人一种阅读时的轻松感。语言表达要简练、朴实，可以引用一些群众语言和通俗的比喻，但不可创造新名词或用别人看不懂的词汇。文章要条理清晰、行文顺畅，切忌东拉西扯、缠夹不清，使人读起来感觉很累，读到最后还是一头雾水，这样的报告无疑是失败的。

例文 1

××市居民家庭饮食消费状况调查报告

为了深入了解本市居民家庭在酒类市场及餐饮类市场的消费情况，特进行此次调查。调查由本市××大学承担，调查时间是20××年7月至8月，调查方式为问卷式访问调查，本次调查选取的样本总数是2 000户。各项调查工作结束后，现将调查内容予以总结，其调查报告如下。

一、调查对象的基本情况

（一）样品类属情况

在有效样本户中，工人320户，占总数比例16%；农民130户，占总数比例6.5%；教师200户，占总数比例10%；机关干部190户，占总数比例9.5%；个体户220户，占总数比例11%；经理150户，占总数比例7.5%；科研人员50户，占总数比例2.5%；待业者90户，占总数比例4.5%；医生20户，占总数比例1%；其他260户，占总数比例13%；无效样本370户，占18.5%。

（二）家庭收入情况

本次调查结果显示，从本市总的消费水平来看，相当一部分居民还达不到小康水平，大部分的人均月收入在1 000元左右，样本中只有约2.3%的消费者月收入在2 000元以上。因此，可以初步得出结论，本市总的消费水平较低，商家在定价的时候要特别慎重。

二、专门调查部分

（一）酒类产品的消费情况

1. 白酒比红酒消费量大

分析其原因，一是白酒除了顾客自己消费以外，用于送礼的较多，而红酒主要用于自己消费；二是商家所做广告也多数是白酒广告，红酒的广告很少。这直接导致白酒的市场大于红酒的市场。

2. 白酒消费多元化

（1）从买白酒的用途来看，约52.84%的消费者用来自己消费，约27.84%的消费者用来送礼，其余的是随机性很大的消费者。

买来用于自己消费的白酒，其价格大部分在20元以下，其中10元以下的约占26.7%，10～20元的占22.73%；从品牌上来说，稻花香、洋河、汤沟酒相对看好，尤其是汤沟酒，约占18.75%，这也许跟消费者的地方情结有关。从红酒的消费情况来看，大部分价格也都集中在10～20元，其中10元以下的占10.23%，价格档次越高，购买力相对越低；从品牌上来说，以花果山、张裕、山楂酒为主。

送礼者所购买的白酒其价格大部分在80～150元（约28.4%），约有15.34%的消费者选择150元以上的白酒。这样，生产厂商的定价和包装策略就有了依据，定价要合理，并要有好的包装，才能增加销售量。从品牌的选择来看，约有21.59%的消费者选择五粮液，10.795%的消费者选择茅台。另外，对红酒的调查显示，约有10.2%的消费者选择40～80元的价位，选择80元以上的约占5.11%。总之，从以上的消费情况来看，消费者的消费水平基本上决定了酒类市场的规模。

（2）购买因素比较鲜明。调查资料显示，消费者关注的因素依次为价格、品牌、质量、包装、广告、酒精度，这样就可以得出结论，生产厂商的合理定价是十分重要的，创名牌、求质量、巧包装、做好广告也很重要。

（3）顾客忠诚度调查表明，经常换品牌的消费者占样本总数的 32.95%，偶尔换的占 43.75%，对新品牌的酒持喜欢态度的占样本总数的 32.39%，持无所谓态度的占 52.27%，明确表示不喜欢的占 3.4%。可以看出，一旦某个品牌在消费者心目中形成，是很难改变的，因此，厂商应在树立企业形象、争创名牌上狠下工夫，这对企业的发展十分重要。

（4）动因分析。主要在于消费者自己的选择，其次是广告宣传，然后是亲友介绍，最后才是营业员推荐。不难发现，怎样吸引消费者的注意力，对于企业来说是关键，怎样做好广告宣传，消费者的口碑如何建立，将直接影响酒类市场的规模。而对于商家来说，营业员的素质也应重视，因为其对酒类产品的销售有着一定的影响作用。

（二）饮食类产品的消费情况

本次调查主要针对一些饮食消费场所和消费者比较喜欢的饮食进行，调查表明，消费有以下几个重要特点。

（1）消费者认为最好的酒店不是最佳选择，而最常去的酒店往往又不是最好的酒店，消费者最常去的酒店大部分是中档的，这与本市居民的消费水平是相适应的，现将几个主要酒店比较如下：泰福大酒店是大家最看好的，约有 31.82% 的消费者选择它，其次是望海楼和明珠大酒店，比例都是 10.23%，然后是锦花宾馆。调查中我们发现，云天宾馆虽然说是比较好的，但由于这个宾馆的特殊性，只有举办大型会议时使用，或者是贵宾、政要才可以进入，所以调查中作为普通消费者的调查对象很少会选择云天宾馆。

（2）消费者大多选择在自己工作或住所的周围，有一定的区域性。虽然在酒店的选择上有很大的随机性，但也并非绝对如此，例如长城酒楼、淮扬酒楼，也有一定的远距离消费者惠顾。

（3）消费者追求时尚消费，如对手抓龙虾、糖醋排骨、糖醋里脊、宫保鸡丁的消费比较多，特别是手抓龙虾，在调查样本总数中约占 26.14%，以绝对优势占领餐饮类市场。

（4）近年来，海鲜与火锅成为市民饮食市场的两个亮点，市场潜力很大，目前的消费量也很大。调查显示，表示喜欢海鲜的占样本总数的 60.8%，喜欢火锅的约占 51.14%，在对季节的调查中，喜欢在夏季吃火锅的约有 81.83%，在冬天的约为 36.93%，火锅不但在冬季有很大的市场，在夏季也有较大的市场潜力。目前，本市的火锅店和海鲜馆遍布街头，形成居民消费的一大景观和特色。

三、结论和建议

（一）结论

（1）本市的居民消费水平还不算太高，属于中等消费水平，平均月收入在 1 000 元左右，相当一部分居民还没有达到小康水平。

（2）居民在酒类产品消费上主要是用于自己消费，并且以白酒居多，红酒的消费比较少。用于个人消费的酒品，无论是白酒还是红酒，其品牌以家乡酒为主。

（3）消费者在买酒时多注重酒的价格、质量、包装和宣传，也有相当一部分消费者持无所谓的态度。对新牌子的酒认知度较高。

（4）对酒店的消费，主要集中在中档消费水平上，火锅和海鲜的消费潜力较大，并且已经有相当大的消费市场。

（二）建议

（1）商家在组织货品时，要根据市场的变化制定相应的营销策略。

（2）对消费者较多选择本地酒的情况，政府和商家应采取积极措施引导消费者的消费，实现城市消费的良性循环。

（3）由于海鲜和火锅消费的增长，导致城市管理的混乱，政府应加强管理力度，对市场进行科学引导，促进城市文明建设。

调查人：××大学×××

完成日期：××××年×月×日

（例文来源：百度知道，经作者重新整理）

 **作业**

请针对公司产品销售或服务对象进行市场调查，然后起草一篇格式正确、内容翔实的市场调查报告；也可拟写本公司员工收支情况调查报告。

第六节　经济活动分析报告

经济活动要频繁开展，就要不断地分析市场、分析客户、分析自己，使产品能畅销于市场，使消费者认可产品和服务，使企业或经营者立于不败之地。那么，根据需要经常性地撰写经济活动分析报告，就是企业经营管理的一个重要环节，也是每个有头脑的商务人士必须做好的工作。

一、文体简介

（一）经济活动分析报告的含义

经济活动分析报告是以党和国家的有关方针政策为指导，依据所制定的计划中的个性经济指标，根据会计核算和各种统计资料以及调查了解的情况，对企业经济活动的过程及其现状进行分析研究而写成的书面文书。

经济活动分析报告是对人们从事的经济活动实践进行科学分析后所形成的，其宗旨在于帮助人们认清市场形势，认识并掌握经济活动的客观规律。特别是在市场经济不断深化的今天，更应该让从事经济活动的人们注重经济活动分析，以减少盲目性、增强目的性，从而提高经济活动的效益。

（二）经济活动分析报告的特点

（1）理论上的分析性。经济活动分析报告要表述经济活动的进展程序、活动过程、最终结果，必要时还要介绍产品的性能、特点和功用，重要的是要分析活动的主题、研究活动的对象以及他们对活动的反应和评价，体现出很强的理论分析成分。在分析过程中，经常采用一些分析方法，如对比分析法、因素分析法、平衡分析法等。

（2）内容上的总结性。经济活动分析报告往往是在某次活动或某阶段的经济工作结束后写作的，所以，它有时就像总结一样，要对本次活动或某阶段的经济工作的方方面面进行必要的回顾，以便为将来一个时段的经济工作提供借鉴和参考，为领导层、决策层制定新的方针、政策提供重要依据。

（3）实践上的指导性。经济活动分析报告分析和总结某次活动或某阶段经济工作中的现象和规律，既有成功的经验，又有存在的问题，因此，经济活动分析报告对未来一个时期的经济工作无疑具有现实指导性。通过它，人们可以借鉴成功的经验把工作做得更好，参照过去的不足使存在的问题得以解决和避免，为未来经济工作的顺利展开创造良好的条件。

（三）经济活动分析报告的分类

经济活动分析报告的分类方法较简单，是根据其内容来进行划分的，它有如下类型。

1．全面分析报告

全面分析报告是将一定时期内的经济工作或某次经济活动的各方面内容作为一个整体来进行分析后写出的报告。其特点是涉及面广，对各项经济指标进行周密细致的分析，从中得出规律性的东西，用以指导未来的工作。

2．专题分析报告

专题分析报告是对某一时间段内的经济工作或某一次经济活动进行某个方面的单项分析，集中笔墨只谈一点，不涉及全部，或从经验上分析，或从不足上分析，将该说的事情说深说透，使从事经济工作的人员记忆深刻，在今后的经济工作中借鉴经验、避免不足。

3．简要分析报告

简要分析报告也是就内容和分析的深度而言的。所谓简要，体现在内容的相对简单和单纯上，一般只要求抓几个最主要的指标或一两个重点问题进行分析，目的在于求取点睛式的指正，能起到关键的作用。作为针对某个时间段而撰写的报告，一般都结合一定时间段（年度、季度、月度）的各种经济报表进行分析，文字简明，重点明确，能及时帮助企业经营管理人员掌握企业的生产和经营状况，促进企业经营管理的不断改进和改善。

二、分析方法

经济活动分析报告是一种专业性极强的文体，所涉及的是经济工作中的事务性内容。要想经济活动分析报告写得深刻，有使用价值和参考价值，就必须按照一定的方法来进行分析。经济活动分析报告的分析方法有以下3种可供选择。

（一）比较分析法

比较分析法就是将经济活动中诸多具有可比性的东西放在同一个标准下进行比较，得出正确的认识和评价。比较分析法的最大特点是直观和分明，能使人一看就懂。但它也有不足，就是容易给人以表象的认识，因此一般作为经济活动分析的辅助手段。比较分析法主要从3个方面进行比较。

1．比计划

企业在经营过程中，为了有序开展工作，一般都要事先对工作作出计划。比计划就是将企业在本阶段实际实现的经济指标与计划所规定要实现的指标进行比较，通过比较分析计划执行的情况，从而确定开展经济活动分析的主要方向——完成计划的方法措施、超额完成计划的经验或未能完成计划指标的原因所在，以此来帮助企业及时改进生产和经营管理，保证计划的正常实施和实现。

2．比历史

对企业经营的评价有多种方式，将现阶段的工作与过去的工作作比较，也是一种很好的评价方法。比历史就是将企业本期实际实现的经济指标和计划指标与上期或与往年同期或与历史同期最高水平相比较，借此来反映和说明企业经济活动的发展趋势和变化，使企业经营管理人员始终保持清醒的头脑，不断改进和改善企业的经营管理，保持企业不断进步、不断发展的良好势头。

3．比先进

经济活动、经营管理做得好不好，有时不能仅看自己和自己比较的结果，往往自己和自己比会产生沾沾自喜、盲目满足的思想。所以，要将自己的业绩拿出去和社会上同行业里的先进相比较，这样才能知道自己在大环境、大范围内经营工作做得如何。比先进就是将企业本期实际实现的经济指标与条件大致相当的同类先进企业同期实现的经济指标相比，借此找出本企业与先进企业的差距，以便学习先进企业之长，弥补本企业之短，促进本企业向先进企业转化，增强本企业的市场竞争能力。

（二）因素分析法

因素分析法就是将影响企业经济活动的各种因素提取出来进行分析的方法。与比较分析法相比，因素分析法注重探寻和解释影响企业经济活动的诸因素及其影响的程度。所以，因素分析法是一种深层次的分析方法，它针对性强，作用显著。这种方法一要分析出某因素影响经济活动的主要原因，以突出重点；二要在分析来自企业外部的客观原因的同时，更加注重对企业内部即主观原因的分析，不能忽视或有意回避对企业自身原因的分析。也就是说，因素分析法必须本着实事求是的态度，以事实为依据反映经济活动的实况。

（三）预测分析法

预测分析法是对企业将要开展的经济活动进行分析的方法，它有一定的提前期，具有前瞻性。相对于比较分析法和因素分析法，预测分析法是属于更高层次的分析方法，它要求人们具有更高的思想素质、文化素质和专业素质。这是因为比较分析法和因素分析法是在人们所从事的经济活动完成和终止之后带有总结性的分析，有事可说，有据可查，写作起来相对容易些；而预测分析法则是在人们所要开展的经济活动尚未开展之前，依据有关资料、凭着一种前瞻性感觉和合理推测来撰写，以供企业的经营管理人员进行决策。所以，预测分析法是建立在洞悉过去、熟悉现在、预测未来的思维链之上的。这就要求从事经济活动分析的人们既要乐观，又要谨慎，乐观而不盲目，谨慎而不保守。

预测分析法有以下3种。

1．统计分析法

统计分析法是利用过去已有的经济活动的各种统计资料进行分析，从而推断企业现阶段和未来一个时期生产、经营的总趋势的方法。它依赖于大量的、在时间上有连续性的历史资料，以历年企业实际实现的各项经济指标和经统计所获得的准确数据，来预测市场形势和供求关系，从而决定企业生产和经营的方向。

2．经验预测法

经验预测法是将人们过去所从事经济活动的成功经验和失败教训作为依据，对正在从事的或将要进行的经济活动进行分析和预测的方法。我国古训"前事不忘，后事之师"说的就是这个道理。但经验预测法绝不是将以往的经验或教训简单地照搬，而是借助历史的经验、教训，结合现实工作实际，对正在进行的或将要进行的经济活动作前瞻性的预测，使人们在从事新的经济活动时运用过去成功的经验或吸取失败的教训把工作搞好，既使人们信心百倍，又使人谨慎小心，不致陷于盲目被动局面。

3．宏观预测法

宏观预测法是借助国家总的经济发展计划来预测整个国家经济发展的总趋势，用整个国家经济发展的全局观念来统筹考虑企业经济活动的局部利益的方法。宏观预测法使人们在从事企业经济活动时不能只顾眼前局部小团体，而要着眼全局和未来，使企业能够适应国家经济发展的总趋势，跟上国家经济发展的步伐。

三、写作格式

经济活动分析报告在写作方式上有两种，即文章体和表格体。

（一）文章体的写作格式

文章体的写法类似于普通应用文案，它包括标题、正文、落款3个部分。

1．标题

文章体分析报告的标题有几种写法，常用的是四要素标题，即"分析对象+分析时限+分析内容+文种"，例如"南方电器公司2009年产品质量分析报告"。有时根据需要也可以采用三要素标题，只标明分析时限、分析内容和文种，例如"国庆黄金周游客流向分析报告"。必要时还可以采用两要素标题，只标明分析内容和文种，例如"关于情人节促销活动的分析报告"。还有另外一种标题形式也可以采用，即用标题直接显示观点，例如"城郊结合部新社区商业网点空白问题亟待解决"。

2．正文

文章体分析报告的正文一般包括导语、主体、结语3个部分。

（1）导语。导语是用来叙述基本情况、阐明分析的意义和目的的。

对过去一个阶段经济活动的分析报告，导语部分的基本情况包括经济指标的完成情况、存在的问题等，也就是对过去一个阶段的工作作一个简单的小结。其一，陈述计划、指标的完成情况：或全面完成，或部分完成。其二，指出存在的问题。导语的篇幅不宜过长，对内容只作简要而概括的陈述和说明，关于详细情况和存在问题的原因留待文章的主体作详细说明和分析。其三，由于成绩的取得和问题的产生都和当时当地的外部、内部环境条件有着密切的关系，所以当分析报告涉及的分析期内的指标与计划或统计出现较大差异时，有必要简述有关的背景情况。

对未来一个时期经济活动的分析报告，要体现其预见性。导语部分的基本情况还包括预定的指标、目标和对市场态势的简单介绍。

（2）主体。主体重在对已经进行或正在进行或将要进行的经济活动进行具体的分析。这个分析是对现实情况（一般着重于对若干重要指标）用科学的办法进行解剖，深入了解现象形成的原因以及不同因素的影响程度。一般来说，发现问题和找差距、找原因应作为分析的重点，这是分析报告的重中之重，也是写作分析报告的目的所在。

对过去一个阶段经济活动的分析报告，问题的发现相对容易，哪些指标没有完成或还有哪些不足，只要针对计划等进行比照就不难发现。如果发现了问题，分析就可有针对性地展开了——关于问题的类型、性质、产生的后果，最重要的是要找出发生问题的原因，只有找到原因才能"对症下药"，才能避免问题在将来的经济活动中重复出现，达到分析报告发现问题、预见问题、解决问题的目的。

相对来说，要分析未来一个时期将要进行的经济活动难度要大一些，因为未来有些方面是不可预知的。这就要求分析报告的撰稿人首先要有丰富的经济工作经验，尽可能地用以往的经验来判断和预测未来工作中可能出现的问题，并制订好处理问题的预案，使问题发生时不至于手忙脚乱，能够按照事先的预案有序地处理问题。

（3）**结语**。结语与开头相互呼应，使文章的结构完整。结语一般写明对今后经济工作的意见或建议，也就是对主体中所谈问题的处理和解决。经济活动分析报告的功能主要是在总结以往工作的基础上，对将要进行的经济工作指出方向，它不是为分析而分析的，分析只是手段，找出继续努力的方向才是目的。经济活动分析报告提出的意见和建议应该具有鲜明的针对性和具体性，对经济工作有很强的指导性。

3．落款

经济活动分析报告的落款，一般是署上单位或撰稿人的全名。是单位或部门委托撰写的，落款就写明单位或部门的全称；是个人研究性或建议性的写作，则署上个人的姓名。

（二）表格体的写作格式

严格地说，表格体的分析报告不存在写作格式，只要按照事先设计好的表格逐项填写即可。与上面介绍的文章体不同的是，表格体分析报告具有更简洁、更清晰的特点。

经济活动分析是一项经常性的工作，企业需要反映哪些情况、分析什么项目，一般是有规律的，因此，有些企业和经济管理部门，将某些定期或常用的分析设计成固定的表格，这些表格既可以填写数字，又可以反映数量增减的因素及影响程度，并且设有文字说明的栏目，提示应该分析和说明的方面。这使经济活动分析趋于经常化、规范化和格式化。

不过，固定的表格也有一定的局限性，常常是仅填写数字而不写明分析、说明和意见，故不能取代文章体的分析报告。

四、写作要求

经济活动分析报告的专业性很强，写作难度较之一般性应用文要大，其难点在于针对问题找原因、透过现象看本质。所以，要想写好经济活动分析报告，除了格式上的正确外，还要注意如下几点。

（一）注意微观分析和宏观分析的统一

在现代化生产和市场经济体制条件下，任何一个企业或其他经营组织的经济活动都不是独立的，都要与社会的大环境、与国家的全局联系在一起，它既受到内部各种因素、条件的制约，又受到外部市场环境的影响。所以，不能以局部的得失成败作为唯一的衡量标准，看问题、分析问题要顾全局、识大体，不能从个人或小集体的利益出发，只顾眼前、只顾本单位，而把国家、集体的利益置之度外。

（二）注意现象和本质的统一

经济活动分析一般是以会计核算、统计资料等账面数据为依据进行分析的，但不能简单地、机械地将某些依据作选择性地为我所用，必须注意书面材料和现实情况的结合运用。分析报告要透过表面现象抓住内在本质，也就是要对材料进行深入的研究与分析，做到现象和本质的统一，得出正确的结论。

（三）注意突出重点和反映全局的关系

无论是专题分析报告还是综合分析报告，都要与事物的本来面貌相一致，这就需要写作者客观地、全面地反映情况和分析问题。有些分析报告报喜不报忧，只讲客观原因而不讲主观原因，容易出现主观或片面看问题的倾向。针对这种情况，要求撰稿人以正确的思想作指导，实事求是地看问题、分析问题，把事物的本来面貌揭示出来。同时，分析报告要注意突出重点，抓住经济活动中出现的主要矛盾、主要问题，不能面面俱到，即把所有问题都摆上来，使人有一种抓不住重心的感觉，这样容易导致错误的结论。

例文 1

博德公司贸易分公司 1996 年库存商品分析报告

根据董事会关于开展商品库存分析的指示，博德总公司抽出专人，对贸易分公司 1996 年度商品资金结构进行了全面分析，采取听、查、看相结合的分析法，在各职能部门的有力配合下，广泛听取调拨员、采购员、保管员和有关领导的意见，对公司经营的 10 191 个规格品种的商品，按质量结构、周转速度、产地、进货年限、产生积压原因进行了全面的、系统的分析；查找了 60 000 多个数据，重点抽查了 60 多种有问题商品的质量情况，基本上弄清了库存现状。现将分析情况和意见报告如下。

一、基本情况

公司 1996 年总购进金额为 10 596 万元，为年计划的 93.6%，比上年下降 18.6%，其中纯购商品金额 5.415 万元，为计划的 107.9%，比上年下降 10.2%；总销售商品金额 12 478 万元，为计划的 100.7%，比上年下降 7.3%；年末库存商品金额 4 456 万元，比上年下降 22.8%，共计下降 1 310 万元。

从上述情况看，销大于进，库存下降，资金结构发生了明显变化。

（一）结算资金比重上升，商品资金下降。

从全部资金结构变化看，结算资金占用上升，商品资金占用下降。

1996 年年末全部资金占用 4 925 万元，比上年同期下降 1 218 万元，其中结算资金占用 444 万元，占全部资金的 9%，比上年同期上升 3.2%，计 85 万元；商品资金 4 456 万元，占全部资金的 90.5%，比上年同期下降 3.2%，计 1 310 万元。

结算资金增加，是因上年 10 月份赊销商品 102 万元，放在应收款科目（赊给××化工公司 28 种商品及 50 万元，赊给万×、纪×等化工零售商店 52 万元），这些公司至今尚未结账，这种虚假现象是不合理的。

商品资金减少，是扩大销售压缩了库存，其中五金类 2 125 万元，比上年同期减少 375 万元，交电类 1 417 万元，比上年同期减少 442 万元，化工类 855 万元，比上年同期减少 463 万元。

（二）库存商品比重上升，在途商品下降。

从商品资金结构变化看，库存商品 4 245 万元，比上年同期减少 1 183 万元，占商品资金的 95.3%，比上年同期上升 1.2%，在途商品 137 万元，占商品库存的 3.1%，比上年同期下降 1.1%，主要是因为清理了历年的在途资金。

（三）有问题商品比重上升，畅销商品下降。

从有问题商品和库存商品的结构看，有问题商品比重上升，畅销商品下降。1996 年末有问题商品占库存商品的 40.6%，比上年同期上升 5.9%，其中存大销小 1 018 万元，占库存商品的 24%，冷背呆滞商品 553 万元，占 13%，质次价高商品 144 万元，占 3.4%，残损变质商品 7 万元，占 0.2%；畅销商品 450 万元，占库存商品的 10.6%，比上年同期下降 2.5%，为 711 万元。

（四）一般商品比重上升，骨干商品下降。

从一般商品和骨干商品的变化看，一般商品比重上升，骨干商品比重下降，1996 年年末有 7 种骨干商品库存达 66 万元，占库存商品的 3.9%，比上年下降 1.1%，为 106 万元。

二、存在的问题

一年多来，该公司在贯彻国民经济调整方针的过程中，根据市场需要，坚持以销定进，促进工业生产调整，在增加市场供应上做了不少的工作，在活化物质和资金工作中都取得了一定的成效，但也存在一些问题，主要表现如下。

（一）适销的短线商品不足，与回笼货币、稳定市场的要求不相适应。

1996 年年末，有问题商品库存总值达 2 741 万元，占库存总值的 64.6%，扣除一年销售量还积压 1 723 万元，占库存的 40.6%。由于积压商品多，商品周转次数日益缓慢，1996 年年末实际周转 2.39 次，比上年迟缓 0.02 次，周转快慢相差悬殊，周转快的商品掩盖了周转慢的商品。

据统计，12 种紧俏商品占年末适销品种的 1%，销售却达 5 945 万元，占总销售的 47.6%，库存只占 6.9%，周转 19.5 次，其中，摩托车销售 2 122 万元，占总销售的 17%，库存占 0.9%；而 99% 的品种销售 6 548 万元，占总销售的 52.4%，库存占 93.3%，周转 1.38 次，其中，有 1 965 个规格品种 702 万元一年无销，占库存的 16.6%。这些商品长期积压在库不得翻身，最长已达三年之久，由于积压时间长，损失浪费大，1995 年仅银行贷款利息一项就支出 90 万元，这些年共支付利息 364 万元。如果不采取措施，损失浪费将会更大。

（二）滞销的长线商品积压严重，与压缩不合理库存、减少资金占用的要求不相适应。

从库存商品的周转看，一年或一年以上周转一次的积压商品 1 577 万元，占库存的 37.2%，这些商品销量很少，周转缓慢，积压严重。

（三）通过商品库存分析，看地方工业调整的必要。

商品库存结构不合理，除商业本身盲目、重复采购这个原因之外，还由于受工业布局不合理、产大于销、粗制滥造、质次价高的影响而难以销售，库存越来越多。该公司积压商品中有 67.3% 是省内产品，如果继续生产，质量不提高、数量不减少，积压还会严重。为避免积压给国家、给企业造成损失，地方工业生产必须进行调整。

三、产生问题的原因

产生上述问题的原因很多，主要表现在以下几个方面。

（一）盲目增加厂点，任意收购。

如 ×× 地区 1990 年以前只有低压电器厂一家生产空断开关，年产量 10 万个，完全可以满足该地区需要，1992 年以后，翰宇博德公司又与 ××、×× 等地的开关厂签订了产销合同，大量收购，结果 1994 年就出现商品积压，超过正常储备的 3.5 万个，积压资金 58 万元。

1993年公司所在的×市缝纫机的生产能力已超过全省需要,而各地区为加强竞争力又建生产厂两家,生产能力由原来的每年15万台,增加到现在的每年35万台,造成滞销而库存。

(二)市场变化,生产脱节。

自商业实行新的流通体制以来,打破了地区封锁,更重要的是经营外地民营企业的产品收益更多,而经营本地国有、集体企业产品的收益较少或亏损,因此,直接从外地企业进货的商品越来越多。但由于市场变化快、对市场预测不准,出省跨区采购有很大的盲目性,出现业务员满天飞、冷热搭配、盲目进货、重复进货的现象,造成不少积压。如本地国有企业生产的民用铜芯线原来在市场上有较好的业绩,但由于外地民营企业的产品质优价廉,大量进入本地市场,挤占了本地产品的销量,使本地产品变成滞销货,销售下降,库存增加。

(三)粗制滥造,质量低劣。

由于工业结构不合理,有相当数量的产品质次价高,更新换代慢,数年无变化,适销对路的产品少,市场供求关系发生了很大变化,使不少短线产品变成了长线产品,本地销不动,外地市场进不去,竞争力差,这是企业产品积压的关键。如本地某企业生产的瓷砖,由于技术不过关、粗制滥造、质量低劣,1994年库存量达3.8万箱,占用资金870万元。

(四)淘汰商品未及时处理。

由于公司经营战略不到位,一些积压商品得不到及时处理,损失浪费很大,这也是造成商品积压的一个重要原因。商业经营有些积压是正常的,出现积压就要及时处理,把损失降到最低限度。但由于公司决策层的某些原因,对积压商品没能及时处理,结果就像雪球一样越滚越大,形成周期性的大批量的削价或报废。这样不仅影响资金周转,加大利息和费用支出,同时由于很多产品积压时间过长而失去价值。如食品类的中老年奶粉,由于含糖量过高而销量上不去,又没有及时处理,过了保质期,只能报废,损失巨大。

四、几点建议

对当前积压商品的处理和今后防止积压,提出以下几点建议供决策层参考。

(一)对现有积压商品进行分类排队,逐步处理。按照食品、日用化工品、服饰、电器的序列,接近保质期的食品作大幅度降价处理,对接近保质末期的食品类,根据其价值无偿送给畜产养殖场,以发挥剩余价值,对已过保质期的食品无条件销毁;日用化工品如洗衣粉、洗衣皂、香皂、洗发水等,视品牌、期限分别制定处理价,服饰、电器等根据实际情况拟出处理价格,在适当的时候举行优惠酬宾活动或其他形式的促销活动进行营销,减少库存,回收资金。

(二)把好进货关,作好善后处理。第一,要从思想上重视这个问题,推行进货、销货、善后经营责任制,把责任落实到人;第二,把好进货关,不合格的产品绝对不购进,优质产品的进货按销量定进货量,并与企业签订协议,允许剩余商品退货;第三,以销定购。在销售环节,要做好市场的预测,预估到季节性的市场销量,为采购环节提供基本准确的销量信息,能销多少就进多少,只允许少量的备品,避免盲目进货;第四,及时善后。在善后环节,随时注意库存量,一旦发现库存达到规定的数量,就要及时通知进货环节控制进货量甚至停止进货,必要时,几个环节互相协调,把积压的商品作及时处理,或降价,或退货,尽可能地减少库存。

(三)扩大经营自主权。公司的经营应该采取承包责任制,一切环节都要把责任落实到人,从采购进货开始,到卖场销售,再到售后服务,最后到处理库存。采取完全的市场经济模式，进什么、买什么由公司自己根据市场需求来决定，作为集团公司总部，应该赋予贸易公司随时处理积压商品的削价权限，建立随时处理积压商品的制度，避免长期积压造成更大损失。

　　以上是贸易分公司对于商品库存情况的报告。从报告反映的情况看，积压商品已经成为公司发展的最大问题，如果不作出及时处理，将会严重影响经营工作的正常进行，希望这个报告能引起总公司的重视。

博德公司贸易分公司

1997 年 2 月 18 日

（例文来源：编者自撰）

 作业

　　请针对模拟公司某年度第一季度的经营业绩，按照格式要求拟写一篇《经济活动分析报告》。

223

第八章　新闻文书

　　一般情况下，新闻文书是由从事新闻工作的专门人士来写作的。但在很多情况下，一些大型单位宣传部门都有与报刊联系紧密的通讯员，将本单位具有新闻价值的事物或事件向社会、向公众披露，有的大型企业或单位办有内部发行的报纸或简报，这样，消息、通讯、简报等就是企事业单位的有关人士经常要写作的文书。

第一节　通　　讯

一、文体简介

（一）通讯的含义

　　通讯是以叙述和描写为主要表达方式的新闻文书，它将具有新闻价值的人物或事件及时、具体、生动地向读者报道。

（二）通讯的特点

　　（1）**典型性**。通讯作为一种新闻文书，它的任务就是要将现实生活中典型的人物、事件、经验、成果、工作情况、社会风貌等，通过报刊媒体向全社会广泛宣传，达到以点带面、促进全局工作良性循环的目的，所以不具代表性的、不太典型的事例，不在通讯的采写之列。

　　（2）**真实性**。通讯所采写的事例既然来自于社会生活，既然有以点带面的目的，那么，文中所写的一切内容都必须是真实而非虚构的，只有这样，才能起到宣传带动作用。

　　（3）**完整性**。通讯作为一种形制较大的新闻文书，它对典型事例的报道必须完整和具体，使读者对典型事件、事物或经验、情况等有一个全面的认识。所以，通讯的材料比消息丰富而全面，其篇幅和容量较消息要大，信息更丰富。它要详尽、具体地报道事件的经过，或演绎人物的命运，甚至描写细节和场面。

　　（4）**生动性**。通讯的写作在行文上讲究一定的生动性，语言较为活泼，叙述比较灵活，必要时采用恰当的修辞手法，以增加语言的可读性和趣味性，营造现场感和立体感，使读者乐于阅读。

　　（5）**评论性**。通讯要对所写的对象进行分析和评论，以表达作者的看法或媒体的的观点。评论的方法可以多样化，但主要是采用夹叙夹议的方法，对所报道的事件、人物、经验等实例作直接的评论，表达作者的感情与倾向。通讯的评论要紧扣人物或事件，依据事实作适时的、恰到好处的评点。

（三）通讯的分类

1. 人物通讯

　　人物通讯是以典型人物的思想、言行、实际和命运为报道内容的新闻文书。必须指出的是，人物通讯并非仅仅是"名人通讯"，其写作对象（报道对象）的选择取决于其蕴含的新闻价值。通常情况下，人物必须具有先进性、典型性等因素。在构思上既可以写他的全人全貌，也可以截取最能反映人物本质的人生片断。与另一种新闻文书"人物专访"以写人的"言"为主不同的是，人物通讯是以写人的"行"为主，以揭示其内心世界。

2. 事件通讯

事件通讯是以具有典型意义的事件为报道对象的新闻文书。它围绕事件选材，虽然不以刻画人物为主要任务，但往往要通过典型事件来表现一群人或一个集体。所以它的意义和本质是通过详尽展示事件的全过程来挖掘，进而反映社会风貌、弘扬时代精神。

3. 工作通讯

工作通讯是介绍某单位的先进事迹和传播其典型经验，用以影响全局、带动全局的新闻文书。它既有群体事迹的介绍，也有先进经验的介绍，反映一个单位或一个部门工作上的突出表现，传播开去以影响和促进全局工作的开展。

4. 概貌通讯

这是以某一地区、某一行业或某一工程新气象、新面貌为表现内容的新闻文书。报刊上常见的"见闻"、"巡礼"、"散记"等都属于这一类型。

除上述四种以外，还有专写一个片断、一个场景、一场冲突的"小通讯"、"新闻故事"等，它们以生动快捷的形式宣传新人、新事、新风尚，也可划入通讯的行列。

二、写作格式

通讯的写作格式与消息有些类似，只是因为篇幅大于消息而必须使文章结构有条不紊。

（一）标题

标题要概括、新颖、精炼、引人。通讯的标题形式可参照消息的标题，单行、双行、三行，采用哪一种因内容而定。但有一点必须做到，那就是要用精炼的语言高度概括出通讯的主题。

（二）正文

通讯的正文分为导语、主体和结尾3个部分（也可称为开头、主体、结尾）。

1. 导语

导语是通讯的首段或第一句话，它以简明生动的文字写出通讯中最主要、最新鲜的事实，并揭示通讯的主题。

导语的写作有如下几种方式可供参考。

① 设问式：先提问再作答，以引起读者的注意和思考。
② 描写式：对通讯所涉及的事实作简洁而又具特色的描写，以营造气氛。
③ 叙述式：以摘录法或综合法将通讯中的主要事实扼要陈述。
④ 结论式：先写结论以提示事件的意义，或给读者以提示。

2. 主体

主体紧接导语之后，是通讯的核心部分。这部分要以较为详细的文字对导语所提示的事物或事件展开陈述或描写。这个部分可以按3种方法写作。

① 时间顺序：以时间的推移为线索，陈述或描写事物或事件发生、发展的顺序。
② 空间顺序：以空间的转换为线索，陈述或描写事物或事件发生、发展的事实。

③ 逻辑顺序：以人的思路为线索，陈述和分析事物或事件发生、发展的过程。无论用哪一种方法来写作，都要注意行文的逻辑性。

3．背景

这里所说的背景即新闻背景，指的是事物或事件发生或发展的历史背景、周围环境以及与之有关联的其他因素。

背景的类型有如下几种。

① 人物背景：涉及影响事物或事件发生、发展的相关人员。

② 地理背景：影响事物或事件发生、发展的环境因素。

③ 历史背景：引起事物或事件发生、发展的历史因素、人为因素。

介绍背景的作用如下。

① 说明新闻事件的起因。

② 显示或帮助读者理解新闻事件的重要性。

③ 突出新闻稿件的新闻价值。

④ 表明作者的观点。

三、写作要求

（一）充分占有材料

与所有的新闻文书写作一样，通讯写作同样是先采访后行文。在行文之前，撰稿人必须对写作对象进行采访，以全面获取第一手材料，尽可能多地占有材料，凡与写作对象有关系的材料都不能放过。行文之前要对所搜集的第一手材料进行筛选，取用最典型的、最能说明问题的事实材料和背景材料。

（二）精心提炼主题

在占有和筛选材料的前提下，在"深"和"新"的原则下，用典型的事例、生动的情节、简洁的语言来概括和提炼文章的主题，或宣传党的方针政策，或反映时代风尚，或反映人物精神，从而以正确的舆论引导人，以先进的人物激励人，以真实的事件震撼人。

（三）不得虚构浮夸

新闻文书的写作不同于文艺文的创作，不能像小说、戏剧一样虚构故事和情节。无论通讯写作的对象是人还是事，都必须写真人真事，主题必须从真实材料中提炼出来，而不得虚构浮夸、随意拔高。真实性是新闻的生命。

（四）写人"三要素"

在非虚构原则指导下写人物要做到以下 3 点。

（1）形神兼备。通讯文书不仅要写出人物的言行和事迹，更要展现其内心世界或精神世界，以深化主题。

（2）言行统一。人物的语气、言辞及动作表情和神态都具有个性特征，能传达人物的内心世界或思想，写好人物的言行就等于将人物写活了。

（3）画龙点睛。写人物的言论、表情和神态如同"画龙"，那么揭示人物言行的意义和个性特征的评点便是"点睛"。画龙必须点睛,画龙用的是纪实性的叙述和描写,点睛用的是超脱现象的议论或抒情。

（五）写事"两条线"

通讯离不开事件,事件通讯必须完整叙述事件的起因、场面和结果,以交代事件的复杂性和社会影响程度。在叙事时应该注意以下两个方面。

（1）**主线分明,细节清楚。**一个新闻事件的发生是有因有果、因果对应的,人在事件中起着关键作用。在行文时一定要将清思绪、理清脉络,从纷繁复杂的关系中找出事件的主线,按事件的原貌将其完整地、动态地、立体地呈现给读者。要实现这一目标,就必须重视细节并选择典型细节来展示主线,使文章具备真实性、具有现场感。

（2）**纵横有序,结构不紊。**这说的是事件叙述的方法和文章的结构问题。事件和故事的发生总是在一定的时空范围之内,那么,通讯的行文就必须抓住时空这纵、横两条线,采用插叙、补叙、分叙等方法清楚有序地再现事件的来龙去脉。当然,这又涉及文章的结构问题。可以采用先分后总、先总后分、总分总结构式中的任何一种结构来安排文章,使其具有条理性。

例文 1

用行动和业绩阐释师德的丰富内涵

——艺术系教授×××其人其事

本报讯（艺术与设计系通讯员:赵军） ×××,其身份是艺术系的一位年岁最长的普通教师,但了解他的师生都认为他并不普通,这是因为他在诸多方面都有不算普通的表现,如他的为人、他的教学、他的学术研究和他的艺术创作。

一个事事带头、和善可亲的长者

艺术系很年轻,艺术系的老师更年轻。×老师 2004 年年底来到艺术系,论年龄他是系里的一号长者,但他没有倚老卖老,时时处处表现出长者的风范。

院系的各项活动他都带头参加。2005 年,艺术系党总支开展"最佳党日"活动,组织党员到老苏区阳新县第一中学支教,身为非党员的×老师积极参加并在现场捐书籍、写作品,与党员们一起将支教活动搞得有声有色;每次捐资助人他在行动和数额上都名列前茅,如他向"5·12"地震灾民捐出的钱和物总额超过 5 000 元;每次运动会他都积极报名,近五届取得四项第一、三项第二的好成绩,从开幕式到闭幕式一直都在场边为本系队员加油;每次文艺汇演他都带头上台,并且有良好的表现。他是艺术系教师队伍的"排头兵"。

对年轻老师他乐于关心和提携。艺术系的年轻老师很多,非师范毕业的老师不少,初上讲台,有的教学经验相对欠缺,有的教学方法难免单一,有的在科研上需要帮带。作为从教三十年的"老资格",×老师在各方面积累了宝贵的经验。可喜的是×老师并不保守且乐于助人、提携新秀,经常与年轻老师一起交流教学经验、探讨教学方法、组织编写教材,并带领他们一起做课题、搞项目。近年,×老师主持完成或正在进行的两项省级重点课题研究,参与者就有年轻教师周钢、陈燕、张丽等。除这些外,×老师视年轻老师为知心朋友,不仅与他们交换思想谈教学,而且充当"月老"操心年轻人的婚姻大事,他与年轻老师的关系十分融洽。

对学生他施以父亲般的关爱。只要是×老师教过的学生,无论是必修课的还是选修课的,都对他的和善可亲、长者情怀难以忘却。2007年始，年过半百的×老师主动申请，连续几年担任艺术系两个年级三个毕业班的班主任。虽然他的年龄比学生的家长们都要大不少，但他却与学生相处得很融洽，上课时他是传授知识的老师，下课后他是学生的知心朋友，更多情况下他充当的是长辈的角色。×老师当班主任除了经常召集干部会以了解和布置工作外，每逢天气冷暖变化，他都会嘱咐学生增减衣服。×老师最令学生感动的事例还有三个：一是他把每个学生的生日都记在心上，每个学生都会在生日那一天接到他的祝福短信，053班的江西籍学生胡超收到×老师的生日祝福短信后激动地流下眼泪，说"自己在外求学、在生日里能得到老师父亲般的关爱非常幸福、非常满足"；二是2008年的元旦前夜，毕业班十几位工作没着落、又没回家的学生窝在寝室里，打算与寂寞相伴等待新年的到来。×老师得知后自掏腰包，花400元包下一个KTV大包房，备足饮料、水果，请来学生一起唱歌跳舞迎接新年，感动得学生与之相拥而泣、连声道谢；三是053班的穆艳同学上岗前夕（即2009年春节）在家受凉而患面瘫，返校后情绪低落，整日以泪洗面，×老师得知消息后第一时间赶到寝室，亲自开车拉上穆艳直奔汉口新华路，找名老中医为她扎针救治，不久穆艳同学便病愈上岗。这几件事在学生心中留下深刻印象。

这一系列实例证明：×老师虽然不是共产党员，但却是一位优秀的非党员，所以近五年来年终考评他三次获优。

一个肯动脑筋、教法创新的老师

就在艺术系成立不久、急需师资的时候，×老师来了。除了各项活动积极带头外，他还主动承担教学任务并高质量完成。

积极主动地承担任务。仅以2005~2006学年上学期为例，×老师积极主动、毫无怨言地接受了必修课《书法》、《字体设计》、《应用写作》及选修课《毛笔书法》、《硬笔书法》、《字体与版式设计》6门课的主讲任务，创造了周学时36节、连上12周的纪录，而且每门课都受到学生的高分评价。

独具创意的教学方法。×老师是一个肯动脑筋的人，这体现在他的教学方法上。其一，他在各个书法课堂上推行的"个性教学法"，摒弃了"一帖一体大家练"的常规（即忽视学生性格差异而让全班同练一种书体）的教学法，而采用"因材施教各临一帖"（学生根据自己喜好而选择不同书体范本练习）的教学法。这样的教学法对老师是一种考验，因为课堂教学难度很大，老师要熟悉和会写多种书体。恰好×老师具备这样的基本功，能对学生进行一对一的辅导，这就使学生的练习获得了事半功倍的进步并经受了社会的检验。近年来，经他指导培训的学生叶闯、徐昭钧、潘珺、冯模盛、霍树伟、徐晓芬、彭濠宁、周娇、甘信尧等十余人，曾先后获得过"第一届全国硬笔书法大奖赛"、"全国规范汉字书法大赛"的高等级奖，其中，潘珺已被湖北省青年书法家协会吸收为会员。其二，他在应用文写作教学中推行的"情境模拟教学法"更具有独创性，他在课堂上成立模拟公司，让学生各上其"岗"、各司其"职"，在课堂上演练未来工作的内容，以适应未来工作的需要，拉近课本理论与实际工作之间的距离，使课堂所学知识能满足未来之所用。这个教学法取得了极佳的效果，有例为证：人文系2004级行政管理专业两个班的60余名学生，除一名在问卷调查中对此方法表示"无所谓"外，其余学生都给予了极高的褒扬。

艺术性的授课技巧。只要是×老师上过的课，都会给学生留下深刻印象，除了教学内容，更重要的是他管理课堂的技巧和授课的艺术。他管理课堂的理念是"管而不死，活而不乱"。

这从三个方面可以验证。其一是他以身作则。他上课从不迟到课、早下课，也不随意调课，更无教学事故；他有时还不计报酬地主动加课以应学生的求知要求。其二是上课点名。这是×老师的惯例，课前、课间、课后随机点名并无规律，迟到早退者被扣分，但同时又给予他们答问加分的补偿机会。其三是实行奖惩分明的课堂答问制度。一种条款是用记高分的方法鼓励学生主动向老师提问，以激发学生的主动学习的兴趣。一种条款是奖励主动避免被动：只要学生主动举手答问，答全对给满分并另奖 20 分，答半对给满分，答全错给一半分；而被点名答问者，答全对只给一半分，答半对不给分，答全错倒扣 20 分，这样一来，只要老师提问就不愁没人举手回答，就愁点谁为好，因为学生看到了"只要举手，无论对错都得分"的实惠，所以听课注意力集中、举手答问踊跃，而面对"森林"般的几十只手，×老师只好点先站起来的同学回答，或采用女生优先的方法来解决谁答问的"难题"。还有一种在书法课上同时点多名学生上台书写的方式则更加灵活有趣：或点性别相同的，或点衣服颜色相同的，或点同排而坐的，或点纵向而坐的，总之，趣味性很强，技巧性很高，课堂气氛活跃，教学效果非常好。

关于"情境模拟教学法"，×老师撰写成论文发表在《海南师范大学学报》上，2009 年获湖北省高等教育学会"优秀教研成果二等奖"，也编进了他的《应用写作教程创意新编》教材中，北师大珠海分校的唐老师选用该教材并多次通过电话和邮件向×老师请教，课堂上采用"情境模拟教学法"取得了显著效果。关于×老师的授课技巧，学校教学督导张教授听课后难抑高兴之情，曾从七个方面给予充分肯定，张教授自言这是他任督导以来所给的最高分。学生也对×老师给予了最高评价：2009 年被"评师网"评为全国"通识类课程最受欢迎的十大教授"（非211 院校类），名列排行榜之第五名，为学校争得了荣誉。教务处对×老师近五个学年十个学期的评价存档记录是：9 次优秀，1 次良好，2 次获得校级"教学二等奖"的奖励。

一个治学严谨、成果频出的学人

×老师治学严谨，每一篇论文都是字斟句酌而写成，绝不搞"假冒伪劣"，他的课题研究和论文均针对学科前沿问题。近三年完成和正在进行的两个省级重点项目，属于书法界尚无人涉及的范畴；近四年所发表的 28 篇论文中，被 CSSCI 收录的有两篇，被人大复印资料索引的有九篇，获中华人民共和国教育部三等奖的一篇；特别值得一提的是，×老师参加"2008'中国书法金陵论坛"重点发言的论文被选入历史文献巨著《当代中国书法 60 年》系列之理论成果分册《当代书法论文集·1949-2008》中，这部论文集总共收入论文 60 篇，纵向衡量，全国平均每年仅收入一篇，横向计算，全国平均每省仅收入两篇，可见入选难度之大；×老师编著的《毛笔书法教程》、《硬笔书法教程》、《合编版书法教程》、《大学语文新编》、《应用写作教程创意新编》、《实用文书写作教程》等六部教材均有较大的发行量并都已再版，尤其是"书法教程"系列，2005 年出版后，2007 年被评为"中国大学出版社协会优秀教材一等奖"，同年 12 月被评为"普通高等教育'十一五'国家级规划教材"，5 年内加印 8 次、再版 2 次、浙江师范大学、南通大学、河南师范大学等全国近百所高校选用，年发行量超过 3 万册。

×老师在艺术系是一个科研成果频出的老师，每年的科研积分都是系里的第一名，2008年曾以 459 分的业绩位列全校文科第一名。

一个幽默风趣、个性鲜明的艺术家

×老师本性厚道，同时也很睿智，很有个性，这不仅表现在他的课堂教学上，还表现在他的艺术创作上。他学的是汉语言文学专业，但在业余自修书法和美术设计，居然都有佳作问世，且社会影响较大。

"上×老师的课特别开心"——这是人文系行政管理专业的韩伶俐同学对×老师课堂教学的评价。"开心"是因为×老师的课堂语言太幽默、太风趣了，他能用贴切而具有趣味的比喻将深奥的书法学问题作通俗化讲解，他能用最流行的语言说明最枯燥的理论，他能用鲜活有趣的事例调动学生主动学习的积极性，他能用生动的肢体语言解释楷书结体的诀窍……他教过的学生都这么说，"上×老师的课很享受"，所以他的课堂上经常能听到笑声和掌声。

"×老师的书法不时髦，但极具个性"——这是《中国书法》杂志的执行主编洪亮先生对×老师书法的评价。的确，作为中国书法家协会会员的×老师从不随波逐流，他有自己的个性。他的书法传统基本功很深厚，耐琢磨，经得起推敲，而且形成了自己的独特风格。早年间上海三联书店《写字》杂志对×老师的书法就有专评——"其行楷书已呈特色，既有隶书之飘逸，又有北碑之雄强，更兼唐楷之精巧，今妍而不失古质"。至今，他的书法作品已获全国性书法大展（赛）一等奖（或金奖）近 40 次，去年以来，应有关机构和个人要求书写，多幅佳作已被敬献给党和国家高层领导人。

"×老师的商标设计是湖北一流"——首轮生肖邮票羊年票的设计者、武汉电视台高级设计师雷汉林如是说。雷大师这句话是针对×老师设计的"武汉冰川集团公司"徽标而说的，当然这是 15 年前的事了，但"冰川"标徽当年在专业高手如林、在 5 000 多应征稿件中脱颖而出并一举中标，被评为湖北省优秀商标设计一等奖，"业余作者抢了专业作者的饭"（雷汉林语）在当时传为佳话。最近几年×老师的平面设计也时有佳作：在"第八届中国艺术节"全国高校美术师生设计作品展上，×老师的"大胜牌 T 恤"商标设计和"书法教程"封面设计荣获二等奖。除此之外，他设计的数十个封面已被作家出版社、中国广播电视出版社、中国工商联出版社、武汉大学出版社、华中科技大学出版社、武汉出版社等先后采用。

以上介绍告诉了我们一个真实的×老师，他具有多面性，既是一个和善可亲、事事带头的长者，又是一个经验丰富、教法独特的老师，还是一个刻苦钻研、成果频出的学人，更是一个为人个性和作品风格鲜明的艺术家。

（例文来源：《××××学院报》）

第二节　消　息

一、文体简介

（一）消息的含义

所谓消息，即狭义的新闻，它是对新近发生的有社会意义并能引起公众关心的事物的简短报道。

（二）消息的特点

（1）**真实性**。作为新闻文书的一种，消息是对客观事物的客观报道，它尊重事实，不夸大不缩小，体现可信度。

（2）**时效性**。消息作者的任务是将刚刚发现或正在发生的各种类型的事物或事件向公众及时通报，引起社会和公众的关注，以体现其新闻性。过时久远的事物或事件不具新闻性，没有现实意义。快速反应、当场采写、及时公开是时效性的体现。

（3）短小性。消息的篇幅不宜过大，以短小精悍为宜，要求用简洁的语言将事物或事件叙述得明明白白，不宜像通讯、专访那样长篇大论。

（三）消息的分类

1．动态消息

动态消息也称动态新闻，它及时报道国际国内的重大事件，报道社会生活中最新出现的新人新事、新成就、新经验。动态消息中有不少是简讯或短讯，其内容单一、文字简短、篇幅短小，常常是一文一事、一事一讯。

2．综合消息

综合消息也称为综合新闻，指的是综合反映带有全局性情况、动向、成就和问题的篇幅短小的新闻文书。

3．典型消息

典型消息也称典型新闻，这是对某一单位或部门的典型经验或成功做法的集中报道，以点带面，促进全局工作的顺利开展。典型消息一定要典型，也就是说被报道的事物或事件一定要具有新颖性、代表性。

4．评述消息

评述消息也称为新闻述评，它除具有动态消息的一般特征外，作者还在叙述新闻事实的同时发出一些必要的议论，简要地表明自己的观点。记者述评、时事述评是其中的两种。

二、写作格式

新闻写作有 5 个必不可少的要素，即时间、地点、人物、事件、因由，这 5 个要素中最重要的是"人物"和"事件"，在消息写作过程中必须重视这些要素。而这些要素是在一定的写作格式下得以表现的，格式也就是消息写作必须讲究的。

（一）标题

标题可以看作是消息的"眼睛"，起着向读者推荐阅读的作用，标题拟得成功与否直接关系到消息写作的成败。高度概括、撷要出新、引人入胜，是拟写消息标题时的基本要求。

消息的标题有以下 3 种形式。

（1）单行标题。即一句话标题。

（2）双行标题。由"引题+正题"或"正题+副题"组成，有时也以"眉题+正题"或"正题+次题"的形式见报。

（3）三行标题。由"引题+正题+副题"组成，有时也称作"眉题+正题+次题"。

例如《书法导报》单行标题：

李长春参观邵秉仁书法展

《武汉晨报》双行标题：

武汉城市总体规划获国务院批复

国家明确武汉为中部龙头

《长江日报》三行标题：

急慢了持币待购的消费者　等急了奔波忙碌的采购员　累坏了夜以继日的员工们

冰川牌系列产品供不应求

总经理冯三九向社会各界公开致歉

（说明：这个三行标题本是一个软广告的标题，但由于这个广告设计得很巧妙，故也可作为一则消息。）

双行式标题和三行式标题的每一行都有其各自的作用，不是随意而为的。一般来说，引题揭示消息的思想意义或交代背景、说明原因、烘托气氛；主题概括和说明主要事实和思想内容；副题揭示消息的事实结果或提要内容。

（二）正文

正文又分为导语、主体和背景3个部分。具体写法请参照"第一节通讯"的正文。

（三）结尾

消息的结尾与开头相呼应，言简意赅，篇幅短小，既可体现总结性，也可留有余味，引人深思。

结尾可以采用如下几种形式：小结式、启发式、号召式、分析式及展望式。这些结尾形式与一般记叙文的结尾，在写作上并无太大区别。

例文 1

武汉城市总体规划获国务院批复

国家明确武汉为中部龙头

晨报讯（记者汪天明）昨从市国土规划局获悉，《武汉城市总体规划（2010-2020）》（下简称"总规"）已于8日获国务院批复，首次明确武汉为中部龙头城市。

据悉，批复确定武汉的城市性质为"湖北省省会，国家历史文化名城，我国中部地区的中心城市，全国重要的工业基地、科教基地和综合交通枢纽"。对比上轮1999年的批复，武汉由"中部重要的中心城市"变为"中部地区的中心城市"。

市规划局有关人士称，两种表述只是两字之差，但本次的"含金量"更高，进一步明确了武汉作为中部地区龙头城市的地位，中部"龙头"之争也尘埃落定。

根据总规，武汉总面积为8494平方公里，其中3261平方公里（约为三环线以内）的区域为都市发展区，即主城区。此外，按照"主城+六大新城组群"多中心组团式布局，由主城区向外布局阳逻、豹澥、纸坊、常福、汉江、盘龙城六大新城组群。

（例文来源：《武汉晨报》2010年3月12日A08版）

第三节 简 报

说明：简报本不属于新闻文书的范畴，因为它一般是单位内部交流而不向社会公开的小报。但因为其部分文稿属于新闻文书，且编辑方法、版式编排与报纸类似，所以在此暂且将它编入"新闻文书"一章，为从事相关工作的有关人员提供参考。

一、文体简介

（一）简报的含义

简报是党政机关、人民团体、企事业单位内部用于汇报工作、反映问题、沟通情况、指导工作、交流经验、传递信息的一种简短的有一定新闻性质的文书材料。

（二）简报的特点

简报的特点是简明扼要、真实可信、迅速及时、内部交流。

在各种事务公文当中，简报的数量最多，应用最为广泛。行政机关或企事业单位可以用简报向上级反映日常工作情况和所辖范围内值得注意的事项；可以向下属单位或部门传达某些领导意图或带指导性、倾向性的意见。简报又适用于平级机关或不相隶属机关之间交流信息、沟通联系。简报的作用，既不能低估，也不能扩大。对上级，它不能代替"请示"、"报告"；对下级，它不能代替"通知"、"通报"、"指示"。重要的情况、重要的问题，可以发简报，但该行文的，还是要按有关规定行文。

（三）简报的分类

简报可分为3种类型。

1. 情况简报（工作简报）

主要用于反映工作中的动态和一般工作进展情况，又具体分为反映日常工作的简报和反映中心工作的简报，其中前者是长期编发的定期或不定期的简报，后者则是配合当前中心工作而随机编发的，与中心工作相始终。

2. 专题简报

这是为了配合某项重要工作的开展、某专项任务的完成、某大型活动的举办、某一专门学术问题的提出或研究而专门编印的简报。编写这类简报的目的在于及时地反映工作动态，有针对性地指导工作的开展。

3. 会议简报

在某一会议召开期间，为交流代表观点、反映会议动态而编写的简报，内容包括重要的报告、讨论发言、会议动态和议决的问题等。多是一个会议发一期简报，也有一个会议发多期简报（这种简报往往具有连续性）。有些小型的或短期的会议，一般在会议结束之后再行编发简报。会议简报和会议纪要都属于会议性文件，内容都具有纪实性，它们的主要区别主要表现在以下3个方面。首先是承担任务不同。会议简报只是为了交流信息和提供情况，以达到沟通上下左右的目的，一般不具有约束力；当会议纪要作为指示性文件出现时，则有一定的权威性，其结论可以指导有关方面统一认识，其决定要求有关方面贯彻执行。其次是篇幅长短不同。会议简报要求文字简约，以"简"为特征；会议纪要则不受篇幅限制，以"要"为其主要特征。再次是数量要求不同。会议简报一般在会中分期编写，随时交流，一个会议可以出几期简报；而会议纪要则必须在会后形成，一个会议最多只能有一个纪要。

二、写作格式

简报的种类尽管很多，但其结构却不无共同之处，一般都包括报头、报核和报尾 3 个部分。有些还由编者配加按语，成为 4 个组成部分。

（一）报头

简报一般都有固定的报头，包括简报的名称、期号、编发单位和发行日期等诸项要素。

（1）**简报名称**。例如"简报"、"××简讯"、"情况反映"、"工作通讯"、"内部参考"、"××动态"、"动态与信息"、"××快报"等样式。印在简报第一页上方（约占 1/3 版面）的正中处，为了醒目起见，字号宜大，尽可能用套红印刷。

（2）**期号**。位置在简报名称的正下方，一般按年度依次排列期号，有的还可以标出累计的总期号。属于"增刊"的期号，要单独编排，不能与"正刊"期号混编。有些印发范围较小的简报可不用编号。

（3）**编发单位**。应标明全称，位置在期号的左下方。

（4）**发行日期**。以领导签发日期为准，应标明具体的年、月、日，位置在期号的右下方。

报头部分与标题和正文之间，一般都用一条粗线拦开。有些简报根据需要，还应标明密级，如"内部参阅"、"秘密"、"机密"、"绝密"等，位置在简报名称的左上方。

（二）报核

报核是简报的核心，包括标题、主文两部分内容。

1．标题

标题是简报的"眉目"，它要一语破的，反映简报内容的精髓；要简练具体，以最少的文字概括出较多的信息；要讲究一点艺术性，增加读者的兴趣。要使简报的标题做到突出主旨，作者在写好标题后应检查一下：一是简报的基本意思是否已经体现在标题上；二是别人看了标题是否能知晓简报的主要内容。检查的结果若是否定的，就需要重新拟定标题。简报的标题必须作一定的概括，否则会将标题写得过长，标题的概括要适度，既不要题大文小，也不要题小文大。

简报标题主要有以下几种拟定形式：① 概述式，如"商业网点要有一个大发展"；② 设问式，如"工业要发展，科教怎么办？"；③ 比拟式，如"××建设公司'瘦身'有术"；④ 对仗式，如"畅所欲言兴利除弊　集思广益共建古城"；⑤ 比喻式，如"××学院法制教育形成'长流水'、'不断线'"；⑥ 顶真式，如"改革促联合　联合出效益"；⑦ 双题式，如"功夫在课外——自动化系扎扎实实抓教改"。

标题写于分隔线下，如有按语，先写按语（按语写作要注意观点鲜明、文字精炼，它是代编写简报单位说的话，写作时应持慎重态度），再写标题。一份简报可登一份或数份材料，每份材料都可以有自己的标题。

2．主文

主文是简报的重心，它要准确、具体地将所报道和反映的内容表达清楚，做到观点明确、事实充分、条理清晰。其编写体式大体有以下 4 种。

（1）**消息式**。消息式的写法一般分为导语、主体、结尾3个部分。

导语即文稿开头的第一句话或第一段。它的作用是简明扼要地揭示简报的核心内容，或交代所提问题的缘起，或交代客观情况和有关背景，或阐述行文意图说明主旨，引导读者阅读全文。简报文章的导语比新闻的导语体式少一些，常见的有叙述式导语、提问式导语、结论式导语、描写式导语等。① 叙述式导语，即用概括叙述的方法，开门见山地点出事件的人物、时间、地点、起因、结果等；② 提问式导语，即将简报中的主要问题用一两个问句提出来，然后在主体里作出回答；③ 结论式导语，即将问题的结论用一段话点出，反映情况、揭露问题的简报常用这种形式；④ 描写式导语，即对有关事物先进行描写，然后引出主要内容的叙述交代。

主体是文章的主干部分，一般紧承导语，将导语提出的中心内容，用充足、具体、典型的材料充分展开，或者将导语提出的问题分层次具体地回答清楚。可以叙述取得的成绩，分析成绩取得的原因，也可以介绍具体做法，取得的效果，提出存在的问题等。简报主体部分因内容多、篇幅长，结构安排应条理清楚，一般采用3种顺序结构。一是时间顺序，就是按事物的发生、发展的顺序来安排材料，使读者对事实的全过程有完整的了解。简报涉及的内容如果单一（一件事或一个问题），可采取这种方式。这样写线索清楚、脉络分明，但要注意精选材料、突出重点，切忌平铺直叙、罗唆冗长。二是平行顺序，就是围绕主题报道多方面的情况，或运用几个并列的材料，突出某个观点，采用分条列项或分列小标题方式进行表述。这种写法层次井然，中心鲜明突出，但要注意用事例来说明问题，印证结论。三是逻辑顺序，按事物的因果关系来安排顺序，即先摆出事实或提出问题，然后阐述产生这些事实或问题的原因；或按事物的主次关系安排材料，即先突出叙述重要的事实或问题，再叙述次要的事实或问题，做到重点突出，照顾一般。这种写法有助于反映事物的内部规律和本质特点，做到条理清晰。主体部分的结构安排并没有固定的程式，应从简报的具体内容和报道意图的需要出发，以清楚地反映事物的情况为原则，有些简报内容单一，用简洁的文字把情况说清楚即可。

结尾部分是全文内容的总括，它可能是对正文所述事实进行扼要评价，或者是揭示事件的性质，指明其发展方向，或者是提出应予注意的问题，或者对正文内容进行某些补充，还可以是自然结尾，即主体部分写完了就戛然而止，不再画蛇添足。不论属于哪种情况，都要注意与正文部分保持和谐一致。

消息式在具体运用中各有变化，或将导言部分省略，只保留正文和结尾；或将导言和结尾均予省略，只保留主干。

（2）**总结式**。总结式简报文章实际上就是一般意义的总结，但其内容必须具有新闻价值，才能见诸简报。就是先用简短明快之语道出全篇内容的核心（基本情况），然后分别从几个并列的方面加上适宜的小标题对其进行具体阐述（具体做法）。阐述完结，行文即告收束，不再另加结尾。

（3）**转引式**。是指对一些有典型意义的材料完整地或大段地转引，并在原文前面加上按语，借以表达编者的观点。转引式一般是在需要某种典型，而手上又一时缺乏的情况下，将别人较为理想的现成材料拿来为我所用。转引的材料如来自上面，则带有指导性；如来自同级，则带有参照性。

（4）**摘要式**。一般多为典型事例摘要、会议中典型发言摘要以及某些方面（如科技、商业等）新的信息摘要，用以传递信息、报道动态。有的信息与动态摘要集中发表时，要加上说明摘要集中发表意图的"按语"。

有些带有连续性的简报，为了引起人们注意事态的发展，可用一句交待性的语言作为结束语，如"处理结果我们将在下一期向大家报道"或"事态将如何发展，我们将在下一期再作连续报道"等。

（三）报尾

报尾部分应包括简报的报、送、发单位。报，指简报呈报的上级单位；送，指简报送往的同级单位或不相隶属的单位；发，指简报发放的下级单位。如果简报的报、送、发单位是固定的，而又要临时增加发放单位，一般还应注明"本期增发×××（单位）"。报尾还应包括本期简报的印刷份数，以便于管理、查对。报尾部分印在简报末页的下端。

简报首页样式如下：

内部刊物 　　　　　　　　　　　　　　　　　编号：××
注意保存
秘　级

×××简报

第×期

×××编印 　　　　　　　　　　　×××× 年 ×× 月 ×× 日

（标　题）

正文

报：××××
送：××××
发：×××× 　　　　　　　　　　　　共印×××份

三、写作要求

（一）抓准问题，有的放矢

简报应该围绕本单位的实际，反映那些最重要、最典型、最新鲜、最为群众关心、最需要引起注意的问题。一是围绕领导决策，抓"超前型"问题。在领导进行某项活动或者将要讨论决定问题之前，搞"小超前"，努力收集与此有关的情况，经过筛选加工、研究提出可供领导参考的建议和方案。二是在领导决策之中，抓"追踪型"问题。努力掌握决策贯彻执行的情况，各方面有什么反应，发生什么偏差，迅速地反馈给领导，使领导能及时纠正偏差，使决策逐步完善。三是要着眼大局、小中见大。收集情况时，就要从全局考虑，从小处着手，深入一点，"解剖麻雀"，抓住有代表性的小问题，作推广放大的思考，挖掘和开拓更广泛深刻的含义。四是抓新情况、新经验、新问题。在改革开放的过程中，许多新情况、新问题，迫切需要领导去认真研究和解决，制定符合实际的方针、政策和措施。所以，必须花气力积极地收集、捕捉这类信息，抓这类的问题，提供领导参阅。五是注意抓倾向性、苗头性的问题。对这类问题若不及时发现和注意解决，而任其发展，可能会酿成大问题，给工作带来不应有的损失。六是抓突发性问题。例如假期寝室大范围被盗，直接关系到学校治安管理和全体学生切身利益的问题，得到这类信息后，应迅速向领导报告，并编入简报以引起大家的重视。

（二）材料准确，内容真实

简报作为加强领导和推动工作的重要工具，内容必须保证绝对真实、准确，否则就会造成不良后果。一是要准确。不允许对那些心理活动、环境、气氛等无形的事实搞"合理想象"。必须深入调查研究，不走马观花、浮光掠影，更不可"听风就是雨"，要保证材料绝对真实可靠。也就是说，要做到简报所选用的任何材料，包括人名、地点、时间、情节、数字、引语、因果关系等，都完全准确无误，没有丝毫的虚构、夸张、缩小和差错。特别是在估计成绩和宣传先进时，更要严格把握分寸，实事求是，恰如其分，留有余地。不是自己亲自调查的材料，要在简报上加上"据××反映"、"据说"等限制词。二是要强调真实性。绝不能凭良好的愿望进行所谓"加工"和粉饰。例如，把不同时期的活动集中到一个时间里；把几个部门合办的事拼凑到一个部门身上；把事后想的写在事前或事中；把点滴、花絮般的体会修饰成独立系统完整的做法；用"已经和即将"把已经办成的和打算、展望、想法揉在一起说；都是犯忌的。简报内容必须忠实于事实，保证符合事物本来面貌。

（三）简明扼要，一目了然

简报的写作必须注意做到简短、明快，要用尽可能少的文字（控制在千字以内）说清楚必须说明的问题。一是注意主题集中，一稿一事，不贪大求全。一份简报只抓住一个问题，不搞面面俱到，才能使简报的主题凝聚，篇幅短小，问题说得透彻。如果简报所涉及的内容较多，可以把想说的问题进行归纳、提炼，抓住最能反映事物性质的东西作主题，重点来写，其他则一概摒弃；也可以将可写的几个问题，各写一期简报分期介绍，一期一个重点，一篇一个侧面，千万不可使几个观点纠缠在一篇简报上。二是注意精选材料，围绕主题精心挑选典型事例。简报所使用的材料和其他文章一样，总是以个别反映一般，不能也没有必要写尽事物的整体。因此，撰写简报之前，必须对材料进行分析研究，精心选择。凡是能够表现主题的材料，都要注意加以精选，不可轻易放过；凡是与主题无关的材料，即使十分生动，也必须忍痛割爱、坚决舍弃。选择材料还要注意选择典型材料。典型材料具有代表性，最能反映事物的本质。筛选出最能代表一般的典型材料加以使用，做到不堆砌、不罗列、不雷同、少而精。要通过材料的剪裁突出主题、缩短篇幅，使简报的主题充分而明确地表现出来，使简报的内容更加简洁。三是注意既要求简，又要写清。简报求简，是在说明问题的前提下求简。"简"，应该是服从内容的需要，不能由一个极端走向另一个极端。

（四）讲求时效，反映迅速

简报是单位领导对一些问题作出决策的参考依据之一，也是单位推动工作的一个重要手段。简报贵在反映情况及时，简报的编者必须讲求时效，用最快的速度把最近发生的事情整理成简报，以便领导机关特别是分管此项工作的同志及时掌握、全面地了解情况，更好地指导和推动工作。若时过境迁，落在工作后面，即使内容再好，也很难发挥简报对工作所应起的指导性作用。这就要求简报的作者思想敏锐、行动敏捷，对问题反映得快，对材料分析得快，写作构思快，动笔成稿快，同时，还要求简报的编辑、签发、打印、发稿速度快，共同把握发稿时机。撰写会议简报更要快，一般是上午讨论的情况，下午写出简报；下午讨论的情况，晚上就出简报。

（五）内容实在，生动活泼

用事实说话是简报的主要特征之一。长而空的文章不好，短而空的文章也不好。短而空，往往是简报易犯的毛病。要克服这个毛病，就必须具体，言之有物。这个"物"不仅指事件、情节、过程，而且应该包括观点、问题、经验、措施等方面。为了使阅者爱看，获得深刻印象，还要做到生动活泼，应当尽可能吸收一些群众语言，必要时还可采用通讯的手法，作具体形象的描述，以情动人。

撰写简报，一忌内容芜杂，贪大求全；二忌枝蔓横生，主次不分；三忌语句不通，生僻难懂。

 例文1

工 作 简 报

2009 年第 1 期　　总第 5 期

××市依法治市领导小组办公室编　　　2009 年×月×日

要　目

○刘××：着力营造法治环境　加快构建和谐社会
○市文化局（市文物局）"四五"普法期间大力推进行政法治工作
○××区对新提任领导干部进行法律知识考试
○我市环保专项行动向街巷延伸
○××区多样化开展有特色的社区普法工作
○市民政系统切实采取措施推进政务公开
○简讯

【领导言论】

刘××：着力营造法治环境 加快构建和谐社会

近日，市委常委、××区委书记刘××同志，对××依法治区工作进行了深入调研，针对当前存在的城市化和经济发展进程中历史遗留问题、城市流动人口和城市建成区容量之间的矛盾、经济发展过程中各类经济矛盾日益突出、城市管理新秩序亟待建立和部分农民边缘化等5个方面问题，提出切实抓好五项工作，推动稳健发展、和谐发展。

一是集中财力解决历史遗留问题。对2004年前的征地拆迁农民安置补偿的遗留问题，力争在今年9月底前解决。明年上半年，投入20亿元新建237万平方米安置房。

二是加速建立城市管理新秩序。针对目前城市管理中存在的突出问题，十运会结束后，对包括开发园区的整个城市管理作进一步梳理，创新管理体制，加大管理力度，尽快建立城市管理新秩序，塑造新市区良好形象。

三是加快经济发展中的诚信体系建设。实行司法部门、经济管理部门和企业整体联动，结合数字城市建设，采用数字化方式，加快建立诚信体系。对违规操作、有不良记录的个人与企业，采取制约措施。

四是切实加强基层组织建设。强化政法部门和基层部门的联动互动，加强基层组织建设，提高公民的法律意识。特别是针对随着征地拆迁、环境变化，基层组织建设有弱化趋势的现状，要以社区建设为龙头，建立一整套管理体系。

五是加大综合改革推进力度。专门成立班子，加快推进，着力激发区域发展活力。加快政府行政管理体制改革，增加透明度、公正度，建立公开、公正、公平的行政管理体制。加快构建和谐社会，做到人人有饭吃、人人有房住、人人有工作。平等对待各类利益主体，明年要着力解决城与乡、本地人口与外来人员的平等待遇问题，为建设法治社会提供真正意义上的支撑。推进民主法治建设，加强人大、政协工作。明年，按照市委、市政府统一部署，以公推公选为契机，进一步推进干部人事制度改革。

总之，要通过不懈努力，着力建设政府透明、廉洁高效的社会，建设诚实守信、公平公正的社会，建设真正意义上的法治社会，为××实现"两个率先"提供强有力的支撑与保障。

（××区委办公室）

【法治实践】

市文化局（市文物局）"四五"普法期间大力推进行政法治工作

市文化局（文物局）积极推进全市文化系统的"四五"普法、依法行政和法制建设，取得了较好的成绩。

一是全系统人员的法律素质不断提高。为实现"两个提高、两个转变"的普法目标，扎实开展法制学习和培训工作。以文化××建设为重点，抓好与文化文物实际工作密切相关的48部法律、法规、规章和规范性文件的学习；抓好领导干部、抓好行政执法等重点对象的法制教育。通过认真开展法制学习和培训工作，全系统进一步增强了法律意识，树立和强化了6个观念，即有限政府的观念、阳光政府的观念、服务行政的观念、诚信政府的观念、责任政府的观念、廉洁政府的观念。

二是加强制度建设，大力推进文化文物工作的法制化。逐步完善行政执法责任制，实现行政执法工作程序的规范化和制度化。实行了文化市场行政执法"五统一"，即统一挂牌执法、统一稽查日志、统一执法文书、统一处罚标准、统一案卷编号，以此来规范行政执法行为。五年来，市和各区县文化市场行政执法人员出动4 910人次，检查各类文化市场经营场所5 360多家次。建立健全政务公开制度，完善内部行政执法监督制度，探索构建具有文化、文物工作特色的教育、制度、监督三者并重的防治体系。实行重大事项决策法律分析制度，细化行政处罚自由裁量权。

三是认真贯彻《行政许可法》，大力推进行政审批制度的改革。根据市人大常委会的统一部署，依据上位法，对《××市文物保护条例》、《××城墙保护管理办法》、《××市地下文物保护管理规定》等三个地方性文物法规涉及的20项行政许可事项的法条进行了认真修订。同时，在具体的行政工作中，规范了行政许可程序，规范了实施主体和执法主体。为方便群众，相对集中了行政许可权。

四是充分发挥文化文物的教育功能，积极开展社会法制宣传。从200×年××月开始，配合市和区县司法局，先后设立了××县、××区、×××区图书馆和××区第二图书馆四个分会场，拓展了法律咨询平台，积极做好新法宣传和文物法宣传周工作。五年来，围绕联合国《保护非物质文化遗产公约》等法律法规的颁布施行，组织开展了20多次文化（文物）广场法律咨询活动。同时，积极创作和演出法制文艺作品。参与完成了《××市法制文艺调演》等的演出任务，配合市纪委完成了《把清正廉洁写在旗帜上》大型文艺晚会的创作和演出任务等。

（市文化局）

××区对新提任领导干部进行法律知识考试

为认真贯彻落实"四五"普法规划，进一步推动领导干部学法用法活动的深入开展，提高领导干部法律素质，日前，区委组织部、宣传部、司法局对非人大任命的23名新提任领导干部进行了法律知识考试，并提出两点要求：第一，法律意识和法律素质是党政干部综合素质的重要内容，也是执政水平、执政能力的重要方面。所有党政干部，特别是领导干部，要按照党的十六大、十六届四中全会要求，从推进政治文明建设和加强党的执政能力的高度来对待法律知识学习，不断提高政治理论、依法治国理论水平，不断提高运用法律法规的能力，不断提高依法履行职责和为人民服务的本领；第二，领导干部应当在完成"普法"任务的基础上，提出更高要求。领导干部学习法律知识，要学深学透、常学常新、学以致用。要根据需要、针对问题，从本部门的实际工作和自身特点出发，有重点地学习，不断深化认识，提高法律素养，适应新形势、新任务、新要求，努力做到依法决策、依法行政、依法办事，不断提高法治化管理水平。

（××区依治办）

我市环保专项行动向街巷延伸

日前，结合"十运会"前专项整治工作，针对市民反映强烈的道路街巷两侧无照无证经营加工点噪声、油烟扰民和脏乱差现象，在市环保专项行动领导小组办公室积极协调下，自8月1日起，由市政府统一组织确定各区长、街道办事处主任担任主要负责人，环保、工商、市容、公安等部门共同参加，以江南八区为重点，对全市 1 200 条背街小巷无照无证占道经营点进行了集中整治。整治行动前，各有关部门通过调查摸底，排查出全市无照无证经营加工点 3 万多户。通过一个月集中整治，基本清理了依门出摊、流动商贩、夜市排档、占道加工等非法经营行为，一些污染扰民严重的违法经营户被取缔；督促有证有照经营加工点规范经营，使一批群众反映强烈的环境污染问题得到解决，区域环境质量得到明显改善。

（市环保局）

××区多样化开展有特色的社区普法工作

为确保"送法进社区"活动取得实效，落实"司法为民"的要求，努力实现构建和谐社会的目标，该区于 8 月 1 日至 8 月 20 日，联合区法院分别指派一名局领导和院领导带队，各街道首席调解员和法院 7 名人民调解指导员为"送法进社区"活动的联络员，集中开展"送法进社区"活动。活动的内容和形式包括对人民调解员进行法律业务知识和调解技能指导；对部分社区法律进社区工作和安置帮教工作进行抽查；参与街道调解服务中心受理的难以调解的治安案件；针对社区多发性的案件，挑选典型案例进社区开庭；联合化解、协调处理疑难矛盾纠纷；现场接受社区居民法律咨询；发放有关诉讼法律知识宣传材料等。此外，该区××街道司法所在明确 2005 年度司法行政工作目标的基础上，提出要着力打造青少年法制教育、安置帮教工作社会化、送法进社区、法律援助四个亮点的特色普法工作，结合街道实际进行社区法治建设。通过一系列活动的开展，进一步提高了社区居民的法律意识，为"十运会"的胜利召开营造良好的安全环境。

（××区依治办）

市民政系统切实采取措施推进政务公开

近日，市民政局结合民政系统实际，出台了《关于进一步推进政务公开的意见》。意见主要包括：政务公开的指导思想和总体目标，政务公开的基本原则，政务公开的主要内容，政务公开的形式，政务公开的审查，政务公开的监督、检查与考核，政务公开的组织领导等方面。此外，还详细制定了市民政系统政务公开考核评分标准，专门成立了政务公开工作领导小组，为建设法治民政奠定了坚实基础。

（市民政局）

【简讯】

××区举办基层民主法治示范创建骨干培训班　为进一步加强基层民主法制建设，做好全区创建"民主法治示范村"、"民主法治示范社区"、"民主法治示范单位"的工作，近日，该区举办了基层民主法治示范创建骨干培训班。

（××区依治办）

××区举办"一·八"广场文艺演出　日前，区政府与××烈士陵园管理局、××市电视台在××烈士陵园北大门广场共同举办以宣传《食品卫生安全法》为主题的大型广场法制文艺演出。四千多名观众受到一次生动的食品卫生安全法知识教育。

（××区依治办）

送：全国普法办公室，司法部法制宣传司、省依法治省领导小组办公室

市依法治市领导小组组长、副组长

市各部委办局、各直属单位，各区县依法治区、县领导小组和办公室

（例文来源：http://www.yfzs.gov.cn,经本书作者重新整理）

作业

1. 按照消息的写作格式，针对你身边的好人好事，或具有新闻价值的事物或事件，写一篇消息稿或通讯稿。

2. 按照简报的版式和文稿写作要求，编发一期本公司的工作简报。

第九章　专用文书

在社会主义建设事业中，在诸多领域如新闻电影、电视专题片、专题展览、文物陈列、产品展示等，都要用到解说词；在重大节日如春节、重大庆典和商业营销活动中，都要用到对联来抒发情感、营造气氛、推销产品。解说词和对联就是应用于专门场合的专用文书。

第一节　解　说　词

一、文体简介

（一）解说词的含义

解说词是一种针对观众进行解说的说明性文体。它多用于陈列、展览及新闻、科教电影的画面讲述，例如产品展销、文物陈列、图片展览、标本说明、园林介绍、影剧解说、人物介绍等，都要运用解说词。

解说词根据被解释的对象，可分为文学性解说词和平实性解说词两种，前者如参观游览解说词、影视风光片解说词；后者如生产成就展览解说词，科普、新闻片解说词。

（二）解说词的特点

解说词具有以下3个特点。

① 指要性：体现事物的本质特征；解说读者需要了解的内容；根据一定的写作目的来确定解说内容的重点和要点。

② 扩引性：解说词的使命就在于补充视听，说明客观事物时，在内容上作必要的增补与扩充（知识的拓展和情理的拓展），使其在观众观看实物和形象的过程中发挥视觉作用的同时，也发挥听觉的作用。

③ 清晰性：用词明晰准确、条理清晰。解说词通过对事物的准确描写或叙述及词语的渲染来感染观众或听众，使其了解事物的来龙去脉和意义，收到宣传的效果。

二、写作方法

（一）研究解说对象

解说对象一般为实物、画面、图片、景致。要写好解说词，就要求对所要解说的事物和形象了如指掌，否则就写不真切，写不准确。要对所要解说的事物和形象了如指掌，必须认真观察、研究被解说的事物，准确把握被介绍对象的主要特征及诸多对象之间的特殊关系，只有这样，才能如实地把它反映出来，介绍给读者。

（二）明确解说重心

解说不能细大不捐、漫无中心，而要有明确的主题指向和说明重点。对任何一个解说对象的说明都存在着不同的方向和重点，这个方向和重点，在客观上取决于被解说对象本身最本质的特征，在主观上又受解说词的主题所决定和制约。

（三）确定解说结构

解说词要准确地表现被解说对象的种种关系，如并列关系、先后关系、总分关系、主次关系等。这些关系有分有合，分则相对独立，合则相互联系，在一定的范围组成一个有机的统一体。尽管解说词全篇结构不苛求严谨，段落之间不苛求紧扣，但是一定要把握事物的条理。例如，解说并列关系的事物，要注意方位顺序；解说有先后关系的事物，要注意时间顺序；解说事物的功用之类，要注意主次关系。一般有由总到分、由上而下、由下而上、由远及近、由浅入深、由表及里等安排方法。先说什么，后说什么，怎样说才便于理解，要通盘考虑。只有按照条理撰文，才不至于杂乱无章。

（四）选择解说方式

解说词写作的形式多样，可以是散文形式、韵文形式、散文诗形式，也可采用故事形式。解说词的主要表现方法是叙述和说明，有时是叙述、说明、描写、抒情、议论相结合。优秀的解说词，往往是夹叙夹议兼抒情的散文或散文诗。表述方式要符合内容表达的需要，内容本身较为"实"者（如工农业展览解说词、科教电影解说词等），采用平实性的写法；内容较为"动人"者（如革命斗争事迹展览解说词、人物传记影片解说词、名胜古迹导游性解说词等），采用文学性的写法。要注意突出典型，运用对比，点面结合，由表及里地揭示事物的本质特征。

（五）注意填补空白

在某种意义上说，写解说词的艺术是一门"填补空白的艺术"，即要针对被解说对象的缺失信息，进行必要的补充和增加，从而使读者接受到画面和实物本身无法传递和难以表达的含义。填补说明对象链条中的空白，填补链条本身的想象空白，或者是被解说对象的背景材料，或是其潜在深层的思想文化内涵。这一"填补"工作，能使"松散"的说明对象结为一个严密完美的艺术整体，能使"实在"的说明对象引起观众想象力的腾飞。

三、写作要求

（一）眉目要清楚

解说词多是向不了解某一事物的人进行解说的，因此必须眉目清楚。解说词按照实物陈列的顺序或画面推移的顺序编写，陈列各种实物或各画面的相对独立性决定了解说词的"跳跃性"，切记在"跳跃"中注意衔接，使之对实物形象起着起承转合的作用。解说词应该节段分明，每一件实物或每一个画面有一节或一段文字说明。在书面形式上，或用标题标明，或用空行表示。分节分段，有助于讲解员对准实物解说，也有助于观众领会每个实物或画面的意思。

（二）解说要精炼

解说词不能面面俱到，要突出事物的精粹和关键，提纲挈领，要言不繁。解说词是配合实物或图画的文字说明，文字说明必须紧扣实物或图片本身，所有话语必须由实物或图片生发，这是一个基本原则。叙事必须干净利落，不可拖泥带水，要使有限的文字负载尽可能多的信息，最佳地延伸实物和图片的直观表达效果，使参观者对实物或图画获得深刻的认识。

（三）语言要晓畅

解说词既要便于讲解，读来朗朗上口，又要便于接受，观之一目了然，听之顺耳入心。要达到以上目的，就要求语言平易晓畅，词句短小简洁，力求口语化、形象化。解说词还要求有一定的感染力，要引起参观者强烈的共鸣，因此，在口语化、形象性的基础上，要恰当运用排比、对偶、反复等修辞手段以造情，还要注意语言的音韵与节奏。当然，不同的解说词语言风格又各不相同，文学性解说词感情浓郁、绚丽多彩；平实性解说词朴实无华、清楚如话。

好的解说词是一支感人的歌，一首动人的诗。要写出令人满意的解说词，解说者必须具有渊博的知识、真挚的感情、较深的文学艺术修养。

 例文 1

红三军团史料展览解说词

前　言

这里，是鄂东南腹地，万里长江奔流其北，幕阜山脉高耸其南。历史，选择了这片热土，革命，选择了这块宝地。二十世纪三十年代，大冶有幸成为红三军团诞生的摇篮。

七十五年前，彭德怀将军的红五军与何长工领导的红八军（由先期挺进鄂东南的红五纵队发展而来）会合于大冶刘仁八，组建了有"钢铁的部队"美誉的红三军团。红三军团的诞生，为中共党史和红军战史谱写了崭新的篇章：井冈山"工农武装割据"的星星之火，得以在鄂东南熊熊燃烧，楚天红透一角；鄂东南苏区因之日益壮大，与湘鄂西、鄂豫皖苏区形成箝包武汉三镇的态势；它的组建也为反"围剿"、长征、抗日和解放战争准备了一支特别能战斗的队伍。在辉煌史册上，红三军团诞生这一页意义巨大而深远。

这支英雄部队，自于刘仁八成立之后，攻城拔寨，摧枯拉朽，北战南征，战功累累，它是中国革命的骄傲，是工农红军的骄傲，也是鄂东南苏区的骄傲。作为这片红土地的后来者，我们怎能忘记那些在腥风血雨中为穷人翻身抛头洒血的英烈？怎能忘记那些在峥嵘岁月里为后代造福毁家纾难的前辈？昔日的硝烟早已散尽，我们耳畔依然回响着嘹亮的军号和厮杀的呐喊；昔日的战旗早已收起，我们眼前依然跃动着雄壮的队伍和矫健的身影。红三军团，人民没有忘记，青山没有忘记，碧溪没有忘记，甚至阵阵山风、朵朵山花也没有忘记！

好吧，朋友，让我们走进半个多世纪前那段历史，去叩访那些尊敬的前辈，去拜谒那些高尚的心灵，去领受一场伟大的洗礼！

青山不老　战旗永红

1930 年 6 月，平江起义的红五军主力挥师北上，抵达鄂东南苏区刘仁八镇，与由红五纵队壮大而成的红五军会合，合编为红三军团，后红十六军归入，共拥兵 17 000 余人。

红三军团组成后，先后解放大冶，攻克鄂城，占领通山，拿下崇阳……1930年7月，部队转战湘北，直取岳阳，随后进入平江、浏阳一带活动。7月27日攻陷长沙，消灭军阀何键五个整旅，建立了湖南第一个苏维埃政权。8月23日到达永和市，与红一军团会师，合编为红一方面军，红三军团兵力达到18 000余人。在反"围剿"斗争中，红三军团先后参加龙岗奇袭战、草台冈肉搏战、建宁破袭战、会昌攻坚战、三溪圩反击战等，为保卫中央苏区和红军战略转移做出了重大贡献。1934年10月，红三军团奉命长征，参加了湘江、遵义、土城、会理等重要战役，四渡赤水，夺占娄山关，巧渡金沙江，通过彝民区，强渡大渡河，过雪山草地，彻底粉碎敌人的围追堵截，与红四方面军胜利会师。

到达陕北之后，红三军团番号取消，编为陕甘支队第二纵队。抗战时期，原红三军团血脉被编入八路军112师、115师。115师686团，在平型关战役中担任主攻，后为开创鲁西、鲁南、滨海抗日根据地立下汗马功劳。解放战争时期，原红三军团余脉进入四野一纵、三野三纵，在辽沈、平津战役中，一纵38军337、334团与三纵16军139团分别作为主力团，取得辉煌的战绩。38军赴朝作战，历经四大战役和阵地反击战，334团被朝方授予"朝鲜人民军红旗团"称号……

六十多年后，红三军团建制虽然不存，但血脉犹在，战旗永红。

战功显赫　傲骨凌霄

彭德怀，湖南湘潭人。1916年开始戎马生涯，参与北伐战争。1928年领导平江起义，任红五军军长。1930年组建红三军团，任军团总指挥。同年7月率部进攻长沙，首开红军战史攻克省会的纪录。永和会师后任红一方面军副总司令，在保卫中央苏区的四次反"围剿"斗争中屡建奇功。

长征途中，率红三军团为左翼前锋，血战前行，不辱使命，保卫中央军委渡过湘江，粉碎敌军凶残追剿截击，最终胜利到达陕北。长征最后一仗告捷，毛泽东曾赋诗以赠："山高路险坑深，大军纵横驰奔，谁敢横刀立马，惟我彭大将军。"

抗日战争时期，任八路军副总司令，发起"百团大战"，重创日伪敌顽，威扬太岳，大振民心。解放战争时期，任解放军副总司令，西北野战兵团司令员兼政委，第一野战军司令员，转战陕甘宁，解放大西北。

1950年率军赴朝作战，任志愿军司令员兼政委，击溃美军"王牌"第一骑兵师，收复平壤，解放汉城，在朝鲜战场打出了国威、军威，被誉为国际上功勋卓著的军事家，其军事天才为斯大林所敬服。

回国以后，就任副总理、国防部长等职，1955年被授予元帅军衔，荣获一级八一勋章、一级独立自由勋章和一级解放勋章。

1959年庐山会议，披肝问政，斗胆上书，为民鼓呼，不期获咎，招致错误批判，免除一切职务。"文革"期间，坚持真理，傲骨凛然，又遭长期监禁和残酷迫害，1974年含冤辞世。

浩劫结束，拨乱反正，1978年12月彭德怀元帅沉冤得以昭雪。

铁流万里　将星辈出

在七十多年的光辉历程中，红三军团这支"钢铁的部队"，这股一往无前的铁流，气吞万里如虎，转战大半个中国，纵横二十余省，参加较大的战役战斗1 000余次，歼敌117 000余名。

艰苦卓绝的斗争，血火交煎的考验，使一大批运筹帷幄决胜千里的将帅之才涌现于红三军团及其余脉部队。元帅级的军事人才有彭德怀、叶剑英；大将级的军事人才有黄克诚、肖劲光、罗瑞卿、程子华；上将级的军事人才有王平、杨勇、彭绍辉、张宗逊、张爱萍、钟期光、唐亮、周桓、苏振华、李天佑、李聚奎、李志民、朱良才、邓华、陈士榘、黄永胜、张震、郭林祥等，计有180余名将军先后成为各军兵种的高级指挥员或军委负责人。另外还有些在红三军团工作过而成为党政军领导的，如刘少奇、李富春、杨尚昆、滕代远、何长工、张启龙、吴溉之等。

红三军团还有些中道陨落未能在建国后授予军衔的将星，如喻庚、郭一清、陈毅安、谢振亚、何时达、卢匿才（1930年牺牲）、黄公略、李实行（1931年牺牲）、李灿、侯中英（1932年牺牲）、张锡龙（1933年牺牲）、邓乾元、高咏生、于兆龙、洪超（1934年牺牲）、邓萍、石恒中、徐策（1935年牺牲）、胡一鸣（1936年牺牲）、袁国平（1941年牺牲）、张纯清、彭雪枫（1944年牺牲）、乐少华（1952年去世）……

这一串串闪光的名字，如璀璨的星辰，辉映九寨长天。

热土情深　浩歌千载

大冶——中国青铜文化的发祥地，近代钢铁工业的摇篮。大冶得名源于铜炉铁冶，"铜铁炉中翻火焰"，炼就数不清的青铜，炼就数不清的钢铁。

在土地革命战争时期，大冶变成一座熔炼铜兵铁将的洪炉，红三军团的一万多名将士就是这座洪炉炼出的"青铜"，炼出的"钢铁"，骨头比青铜还硬，斗志比钢铁还强。从这里走出的"钢铁的部队"，斗败了粤系"铁四军"，斗败了桂系"钢七军"，斗败了白匪"中央军"，斗败了美帝"王牌军"……

七十年过去，健在的红三军团老将，时时魂牵梦萦着这座孕育钢铁战士的洪炉，这片藏龙卧虎的热土。他们忘不了南山松涛，松涛阵阵喊厮杀；忘不了金湖碧水，碧水几度血染霞；忘不了果城南瓜干，南瓜果腹添斗志；忘不了殷祖苦叶茶，苦茶口口长精神；忘不了老乡的红莒饭，莒饭香甜好养伤；忘不了村嫂的拥军鞋，军鞋针针情意长；忘不了崖畔映山红，红胜野火壮思飞；忘不了山边铜草花，花摇春风盼红军。

深情不可遏，思念不可割，这里，毕竟是红三军团的摇篮，是一万多红军的第二故乡。将军们思极念极，或泼墨挥毫，或欣然赋诗，一幅幅墨宝，一首首诗章，满纸浩气，笔底情深。

张震将军题曰："英雄大冶，革命摇篮。"

袁升平将军写道："南山松柏青，经岁色愈浓；先烈洒碧血，浩气贯长虹。"

……

这些感人肺腑的文字，表达了红三军团将士怀念这片红土地的心声！

结束语

这是一个朴素的展览。

生锈的梭镖、缺口的大刀、老旧的土铳、发黄的照片……这些几乎构成展览的全部内容。历史本就是朴素的，刻意的修饰无疑会抹去历史的真实，只有让前来瞻仰的朋友走进真实的历史，才对得起革命先辈，于是，我们选择了朴素。

这是一处历史的隧道。

它远离着浮世的喧嚣，远离着现实的功利，甚至远离着任何一种观赏的闲情。这些从历史深处打捞出来的珍贵文物，给人的是无声的心灵撞击，一种无形的精神升华。这种撞击和升华，就发生在来人的一驻足、一凝望、一默想中，对此，我们坚信不移。

朋友，您走出展厅，展览并没有结束，一个更大的展厅摆在各位面前，这里的山山水水、村村寨寨都是展厅。这里每一片丛林，都隐藏过红军警惕的眼睛；每一条山道，都留有红军行进的足印；每一道溪流，都映照过红军战斗的英姿；每一个坳口，都回荡过红军凯旋的笑声；每一棵古树，都记得红军张贴的标语；每一株青草，都记得红军伤口的血滴……

历史与现实在这里相遇，我们与英烈在这里倾心交流：关于家国，关于生死，关于信念，关于理想。

展览结束了，而思考永远不会结束。

（例文来源：《东方樵文集》）

第二节 对 联

在我国人民的文化生活中，在企业文化建设的方略中，在广告宣传工作中，对联是一种常用的、极具文化内蕴的文体，兼备文学性和实用性。对联自古到今都广泛地受到人们的喜爱和重视，它能体现人的学识、修养，能装点家居环境、烘托气氛，它能阐明哲理思悟、表达愿望理想、展示闲情逸趣、营造商业氛围、招徕商贾顾客。学习对联的写作并将它运用于工作和生活，是具有重要意义的。

一、文体简介

（一）对联的含义

对联是由蕴涵浓厚的文学色彩、讲究严谨的语言形式、表现独立的主旨意义、具备鲜明的个性特点的两个句子构成的对偶性文体。它的别名不少：雅称楹联、联语，俗称对子，也有人称其为对句。它由两个部分构成，前一部分叫上联，也称出句；后一部分叫下联，也称对句。对联全面地体现了我国文字、语言、文学的个性特点，为我国所特有。

没有哪一种文学样式或应用文书的特点能有对联那样鲜明、那样独特。以下谈到的这些特点既是它作为对联的标志，也是它写作时必须遵循的规则。

（二）对联的特点

（1）**字数相等**。是指上联、下联的字数必须一样多，长联中每个对应分句的字数也必须相等。如果是字母，同样要求数量相等。

一副对联应该有多少字，这从来是没有限定的。对联的形制可大可小，可长可短，长者可达上千字，短者只有几个字，由作者依据具体情况来确定。例如：

四字联

上　文章江海；

下　书籍林泉。

五字联

上　新年纳余庆；

下　嘉节号长春。

七字联

上　有好友来如对月；

下　得奇书读胜观花。

还有偶数四字联、六字联、八字联等，奇数九字联、十一字联等不一而足。总之，对联字数没有具体限制，长短应需而定。迄今为止，公认佳联中最早的长联，当属昆明大观楼的180字长联：

上　五百里滇池奔来眼底。披襟岸帻，喜茫茫空阔无边！看东骧神骏，西翥灵仪，北走蜿蜒，南翔缟素。高人韵士，何妨选胜登临，趁蟹屿螺洲，梳裹就风鬟雾鬓；更苹天苇地，点缀些翠羽丹霞。莫辜负四围香稻，万顷晴沙，九夏芙蓉，三春杨柳；

下　数千年往事注到心头。把酒凌虚，叹滚滚英雄谁在？想汉习楼船，唐标铁柱，宋挥玉斧，元跨革囊。伟烈丰功，费尽移山心力，尽珠帘画栋，卷不及暮雨朝云；便断碣残碑，都付与苍烟落照。只赢得几许疏钟，半江渔火，两行秋雁，一枕清霜。

（2）内容相关。指的是上下联的内容和情调必须一致并相互关联，务必构成一个整体。

对联虽由上下两句构成，但两句万不可各说各，内容互不相关。两句之间意义要有关联，即要围绕相关的主题，选择不同的侧面，或并行表达，或正反表达，或承接表达，构成延续、因果等关系，表达一个完整的意思。例如：

上　异代不同时，问如此江山，龙蟠虎卧几诗客？
下　先生亦流寓，有长留天地，月白风清一草堂！

此联是清人顾复初为纪念诗圣杜甫而撰写的，上下联意思连贯，表达了怀念先贤的主题：千古江山，人才辈出，而像杜甫这样的诗圣古往今来能有几个？人去诗在，后人凭吊和怀念穷困潦倒的先贤，有长留于天地间月伴风随的茅屋草堂。此联最值得玩味的是，撰联者将自己与诗圣相仿的身世也写入联中。"异代不同时"、"先生亦流寓"——前句表明作者与杜甫并非同时代人，后句表明作者与杜甫一样是居无定所的游子，有相同的身世、相同的境遇，所以发出相同的感慨：上联赞誉杜甫是千百年来不可多得的"诗客"，同时也隐含作者对自己才能的自信和肯定——我与你"异代不同时"，都是千百年来不可多得的诗才；下联同情杜甫的境遇，也表达自己"同病相怜"的心情——"先生亦流寓"，一个"亦"字将自己牵了进来，有"同是天涯沦落人"的感觉，但毕竟"先生"还有一草堂长留天地之间，而"我"却连草堂都没有一处。

上联头五字和下联头五字，将今人和古人联系在一起，将自己的无人赏识和杜甫的怀才不遇联系在一起，将自己的居无定所和杜甫的穷困潦倒联系在一起，内容相关，感慨相同。

（3）词性相同。是指上下联相同的位置上，所用的字词都应具有相同的词性。这是对联的又一个特点，也是对联写作必须遵循的法则。

具体到现代汉语，指的是名、动、形、数、量、代等六类实词，与副、介、连、助、叹等五类虚词，按严律来说，都应按词性相对。例如：

上　花邻翰墨多儒韵；
下　人近诗书有雅风。

这副对联是武汉大学樱花节征文比赛的获奖稿，是慕竹先生为武汉大学樱园学舍所撰楹联。将此联上下相同位置上的字词作对比，就会发现其对仗是十分严谨、工整的——上下联同位名词有"花"—"人"、"翰墨"—"诗书"、"韵"—"风"。这副对联里既有名词相对，也有形容词相对、动词相对。

词性相对还包括量词相对、方位词相对、叠词相对等。

量词和方位词相对，例如：

上　几间东倒西歪屋；
下　一个南腔北调人。

这是明朝徐文长先生的自题联。量词"几间"—"一个"；方位词"东"—"南"、"西"—"北"。

叠词相对，例如：

上　莺莺燕燕翠翠红红处处融融洽洽；
下　雨雨风风花花草草年年暮暮朝朝。

这是选自上海豫园的楹联。整副对联全用叠词写成，上下同位作比，无一不是叠词相对。但需指出的是，几处叠词虽相对，但词性却不相同，如"翠翠红红"是形容词，而与之相对的"花花草草"却是名词，这是不是有欠工整呢？不。这也属一种工对，叫自对或单边自对。

对联中，上下联同位字词的词性相同，固然能给人一种严谨、对称的感觉。但对称是多种多样的。有句名言："对称的世界是美妙的，而世界的丰富多彩又常在于它不那么对称。有时，对称性的某种破坏，哪怕是微小的破坏，也会带来美妙的结果。"当然，哪些破坏可以允许需要约定俗成。在实际创作中，已约定俗成的有：代词可以和名词相对，形容词可以和动词相对；对于虚词则可以将它们统归为一类，宽至可以和任何动词、形容词相对，有时甚至自对自。除此之外，允许单边自对和借对也很大程度上给创作放宽了自由度。下面就是这方面的一些例子：

上　浣花旧事谁能识；
下　桃叶新诗手自提。
　　——（叶方蔼·赠陈维崧）联中代词"谁"对名词"手"

上　六年积久奇峰面；
下　五度来乘读画舟。
　　——（阮元·阳朔画山）联中"乘"、"读"为动词，"久"、"奇"为形容词

洞里白猿呼自出；
崖前残石悔飞来。
　　——（张岱·飞来峰）联中，"飞"为动词，"自"为副词

所谓自对，又叫边对、当句对或单边自对，即在一联（上联或者下联）中自成对偶，上下联各自进行联内自对。如果上联句中自对，下联也只须句中自对，上联和下联之间不必求工。例如，广西柳州柳侯祠联："山水来归，黄蕉丹荔；春秋报事，福我佑民。"联中的"黄蕉"对"丹荔"、"福我"对"佑民"即是自对。若像"已得和风收细雨，当随竹茂待兰芳"之"和风"对"细雨"、"竹茂"对"兰芳"，中间都隔了字的，谓之隔字自对。也可以不等字自对（结构相同而字数不等，谓之不等字自对），如"墙上芦苇，头重脚轻根底浅；山间

竹笋，嘴尖皮厚腹中空"。上联以"头重"自对"脚轻"自对"根底浅"；下联以"嘴尖"自对"皮厚"自对"腹中空"。在一联内自对以后还可以追求上下联相对，如"头重脚轻根底浅"与"嘴尖皮厚腹中空"，上下联刚好又互对。

所谓借对，有借义与借音两种。借义要求用一个词的某义（包括某种词性和结构）的同时又用其另一义与另一词相对，如"红白相兼，醉后怎分南北；青黄不接，贫来尽卖东西"中以"东西"表物件之义的同时又借其方向一义与"南北"相对即是。借音要求用一个词的某义（包括某种词性和结构）的同时又用谐音取义与另一词相对，如"湖光开绿野，风月胜洪都"中以"洪都"表地名之义的同时又以"洪"谐音取"红"义与"绿"相对即是。

对联中还有一种特类，叫无情对。无情对意不关联，字相逆敌，皆用借对取巧，如"庭前花始放，阁下李先生"。

（4）**平仄相谐**。平仄是声律音韵学方面的术语。汉字的读音分为 4 个声调，古代分为"平"、"上"、"去"、"入"，现代分为"1"、"2"、"3"、"4"等 4 个声调；古代声律音韵学又将 4 个声调分为两大类，即"平声"和"仄声"。所谓平仄，因篇幅所限不便详述，故作通俗简单但不尽准确的解释就是：古汉语的"平声"大略相当于现代汉语拼音的"1"、"2"声，"仄声"大略相当于"3"、"4"声。说这种解释"不尽准确"，是因为在古声调中，"平"分"阴平"、"阳平"，加上一个"入"，实际上一个音至少有 5 个调。例如，妈、麻、马、骂、抹，痴、持、齿、敕、尺等，前两个属平声，后 3 个属仄声。而现代汉语只有四声，古四声中的入声字有的归到 1 声，有的归到 2 声。过去，写对联要求按古四声，因为这对年轻人有难度，所以现在实行双轨制，即既可以依古四声，也可以依新四声，但规定不可混用。

所谓平仄相谐，即要求对联的上下两句，在相同位置上的语音声调要相互对立又相互谐调，增加节奏感和音韵美。

平仄相谐有 3 层意思。一是指句中平仄须按规定交替，如"平平仄仄平平仄"；二是上下联相应节奏点平仄必须相反，如上联是"仄仄平平仄"，按照格律下联就应是"平平仄仄平"，其中包括多句联的每个分句的收尾字也必须上下联两两相对立；三是指上下联的末位字一般应是仄起平收，即上联最后一个或两个字仄收，下联最后一个或两个字平收。

对联讲究平仄相谐，是寻求汉语诵读时音韵和谐、节奏分明、抑扬顿挫的音韵效果，也是中国语言文字所独有的艺术元素。

例如七言联：

```
    —   —   |   |   —   —   |
上  删  繁  就  简  三  秋  树；
下  领  异  标  新  二  月  花。
    |   |   —   —   |   |   —
```

如上所示，"—"代指平声，"|"代指仄声。现将郑板桥的这副对联作同位比较会发现，上下联均用"—"、"|"相间开来，两个字为一组，末尾成单，上联首字"—"起，末字"|"收，下联则相反，首字"|"起，末字"—"收；凡上联用"—"声的位置，下联就用"|"声，凡上联用"|"声的位置，下联就用"—"声。如此平仄相间，创造出抑扬顿挫的音韵美，同时又有音节鲜明的节奏感。如果不讲平仄相间，所有的字都是平声或仄声，没有声调地平读直说，无起伏、无节奏，则听来毫无趣味。所以，对联要讲究节奏、韵律，才能体现音乐美感。

郑板桥这副对联的平仄非常工整、严谨、标准，挑不出一点毛病，是七言联写作的好范本。

在平仄运用上，一般要按规矩来用声。但在实在不能如意的情况下可以作一些调整。有一句口诀"一三五不论，二四六分明"，这就是说，在一、三、五的位置上用平用仄可相对灵活；二、四、六位置上的字必须遵循法则，该用平声就用平声，该用仄声就用仄声，这叫做"二四六分明"。

此外，现在有一种新的约定俗成值得注意和利用，即平仄可以依意节，例如一些成语、俗语、外来词、新词等，不管它几个字，是不是平仄相间，统统以它最后一个字为准。例如，"社会主义"、"科学发展观"，分别看作是仄声词、平声词，只要与之相对的也分别是四个字、五个字常在一起不分割的词，结尾字刚好分别是平声字、仄声字就算合律。有了这一条，许多时候很管用。

（5）强弱相当。对联要求上下联相比之下，在内容、语气、语势等方面的强弱要对等，差别不大，修辞上相同或相近。有时略有差别，但一般要遵循上强下弱的潜规则，即上联的内容、语气、语势可略强于下联，但不可差别悬殊。一般来说，宏观为强、微观为弱，历史为强、地理为弱，抽象为强、具象为弱，撰联时要合理匹配，当然，有时下联也可强于上联，如昆明大观楼长联就是上联写景，下联写史，下联就强于上联。下联强显沉稳，也就是我们常说的"镇得住"。

例如：

上　振　衣　千　仞　岗；
下　濯　足　万　里　流。

此联表达出人的豪迈气势：英雄豪杰应该站在高高的山岗上整理衣冠，应该在大江大河里沐浴洗足。"千仞岗"对"万里流"，强弱相当，两两对等。

（6）文字相别。就是上下联不得有异位重复的字词。但请注意上下联同位可以重复；一句之中也可重复，但要求在另一联中相同的位置也有重复，而重复的字可以相同，也可相别。这是对联写作上的一个特点，也是语言艺术的一种表现形式，它可以避免重复啰唆的弊病，读来顺口、流畅。

例如：

上　万　树　梅　花　一　潭　水；
下　四　时　烟　雨　半　山　云。

该联录自昆明黑水祠。这副对联严格遵守对联写作的要求，上下联对仗工整、字数相等、内容相关、词性相同、平仄相谐、强弱相当，且上下两句在相同位置上没有出现相同的字词，读来无重复啰唆之感，有流畅抑扬之美。

又如：

上　四　面　荷　花　三　面　柳；
下　一　城　山　色　半　城　湖。

此联选自济南大明湖。上联中有两个位置出现同一个"面"字，而在下联与之相对的两个位置也出现了同一个"城"字。这在对联写作中是允许的，有这种专门设计的重复，读来又别有一番情趣。假如上联出现重复字而下联不与之相匹配，那就是失败之作。

又如：

> 上　在天愿做比翼鸟；
> 下　在地愿为连理枝。

这是白居易《长恨歌》中的诗句，常被人用作恋情男女的盟誓语和婚喜联。此联的重复字"在"和"愿"出现在上下联相同的位置上，起到一种上下呼应、有意复述以表强调的作用。

以上是对联的6大特点，是对联区别于其他文学样式和其他应用文体的显著特征。对联与古诗词相比较，二者在以上所讲的6个方面有相同之处；所不同的是，古诗词的形制一般都比对联要大，且形式上的要求更多、更复杂，而对联的形制一般较小，用三言两语就能完备表达意思。但必须提请注意的是，对联的形制具有无限定性，长者可达上千字，短者仅有两三字，要求严格而形式灵活，一切由作者根据自己的创意需要而决定。

（三）对联的分类

根据对联在日常生活和工作中的应用情况，它的分法有如下几种。

1. 按对联的使用范围及作用分

（1）**名胜联**。指书法高手书写在风景名胜区亭台楼阁或其他建筑物上的对联，这些对联或悬挂于门柱，或张挂于正殿大堂，或悬挂于厅侧廊柱，有石雕的，有木刻的，有纸书的，有描金的，有上漆的，内容丰富，立意深刻。

例1：

> 上　南极潇湘千里月；
> 下　北通巫峡万重山。
> ——湖南岳阳楼联

例2：

> 上　一楼萃三楚精神，云鹤皆空长笛在；
> 下　二水汇百川支流，古今无尽大江流。
> ——武汉黄鹤楼联

（2）**庭宇联**。庭宇联是用于家居客厅、书房的对联，内容多为励志、警世、诲人或表达情趣，纸书悬挂者居多，刻木勒石者较少。

例1：

> 上　座右图书娱画景；
> 下　庭前松竹蕴春风。
> ——北京故宫乐寿堂联

例2：

> 上　淡泊以明志；
> 下　清白以传家。
> ——录自皖南宏村古民居

（3）**情趣联**。情趣联表现撰联者的闲情逸致和高雅品位，多用于书房、客厅的装饰。

例1：

上　　左壁观图，右壁观史；

下　　东窗养蕙，西窗养兰。

　　　　——录自皖南宏村古民居

例2：

上　　静对诗书求乐趣；

下　　闲观花鸟会天机。

　　　　——佚名

（4）**诲人联**。用对联来教导世人怎样为人处事，如何修身养性，这类对联多富有哲理，能给人以启迪。

例1：

上　　往稳处行，拣平处坐，向高处立；

下　　发上等愿，结中等缘，享下等福。

　　　　——录自皖南宏村古民居

例2：

上　　静坐常思己过；

下　　闲谈莫论人非。

　　　　——录自皖南宏村古民居

（5）**抒怀联**。通过联语来抒发情感或表明志向。

例1：

上　　报国文章尊李杜；

下　　攘夷大义著春秋。

　　　　——老舍联

例2：

上　　残荷听雨秋深岸；

下　　满月思亲夜半时。

　　　　——写意联，慕竹先生撰

（6）**婚喜联**。这类对联的用途专一，为婚嫁喜事营造喜庆氛围。

例1：

上　　志同道合；

下　　花好月圆。

　　　　——佚名

例2：

上　有　水　有　田　有　米；
下　添　人　添　口　添　丁。
　　　——旧时潘何两姓联姻婚喜联，佚名

（7）**祝寿联**。祝寿联专用于对长者生日寿诞的祝福。

例1：

上　福　如　东　海　长　流　水；
下　寿　比　南　山　不　老　松。
　　　——佚名

例2：

上　寿　比　肖　伯　纳；
下　文　如　高　尔　基。
　　　——叶挺寿郭沫若联

（8）**挽联**。挽联用于对故去的人的祭奠、哀悼。

例1：

上　妻子莫痛，朋友休悲，且遵遗嘱，管自己的事，越专越好；
下　民族将亡，奴隶更苦，若求生存，学先生一样，不屈不挠。
　　　——施佳挽鲁迅联

例2：

上　爱和平有罪，要民主有罪，争自由有罪，见他妈鬼，那狗屁宪法！
下　打内战可以，卖国家可以，杀青年可以，滚你娘蛋，这无耻政府！
　　　——1947年浙江大学挽于子三联

（9）**春联**。春联是在新年佳节来临之际，张贴在单位大门或家居门户两边的对联，用以表达吉祥心愿，祈求美满幸福，营造喜庆气氛，表现美好心情。

例1：

上　减负护三农，一声免税田铺绿；
下　扶贫教百技，万户抬头手捧金。
　　　——赞"三农"新政，柯丹先生撰，2004年获全国春联赛金奖

例2：

上　喜　逢　盛　世　酌　春　酒；
下　好　趁　良　辰　写　颂　诗。
　　　——佚名

（10）**行业联**。行业联具有广告宣传性质，是各行各业用以表现本行业或本店企业精神、

经营理念或其他意思的载体。

例1：

上　虽　是　毫　末　生　意；

下　却　为　顶　上　功　夫。

　　　　——理发业联，佚名

例2：

上　春　风　好　雨　滋　桃　李；

下　巧　匠　良　工　琢　玉　琪。

　　　　——教育联

以上根据对联适用的范围，把对联分为 10 种类型，其实，对联根据用途还可以细分出多种类型。

2．按上下联的关系分

按上下联在内容上的关系，对联可分为正对、反对、流水对 3 种。

（1）正对。所谓正对，是指上下两联的内容相关或相似，从截然不同的角度说明大致相同的道理。

例1：

上　墙　上　芦　苇，头　重　脚　轻　根　底　浅；

下　山　间　竹　笋，嘴　尖　皮　厚　腹　中　空。

　　　　——毛泽东《改造我们的学习》。此联讽喻那些徒有虚名并无学识的人，劝导他们老老实实做学问

例2：

上　天　路　俯　松　云，流　连　世　外　非　常　景；

下　池　台　听　竹　雨，领　略　人　间　别　样　情。

　　　　——慕竹先生撰东方山天池景区联。东方山天池景区建有"松云阁"和"竹雨亭"

（2）反对。所谓反对，是指上下联的内容相反、对比鲜明，这种对联往往从正反两个方面来说明同一个问题，在对比中突出表达效果。

例1：

上　横　眉　冷　对　千　夫　指；

下　俯　首　甘　为　孺　子　牛。

　　　　——选自鲁迅诗篇。"千夫指"和"孺子牛"是两个相对的概念，在此形成鲜明对比，从正反两方面表达爱憎之情

例2：

上　青　山　有　幸　埋　忠　骨；

下　白　铁　无　辜　铸　佞　臣。

——杭州岳飞墓联。松江徐氏女所作。上联表达对岳飞的敬仰之情,下联表达对秦桧的不齿之意

"正对"和"反对"是对联创作中最为常用的类型。

(3)流水对。所谓流水对,也叫串对,是指一个意思分两句说,两句合起来是一个整体。上下联有承接、递进、因果关系。

例1:

上　即从巴峡穿巫峡;

下　便下襄阳向洛阳。

　　——杜甫诗句(虽非联语,但具有对联的特点,可视为对联),表承接关系

3．按单句字数分

对联按照单句的字数可分为多种形式,字数没有限定,根据具体情况该长则长,该短则短。短则三五言,常用者十言左右,长者成百上千言。

(1)三言联。例如:

上　乘肥马;

下　衣轻裘。

　　——旧联,佚名

(2)四言联。例如:

上　浮舟沧海;

下　立马昆仑。

　　——周恩来赠王朴山

(3)五言联。例如:

上　室雅何须大;

下　花香不在多。

　　——郑板桥联

(4)六言联。例如:

上　远树平林村落;

下　小桥流水人家。

　　——录自皖南宏村古民居

(5)七言联。例如:

上　画图素壁人争赏;

下　领略青山自得闲。

　　——佚名

(6)八言联。例如:

上　登 黄 鹤 楼，读 赤 壁 赋；
下　磨 青 铁 砚，歌 白 云 诗。
　　　　——佚名

（7）九言联。例如：

上　天 下 断 无 易 处 之 境 遇；
下　人 间 哪 有 空 闲 的 光 阴。
　　　　——佚名

（8）十言联。例如：

上　交 以 道，接 以 礼，一 团 和 气；
下　近 者 悦，远 者 来，四 海 春 风。
　　　　—— 旅店业联，佚名

（9）十一言联。例如：

上　龙 涧 风 回，万 壑 松 涛 连 海 气；
下　鹫 峰 云 敛，千 年 桂 月 印 湖 光。
　　　　——杭州西湖灵隐寺联，元代赵孟頫撰

（10）十二言联。例如：

上　江 水 绕 名 城，长 为 知 音 流 雅 韵；
下　楚 天 逢 盛 世，不 须 乘 鹤 入 仙 风。
　　　　——慕竹先生应"江风楚韵"书法作品展之征撰联

以上仅举十例以作说明。对联的字数无限定，根据需要而定其长短。

二、写作技巧

对联的写作也和其他文体的写作一样，除了要有好的立意以外，还要用好的技巧来表现。在众多的文学体裁中，对联在形制上不比其他文体，它处处受到限制，因此技巧水平的高下往往决定一副对联的成败。以下技巧可作为写作时的借鉴。

（一）藏典法

藏典法就是把历史典故运用到对联之中，这样不仅能丰富对联的内容，还能使人产生联想，并以史观今而深化主题。例如：

上　残 荷 听 雨 秋 深 岸；
下　满 月 思 亲 夜 半 时。

联中藏有两个典故，上联"残荷听雨"典出李商隐诗《宿骆氏亭寄怀崔雍崔衮》——"秋阴不散霜飞晚，留得枯荷听雨声"；下联"满月思亲"出自李白《静夜思》——"举头望明月，低头思故乡"。

（二）双关法

双关法即利用语言、文字上的同音或同义现象，使一副对联的上下联分别具有表里两重意思或关涉两件事。例如：

上　虽是毫末生意；
下　却为顶上功夫。

这是一副理发业的广告联。它妙就妙在双关语的运用上，上联中的"毫末"有两个意思：其一，明指理发业务做的是人的发梢上的生意，其二，暗指生意利润之薄；下联中的"顶上"也有两个含义：其一，明指人身体的最高部位——头顶，其二，暗誉理发技艺的高超。

（三）比喻法

比喻法是用人们熟悉的事物来打比方，用更生动、更形象的语言来说明另一个不熟悉的事物。例如：

上　稻草系秧——父抱子；
下　竹篮提笋——母怀儿。

这是用两个歇后语构成的对联。这副对联中作者用两个比喻"父抱子"和"母怀儿"来解释"稻草系秧"和"竹篮提笋"究为何意，这个解释的手法就是用的比喻，不过这是一个暗喻，比喻词没有出现。更便于理解的说法是：稻草系秧就像父抱子，竹篮提笋就像母怀儿。

（四）藏字法

藏字法就是把要表达的意思用某几个字藏在对联里，如果读者不经思索是很难理解其中的意思的。例如：

上　有水有田有米；
下　添人添口添丁。

这是一副婚喜联。联姻的双方，新郎姓潘，新娘姓何，上联藏有"潘"字，下联藏有"何"字，寓意潘、何两家的美好姻缘——潘的偏旁"氵"代表"水"，右下是"田"，右上去掉一撇就是"米"字，所以"有水有田有米"；"何"的偏旁"亻"代表"人"，右半的"可"字分别由"口"和"丁"构成，所以，潘家娶进何家女，来年喜得贵子，当然是既添人又添丁，喜事一串串。

（五）嵌名法

所谓嵌名法，就是把人名嵌入对联，以表现特殊的效果和情趣，这是对联创作经常用到的手法。例如：

上　MACAU 绝非吾真姓，两制喜循归一统；
下　CHINA 才是我至亲，寸心唯愿报三春。

此联乃柯丹先生为庆祝澳门回归而作，2000 年元月获全国春联大赛银奖。上下联各嵌入英文名，即"MACAU"（澳门）和"CHINA"（中国）。

（六）拟人法

运用拟人的修辞手法进行对联创作，赋予无生命的事物以人的精神品格，使读者从中获得有益的启示和领悟。例如：

上　海纳百川，有容乃大；
下　壁立千仞，无欲则刚。

此联为林则徐撰。大海和绝壁本是无生命的，但作者赋予其人的品格和精神——大海之所以能容纳千万条大河细流的来水，是因为它像心胸博大的人一样；绝壁之所以能昂然挺立、刚强无畏，是因为它有君子一样无私无欲的品格。此联将大海和绝壁写活了，堪称人之楷模，给读者的教益颇深。

（七）叠字法

所谓叠字法，是运用汉字的双音节特点，把相同的字重复叠用，以表达特殊的情趣，加深对联主题的深度和广度。例如：

上　雨雨风风暖暖寒寒处处寻寻觅觅；
下　莺莺燕燕花花叶叶卿卿暮暮朝朝。

此联录自苏州网师园，可理解为游客迷恋于苏州网师园的秀丽景色，不分晴雨冬夏来此寻觅乐趣；园内的鸟儿不分朝暮，整日在花枝绿叶间嬉戏、逍遥。此联的发挥、想象空间较大，也可作这样的理解，即它表现了恋人之间时刻寻觅、朝暮相处的美好情感。

（八）拆字法

所谓拆字法，有时是一种文字游戏，有时又借此表达深刻的寓意。它利用汉字的构字特点，使一副对联的上下联分别有一个或几个字被拆开单独成字，藏于对联之内，获得特别的效果。例如：

上　冰冷酒，一点，两点，三点；
下　丁香花，百头，千头，万头。

此联中藏有一个悲凉的故事，说的是古代有个年轻的书生进京赶考，途经一家小店。店主家的小姑娘才华出众，品貌超群，被书生看上了，便向她求婚。姑娘便用对联来考他的才学，如果书生对得上来姑娘就允婚。姑娘出了上联，而书生一时对不上来，只好退到房中冥思苦想，但始终没能对上。十天半月后，书生一来思虑过度，二来相思成疾，最后死去，小姑娘把他葬于小店屋后。第二年，有位过路先生听说了这个悲剧，看过死者的坟墓后便告诉小姑娘，书生生前没有对出下联，死后他对出来了。小姑娘究问其故，先生答道，你看他坟上什么都不长，只长丁香花，这不就对上了吗——"丁香花，百头，千头，万头"。

原来这副害命的文字游戏对联是拆字联，上联把"冰"（"冰"是"冰"的异体字）、"冷"、"酒"三个字的偏旁说成"一点"、"两点"、"三点"；下联把"丁"、"香"、"花"三个字分解为三个"头"，即"丁"字头上一横如"百"字头上一横，故谓"百头"，"香"字上部的"禾"

中间有一个"千"字，故谓"千头"，"花"字的上部偏旁是繁写"萬"字的草字头，故谓之"万头"。

有些拆字联立意不同凡响，颇值得回味。

（九）数字法

所谓数字法，就是运用数字作修辞，既丰富了对联的表现手法，又别有情趣。例如：

上　梅 开 二 月 三 五 朵；
下　春 暖 九 州 千 万 家。

此联为慕竹先生撰。上下联各用了3个数字，使得联语有了一番情趣，对早春景色和人间暖春的描写有"寥寥数笔皆成画"的效果——"二月"梅花初放，仅仅先开"三五朵"时，春天就回到人间，九州大地上的千家万户都感受到了浓浓的暖意。

（十）复字法

所谓复字法，是在一副对联的上下联内有意安排一个或几个重复的字，通过这种方法加深对联寓意的深度和广度，同时使对联更加口语化。其特点是抒情时感情强烈，音调和谐；说理时阐述精辟，条理分明；叙事时层次清楚，流畅通达。例如：

上　好 社 会，好 政 策，好 机 遇，好 上 加 好；
下　富 人 民，富 集 体，富 国 家，富 了 又 富。

重复说"好"、反复说"富"，是强调性地对党的正确领导、国家的方针政策、改革开放大好时机的歌颂，表达了人民群众爱国爱家的心声。

（十一）谐音法

谐音法是利用某些汉语一音多字、一字多意的特点来写作对联。对联中有些字，按照对联表面意思是这个字，要表达的意思却不是这个字，而是与这个字的音相同或相近的字，耐人寻味。例如：

上　塔 内 点 灯，层 层 孔 明 诸 格（葛）亮；
下　敖 广 举 火，步 步 照（赵）云 照 子 龙。

据说这是两位颇有才情的戏剧表演家雅聚而互对联语取乐时的戏作。上联作者想起《白蛇传》中的祭塔，塔内点着灯，每个窗孔通明透亮，故运用了三国名人孔明（诸葛亮）名字的谐音。下联的作者又想起《哪吒闹海》中三太子被哪吒剥皮抽筋，老龙王敖广举着火把到处寻找，联中也用了三国名将赵云（赵子龙）名字的谐音，巧妙地与上联相对。

严格地说，这个下联与上联的对仗并不十分工整，上联中的"塔内"（方位）和下联中的"敖广"（人名）对不上；上联中的"孔明"和下联中的"照云"仅在读音上相对，而字面上不相对；上联的"诸格"实指"每一个窗格"，寓指孔明，而下联的"照子"二字虽有实指，但意思与"诸格"对不上。还有一弊就是下联中有两个"照"字相重，犯了对联写作之忌。

还有一副谐音对联颇有意思：

上　二　三　四　五；
下　六　七　八　九。

这副对联的横批是"南北"。假如不作解释，这副对联谁也看不懂。它似谜非谜，是宋代一个叫吕蒙正的人写的，一贴出来围观者都觉得奇怪，但领悟过来后又都说写得妙、写得好。何故？因为上联缺"一"，下联少"十"，"缺一"和"少十"的谐音是"缺衣少食"，揭露了当时社会的老百姓"缺衣少食"的现实；而横批本应四个方位俱全，却只有"南北"二字又少了"东西"，意指"没有东西"，整个对联的主题就是说当时百姓生活贫困得缺衣少食没有任何东西。这个构思何等巧妙，意义多么深刻。

（十二）回文法

回文法是巧妙地组合文字、构思联语，使其能够正反诵读，且示意清楚。一般情况下，正读和反读的示意不一样。例如：

上　客　上　天　然　居；
下　居　然　天　上　客。

这是一副大家都很熟悉的旅店业对联，"天然居"是旅店的招牌。这副对联正读顺口顺意，反读也顺意顺口，但正读和反读意思完全不一样：正读之意为"顾客来到天然居旅店"，反读的意思是"意想不到的是自己受到了天外来客一样的厚待"。用现代经营的理念来解释，这副对联作为旅店的广告语是非常具有创意的。

以上介绍了对联的 12 种写作技巧，它们只是众多技巧中的一部分，从语言风格上看，还有豪放、婉转、幽默、浪漫、诙谐等诸法，限于篇幅不便一一讲解，读者若有兴趣，可参阅有关资料、书籍。

三、行业用联写作方法简介

在现代社会，事业单位的文化宣传工作和企业单位的经营管理活动离不开对联的作用，这既是对中国传统文化的继承和发展，也是工作和经营管理的需要。尤其是在企业广告宣传方面，对联的作用越来越被人们所看好，它既能概括性地浓缩和表现企业精神、企业理念，也能营造良好的经营氛围。掌握行业用联的写作方法，能极大地方便工作。下面简介几种写作方法。

（一）追溯历史

通过对历史典故、历史故事的回忆并藏典于对联之中，本店（或本行业、本产品）能够给顾客一种历史悠久、品牌正宗的感觉。例如：

上　陆　羽　闲　情　常　品　茗；
下　元　龙　豪　气　快　登　楼。

此联用了两个典故，人人熟知的是茶圣陆羽，著有《茶经》。作为茶店的对联用陆羽之典故，可谓是找到了根本，给人的感觉是正道生意、名老品牌，不禁上得楼来，一品而尽兴。

（二）介绍产品

在对联中直接介绍产品，用以吸引顾客，使顾客对店家的经营范围和项目一看便知。例如：

上　雪　花　滋　润　泽；
下　香　水　溢　芬　芳。

不用解释，一看就知道是化妆品店的对联，因为联中有"雪花"和"香水"。

（三）重义立信

用对联来宣传企业的价值观和经营理念，以此来赢得顾客的好感，达到促销的目的。例如：

上　友　以　义　交　情　可　久；
下　财　从　公　取　利　方　长。

这是一副各行各业都能用的通用联，用于商界更为合适。它好就好在把"义"和"公"放在企业经营的首要地位，体现了企业以人为本的价值观和以顾客为友的经营理念。在现代企业的经营中，如果真能做到"以义交友"、"以公取财"，这个企业一定能够兴旺发达。

（四）赋予哲理

哲理是很能启迪人和教育人的。把哲理寓于对联之中，其作用和效果比一般的对联都要好。例如：

上　权　衡　凭　正　直；
下　轻　重　在　公　平。

这是我国古时衡器（秤）店用的对联。这副对联好在寓有哲理——秤的作用是衡量物品的轻重，而准确地称出重量靠的是正直的秤杆，更是掌秤人那颗正直的心，孰轻孰重，既体现在秤杆的公平上，更体现在掌秤人公平的心态上。此联蕴含哲理，何止是在介绍产品，其实是在教人如何为人处事。

（五）嵌入字号

在联语中嵌入企业或商家的点名字号，其广告作用非同凡响。

如上文提到的回文联"客上天然居，居然天上客"，就是最好的实例。"天然居"是某旅店的名号，将名号嵌入对联，与主题自然融合，意义非同一般。

（六）以情动人

写对联要用真情，尤其是行业联的写作，以人为本动真情是很能获得好感的。例如：

上　叹老夫无命做官，才租这大花园承办酒宴；
下　替买主下厨弄菜，好像那巧媳妇侍奉公婆。

这是成都某酒店挂在大门两边的楹联。看内容说的是大实话，抒的是真感情。正是这真情实感能打动人，所以开业不久便顾客盈门，生意红火。

（七）交心互慰

芸芸众生，熙熙攘攘，个个都为生计忙活，人人都为生活拼搏。忙碌奔波之时，若有一碗粗茶解渴、有一杯淡酒解乏，那该是多么惬意的事啊！请看成都某茶楼酒肆的对联，体现了店主与顾客之间的真情交流（当然也可看作是茶客酒人的自言）：

上　　为名忙，为利忙，忙里偷闲，且喝一杯茶去；

下　　劳心苦，劳力苦，苦中作乐，再倒二两酒来。

路过的行人看了这副对联，无论是谁恐怕都难以对店家的这种知心话似的"邀约"充耳不闻、视而不见，一般都会放下手中活，进店小憩片刻，小酌几杯，解了乏困好上路，蓄好精神去拼搏。

（八）祈福祝愿

所谓祈福祝愿，是企业或商家通过对联向顾客或合作伙伴表达一种美好心愿，来体现自己的企业价值观和经营理念。例如：

上　　但求天下人康健；

下　　不怨仓中药蒙尘。

这是古时一家中药铺挂在店面大门上的对联，从内容上看，这家药铺的主人心地善良，把世人的健康放在第一位，而把自己的生意放在第二位，只要天下人身体健康，即使自己药房中的药卖不出去蒙上灰尘也无所怨悔。拿今天的话说，这就是企业先进的经营理念和企业价值观的体现，真正做到了以人为本。

以上是就行业用联的写作介绍了一些方法和范例，但愿能给初学撰联者或从事广告策划的业内人士以启迪和参考。

四、常用联平仄格式简介

三言联平仄格式 1：

上　　平　平　仄；
下　　仄　仄　平。

三言联平仄格式 2：

上　　平　仄　仄；
下　　仄　平　平。

四言联平仄格式：

上　　（平）平（仄）仄；
下　　（仄）仄（平）平。

五言联平仄格式1:

上　仄　仄　平　平　仄;

下　平　平　仄　仄　平。

五言联平仄格式2:

上　平　平　平　仄　仄;

下　仄　仄　仄　平　平。

五言联平仄格式3:

上　平　平　仄　平　仄;

下　仄　仄　仄　平　平。

六言联平仄格式1:

上　(仄)　仄　(平)　平　(仄)　仄;

下　(平)　平　(仄)　仄　(平)　平。

六言联平仄格式2:

上　(平)　平　(平)　平　(仄)　仄;

下　(仄)　仄　(仄)　仄　(平)　平。

六言联平仄格式3:

上　(平)　平　(仄)　仄　(仄)　仄;

下　(仄)　仄　(平)　平　(平)　平。

七言联平仄格式1:

上　平　平　仄　仄　平　平　仄;

下　仄　仄　平　平　仄　仄　平。

七言联平仄格式2:

上　仄　仄　平　平　平　仄　仄;

下　平　平　仄　仄　仄　平　平。

七言联平仄格式3:

上　仄　仄　平　平　仄　平　仄;

下　平　平　仄　仄　仄　平　平。

八言以上者一般可拆分,依照上面所述即可。

十一言联平仄格式1:

上　仄　仄　平　平,平　平　仄　仄　平　平　仄;

下　　平　平　仄　仄，仄　仄　平　平　仄　仄　平。

十一言联平仄格式2：

上　　平　平　仄　仄，仄　仄　平　平　平　仄　仄；
下　　仄　仄　平　平，平　平　仄　仄　仄　平　平。

十二言联平仄格式1：

上　　仄　仄　仄　平　平，仄　仄　平　平　平　仄　仄；
下　　平　平　平　仄　仄，平　平　仄　仄　仄　平　平。

十二言联平仄格式2：

上　　平　平　平　仄　仄　平，平　平　仄　仄　平　平　仄；
下　　仄　仄　平　平　仄　仄，仄　仄　平　平　仄　仄　平。

对联中字多的分句也可在前，不过，大多在后以求平稳。

五、对联写作"四忌"

对联写作除了上述有关知识点外，还有如下几个方面在写作时应该引起注意。

一忌合掌。所谓合掌，就是上下联说的是一个意思。"合掌"为对联的大忌，但不少对联爱好者，尤其是初学者错把"合掌"当工对。因此，必须引起高度注意。有这样一首古诗：

子规谢豹杜鹃啼，一个孤僧独自归。
半夜三更子时整，关门闭户掩柴扉。

子规即杜鹃鸟。"谢豹"为何物？《禽经》云："子规啼苦则倒悬于树，自呼曰谢豹。"因而，谢豹被后人作为杜鹃鸟的别称；古代以地支计时，将昼夜分为子、丑、寅、卯、辰、巳、午、未、申、酉、戌、亥十二时辰，子时即半夜；"扉"即门，"掩柴扉"即关上柴门。有了前面一段注释，就知道这首诗每句中几个词都是同一个意思，接二连三的冗词废语。如果删去多余部分，只需"子规啼，僧独归。半夜里，掩柴扉"十二个字就足以表达全诗内容了。

对联也一样，本来字句就少，要珍惜每一个字，充分利用有限的字词尽可能完整生动地表达要表达的东西。

例如：

四海翻腾云水怒，
五洲震荡风雷激。

上下两句实际上说的是同类事物。它是毛泽东词《满江红》中的一联，作同义排比以为强调是无可挑剔的，但把它用作对联就有失水准了。

二忌上联三仄尾、下联三平尾。所谓"三仄尾"和"三平尾"，即指上联的最后三个字都是仄声或下联的最后三个字都是平声，这是对联写作应该力避的。例如七言联的平仄格式应该是：

上　　平平仄仄平平仄，
下　　仄仄平平仄仄平。

——上联末尾三字前二字均为平声，最后一字为仄声；下联末尾三字前二字均为仄声，最后一字为平声

三忌孤平。所谓孤平，即指应以"平平仄仄平"结尾的联句，本应"平平"的地方，结果成了"仄平仄仄平"，造成倒数第四个字独平，这种情况应该避免或避救。避的方法叫自救或当句救，即把倒数第三个字选为平声成为"仄平平仄平"，即连成两个平声以补救。

四忌无规则重字。这一点请参见上文对联的特点之六。

另需补充一点，即对联写作有一种上下联同字不同位的特殊情况。例如柯丹先生贺武汉长江隧道两青工喜结良缘联：

上　　昔日同窗共桌，两小无猜，半块橡皮借出千年美好；
下　　如今共事同心，三生有幸，一条江隧牵来百岁姻缘。

上下联第一分句有"共"和"同"二字，呈交叉位重复的情况（也称为"对位重复"），这是对联写作中一种独特的修辞方式，"共"和"同"交互重复能收到特别的效果，体现语言的趣味性，用得好时显得自然贴切，不但没有重复啰唆之感，反而显得非常必要，正是这种重复，将那种凑巧写得格外到位。

作业

1. 了解对联的特点，从格律诗中找出若干具备对联特点的诗句。
2. 假设春节来临，请尝试结合本"公司"情况拟写一副春联或广告联。

参 考 文 献

[1] 高瑞卿. 应用写作. 北京：中国广播电视大学出版社，1993.

[2] 陈子典，李硕豪. 应用写作教程（修订版）. 广州：暨南大学出版社，1993.

[3] 朱鸿儒. 应用文写作. 北京：首都师范大学出版社，1991.

[4] 康多利. 应用写作. 北京：中国商业出版社，1992.

[5] 李文洁. 口才·应用文写作与实训. 北京：机械工业出版社，2000.

[6] 张达之. 应用写作教程. 杭州：浙江大学出版社，2001.

[7] 李平收. 青少年写作能力训练教程. 北京：知识出版社，2002.

[8] 李道荣. 现代经济应用文写作. 武汉：湖北人民出版社，2004.

[9] 王军云. 应用文写作技巧与范例. 北京：中国华侨出版社，2005.

[10] 彭友元，朱家宝，张少华. 对联趣谈. 武汉：湖北人民出版社，1981.

高等职业教育课改系列规划教材目录

书　名	书　号	定　价
高等职业教育课改系列规划教材（公共课类）		
大学生心理健康案例教程	978-7-115-20721-0	25.00 元
应用写作创意教程	978-7-115-23445-2	31.00 元
高等职业教育课改系列规划教材（经管类）		
电子商务基础与应用	978-7-115-20898-9	35.00 元
电子商务基础（第 3 版）	978-7-115-23224-3	36.00 元
网页设计与制作	978-7-115-21122-4	26.00 元
物流管理案例引导教程	978-7-115-20039-6	32.00 元
基础会计	978-7-115-20035-8	23.00 元
基础会计技能实训	978-7-115-20036-5	20.00 元
会计实务	978-7-115-21721-9	33.00 元
人力资源管理案例引导教程	978-7-115-20040-2	28.00 元
市场营销实践教程	978-7-115-20033-4	29.00 元
市场营销与策划	978-7-115-22174-9	31.00 元
商务谈判技巧	978-7-115-22333-3	23.00 元
现代推销实务	978-7-115-22406-4	23.00 元
公共关系实务	978-7-115-22312-8	20.00 元
高等职业教育课改系列规划教材（计算机类）		
网络应用工程师实训教程	978-7-115-20034-1	32.00 元
计算机应用基础	978-7-115-20037-2	26.00 元
计算机应用基础上机指导与习题集	978-7-115-20038-9	16.00 元
C 语言程序设计项目教程	978-7-115-22386-9	29.00 元
C 语言程序设计上机指导与习题集	978-7-115-22385-2	19.00 元
高等职业教育课改系列规划教材（电子信息类）		
电路分析基础	978-7-115-22994-6	27.00 元
电子电路分析与调试	978-7-115-22412-5	32.00 元
电子电路分析与调试实践指导	978-7-115-22524-5	19.00 元
电子技术基本技能	978-7-115-20031-0	28.00 元
电子线路板设计与制作	978-7-115-21763-9	22.00 元

书　　名	书　　号	定　价
单片机应用系统设计与制作	978-7-115-21614-4	19.00 元
PLC 控制系统设计与调试	978-7-115-21730-1	29.00 元
微控制器及其应用	978-7-115-22505-4	31.00 元
电子电路分析与实践	978-7-115-22570-2	22.00 元
电子电路分析与实践指导	978-7-115-22662-4	16.00 元
电工电子专业英语（第 2 版）	978-7-115-22357-9	27.00 元
实用科技英语教程（第 2 版）	978-7-115-23754-5	25.00 元
高等职业教育课改系列规划教材（动漫数字艺术类）		
游戏动画设计与制作	978-7-115-20778-4	38.00 元
游戏角色设计与制作	978-7-115-21982-4	46.00 元
游戏场景设计与制作	978-7-115-21887-2	39.00 元
影视动画后期特效制作	978-7-115-22198-8	37.00 元
高等职业教育课改系列规划教材（通信类）		
交换机（华为）安装、调试与维护	978-7-115-22223-7	38.00 元
交换机（华为）安装、调试与维护实践指导	978-7-115-22161-2	14.00 元
交换机（中兴）安装、调试与维护	978-7-115-22131-5	44.00 元
交换机（中兴）安装、调试与维护实践指导	978-7-115-22172-8	14.00 元
综合布线实训教程	978-7-115-22440-8	33.00 元
高等职业教育课改系列规划教材（机电类）		
钳工技能实训（第 2 版）	978-7-115-22700-3	18.00 元

如果您对"世纪英才"系列教材有什么好的意见和建议，可以在"世纪英才图书网"（http://www.ycbook.com.cn）上"资源下载"栏目中下载"读者信息反馈表"，发邮件至 wuhan@ptpress.com.cn。谢谢您对"世纪英才"品牌职业教育教材的关注与支持！